上海金融法院文库

上海金融法院
典型案例汇编

（2018～2022年）

A Collection of Typical Cases from
Shanghai Financial Court

赵红　主编

法律出版社
LAW PRESS · CHINA
北京

图书在版编目(CIP)数据

上海金融法院典型案例汇编：2018～2022年／赵红主编. -- 北京：法律出版社，2023

ISBN 978-7-5197-8018-0

Ⅰ. ①上… Ⅱ. ①赵… Ⅲ. ①金融法－案例－中国－2018－2022 Ⅳ. ①D922.280.5

中国国家版本馆CIP数据核字(2023)第108256号

上海金融法院典型案例汇编(2018～2022年)
SHANGHAI JINRONG FAYUAN DIANXING ANLI HUIBIAN (2018～2022 NIAN)

赵　红　主编

策划编辑 沈小英
责任编辑 刘晓萌
装帧设计 李　瞻

出版发行 法律出版社
编辑统筹 法治与经济出版分社
责任校对 王晓萍
责任印制 吕亚莉
经　　销 新华书店

开本 710毫米×1000毫米 1/16
印张 30.25　**字数** 479千
版本 2023年7月第1版
印次 2023年7月第1次印刷
印刷 北京中科印刷有限公司

地址：北京市丰台区莲花池西里7号(100073)
网址：www.lawpress.com.cn
投稿邮箱：info@lawpress.com.cn
举报盗版邮箱：jbwq@lawpress.com.cn

销售电话：010-83938349
客服电话：010-83938350
咨询电话：010-63939796

书号：ISBN 978-7-5197-8018-0　**定价**：169.00元

凡购买本社图书，如有印装错误，我社负责退换。电话：010-83938349

序　　言

“一个案例胜过一沓文件”，做好案例工作是人民法院深入贯彻落实习近平新时代中国特色社会主义思想和习近平法治思想的关键着力点。案例是法治的缩影，加强典型案例汇编是发挥法治固根本、稳预期、利长远的保障作用的重要切入点。金融科技日新月异，金融交易复杂专业，金融发展规制需求与成文法相对滞后之间的矛盾较为突出，加强金融典型案例汇编，有着更紧迫的现实意义。

金融典型案例是实现规则之治的有生力量。典型案例作为媒介连接简练抽象的法律和复杂具体的事实，是人民法院准确适用和解释法律的鲜活载体，能够合理界定金融交易权利义务边界，为金融市场主体提供明确规则预期，达到“审理一案、治理一片”的良好效果。

金融典型案例是加强适法统一的有效手段。典型案例积极回应金融市场关注的前沿疑难法律问题，提炼司法审判中蕴含的共性特征和典型社会矛盾关系，凝聚一线法官精准的事实判断和价值衡平，立足于个案经验实现类案规则的升华转化，有利于统一裁判尺度，加强适法统一。

金融典型案例是提高司法公信的有力举措。典型案例作为法院的名片和立院的基石，是审判人员秉承工匠精神深入钻研形成的司法杰作，蕴含着人民法院为司法公正与效率做出的不懈努力，既是体现司法服务大局深度、彰显护航发展力度、传递便民利民温度的主要载体，也成为人民群众增强法治信心的最有力支撑和感受法治进步的最直观标杆。

上海金融法院自建院以来,坚持实施精品战略,聚焦金融裁判规则创设,创建精品案例发现、审理、编写、报送、宣传全流程培育机制。**以树规则为己任**,充分发挥上海国际金融中心建设的战略优势、上海金融市场体系完备的区位优势以及全国首家金融法院的先发优势,主动契合国家重大战略,回应市场发展关切,全过程发掘具有规则创设意义的典型案件,致力于形成被国际社会和金融市场广泛认可的精品案例,作出全国乃至全球首例的伟大判决。**以建机制为手段**,创新专业化审判机制,以审判委员会为指导,在院庭层面分设法官专业委员会、专业法官会议和新型审判团队,重重把关提升案件研判实效。辅以专家陪审、专家咨询和专家辅助等专家支持工作机制,切实强化金融司法裁判专业度;完善典型案例年度发布机制,建立金融司法与金融监管案例联合发布机制,充分发挥金融裁判规则在促进市场监管、规范主体行为方面的积极作用。建立长三角金融司法典型案例发布机制,以更高水平规则统一助力区域高质量发展。**以育人才为保障**,连续四年与上海高级金融学院联合举办"金融法治菁英班",与金融监管机构建立人才挂职和交流培养机制,打造"金融大讲堂""智荟融法沙龙"平台,组建习近平法治思想宣研社、涉外金融司法译研社、金融司法前沿学研社,培养出全国审判业务专家、全国优秀法官、全国法院办案标兵、全国法院先进个人等一批审判业务精英和先进模范。

日拱一卒,功不唐捐。上海金融法院建院4年多来,21起案件分别入选新时代推动法治进程十大案件、《最高人民法院公报》、人民法院十大案件及全国法院十大影响性诉讼等。在知名法律平台发布中英文版典型案例,受到国内外广泛关注,持续提升我国金融司法的国际公信力与影响力。

应时所需,砥砺深耕。此次典型案例汇编凝聚了上海金融法院建院四年间审判智慧成果的结晶,涵盖银行、证券、保险、期货、基金等金融专业领域,生动记录金融审判一路发展的思考与探索,成为金融司法回应经济社会发展的精彩注解;深切蕴含一线法官公平正义的初心、司法为民的情怀和法治中国的理想,是上海金融法院交出的一份沉甸甸答卷。希望借此书,进一步确立金融司法审理的"中国规则"和"上海标准",传递金融治理的司法强音,助力金融领域的良法善治,服务保障上海国际金融中心建设能级提升,全力护航中国式现代化发展行稳致远。

是为序。

2023 年 5 月

目　　录

金融商事·证券类

申请认可和执行判决、裁定

金融执行

金融商事·证券类

证券虚假陈述民事赔偿责任的科学化认定

——投资者诉方正科技集团股份有限公司证券虚假陈述责任纠纷案①

单素华[*]　朱颖琦[**]　李瑶菲[***]

【裁判要旨】

证券虚假陈述行为的行政责任与民事责任的认定原则不同,上市公司因信息披露违法违规被行政处罚后,人民法院仍应对其是否构成证券民事侵权进行审查,审查的重点是未披露信息的行为是否足以影响投资者的投资决策和市场交易价格。交易及损失因果关系一般应采用推定认定原则,但被告有证据证明投资者损失的形成存在其他致损因素,且该因素对股价的波动具有相当的影响程度的,应当认定该非虚假陈述原因导致的损失不属于赔偿责任范围。实施日至揭露日期间存在多笔买入卖出交易的,自第一笔有效买入后,以移动加权平均法计算买入均价能够更为客观地反映实际投资成本。证券市场系统风险的扣除可以根据每个投资者的持股期间和交易记录,将同期个股跌幅均值与大盘、行业指数的跌幅同步对比,用相对比例方法精细化地确定市场风险对每个投资者损失的影响程度。

---

① 合议庭成员:林晓镍、单素华、朱颖琦、沈竹莺、孙倩。本案获评2019年度人民法院十大民事行政及国家赔偿案件、上海市法治建设十大优秀案例。

* 法学硕士,上海金融法院党组成员、副院长。

** 法学硕士,上海金融法院综合审判一庭副庭长。

*** 法学硕士,上海金融法院综合审判一庭法官助理。

【案号】

一审:上海金融法院(2018)沪 74 民初 330 号

二审:上海市高级人民法院(2019)沪民终 263 号

【案情】

原告:投资者

被告:方正科技集团股份有限公司(以下简称方正科技)

被告方正科技系在上海证券交易所上市的公司,其公开发行的股票代码为600601。2017 年 5 月 5 日,中国证监会〔2017〕43 号《行政处罚决定书》对被告方正科技及其他相关责任人作出行政处罚:认为方正科技未按照规定披露关联交易,方正科技等具有信息披露违法行为。根据《企业会计准则》规定,方正科技与其 28 家经销商因受母公司控制而存在关联关系。2004 年至 2015 年 6 月 30 日,方正科技及并表子公司同各经销商之间发生关联交易金额分别为 43 亿余元、53 亿余元、51 亿余元、53 亿余元、40 亿余元、43 亿余元、43 亿余元、31 亿余元、24 亿余元、22 亿余元、17 亿余元、6 亿余元,占上一年度经审计净资产比例分别为 295%、325%、288%、294%、150%、153%、150%、76%、58%、51%、41%、17%。方正科技在各期年报及 2015 年半年报中未依法披露与经销商的重大关联交易事项。原告据此起诉被告方正科技赔偿投资差额损失以及税费损失,具体金额是卢某索赔 12,986 元,杨某 23,990 元,蔡某 83,667 元,潘某 297,072 元。

原被告关于本案虚假陈述的实施日、揭露日的认定意见一致,双方在虚假陈述行为重大性认定、因果关系是否存在、损失计算方法和是否需要扣除证券市场系统风险等其他因素影响等问题上存在较大争议。

【审判】

上海金融法院依据我国 2014 年《证券法》第 69 条,最高人民法院 2003

年《关于审理证券市场因虚假陈述引发的民事赔偿案件的若干规定》(以下简称《虚假陈述司法解释》)第17条、第18条、第19条、第20条、第30条、第31条、第32条、第33条规定,于2019年5月5日作出(2018)沪74民初330号民事判决:(1)被告方正科技应向原告卢某支付赔偿款人民币6024.45元;(2)被告方正科技应向原告杨某支付赔偿款人民币12,389.41元;(3)被告方正科技应向原告蔡某支付赔偿款人民币64,154.44元;(4)被告方正科技应向原告潘某支付赔偿款人民币184,968.2元。

一审判决后,方正科技提出上诉。上海市高级人民法院于2019年8月7日作出(2019)沪民终263号民事判决,驳回上诉,维持原判。

【评析】

本案系全国首例实施证券纠纷示范判决机制的案件,也是继2019年1月上海金融法院发布全国首个证券纠纷示范判决机制的规定后,根据该规定选定的首个示范案件。本案分析了近年来证券虚假陈述责任纠纷中有关行政处罚与民事侵权的关系、因果关系的认定、投资差额损失的计算方法、证券市场系统风险扣除比例等法律争议问题,在引入第三方专业机构损失核定机制的同时,构建了精细化的投资差额损失计算方法和证券市场系统风险因素扣除比例计算方法,解决了以往司法实践中在证券市场系统风险的扣除问题上只能以酌情认定统一比例的困扰,可在证券虚假陈述责任纠纷同类案件中推广适用。

关于行政处罚与民事侵权行为的关系认定。在行政处罚前置程序下,虽然信息披露违法违规行为已受到行政处罚,但行政责任与民事责任构成要件不同,审查标准也存在差异,因此,被行政处罚的行为并非必然构成民事侵权。证券虚假陈述行为是否构成民事侵权仍应根据《虚假陈述司法解释》,并结合侵权责任构成要件依法进行审查。人民法院认定证券虚假陈述民事侵权的审查标准应当是客观标准,即并不以上市公司在实施虚假陈述行为时存在欺诈、诱导等主观故意为必要条件,审查的核心是重大事件未披露是否足以影响投资者的投资决策,足以影响市场交易价格。

关于交易因果关系的认定。投资者买入上市公司股票可能出于多种原因,客观上无法区分投资者买入股票的具体动机是基于对虚假陈述的信赖,还是基于对市场行情的判断,抑或对公司其他经营情况的综合考量。但无论如何,在此期间上市公司年度报告对其经营业绩的披露始终是影响投资者决策的重大因素。因此本案中仍应适用《虚假陈述司法解释》确立的推定因果关系,认定在实施日到揭露日期间买入并一直持有该公司股票的投资行为与虚假陈述行为之间存在交易因果关系。

关于损失因果关系的认定。虚假陈述行为的责任人仅对因虚假陈述行为造成的投资者损失承担赔偿责任。虚假陈述行为人有证据证明投资者损失的形成存在其他致损因素,这些因素对股价的波动具有相当的影响程度,且与虚假陈述行为无关的,应当认定该些因素导致的损失不属于虚假陈述行为人的赔偿责任范围。本案中,被告方正科技公司已举证证明,从本案实施日到基准日期间A股市场出现整体的剧烈波动的情况,个股和大盘指数、行业指数、板块指数呈现同步下跌的走势。投资者因受此影响所造成的损失部分,应认定与虚假陈述行为没有因果关系,具体的影响比例应根据专业分析核定扣除。

本案探索确立了既符合现有法律规定又相对公平合理的投资差额损失计算方法。以往审判实践中采用较多的是实际成本法和先进先出法,然而实际成本法扣除或叠加了投资者在揭露日前卖出股票的盈利或亏损,往往会计算出畸高或畸低的买入均价,有失公平合理;先进先出法可能导致买入均价仅由接近揭露日的证券买入价格所决定,并不符合立法本意。本案以“第一笔有效买入后的移动加权平均法”作为买入均价的计算方法,消除了实际成本法、先进先出法所带来的弊端,尽可能地剥离影响股价的其他因素,客观全面地计算投资者的买入成本。

在证券市场系统风险因素扣除问题上,本案创设性地采用同步指数对比法,相对精确认定每个投资者受证券市场风险影响的程度。具体方法为:从投资者第一笔有效买入日起,以与个股买入均价、卖出均价及基准价格相同的计算方式,同步计算相应买入期间的指数均值、卖出期间的指数均值和揭露日到基准日期间的指数均值。指数均值的计算对应投资者交易记录,取投资者每笔交易当天的收盘指数和交易数量,以与个股买入均价相同的计算方式进行移动加权计算指数均值。通过各交易期间的指数均值可以得出指数跌幅,将上证综合指数、申万一级行业指数和申万三级行业指数的跌幅一一计算后,获取指数平均跌幅。再将指数平均跌幅与个股跌幅进行对比。计算公式如下:

$$个股跌幅 = \frac{个股买入均价 - 个股卖出均价或个股基准价}{个股买入均价}$$

$$指数跌幅 = \frac{买入期间的指数均值 - 卖出期间的指数均值或揭露日到基准日期间的指数均值}{买入期间的指数均值}$$

$$指数平均跌幅 = \frac{上证综合指数跌幅 + 申万一级指数跌幅 + 申万三级指数跌幅}{3}$$

$$证券市场系统风险扣除的比例 = \frac{指数平均跌幅}{个股跌幅}$$

本案采用个股均价与同期指数均值进行同步对比的方法,较为客观、精确、合理。第一,该方法针对每一个投资者的不同交易记录分别判断证券市场风险的影响,体现差异性,也涵盖了投资者的整个持股区间,更为公平全面。投资者经历的市场风险越大,相应的扣除比例就越高。第二,该方法选用了 3 + X 指数作为市场风险对比的指数,该指数包括上证综指、申万一级行业指数和申万三级行业指数,既考虑了大盘的影响,又比对了同行业以及与个股最密切相关行业的影响,在市场风险影响程度的判定上更严谨。第三,同步指数对比法将个股的买卖情况与同期指数变动做紧密贴合的比对,分别计算出个股第一笔有效买入日后的买入期间内、卖出期间内或者揭露日至基准日期间相对应的指数均值,并在指数均值计算方法上,将不同交易时点的股票交易数量纳入考量因素。第四,经过反复验证,同步指数对比法确定的市场风险比例的结果与投资者的真实损失情况更接近。“同步指数对比法”将个股跌幅与指数跌幅进行同步对比,明确了证券市场系统风险扣除的考察区间及扣除比例的计算方法,更为精准地核定每个投资者受市场风险影响的比例程度。

基于"多因子量化模型"精准核定证券虚假陈述投资者损失

——许某某等与普天邮通科技股份有限公司证券虚假陈述责任纠纷案①

张文婷* 阮申正**

【裁判要旨】

揭露日的意义在于阻却交易因果关系,只要首次公开向市场释放的信息足以对理性投资者起到重新判断相关证券价值、注意投资风险的警示作用即可,对于揭露的具体行为并不要求达到全面、完整、准确的程度。在上市公司举证证明投资者的部分或全部损失是由与虚假陈述无关的其他因素造成的前提下,对于确定这些风险因素分别对原告损失的影响比例问题,可借助专业机构或人员以科学方法量化确定。

【案号】

一审:上海金融法院(2019)沪74民初1399号

---

① 合议庭成员:沈竹莺、张文婷、童蕾。本案入选上海法院2020年度"四个一百"精品案例、上海金融法院2020年度十大典型案例。

* 法学硕士,上海金融法院综合审判二庭法官。

** 法学硕士,上海金融法院综合审判三庭法官助理。

二审:上海市高级人民法院(2019)沪民终294号

【案情】

原告:许某某等4名投资者

被告:上海普天邮通科技股份有限公司(以下简称普天公司)

普天公司系上海证券交易所的A股、B股上市公司。2015年3月21日,普天公司发布2014年年度报告,公布了公司的基本情况、会计数据和财务指标、股本及股东情况等事项。

2015年9月29日及2016年1月11日,国务院办公厅、财政部等5部委分别发布涉电动车充电基础设施建设的指导意见及通知。在此期间,新能源汽车及充电桩概念相关的市场热度上升。2015年9月上旬起,普天公司A股股价从15元左右开始上涨,2015年10月上旬涨至32元左右,2015年11月中旬达到61.72元的高点后维持50元左右的高位,2016年起震荡下行,截至2017年1月19日前,恢复到30~35元的水平。

2017年1月19日,普天公司发布公告称,公司于2017年1月17日收到中国证券监督管理委员会(以下简称中国证监会)《调查通知书》,中国证监会因普天公司涉嫌违反证券期货相关法律法规,根据《证券法》的有关规定,决定对其立案调查。公司将全面配合中国证监会的调查工作,严格履行信息披露义务,并请广大投资者理性投资,注意投资风险。当日,普天公司A股股价跌幅达10.01%,B股股价跌幅为7.46%,10日内,普天公司A股股价累计跌幅达13.89%,B股股价累计跌幅为16.39%。

2017年1月26日至4月15日,普天公司连续3次发布退市风险警示公告。2017年3月28日,普天公司股票前冠以“ST”。2017年4月22日,普天公司再次发布退市风险警示公告,提示投资者,若公司2017年度经审计的净利润继续为负值,公司股票可能被暂停上市。2017年4月25日,普天公司股票前冠以“*ST”。

2018年1月10日,普天公司发布公告称,公司于2018年1月9日收到中国证券监督管理委员会上海监管局(以下简称上海证监局)《行政处罚事先告知书》,上海证监局查明:2014 年 9 月至 11 月,普天公司为弥补 2014 年度利润缺口、完成利润指标,进行了 3 笔虚假三方贸易,并将上述虚假信息载入其 2014 年年度报告中,共计虚增营业收入 4261.75 万元,虚增利润总额 998.4 万元,占 2014 年度合并财务报表利润总额的 73.68%,拟对普天公司作出行政处罚。

2018 年 3 月 15 日,上海证监局根据《行政处罚事先告知书》认定的违法事实正式作出沪〔2018〕4 号《行政处罚决定书》,对普天公司责令改正、给予警告,并处以 40 万元罚款。

2018 年 1 月 31 日至 2018 年 4 月 27 日,普天公司多次发布股票暂停上市风险提示公告。2018 年 5 月 2 日起,普天公司股票停牌。

许某某等 4 名投资者根据《行政处罚决定书》认定的相关事实起诉普天公司,要求其赔偿因信息披露违规行为所造成的损失。

【审判】

一审初步审理阶段,上海金融法院围绕被告的行为是否构成虚假陈述、虚假陈述的实施日、揭露日等基本事实进行了审查,认定普天公司信息披露违法的行为构成虚假陈述,确定以 2015 年 3 月 21 日为虚假陈述行为实施日,2017 年 1 月 19 日为揭露日,并依据《最高人民法院关于审理证券市场因虚假陈述引发的民事赔偿案件的若干规定》(以下简称《若干规定》)第 33 条确认了 A 股基准日为 2017 年 3 月 21 日,基准价为 31.59 元,B 股基准日为 2018 年 3 月 5 日,基准价为 0.792 美元。

在此基础上,诉讼围绕原告的损失是否由虚假陈述行为所致及如何确定相应赔偿金额等争议焦点继续展开。上海金融法院认为,《若干规定》采用“推定信赖”原则,在虚假陈述对市场产生影响的时间段内,投资者无须举证其因虚假陈述信息而作出投资决定,亦不要求将信赖作为投资决定的唯一动机,在没有相反证据的情况下,应认定投资者的损失与虚假陈述行为之间存在因果关系,但除了虚假陈述的影响外,上市公司的股票价格还受到大盘走势、行业板块及公司规模、价值、盈利等风格因素的持续影响。此外,普天公司提交的该公司股价波动情况、关于充电桩的研究报告及媒体报道等证据亦可以证明，该公司股价亦受充电桩概念热度影响，上述风险因素所致损失与虚假陈述并无关联，应予扣除。

因损失金额的核定及扣除涉及金融、财会领域的专业知识，经释明，各方当事人一致同意由法院委托某高校金融研究院对本案投资损失予以核定。损失核定人员通过构建量化计算模型，使用收益率曲线同步对比法计算出原告的涉案投资差额损失，并就上述损失核定的结论出具了《证券投资者损失核定意见书》（以下简称《损失核定意见书》），出庭接受质询。经充分听取各方意见，上海金融法院最终对《损失核定意见书》予以采纳，并据此认定各原告的投资差额损失及相应佣金、印花税和利息损失。

上海金融法院于2020年4月17日判决：普天公司向原告许某某支付赔偿款7571.17元；向原告厉某某支付赔偿款9406.06元；向原告胡某支付赔偿款10,301.83元；向原告王某某支付赔偿款54,727.19元。

判决后，普天公司不服提起上诉，认为其虚假陈述行为与损害结果之间不存在因果关系，一审认定的损失金额过高。上海市高级人民法院二审认为，《若干规定》对虚假陈述行为与损害结果之间推定存在因果关系，普天公司未提出相反证据予以否认，对其意见不予采纳；证券领域具有高度专业性，一审由专业、中立的第三方出具《损失意见核定书》程序正当，且《损失意见核定书》采用了目前最为科学、经济、高效的方式核定损失，已达到高度盖然性的标准，符合实体正义。遂判决：驳回上诉，维持原判。

【评析】

一、损失认定的法律适用逻辑

证券虚假陈述是一种侵权行为，[①]侵权责任的构成要件包括：侵权行为、损害后果、侵权行为与损害后果间的因果关系、行为人过错。对于上市公司

① 参见人民法院出版社编：《司法解释理解与适用全集》（金融卷3），人民法院出版社2019年版，第1632页。

实施的虚假陈述行为而言,《若干规定》第6条、[①]第21条分别解决了侵权责任的行为要件及过错要件问题,故案件的核心在于损害后果及因果关系的认定上。[②] 投资者的损失主要体现在证券价格的变动上,但证券价格的变动受到多种因素的影响,且上述影响具有客观性、同步性、群体性及不可分散性,[③] 故损失的认定须以因果关系的建立为前提。

(一)因果关系的初步推定

在虚假陈述案件中,因果关系的建立包含着两个层面上的含义:一是交易上的因果关系,若原告的投资决策并没有受到虚假陈述行为的实质性影响,则不能向虚假陈述行为人主张赔偿;二是损失上的因果关系,若原告遭受的实际损失不是虚假陈述行为导致的,则虚假陈述行为人不承担赔偿责任。在一般侵权案件中,原告应承担因果关系的证明责任,但证券交易的模式不同于传统的"面对面"交易,投资者与虚假陈述行为人可能并非交易对手方,投资者的损失也不必然表现为虚假陈述行为人的获益,故现实中投资者难以通过客观证据证明上述因果关系。从保护投资者权益的角度出发,美国司法实践基于"欺诈市场理论",推定交易因果关系的存在,从而减轻了投资者的证明责任。该理论认为,在一个有效的资本市场,所有的信息将及时地反映在交易价格上,投资者即使对于虚假陈述的内容毫不知情,在交易时也因对市场价格的信赖而构成对虚假陈述行为的间接信赖。[④] 但对于证券流通阶段的损失,主流观点认为,原告仍须承担损失因果关系的证明责任。[⑤]

《若干规定》亦采取了推定因果关系存在的做法,但其并未区分交易因果

---

① 2015年《最高人民法院关于当前商事审判工作中的若干具体问题》指出,因虚假陈述、内幕交易和市场操纵行为引发的民事赔偿案件,立案受理时不再以监管部门的行政处罚和生效的刑事判决认定为前置条件。但实践中,投资者一般仍基于上述行政、司法认定提起诉讼。

② 在部分案件中,重大性被作为一个独立的争议焦点。笔者认为,从重大性的两个考察层面而言,即是否足以影响投资者决策,是否足以导致股价波动,其本质上也属于因果关系范畴。

③ 参见缪因知:《精算抑或斟酌:证券虚假陈述赔偿责任中的系统风险因素适用》,载《东南大学学报(哲学社会科学版)》2020年第5期。

④ 参见罗斌:《程序法视野下的"欺诈市场理论"研究——以证券集团诉讼的确认为中心》,载《政法论坛》2009年第4期。

⑤ 参见龙非:《美国证券欺诈案件中"损失因果关系"的证明责任》,载郭锋主编:《证券法律评论》2020年卷,中国法制出版社2020年版。

关系和损失因果关系，实质上是采取了对交易因果关系和损失因果关系的双重推定。根据《若干规定》第18条规定，投资人具有以下情形的，人民法院应当认定虚假陈述与损害结果之间存在因果关系：(1)投资人所投资的是与虚假陈述直接关联的证券；(2)投资人在虚假陈述实施日及以后，至揭露日或者更正日之前买入该证券；(3)投资人在虚假陈述揭露日或者更正日及以后，因卖出该证券发生亏损，或者因持续持有该证券而产生亏损。[①] 实施日即行为人作出虚假陈述或发生虚假陈述之日；揭露日(更正日)即虚假陈述因他人揭露或行为人自行更正而为市场所知悉之日；基准日则是虚假陈述行为被揭示后，其对市场扭曲的效应被市场消化平复之日。对于实施日至揭露日(更正日)期间买入案涉股票的投资者，推定为具有交易因果关系；而虚假陈述被揭露后至其影响消除之日期间，投资者在案涉股票上发生的损失，被推定为因虚假陈述导致。

实践中，实施日的确定相对争议较小，对于积极的虚假陈述行为，信息披露义务人作出明确、肯定但与事实不符的陈述之日即为实施日；对于消极的虚假陈述行为，以法定披露期限的最后一个期日作为实施日。本案中，《行政处罚决定书》认定普天公司于2015年3月21日发布的2014年年度报告记载了虚假信息，各方对此均无异议，故应以该日作为虚假陈述实施日。揭露日的确定则相对复杂，根据《若干规定》第20条规定，揭露日的认定需要具有首次性、公开性、权威性，但是对揭露的内容及其程度未作要求，由此引发争议。普天公司主张以立案调查通知书公告日为揭露日；原告则认为，2017年1月19日的立案调查通知书公告尚未就虚假陈述行为进行明确、具体的揭露，主张以2018年1月10日，即《行政处罚事先告知书》公告日，为揭露日。笔者认为，根据“欺诈市场理论”，投资者对虚假陈述信息的信赖是一种间接信赖而非直接信赖，故揭露日也应侧重风险的揭示。在相关信息不够具体明确时，只要其能够起到充分警示作用，使投资者注意到投资风险，便足以打破投资者对当前市场价格的信赖。《全国法院民商事审判工作会议纪要》(以下简称《会议纪要》)亦指出，虚假陈述的揭露和更正，不要求达到全面、完

① 亏损的定义参见《若干规定》第31条、第32条。

整、准确的程度,只要交易市场对监管部门立案调查、权威媒体刊载的揭露文章等信息存在明显的反应即可认定。[①] 本案中,就主观判断的角度而言,我国证券监管的强度较高,一般只有在掌握较为确实充分的证据的前提下监管机构才会启动立案调查,故立案调查公告本身已属具有较强警示性的信息;从客观判断的角度而言,立案调查通知一经公告,市场即产生了剧烈的反应,交易价格大幅下跌,证明该信息确实影响了投资者的交易决定;从价值判断的角度而言,如以《行政处罚事先告知书》公告日作为揭露日,则会导致在立案调查通知书公告日至《行政处罚事先告知书》公告日期间内已充分获取警示信号却仍买入股票的投资者仍有权主张赔偿,不利于鼓励投资者作出理性判断。故法院最终以2017年1月19日为揭露日,并根据《若干规定》第33条认定了对应的A股、B股基准日及基准价,初步确定了投资者索赔的损失范围。

(二)因果关系的排除与证明

因果关系的存在是一种推定,可以通过相反的证据予以推翻。根据《若干规定》第19条规定,被告举证证明原告具有以下情形的,人民法院应当认定虚假陈述与损害结果之间不存在因果关系:(1)在虚假陈述揭露日或者更正日之前已经卖出证券;(2)在虚假陈述揭露日或者更正日及以后进行的投资;[②](3)明知虚假陈述存在而进行的投资;(4)损失或者部分损失是由证券市场系统风险等其他因素所导致;(5)属于恶意投资、操纵证券价格的。其中,第2项、第3项、第5项可归为对交易因果关系的抗辩;第1项、第4项可归为对损失因果关系的抗辩。

本案中,普天公司提出,部分原告并非在实施日后立即买入案涉股票,而是在2015年下半年充电桩概念热炒时买入,另有部分原告在揭露日后仍大量买入案涉股票,应认定其投资行为不具有交易因果关系。笔者认为,对交易因果关系的否定将导致赔偿责任的全部免除,故相应的证明标准需要达到

① 参见《会议纪要》第84条。

② 事实上,《若干规定》第19条第1项、第2项的规定属于对第18条第2项、第3项的当然解释,一般无须被告举证。

较高的程度，否则将架空虚假陈述赔偿司法制度，使投资者权益无法得到有效保障。一方面，投资者在虚假陈述被揭露前的投资行为可能存在各种动机，而前述动机与投资者对虚假陈述的信赖并不矛盾；另一方面，投资者在虚假陈述被揭露后的交易动机未必与此前的交易动机一致。故法院认定，普天公司尚未达到充分否定交易因果关系的证明程度，对其主张不予采纳。

普天公司另提出，除了虚假陈述外，投资者的损失还受到证券市场系统风险及公司经营状况的恶化、充电桩概念的涨落、公司股票前冠以“ST”等其他因素的影响。原告则认为，《若干规定》第 19 条第 4 项中的“等”字应属列举煞尾，免责因素应限于证券市场系统风险，且该风险“不仅要有客观真实的风险诱因，而且要看相关指数是否出现了大幅度的波动，必要时可以监管部门出具的结论为参考依据”。笔者认为，对损失因果关系的反证不宜过于苛刻。一是对责任减轻、免除事由的定义不应太过狭隘。因果关系的目的在于“确保我们能对那些介入并改变事物发展进程使其朝坏的方向发展的人苛以侵权之责”，[①]限制被告的抗辩与侵权责任的法理基础相悖；从投资行为自担风险的角度而言，证券价格的形成客观上受到多种因素的影响，难以穷尽列举，要求虚假陈述行为人承担那些市场固有的风险，违背损失填补原则，[②]使投资者获得不当得利。二是对证明的标准不宜要求过高。就政策平衡角度而言，推定的政策事实上使一种可能性的，而非盖然性的因果关系足以引起责任，对此应当保持警惕。[③] 过于偏向投资者的司法政策将导致滥诉，不但无助于实现优化公司治理的制度目标，而且将使诉讼实质上沦为上市公司股东之间的财富再分配，并有损债权人利益。[④] 就司法现状而言，当前国内民事主体诉讼能力普遍较弱，也不掌握相关的专业信息和资源，往往只能提出概括的抗辩及初步的证据。若因被告不能对这些符合常识或具有盖然性的免责

---

① [美]路易斯·罗斯、乔尔·赛里格曼：《美国证券监管法基础》，张路等译，法律出版社 2008 年版，第 667 页。

② 笔者认为，对于证券虚假陈述责任而言，惩罚性功能应主要体现在行政责任而非民事责任上。2019 年修订的《证券法》大幅提高了行政处罚的力度正体现了这种立法理念的转变。

③ 参见[美]H. L. A. 哈特、托尼·奥诺尔：《法律中的因果关系》，张绍谦等译，中国政法大学出版社 2005 年版，第 19 页。

④ 参见黄永庆：《证券民事救济案中赔偿额计算的不同规则及其政策原因》，载《金融法苑》2001 年第 8 期。

因素在数量上予以直接证明,就在实体上对其作出不利认定,无益于公平正义的实现。本案中,法院认为,如果有证据证明投资者损失的形成存在其他致损因素,这些因素对股价的波动具有相当的影响程度,并且与虚假陈述行为无关,则应当认定该些因素导致的损失不属于虚假陈述行为人的赔偿范围。

二、损失认定的金融计算方法

法律的逻辑主要在于明确权利保护的理念和范围,最终需要落实到具体的数字。由于证券损失的计算涉及诸多金融、统计学方面的专业知识,无法为一般常识所包容,这就造成审理的困难。对此,最高人民法院在《关于进一步加强金融审判工作的若干意见》中指出,要依法充分运用专家证人、专家陪审员制度,扩充证券案件审理的知识容量和审理深度,提高证券案件审判的专业性和公信力。本案中,法院通过向当事人进行释明,在充分征得各方同意的前提下,通过委托专业机构构建损失量化计算模型,客观、精确、高效地对投资者损失金额予以核定。上述做法不仅符合当下我国法院偏向职权主义的定位,也与一些发达国家的做法一致。①

(一)损失核定方案的原理

损失核定方案应符合立法本意。本案中,在损失核定时采用了"收益率曲线同步对比法"核算投资差额,该方法的基本原理是:通过对比投资者实际投资的损益比例(名义损益比例)与排除虚假陈述因素的模拟损益比例,得出投资者受虚假陈述而产生的差额损失。其中,模拟损益比例是通过对影响股价的各因素予以定量分析,计算出除虚假陈述外的各因素所形成的案涉证券模拟收益率曲线,并根据投资者实际投资时间、数量进行模拟投资形成的损益比例。"收益率曲线同步对比法"的计算公式为:投资差额损失金额 = 名义买入成本 ×(名义损益比例 - 模拟损益比例)。其中,(名义或模拟)损益比

① 参见梁爽:《日本证券虚假陈述责任法律适用对我国的启示》,载《法学》2011年第1期。

例 =（买入成本 – 回收成本）÷ 买入成本 × 100%；买入成本 = 买入均价 × 实施日至揭露日期间的净买入股数；回收成本 = 揭露日后每笔卖出股数 ×（实际或模拟）卖出股票价格 + 基准日仍持有股数 × 基准价。上述公式符合《若干规定》第 30 ~ 32 条关于“投资差额损失”的规定及第 19 条无关损失扣除的规定。

“收益率曲线同步对比法”与方正科技公司虚假陈述责任纠纷案[①]中适用的“同步指数对比法”在原理上存在共通之处，即通过将投资者每笔交易与同期的参照标准进行直接对比，精确地将交易期间内市场风险的动态变化予以固定，解决了传统损失核定方案缺乏时间维度考量所带来的误差。“收益率曲线同步对比法”与“同步指数对比法”的不同之处在于，“同步指数对比法”中的参照标准为“3 + X”的平均指数，即综合指数、一级行业指数、三级行业指数三个必选指数和一个可选概念指数的均值，而“收益率曲线同步对比法”中的参照标准是根据量化计算得到的除虚假陈述外的各因素所形成的案涉证券模拟收益率。与方正案相比，本案中普天公司的股价走势除了受到大盘、行业因素的影响，还明显受到了其他市场风险因素的影响。故在本案中，“收益率曲线同步对比法”的参照标准更为直观，也更符合投资者自担市场风险，虚假陈述行为人仅对其行为造成的损失负责的司法理念。

（二）损失核定的步骤

首先，样本数据的取得。对于投资者的交易数据，法院依职权从中国证券登记结算有限责任公司调取投资者特定时间范围内[②]的交易记录，以确保样本数据的真实、准确、完整。在此基础上，核定人员进一步筛选了有效数据：（1）投资者在实施日前的持股不纳入损失计算，若投资者在实施日后有卖出交易，则从卖出股票中先予扣除该部分持股；（2）若投资者在实施日至揭露日期间出现过清仓，则最后一次清仓前的交易均不纳入损失计算，否则自实施日后的首笔买入至揭露日前的交易均参与损失计算；（3）投资者在揭露日

① 上海金融法院民事判决书，（2018）沪 74 民初 330 号；上海市高级人民法院民事判决书，（2019）沪民终 263 号。

② 一般略大于实施日至基准日的范围。

后买入的股票不纳入损失计算,若投资者在揭露日至基准日期间有卖出交易,则卖出股票按实施日前的持股数量、实施日至揭露日期间净买入股票数量的顺序予以抵扣。实施日至揭露日期间净买入股票对应的卖出交易和持有至基准日的股票均参与损失计算。[①] 即在买入成本和回收成本的统计、计算上进一步排除不具备交易因果关系、损失因果关系的交易标的和交易区间。对于用于模拟收益率分析的大盘、板块、行业及个股等大数据样本,则是从专业、权威的金融数据和分析工具服务商处取得。

其次,计算方法的选定。《若干规定》第31条、第32条仅概括地涉及"买入均价""卖出均价"的概念,而未对其计算方法予以具体说明,在投资者仅具有单个交易方向的理想状态时并无争议,但对于投资者在买入期间内存在相反方向的交易时,不同的计算方法将导致买入均价产生较大差异。在证券虚假陈述纠纷的各类案例中,法院采用了实际成本法、先进先出法、移动加权平均法等计算方法。实际成本法是指实施日至揭露日期间股票存在多笔买卖时,投资者买入股票的总成本扣除卖出股票的回收金额后,除以买入与卖出股数的差额;先进先出法是指实施日至揭露日期间股票存在多笔买卖时,假设先买入的股票最先卖出,卖出成本根据最先买入的成本确定,据此计算买入均价;移动加权平均法是指实施日至揭露日期间股票存在多笔买卖时,当投资者每次买入股票后,以新买入的成本加上库存成本后,除以新买入数量与库存数量之和,计算出新的买入均价,每次卖出时,只减少对应的持仓数量,不改变股票均价。实际成本法简单快捷,缺陷在于其结论受投资者卖出价格的影响较大,而根据虚假陈述责任原理,投资者在揭露日前的卖出价格与其损失无关;先进先出法符合虚假陈述责任原理且便于计算,但从实践来看,采用该方法将导致买入均价趋向于接近揭露日的价格,对部分投资者的权利保护不利;移动加权平均法具有计算准确、整体反映股票交易状况、综合体现提前回收成本和除权影响的优点,[②]能够有效避免因投资者操作水平和股价走势引发的买入均价畸高或畸低的情况,其缺点在于计算过程较为烦

---

① 参见本案《损失核定意见书》。

② 参见张捷:《证券市场虚假陈述案件投资差额损失计算方法的最优选择》,载《人民司法》2008年第22期。

琐,但当前通过计算机技术等辅助手段,已经能够高效地实现相应运算,故该方法得到了较为广泛的运用。本案损失核定方案即采用移动加权平均法进行计算。

最后,市场风险的量化。损失核定方案根据案件实际情况,对 A 股、B 股的市场风险分别采用了多因子模型法和关联法进行量化。多因子模型是关于资产定价分析的模型,在各类量化投资模型中,多因子模型历经长时间的研究和发展,实证结果较为客观公正,整体表现稳定,在学术理论和投资实务中有着广泛的运用。[①] 其认为,股票的均衡收益[②]可以由多个系统性风险因素来解释,主要包括国家因素、行业因素、风格因素及其他无法被前述因素所解释的部分。其中,国家因素代表整个 A 股涨跌带来的日收益率;行业因素代表特定行业涨跌带来的日收益率;风格因素代表影响股价的个性化因素,主要包括规模因素、价值因素、盈利因素等 9 大常见因素,[③]此外,根据个案情况的不同,对于一些影响上市公司股价的长期性风险因素,如 ST 状态、热门概念炒作等,也可以纳入风格因素进行以考量;无法解释的因素则被推定为因虚假陈述而引发的日收益率。本案中,根据查明事实,普天公司的股价除了受到国家、行业及常见风格因素的影响外,还受到充电桩和 ST 概念的影响,故在常见风格因素的基础上添加了充电桩因素和 ST 因素,分别基于充电桩板块成分股数据和 ST 成分股数据进行构建;普天公司提出的股票暂停上市等经营因素由于已经在盈利因素和长期股价变动中得以体现,不应重复计算,故未纳入考量。各系统性风险因素所带来的日收益率乘以相应的暴露值[④]后相加之和即股票日收益率。通过使用整个 A 股市场的个股日收益率

---

① 参见上海交通大学上海高级金融学院、中国金融研究院课题组(课题主持人李峰、严弘):上海金融法院 2020 年度课题“证券虚假陈述案件的损失计算模型构建”。

② 即个股超额收益率 + 无风险利率(取一年期存款利率)。

③ 参见本案《损失核定意见书》,具体包括:规模因素(大小市值的收益差)、价值因素(估值高低的收益差)、beta 因素(对市场风险反应程度大小的收益差)、盈利因素(公司不同盈利水平的收益差)、杠杆因素(高杠杆和低杠杆公司的收益差)、成长因素(销售或盈利成长快慢公司的收益差)、动量因素(股票收益历史表现好坏的收益差)、波动率因素(股票交易波动大小的收益差)和流动性因素(股票换手率大小的收益差)。

④ 可以理解为受影响程度。根据本案《损失核定意见书》,所有 A 股股票的国家因素暴露值均为 1;不同行业股票中,属于特定行业的,其暴露值取 1,不属于的取 0;风格因素的暴露值基于公司最近的财务数据和交易数据计算得到,会随着时间推移不断更新。

对国家因子暴露矩阵、行业因子暴露矩阵、风格因子暴露矩阵进行线性回归,可以得到国家、行业及常见风格因素带来的日收益率,进而计算得出除虚假陈述因素外的案涉股票模拟日收益率。[①] 对于那些只在一定期间内影响上市公司股价的重大事件,由于其属于短期性风险因素,故不适合纳入多因子模型,应通过其他方式另行确定其影响。实践中,一般通过事件分析法予以认定。事件分析法中,先要确定重大事件[②]影响的事件窗口,[③]再计算事件窗口期内公司的股票收益率,然后计算窗口期目标事件外的股票收益率,最后验证该重大事件对收益率的影响是否显著。通过叠加使用多因子模型法和事件分析法,可以较为充分地评估多数情况下虚假陈述带来的影响。[④] 本案中,因不存在需要单独考虑的重大事件,[⑤]故未使用事件分析法,与本案同时期审理的上海中毅达股份有限公司虚假陈述案[⑥]中,由于股票受到重大重组事件影响,损失核定人员同时使用了两种方法核定投资者损失。

对于 B 股市场而言,由于市场规模较小、股票数量有限(100 只左右),而多因子模型法需要大量的样本数据以保障精确性,故该方法难以直接适用。对此,相应的替代方案有两种:一是关联法,即根据同一公司 A 股、B 股股价表现上的关联性量化 B 股模拟日收益率。以交易日前 3 个月作为时间窗口,并用此期间 B 股实际日收益率对 A 股模拟日收益率进行线性回归,计算得到 A 股、B 股间的变动系数,进而以该变动系数乘以交易日 A 股模拟日收益率,得出交易日 B 股模拟日收益率。二是自选投资组合法,通过在 B 股市场选取一批在行业因素、风格因素等方面与被告类似的公司,通过这些公司的平均收益率估算出被告的 B 股模拟收益率。在同一家公司 A 股、B 股走势较

---

① 参见本案《损失核定意见书》。

② 重大事件还需满足以下筛选标准:(1)该事件与虚假陈述事件无因果关系;(2)该事件为确定的事件,而非尚未发生的事件;(3)该事件在数据库中有明确的定义。

③ 一般一个完整的事件窗口包括估计窗口、事件窗口和事后窗口。

④ 参见上海交通大学上海高级金融学院、中国金融研究院课题组(课题主持人李峰、严弘):上海金融法院 2020 年度课题“证券虚假陈述案件的损失计算模型构建”。

⑤ 本案中,损失核定人员认为,普天公司经营不善导致的暂停上市风险已包含在 ST 因素的长期影响中,叠加使用事件法将导致损失重复扣除。

⑥ 上海金融法院民事判决书,(2018)沪 74 民初 615 号;上海市高级人民法院民事判决书,(2020)沪民终 302 号。

为接近时,可以优先选择关联法,否则适用自选投资组合法。本案中选取了关联法计算普天公司的B股模拟收益率。通过将虚假陈述日前一日A股、B股的实际收盘价格分别作为初始价格,代入并累计运算可以得到案涉股票每天的A股、B股模拟价格,将投资者的实际交易时间、数量代入,可以确定模拟损益比例,进而通过“收益率曲线同步对比法”计算出投资者实际受虚假陈述而产生的差额损失。

三、损失核定意见的采信

损失核定意见的最终采信,除了需要符合实体正义,即具有科学性、严谨性和客观性,还需要符合程序正义。程序正义的核心要求是保障当事人的程序参与权、辩论权。作为裁判根据的案件信息应形成于审判程序,并充分贯彻直接言词原则,在此基础上才能形成科学公正的事实认定。证券虚假陈述损失核定涉及专业性极强的知识,如果不以通俗的语言表述,并提前让当事人知悉相关证据的基本情况,双方难以在庭审时对它们进行充分、有效的质证。本案中,某高校金融研究院根据法院的要求,就其损失核定的依据及方法、数据样本分析、计算逻辑和步骤及核定结论等出具了《损失核定意见书》,法院在收到《损失核定意见书》后及时提供给双方当事人,并给予充足的质证准备期间;诉讼中,各方当事人围绕《损失核定意见书》充分发表了意见,损失核定人员围绕当事人对损失核定方法的确定、损失核定因素的取舍等相关问题和质疑一一进行了论证和回应。最终,法院认为,《损失意见核定书》中的核定方法实现了对各类影响股价因素的量化计算,克服了无法将虚假陈述因素与其他因素有效分离的弊端,相对科学、准确,符合立法本意与司法实践需求,予以采纳,并据此认定各原告的投资差额损失及相应佣金、印花税和利息损失。

结　　语

虚假陈述责任的构建始终围绕因果关系的核心而展开。作为一项司法政策,虚假陈述案件中因果关系的认定本身存在一定的模糊性,其在当事人最终权利和责任的落实上也缺乏直观性,由此可能导致对判决结果的质疑与批评。本案中,法院公平、合理地界定了虚假陈述行为与损失间因果关系的范围及证明标准,同时,通过法律适用逻辑与金融计算方法的结合,使因果关系更为科学、精确地反映在当事人的权利、义务上,而不再是一种虚幻的法学概念,增加了判决的客观性和说服力,不失为一次具有积极意义的探索。

上市公司股权隐名代持行为的效力认定和收益归属

——杉浦某某诉龚某股权转让纠纷案①

沈竹莺*

【裁判要旨】

上市公司在证券发行过程中应当如实披露股份权属情况,禁止发行人的股权存在隐名代持情形。隐名代持证券发行人股权的协议因违反公共秩序而无效。股权代持产生的投资收益应根据公平原则,考虑对投资收益的贡献程度以及对投资风险的承受程度等进行合理分配。

【案号】

上海金融法院(2018)沪74民初585号

【案情】

原告:杉浦某某

---

① 合议庭成员:肖凯、竺常赟、沈竹莺。本案入选上海高院参考性案例,入选上海法院2019年度"四个一百"精品案例,入选上海法院2020年度涉外金融审判十大典型案例。

* 法学硕士,时任上海金融法院申诉审查及审判监督庭副庭长。

被告:龚某

原告杉浦某某系日本国公民,被告龚某系中国公民。双方于2005年签订《股份认购与托管协议》,约定杉浦某某以4.36元/股的价格向龚某购买A公司股份88万股,并委托龚某管理,龚某根据杉浦某某的指示处分股份,对外则以自己名义行使股东权利,将收益及时全部交付给杉浦某某。A公司于2017年在上海证券交易所首次公开发行股票并上市,在发行上市过程中,龚某作为股东曾多次出具系争股份清晰未有代持的承诺。2018年,A公司向全体股东按每10股派发现金红利4元,用资本公积按每10股转增4股的比例转增股本。之后,龚某名下的A公司股份数量增加至123.2万股。之后双方对《股份认购与托管协议》的效力和股份收益分配发生纠纷,杉浦某某请求判令龚某交付A公司股份的收益,或者按照软件股份市值返还投资款并赔偿2018年红利损失。

【审判】

上海金融法院认为,我国《民法总则》第153条第2款规定,"违背公序良俗的民事法律行为无效"。公序良俗的概念具有较大弹性,在具体案件中应审慎适用,避免过度克减民事主体的意思自治。公序良俗包括公共秩序和善良风俗。证券领域的公共秩序应先根据该领域的法律法规予以判断,在上位法律无明确规定的情况下,判断某一下位规则是否构成公共秩序时,应从实体正义和程序正当两个层面进行考察:该规则应当体现证券领域法律和行政法规所规定的国家和社会整体利益;该规则的制定主体应当具有法定权威,制定与发布符合法定程序,具有较高的公众知晓度和认同度。证券发行人应当如实披露股份权属情况,禁止发行人股份存在隐名代持情形,系由《证券法》和《首次公开发行股票并上市管理办法》明确规定,关系到以信息披露为基础的证券市场整体法治秩序和广大投资者合法权益,在实体和程序两个层面均符合公共秩序的构成要件,因此属于证券市场中应当遵守、不得违反的公共秩序。隐名代持证券发行人股权的协议违反公共秩序而无效。

股权代持协议被认定无效后,投资收益不属于合同订立前的原有利益,不适用恢复原状的法律规定，应适用公平原则，根据对投资收益的贡献程度以及对投资风险的承受程度等情形，即“谁投资、谁收益”与“收益与风险相一致”进行合理分配。名义持有人与实际投资人一致表示以系争股票拍卖、变卖后所得向实际投资人返还投资款和支付股份增值收益，属于依法处分自身权利的行为，不违反法律法规的禁止性规定，可予支持。

上海金融法院于2019年4月30日作出(2018)沪74民初585号民事判决，判令：(1)龚某向杉浦某某支付2017年现金红利人民币352,000元(扣除应缴纳税费)的70%；(2)杉浦某某可与龚某协商，对龚某名下123.2万股A公司股票进行出售，若协商不成，杉浦某某可申请对上述股票进行拍卖、变卖，上述股票出售、拍卖、变卖所得款项中优先支付杉浦某某投资款人民币3,836,800元，若所得款项金额超过投资款金额，超过部分的70%归杉浦某某所有，剩余部分归龚某所有。宣判后，双方当事人均未上诉，判决已发生法律效力。

【评析】

一、证券发行人股权隐名代持行为的效力认定

证券发行人股权隐名代持行为的效力，应当根据民事法律关于民事法律行为效力的规定，以及证券市场、上市公司相关法律规定综合判断。我国《民法总则》第8条规定：“民事主体从事民事活动，不得违反法律，不得违反公序良俗。”第143条规定：“具备下列条件的民事法律行为有效：(一)行为人具有相应的民事行为能力；(二)意思表示真实；(三)不违反法律、行政法规的强制性规定，不违背公序良俗。”第153条第2款进一步规定：“违背公序良俗的民事法律行为无效。”《民法通则》第7条规定：“民事活动应当尊重社会公德，不得损害社会公共利益，破坏国家经济计划，扰乱社会经济秩序。”第55条规定：“民事法律行为应当具备下列条件：(一)行为人具有相应的民事行为能力；(二)意思表示真实；(三)不违反法律或者社会公共利益。”第58条规定：“下列民事行为无效……(五)违反法律或者社会公共利益的……”《合

同法》第52条第4项规定:“有下列情形之一的,合同无效……(四)损害社会公共利益……”《民法总则》系我国第一次在民事立法中采用“公序良俗”这一概念,并用以取代之前《民法通则》和《合同法》等一直采用的“社会公共利益”的概念。民事法律行为因违背公序良俗而无效,体现了法律对民事领域意思自治的限制,但由于公序良俗的概念本身具有较大弹性,故在具体案件裁判中应当审慎适用,避免其被滥用而过度克减民事主体的意思自治。公序良俗包括公共秩序和善良风俗,其中公共秩序是指政治、经济、文化等领域的基本秩序和根本理念,是与国家和社会整体利益相关的基础性原则、价值和秩序。不同领域存在不同的公共秩序,首先应当根据该领域的法律和行政法规具体判断所涉公共秩序的内容。在该领域的法律和行政法规没有明确规定的情况下,判断某一下位规则是否构成公共秩序时,应当从实体正义和程序正当两个方面考察。其中,实体正义是指该规则应当体现该领域法律和行政法规所规定的国家和社会整体利益;程序正当是指该规则的制定主体应当具有法定权威,且规则的制定与发布应当符合法定程序,具体可以从法律授权、制定程序、公众知晓度和认同度等方面综合考量。

1. 就实体层面而言,《证券法》是我国证券市场的基本法,其第1条规定的立法目的是规范证券发行和交易行为,保护投资者的合法权益,维护社会经济秩序和社会公共利益,促进社会主义市场经济的发展。因此,证券市场的公共秩序应是体现《证券法》立法宗旨,属于证券市场基本交易规范,关涉证券市场根本性、整体性利益和广大投资者合法权益,一旦违反将损害证券市场基本交易安全的基础性秩序。一方面,股票发行上市是证券市场的基本环节,经此环节,公司的股权结构发生重大变化,股东范围扩至公开市场上潜在的广大投资者,证券市场严格的监管标准也对公司治理能力提出更高要求,因此发行人的股权结构清晰就显得十分重要。如果发行人的股权不清晰,不仅会影响公司治理的持续稳定,影响公司落实信息披露、内幕交易和关联交易审查、高管人员任职回避等证券市场基本监管要求,还容易引发权属纠纷,如本案。为此,证监会于2006年5月17日颁布的《首次公开发行股票并上市管理办法》第13条规定:“发行人的股权清晰,控股股东和受控股股东、实际控制人支配的股东持有的发行人股份不存在重大权属纠纷。”另一方面,上市公司披露的信息是影响股票价格的基本因素,要求上市公司在股票发行上市的过程中保证信息的真实、准确、完整,是维护证券市场有效运行的基本准则,也是广大投资者合法利益的基本保障。发行人的股权结构是影响公司经营状况的重要因素,属于发行人应当披露的重要信息。对此,我国《证券法》第63条规定:"发行人、上市公司依法披露的信息,必须真实、准确、完整,不得有虚假记载、误导性陈述或者重大遗漏。"第68条第3款规定:"上市公司董事、监事、高级管理人员应当保证上市公司所披露的信息真实、准确、完整。"综合上述两方面的分析可以看出,发行人必须股权清晰,股份不存在重大权属纠纷,且上市需遵守如实披露的义务,披露的信息必须真实、准确、完整。申言之,即发行人应当如实披露股份权属情况,禁止发行人的股份存在隐名代持情形。上述规则属于证券市场基本交易规范,关系到以信息披露为基础的证券市场整体法治秩序和广大投资者合法权益,在实体层面符合证券市场公共秩序的构成要件。

2.就程序层面而言,我国《证券法》第12条规定:"设立股份有限公司公开发行股票,应当符合《中华人民共和国公司法》规定的条件和经国务院批准的国务院证券监督管理机构规定的其他条件。"《证券法》本身并未对股份公司公开发行股票的具体条件做出规定,而是明确授权证监会对此加以规范。证券市场具有创新发展快、专业性强等特点,欲实现《证券法》规范目的,离不开专业监管机构的依法监管。因此,《证券法》第7条也规定:"国务院证券监督管理机构依法对全国证券市场实行集中统一监督管理。"证监会作为由《证券法》规定,经国务院批准,对证券行业进行监督管理的专门机构,在制定股票发行上市规则方面具有专业性和权威性。《证券法》授权证监会对股票发行上市的条件作出具体规定,实质是将立法所确立之原则内容交由证监会予以具体明确,以此形成能够及时回应证券市场规范需求的《证券法》规则体系。证监会在制定《首次公开发行股票并上市管理办法》的过程中向社会发布了征求意见稿,公开征求意见,制定后也向社会公众予以公布,符合规则制定的正当程序要求,而且上述办法中关于发行人股权清晰不得有重大权属纠纷的规定契合《证券法》的基本原则,不与其他法律、行政法规相冲突,已经成为证券监管的基本规范和业内共识。发行人信息披露义务由《证券法》明文规定,经严格的立法程序制定。因此,发行人应当如实披露股份权属情况,禁止发行人的股份存在隐名代持情形,从程序层面亦符合证券市场公共秩序的构成要件。

结合上述两点分析,发行人应当如实披露股份权属情况,禁止发行人的股份存在隐名代持情形,属于证券市场中应当遵守,不得违反的公共秩序。本案中,杉浦某某和龚某双方的行为构成了发行人股份隐名代持,违反了证券市场的公共秩序,损害了证券市场的公共利益,应认定为无效。

二、代持行为被认定无效后投资收益的归属

无效合同中存在三种利益变动模式:第一种是一方利益的损失即对方所得利益,此为利益的转移导致,因此可称"一失一得,所失即所得";第二种是一方利益受损,但对方并未因此获得利益,此为利益受损方将利益转移给第三方等原因所致,因此可称为"有失无得,所失非所得";第三种是一方获得了利益,但并非建立在对方的损失之上,此为市场供求关系变化或得益一方以给付财产为资本投资所得等原因导致,因此可称为"有得无失,所得非所失"。我国《合同法》第58条规定:"合同无效或者被撤销后,因该合同取得的财产,应当予以返还;不能返还或者没有必要返还的,应当折价补偿。有过错的一方应当赔偿对方因此所受到的损失,双方都有过错的,应当各自承担相应的责任。"前一句话确立的返还规则可以适用于第一种利益变动模式,后一句话确立的赔偿规则可以适用于第二种利益变动模式。第三种利益变动模式目前在法律层面尚无明确规定,合同履行之后新增的利益并非合同订立前的原有利益,显然不属于恢复原状之适用情形,亦无从适用赔偿规则之必要。在司法解释层面,最高人民法院于2010年制定的《关于审理外商投资企业纠纷案件若干问题的规定(一)》对于外商投资企业股权代持无效后的财产归属确立了分配规则,体现在其第18条第1款规定中:"实际投资者与外商投资企业名义股东之间的合同被认定无效,名义股东持有的股权价值高于实际投资额,实际投资者请求名义股东向其返还投资款并根据其实际投资情况以及名义股东参与外商投资企业经营管理的情况对股权收益在双方之间进行合

理分配的,人民法院应予支持。"本文认为,司法解释确立的分配规则是对"有得无失"这一利益变动模式立法缺位的填补,实质与"有失无得"时的赔偿规则在法理上一脉相承,均是公平原则的具体适用。无效合同财产利益的处理旨在恢复原状和平衡利益,即优先恢复到合同订立前的财产状态,不能恢复原状的则应当按照公平原则在当事人之间进行合理的损失分担或收益分配。

虽然本案中的A公司并非外商投资企业,不能直接援引上述司法解释的规定,但该司法解释体现的公平原则应当作为无效股权代持相关收益分配的指导原则,"根据实际投资情况以及名义股东参与外商投资企业经营管理的情况对股权收益在双方之间进行合理分配"亦可类推适用于其他股权代持的情形。本文认为,股份投资是以获得股份收益为目的并伴随投资风险的行为,在适用公平原则时应当着重考虑以下两方面的因素:一是对投资收益的贡献程度,即考虑谁实际承担了投资期间的机会成本和资金成本,按照"谁投资、谁收益"原则,将收益主要分配给承担了投资成本的一方;二是对投资风险的交易安排,即考虑谁将实际承担投资亏损的不利后果,按照"收益与风险相一致"原则,将收益主要分配给承担了投资风险的一方。除此之外,还要考虑名义股东在获取交易机会、公司日常经营中所起的作用。就本案而言,首先,龚某先向杉浦某某收取部分股权转让款,用该款项从案外人处受让A公司股权,再转手出让给杉浦某某,从中赚取差价。因此,龚某并无出资以最终获得股份所有权的投资意图;反之,杉浦某某的投资意图则显著体现于《股份认购与托管协议》中,即通过支付投资款以换取系争股份的长期回报。因此,投资的资金最初来自杉浦某某,亦是杉浦某某实际承担了长期以来的机会成本与资金成本,龚某则取得股权转让差价利益至今。其次,虽然系争《股份认购与托管协议》无效,但无效之原因系违反公序良俗而非意思表示瑕疵,因此该协议中关于收益与风险承担的内容仍体现了双方的真实意思。根据约定,龚某须根据杉浦某某的指示处分系争股份,并向其及时全部交付收益,龚某在代持期间亦未收取过报酬。可见在双方的交易安排中,龚某仅为名义持有人,实际作出投资决策和承担投资后果的系杉浦某某,若发生A公司上市失败或经营亏损情形,最终可能遭受投资损失的亦是杉浦某某。根据上述两方面的考虑,应由杉浦某某获得系争股份投资收益的大部分。同时,龚某在整个投资过程中起到了提供投资信息、交付往期分红,配合公司上市等作用,为投资增值做出了一定贡献,可以适当分得投资收益的小部分。

ISDA 协议中终止净额结算条款的性质认定

——上诉人张家口联合石油化工有限公司与被上诉人渣打银行(中国)有限公司金融衍生品种交易纠纷案①

孙　倩*　翟　爽**

【裁判要旨】

在掉期交易中,交易双方对具体违约责任触发交易提前终止的合约安排,实质上属于继续性合同的约定解除。国际掉期与衍生品协会(International Swaps and Derivatives Association,ISDA)制定的整套标准化文件为场外衍生品交易提供了适用于国际市场的标准化合约,其确立的净额结算制度等相关规则在国际衍生品交易中被广泛采用,并为交易参与方所熟知。因此,若交易协议中实际采用了 ISDA 主协议的相关规定,则应当认为,交易各参与方对协议中所列违约责任的承担具有一定的预期,可以依据终止净额结算条款计算违约损失。

【案号】

一审:上海市浦东新区人民法院(2019)沪 0115 民初 25676 号

① 合议庭成员:吴峻雪、范德鸿、孙倩。本案入选上海法院涉外金融纠纷典型案例、全国法院优秀案例分析优秀奖、上海法院百例精品案例。

* 法学硕士,上海金融法院综合审判一庭法官。

** 法律硕士,上海金融法院申诉审查及审判监督庭法官助理。

二审:上海金融法院(2020)沪 74 民终 533 号

【案情】

上诉人(原审被告):张家口联合石油化工有限公司(以下简称张家口石化公司)

被上诉人(原审原告):渣打银行(中国)有限公司(以下简称渣打银行)

2011 年 9 月 15 日,渣打银行与张家口石化公司签订 ISDA2002 主协议及其附件。2014 年 3 月 7 日,双方签订《布伦特原油—买入绩效互换》及对应的《交易确认书》,约定就布伦特原油开展互换交易。同日,渣打银行就布伦特原油价格跌破执行价格的亏损风险等向张家口石化公司进行说明,张家口石化公司最终确认进行系争交易。相关协议签订后,渣打银行与张家口石化公司依约履行了 4 期互换交易。2014 年 5 月 28 日、9 月 17 日,渣打银行与张家口石化公司的授权交易员通话,就系争交易向其提示油价下跌风险。张家口石化公司均表示了解且希望按原约定 3 月的交易条款执行。2014 年 11 月 11 日,张家口石化公司出具《关于终止布伦特原油—买入绩效互换的函》,要求提前终止协议,否认 2014 年 11 月 10 日后互换交易的效力,并表示不再承担 11 月 10 日后的损失。2014 年 11 月 27 日,渣打银行向张家口石化公司发出《提前终止通知》,指定 2014 年 12 月 2 日为主协议项下所有未完成交易的提前终止日。2014 年 12 月 3 日,渣打银行向张家口石化公司发出《提前终止金额计算报告》及其附件,要求张家口石化公司支付提前终止款项加上到期应付的利息。

因索赔未果,渣打银行诉至法院,要求张家口石化公司支付互换交易项下欠付的提前终止款项 1,328,560.97 美元及律师费人民币 20 万元。上海市浦东新区人民法院作出(2019)沪 0115 民初 25676 号民事判决,判令张家口石化公司支付渣打银行互换交易项下欠付的提前终止款 1,305,777.97 美元及利息;驳回渣打银行其他诉讼请求。张家口石化公司不服,提起上诉。上海金融法院维持一审法院关于支付提前终止款和驳回律师费的判决内容,并基于渣打银行自愿放弃利息诉请而对一审其他判决作出相应变更。

【审判】

法院生效裁判认为,本案的争议焦点主要集中在以下三个方面:第一,涉案交易协议是否成立并有效;第二,上诉人张家口石化公司发函终止协议是否构成违约;第三,终止净额结算条款的性质为何及如何计算。

一、涉案交易协议的效力

上诉人张家口石化公司上诉称,被上诉人渣打银行未尽到适当性义务,未将合适的产品销售给适合的消费者。上海金融法院认为,所谓金融消费者,是指为满足个人或家庭生活消费需要、购买金融机构金融产品或接受金融服务的自然人。卖方机构在向金融消费者推介、销售高风险等级金融产品中必须履行了解客户、了解产品、将适当的产品(或者服务)销售(或者提供)给适合的金融消费者等义务。本案中,张家口石化公司作为经营油类产品的企业,进行涉案衍生品交易,并非出于个人或家庭消费需要,不属于金融消费者的范畴,故对其该项上诉理由,不予支持。

虽然上诉人张家口石化公司不属于金融消费者,但基于金融衍生品交易的复杂性和其自身所隐含的风险,金融机构在与客户缔约时也应评估交易对手的适合度,并向客户充分披露风险。在案证据显示,张家口石化公司从事油类销售业务,基于我国国内油价与国际油价的接轨制度,国际油价波动对国内油类销售业务可能产生影响,故该公司具有与涉案交易直接相关的基础资产。张家口石化公司还签署了《风险确认》,确认其已基于自身判断对是否订立交易以及交易是否合适或适当作了最终决定,渣打银行已充分披露了协议和交易的风险,张家口石化公司已阅读上述风险警告,完全明白可能因交易和协议引起的全部风险,包括但不限于最差情况下其潜在的损失,同时,还确认其具有与本交易直接相关基础资产或基础负债,进行本交易的目的是对冲或避险。故被上诉人渣打银行在缔约过程中已履行了相应的客户审查及风险提示义务。

在涉案产品设计的公平性问题上,衍生品交易是合同当事人对未来的不确定性进行博弈,在金融机构对产品交易结构、蕴含风险进行充分揭示的情况下,当事人应对交易过程中可能产生的收益或亏损有一定的预期,并在此基础上自主作出商业判断。同时,作为风险管理工具,衍生交易下的盈亏与现货交易中的损益之间存在对冲关系,故也不应仅从涉案交易本身的盈亏判断合同的公平性。

综上分析,涉案交易协议系双方当事人真实意思表示,并不违反法律、行政法规的禁止性规定,已经成立并合法有效,当事人均应恪守合同约定。

二、上诉人张家口石化公司发函终止协议是否构成违约

上诉人张家口石化公司主张,其要求终止的 2 月的交易条款,因其并未生效,该行为并不会导致 3 月的交易条款的直接终止。上海金融法院认为,有相对人的意思表示的解释,应当按照所使用的词句,结合相关条款、行为的性质和目的、习惯以及诚信原则,确定意思表示的含义。从张家口石化公司《关于终止布伦特原油—买入绩效互换的函》的具体内容看,函中虽将协议签署时间记载为“2 月 18 日”,但同时也明确表示,认同并履行 2014 年 11 月 10 日以前的合约约定,2014 年 11 月 10 日之后的协议不再生效,故其目的在于终止正在进行的互换交易,否定剩余 3 期互换约定的效力,而非要终止一份未生效的协议。现双方当事人对实际履行的协议为 3 月的交易条款并无争议,故张家口石化公司向渣打银行出具此函应理解为要求终止 3 月的交易条款,构成主协议第 5(a)(ii)(2)条项下的违约事件,渣打银行得依据第 6(a)条约定享有违约事件发生后提前终止之权利。

三、终止净额结算条款的性质和计算

ISDA 主协议第 6(e)(v)条约定:“按第 6(e)条支付之款项系对亏损之合理预先估计而非违约金。支付该数额之目的系为补偿交易之未能实现及保障未来损失之风险。”在掉期交易中,交易双方对具体违约责任触发交易提

前终止的合约安排实质上属于继续性合同的约定解除。违约事件下提前终止应付额包括终止款项和未付款项两部分,其中未付款项的清偿属于对已发生并确定之债务的履行,而提前终止款项即为交易违约方在合同解除后对非违约方应承担的违约责任,也就是赔偿非违约方因交易提前解除而遭受之损失。

我国原《合同法》第 113 条第 1 款规定:"当事人一方不履行合同义务或者履行合同义务不符合约定,给对方造成损失的,损失赔偿额应当相当于因违约所造成的损失,包括合同履行后可以获得的利益,但不得超过违反合同一方订立合同时预见到或者应当预见到的因违反合同可能造成的损失。"ISDA 主协议的出台为场外衍生品交易提供了适用于国际市场的标准化合约,并作为国际惯例和国内行业规则在衍生品交易实践中被广泛采用并为交易参与方所熟知。因此,若交易协议中实际采用了 ISDA 主协议的相关规定,则应当认为交易各参与方对协议中所列违约责任的承担具有一定的预期。

根据 ISDA 主协议的规定,在违约事件发生后,非违约方应当以通知的形式,根据协议就所有受到影响的未到期交易指定一个提前终止日。不论有关的违约事件、终止事件是否仍持续,该提前终止日将于指定的日期生效,并以此提前终止日为基准,使相应的未到期交易被提前终止。本案中,渣打银行于 2014 年 11 月 27 日发出提前终止通知,并指定 2014 年 12 月 2 日为提前终止日,符合双方合同约定。

关于提前终止款项的计算方法,根据 ISDA 主协议第 14 条的约定,计算方将以诚实信用原则,并按合理之商业程序确定任何结算款项,以达到合理之商业效益。计算方可参考任何有关信息,包括但不限于第三方提供的有关替换交易之报价、第三方提供的相关市场数据资料等。本案中,渣打银行向行业内数家第三方咨询了有关替代交易的报价,并结合其他市场信息计算了提前终止款项。一审法院以市场报价的平均数作为提前终止款项计算的依据,并不违反双方合同约定,且低于渣打银行计算的金额,实际减轻了债务人的负担,可予维持。

【评析】

20世纪70年代以来,金融衍生品迅猛发展。虽然金融衍生品的设计初衷是降低交易风险,但是用之不当,也会因杠杆效应而使风险成倍增加。本案所涉争议系因2014年国际市场原油价格暴跌,客户为止损提前解除金融衍生品合约而引发的违约纠纷。在案件审理中,法院充分遵循场外金融衍生品交易的自身特性和国际惯例,确认了提前终止净额结算条款的性质和效力,对类案裁判具有一定指引作用。

一、金融衍生交易之解构——具有独立价值的合约

(一)金融衍生品的概念及特征

按照各国及专业性国际组织之间达成的普遍共识,金融衍生品本质是一种金融合约,是由远期、期货、掉期、期权四大基本种类合同单一或组合而成的金融工具,其价值与基础资产的价值密切相关。① 根据交易方式不同,金融衍生品可分为场内交易和场外交易。场内交易是指金融衍生品在集中的、有组织的交易场所中公开交易,其具有统一的、标准化的合同条款以及强制性的风险控制安排。场外交易是指不在固定的交易所内交易,而是由金融机构与客户之间或金融机构之间进行的一对一的私下交易,其合同条款基于交易双方的需求自主拟定。②

以上对金融衍生品的定义中包含了三个重要特征:一是合约性;二是派生性;三是价值独立性。

---

① 按照国际清算银行巴塞尔委员会和国际证监会组织发布的《衍生产品风险管理准则》的界定"广义上而言,衍生产品是一种金融协议,其价值取决于一种或多种基础资产或指数的价值";我国银保监会发布的《金融机构衍生产品交易业务管理暂行办法》的界定,"衍生产品是一种金融合约,其价值取决于一种或多种基础资产或指数";国际知名金融智库——30人小组出版的《衍生品:实务与原则》报告中的定义为"衍生交易是一种价值取决于基础资产、参数或指数的合同"。

② 参见刘燕:《存款合同还是金融衍生品交易——汇丰银行"双利存款"案解析》,载《法律科学》2009年第3期。

1. 金融衍生品的合约性

金融衍生品实际上就是约定交易各方权利义务的合同,合约性是其本质属性。本案所涉及的衍生品为掉期合约,是场外金融衍生品交易的一种,指双方私下达成协议,约定在未来的某一时间段内按照约定的价格、数量交换一系列标的物或现金流的合同。①

首先,金融衍生品合约是交易各方意思表示的外部表现。以场外金融衍生品交易为例,交易各方通过协商,对基础标的物种类、交易单位、交割时间、交易结构等内容达成一致的意思表示,并以书面协议的方式共同签署,至此交易各方正式达成合意,应恪守并履行合同的约定。在现实交易中,因场外金融衍生品内容复杂并且具有一定的规律性,ISDA 等行业组织为了节约交易方的协商成本,制定了一系列框架协议,作为国际惯例在场外交易中广泛使用。此时,交易方共同认可并签署的框架协议也可视为意思表示的外部表现。

其次,金融衍生品合约确定各方当事人的权利、义务关系。金融衍生品独立于基础交易之外,其本身是虚拟的存在,正是因为合约中关于各方当事人权利、义务的实际架构,使虚拟的金融衍生品有了现实意义。所以,为确保合约目的实现,应遵守约定行使权利或履行义务,否则将因违约而承担相应的责任。

2. 金融衍生品的派生性

首先,衍生品交易不以取得基础资产所有权为目标。虽然衍生品价值与基础资产价格或指标的变化息息相关,但并不一定以发生基础资产所有权转移的法律效果为目标,这是衍生品合约派生性特征的体现。以本案涉及的掉期交易为例,掉期合约派生于基础交易,但与基础资产的所有权无关,而仅与基础资产的价格等特征相关。因此,金融衍生品可以转化为不同时空、不同状态下的资产形式,满足金融参与者对其进行交易的目的。

其次,衍生品交易的盈亏与基础资产价格变动密切相关。金融衍生品实际是将风险转移和重新分配的金融工具,合约交易双方盈亏完全相反并且净

① 参见刘燕、楼建波:《金融衍生交易的法律解释——以合同为中心》,载《法学研究》2012 年第 1 期。

损益为零,所以有观点认为“衍生品合约意味着当事人之间的对赌”,①以本案涉及的掉期交易为例:合约双方本着对于基础资产——原油在未来某时段价格走势完全相反的预估签订合约,在约定的时段内通过比较基础资产的市场价格与合约价格确定获利方。

3. 金融衍生品的价值独立性

金融衍生品之所以能够成为金融市场中最具有活力及影响力的金融产品,与其价值的独立性不可分离。

首先,金融衍生合约本身可以成为交易的标的,而不仅仅是约定当事人之间权利义务关系的载体。在衍生品合约的履行期到来之前,有潜在获利的一方当事人可以将合约转让,并收取对价,这实际上就是一种买卖合同关系,而此时的合同标的就是金融衍生合约本身。金融衍生品合约的价值性使其突破传统民商法中合同仅充当交易媒介的功能定位,成为交易的标的。也正因如此,在处理涉及金融衍生品合约的案件时,不能刻板套用合同法的理论,应结合衍生品合约的特殊性予以综合考量。

其次,金融衍生交易是资本独立参与市场竞争的缩影。因为金融衍生品的价值具有独立性,独立于基础资产的所有权而存在,所以与传统依附于实物交割的交易方式不同,金融衍生交易更具有独立性。从历史上看,资本与所有权出现过三次剥离,每一次剥离都会驱使所有权更具流动性,资本更具竞争力。第一次剥离是工人与生产资料的占有及所有权相剥离,即劳动与生产资料的剥离,以便企业主控制生产,资本以公司的形式进行竞争。第二次剥离是所有权与生产的剥离,资本以股份制公司的形式进行竞争。金融衍生品则标志着资本所有权形式的发展进入第三个阶段,它使资本所有权从公司所有权中剥离出来,并且资本独立参与竞争。② 如今金融衍生品已深深嵌入资本市场肌理,其出现及盛行促进了资本在全球范围内快速流动,这也正是资本独立参与市场竞争的一个缩影。

① 刘燕、楼建波:《金融衍生交易的法律解释——以合同为中心》,载《法学研究》2012 年第 1 期。

② 参见[英]迪克·布莱恩、[澳]迈克尔·拉弗蒂:《金融衍生品——资本、货币与竞争》,韩乾、薛晓明译,北京大学出版社 2020 年版,第 66～70 页。

(二)衍生品交易结构之特殊性

正如前文所述,以是否具有固定的交易场所为区分标准,衍生品交易分为场内交易和场外交易两种模式。无论是从交易组织形式还是合约类型来看,场内交易都更具标准化特征。与采用经纪商模式[①]进行标准化合约交易的场内交易不同,场外交易多采用双边协商或做市商的交易模式,[②]签订的合约也更具有个性化特征,因此场外交易对参与者的专业性要求更高,通常是大型企业机构、投资基金或金融中介机构,而个人投资者或信用级别较低的机构难以参与其中。

按照是否进行基础资产交割,金融衍生品交易可分为两种结构:一种是基础资产交割型,即直接在远期市场买入未来需要的原材料等,或出售未来生产的产品,并提前锁定可以接收到的价格;另一种是现货交易对冲型,即经营者通过签订与其出售的现货相同或类似但方向相反的衍生合约,由衍生合同结算的盈亏来抵消实际经营中的损失,从而控制自身的经营成本。

本案中的交易结构即为后者,将场外衍生品交易作为现货交易的对冲。具体而言,渣打银行与张家口石化公司签订 ISDA2002 主协议及其附件,并签订《布伦特原油—买入绩效互换》及对应的《交易确认书》,约定 2014 年 8 月 1 日至 2015 年 2 月 28 日(每月为一个计算期间)双方就布伦特原油开展互换交易,每个计算期间的名义数量为 2 万桶,总计 14 万桶。双方以每桶布伦特原油 93 美元为执行价格,以单个计算期间内每一定价日商品参考价格为评估价格,在每个计算期间的结算日就浮动金额结算如下:当评估价格等于或高于执行价格,渣打银行向张家口石化公司支付固定金额 2 万美元;当评估价格低于执行价格,张家口石化公司向渣打银行支付金额 = (执行价格 - 评估价格) × 名义数量。

本案原油的市场评估价若高于双方约定的 93 美元/桶执行价,渣打银行

① 经纪商作为交易所的会员,接受客户关于买卖交易所上市的衍生品合约的委托指令并进行交易。场内市场在某些情况下也引入做市商制度,主要目的是提高合约的流动性。

② 双边协商是指衍生品合约由双方自由协商确定,做市商模式指做市商会对一些常见衍生品合约进行报价,也回应客户的询价,在价格协商一致的基础上达成交易。

仅仅需向张家口石化支付2万美元的固定结算款,而一旦原油的市场评估价低于执行价,张家口石化公司需要支付巨额的结算款,单从涉案交易的盈亏来看,收益与风险不成正比,但金融衍生品合同及交易结构的特殊性不容忽视。

在涉案产品设计的公平性问题上,应以商业风险自担原则为判断标准。金融衍生品合同是当事人对未来的不确定性进行博弈,在金融机构对产品交易结构、蕴含风险进行充分揭示的情况下,当事人应对交易过程中可能产生的收益或亏损有一定的预期,并在此基础上自主作出商业判断。本案中,执行价93美元/桶系原告自己决定,是其基于相关行业经营经验对原油价格走势作出的预判。同时,作为风险管理工具,衍生交易下的盈亏与现货交易中的损益之间存在对冲关系。本案中,张家口石化公司在实际经营中需要采购原油现货,而原油价格的下跌,可使其在现货市场中获利,从而与涉案衍生合同形成对冲,故也不应仅从涉案交易本身的盈亏判断合同的公平性。

二、终止净额结算性质之剖析——继续性合同的约定解除

为降低市场参与者的协商成本,保护市场参与者的权益,ISDA主持制定了一系列相关文件,其中ISDA主协议及其相关附件在目前国际金融衍生品交易中被广泛采用,其所确立的单一协议、瑕疵资产与净额结算这三大制度作为国际惯例,在维护国际金融衍生品市场稳定运行发面发挥了重要作用。

(一)终止净额结算制度的概念

净额结算又称轧差,是指交易各方对其之间的权利、义务进行合意冲抵。[①] 净额结算分为两部分:“净额”和“结算”。前者指对交易各方之间的头寸进行轧差,得到一个净值;后者指按照得出的净额进行支付。

根据净额结算的效果不同,可以分为支付净额结算、更新净额结算与终止净额结算。其中,支付净额结算和更新净额结算都是合约正常履行情况下

---

① 参见贾静:《国际金融衍生交易中净额结算的法律性质》,载《国际商务(对外经济贸易大学学报)》2001年第6期。

所进行的结算,而终止净额结算指在发生违约或终止事件导致主协议项下的所有交易提前终止时,交易双方根据约定方式对交易终止时双方在主协议项下所有被终止交易的互有盈亏头寸进行计算,并对之进行轧差或冲抵,确定一个单向的净支付义务的制度。[①] 简单地讲,就是当衍生合约一方当事人违约时,守约方可以宣布合约提前终止,双方需要将合同项下尚未支付的款项(包括终止款项和未付款项)按一定方法计算至合约终止日,并结算支付。

具体到本案,张家口石化公司与渣打银行签订的 ISDA 主协议约定,任何一方取消、否认、放弃或拒绝部分或全部主协议、确认书等,构成违约,交易对方可以确定提前终止日并要求其支付终止净额结算的款项及利息。张家口石化公司在履行 4 期交易之后,向渣打银行发函要求提前终止并解除互换交易,否认之后交易的效力并表示不再履行。渣打银行根据终止净额结算条款确认了提前终止日并要求张家口石化公司依据合同的约定支付提前终止款项及利息。

(二)结算条款的构成及计算方式

如上文所述,根据终止净额结算条款的约定发生违约提前终止应付款项包括终止款项和未付款项两部分,其中未付款项的清偿属于对已发生并确定之债务的履行,而提前终止款项可理解为交易违约方在合同解除后对守约方应承担的违约责任,也就是赔偿守约方因交易提前解除而遭受的损失。根据我国《民法典》第 584 条的规定,违约损失赔偿范围包括可得利益,但不得超过订立合同时预见到或应当预见到的违约损失。交易中采用了 ISDA 主协议中终止净额结算的约定,则应当认为交易各参与方对协议中所列违约责任的承担具有一定的预期。可见,该种责任承担方式与我国法律并不相悖。

终止净额结算条款约定的计算方式是 1992 年版 ISDA 主协议和 2002 年版 ISDA 主协议主要区别之一。案件审理中,应注意区分当事人签订的协议版本分别判断:其中,1992 年版采用损失法(Loss)或市场报价法(Market Quotation)作为计算基础,当事人可自行选择。2002 年版则采用终止款项法

---

① 参见中国银行间市场交易商协会编:《〈中国银行间市场金融衍生品交易主协议〉释义》,中国金融出版社 2008 年版,第 14 页。

(Close-out Amount),指为取得与被终止交易的重大条款相同的经济效果而进行替代交易,由此所产生的损失或成本金额(以正数表示),或由此而得到的收益(以负数表示)。此外,在最终支付上,1992 年版主协议中,当事人可以选择适用“脱身条款”(Walk Away),即在终止净额计算结果是负数的情况下,守约方无须向违约方支付。2002 年版则不存在该条款,无论何方盈亏,均须按净额支付。

2002 年版 ISDA 主协议中终止净额结算分为终止交易、计算和净额结算三个阶段,以前一个阶段作为后一个阶段的基础。其第 14 条规定:计算方将以诚实信用原则,并按照合理商业程序确定结算款项,以达到合理的商业效益。对于如何确定结算款项合理商业程序,主协议规定:(1)适用由第三方提供的相关市场数据或源自内部的数据进行评估时,应采用在日常商业过程中评估与第三方进行类似交易时所使用的模式;(2)根据一笔终止交易或者一组终止交易的类型、复杂性、规模和数量,对该笔终止交易适用不同的评估办法。另外,2002 年版主协议对确定结算款项的时间也有规定:每笔结算款项应在提前终止日确定,或如果以在商业上非合理可行,也可以按提前终止日之后商业上合理之日确定。

(三)终止净额结算制度的性质及价值

当事人对具体违约责任触发交易提前终止的合约安排实质上属于继续性合同的约定解除。与一时性合同不同,继续性合同的内容并不是一次性就可以完成的,甚至在合同订立时并不明确,而是随着时间的延展而逐步确定的。这与金融衍生品合约“当前定约,未来履行”的属性一致,合同的全部条款已经合意妥当,但是合同的履行、标的物的实际交付均在未来的某个时日或时段。因为继续性合同持续时间长,双方当事人对后期的情势可预见程度明显低于一时性合同,同时合同周期越长,不确定风险越大,故对继续性合同的解除限制不应过于严格。继续性合同的解除可以分为约定解除和任意解除,而终止净额结算条款事先已经约定在 ISDA 主协议之中,是对金融衍生品合约的约定解除。

继续性合同的约定解除的属性使终止净额结算制度具有减轻信用风险

及防范系统性风险的功能价值。一旦发生违约或终止交易的情形,守约方所承担的损失由原来的总金额降低至结算后的净值。经过终止净额结算,交易双方支付的实际金额大大减少,交易当事人只需要承担净额支付的风险,一方面,节省了交易成本;另一方面,降低了资本流动的风险,从而在一定程度上避免了巨额亏损甚至破产的情况。终止净额结算制度在防范系统风险方面也具有重要意义,场外掉期交易的参与者多为金融机构或大型企业,当一方发生违约甚至破产时,如果没有通过终止净额结算来削减风险敞口,极有可能引起系统性金融灾难。

三、传统民商法理念之突破——终止净额结算条款效力的认可

终止净额结算制度与传统民商法中继续性合同的约定解除法律后果不同。在传统民商法下,合同提前终止意味着仅仅对已经履行的部分进行结算,对尚未到期、尚未履行的部分不再履行。但在终止净额结算条款项下,合同提前终止后应付款项包括终止款项和未付款项两部分,也就是说依然要兑现未来的盈亏,合同提前终止的效果与假定合同在终止日全部履行完毕的效果差别不大。该制度设计的目的在于衍生合约价值性的实现,即不能因为违约方的过错导致守约方失去利用衍生合同套利保值的目的,所以违约方需要补偿守约方本该获得的收益。[①] 以传统民商法理念为判断依据,则可能否认终止净额结算条款的效力,从而拒绝认可终止净额结算条款的处理方式。故长期以来,关于终止净额结算条款效力的认定亦存在争议。

对终止净额条款的性质的认定持否定观点者认为,该条款名为提前终止而无终止之实,应认定无效。而终止净额条款效力肯定说认为,衍生合约提前终止与实际履行没有本质的区别,都必须兑现合约项下的全部损益,以保障衍生交易发挥预期的套期保值功能。这虽然与传统民商法的合同终止理念不符,但是因为符合衍生交易的基本目的,从理论上说终止净额结算条款

---

① 参见刘燕、楼建波:《金融衍生交易的法律解释——以合同为中心》,载《法学研究》2012 年第 1 期。

的效力应得到认可。①

结合金融衍生品纠纷的特征及审理的基本原则,本案支持终止金额条款效力肯定说,原因主要有以下三方面:

1. 对合同法预见规则的恪守

在处理金融衍生品纠纷案件时,应以合同条款作为判断权利义务内容、违约责任等的依据。终止净额结算条款出自ISDA主协议,在2002年版本的ISDA主协议第6条中涵盖了终止净额结算的各个步骤安排,在第6(a)条、第6(b)条提前终止中明确发生了违约事件或终止事件后,违约方向守约方通知上述事件及守约方指定终止日。在第6(e)(i)(ii)(iii)条和第6(d)(i)条轧差计算中规定了提前终止款项的计算方式,明确通过协议中约定的方法计算被终止交易的公允价值,从而确定提前终止的款项。可见,在交易双方共同认可且签订的ISDA主协议中,终止净额结算条款的各个步骤内容明确,金额计算方式明确披露,与我国原合同法预见规则一致。

2. 对可预见范围内商业风险的自担

因为金融衍生品交易具有杠杆性及射幸性,交易风险巨大,且交易合约多为金融机构提前制订的格式合同,基于金融机构与客户之间信息的不对称性,金融机构在交易的初始缔约阶段和交易的后续履行阶段都应负有信息披露与风险揭示义务。金融衍生品交易是一项商业活动,而交易相对人作为商事主体,也应当承担相应的风险,本着金融交易中"卖者尽责,买着自负"的原则,金融机构负有信息披露与风险揭示义务,交易相对方也有审慎注意义务,对可预见范围内的商业风险应有合理的预期。在金融机构已经对终止净额结算条款进行说明并揭示风险后,不宜以显失公平为由否认终止净额结算条款的效力。

3. 对金融衍生品交易国际惯例的尊重

由于衍生品交易结构复杂、设计精巧,普通交易参与者并不具备制定交易条款的能力,ISDA主协议为该类交易提供了适用于国际市场的标准化合约,并作为国际惯例在衍生品交易中被广泛使用,为交易参与者熟知。因此,在交易

---

① 参见刘燕、楼建波:《金融衍生交易的法律解释——以合同为中心》,载《法学研究》2012年第1期。

中采用 ISDA 主协议中关于终止净额结算条款的约定,应认定交易参与者对该条款的效力予以充分的认可,并且对违约责任的承担具有一定的预期。终止净额结算条款亦未与我国现行法律法规相违背,并且未涉及监管问题、交易安全及不良社会影响等问题,亦与公序良俗不相违背,应作为国际惯例加以适用,其效力亦应得到认可。

结　语

“当前定约,未来履行”是金融衍生交易不可忽视的特征。究其本质,是具有独立价值的合约,但是因为其产生的初衷并非实现简单的等价交易,而是一种金融风险防控工具,所以对其公平性的考量不应仅着眼于交易的盈亏,而是应以商业风险自担原则作为判断标准。与所有合同一样,金融衍生合约的履行也会遭遇违约的风险,而我国在场外衍生品交易方面并没有专门立法规制。ISDA 主协议及其相关附件在场外金融衍生品交易中被广泛采用,其所确立的终止净额结算制度作为国际惯例,在规制金融衍生合同违约方面起到重要作用。终止净额结算制度的性质为继续性合同的约定解除,但是与传统民商法上合同解除的法律后果不同,根据终止净额结算制度规定,发生违约提前终止应付款项包括终止款项和未付款项两部分。也就是说,合同提前终止后依然要兑现未来的全部盈亏,由违约方支付给守约方,合同提前终止的效果与假定合同在终止日全部履行完毕的效果相差不大。这种对传统民商法基础性理念的突破,导致终止净额结算条款的效力认定出现争议。但是该条款是被普遍认可的国际惯例,与我国现行法律法规及公序良俗不相违背,双方当事人在对交易将会产生的风险具有一定预期的基础上共同签署 ISDA 主协议,其中就包括终止净额结算条款。出于对合同法预见规则的恪守、对国际惯例的尊重、对商业风险自担原则的遵守,应肯定终止净额结算条款的效力并根据其约定的规则进行净额结算。

私募基金有限合伙企业之有限合伙人对赌效力的认定原则

——长安财富资产管理有限公司与长城影视文化企业集团有限公司、赵某、陈某其他合同纠纷案①

杨　晖*

【裁判要旨】

我国就合伙法律制度形成了民事与商事的二元立法思路。我国《合伙企业法》规范合伙企业内外部关系,是关于商事合伙的特别规定,我国《民法典》新增合伙合同一章,对民事合伙法律关系作出一般规定。实践中,私募基金成立有限合伙企业,利用对赌以实现投资人的投资收益保障。《民法典》规定合伙协议可以另行约定合伙的利润及收益分配,并未禁止对赌的利益分配模式。对于合伙份额的转让,对内转让通知即可,对外转让则需其他合伙人一致同意。因此在我国现行法律框架下,对有限合伙企业份额受让及差额补足形式的对赌协议效力认定及履行进行司法审判,应重点考量对赌的主体、内容及方式是否符合法律规定及合伙协议约定,侧重对赌约定的实质法律性质判断,注意审查对赌内容是否经过合伙协议的确认,全体合伙人对对赌认可的意思表示可有多种方式。

---

① 合议庭成员:王承晔、周菁、陈文培。本案入选2020年度上海金融法院十大典型案例。

* 法学博士,上海金融法院申诉审查及审判监督庭法官助理。

【案号】

上海金融法院(2019)沪74民初379号

【案情】

原告:长安财富资产管理有限公司(以下简称长安财富公司)

被告:长城影视文化企业集团有限公司(以下简称长城影视集团)、赵某及陈某

长安财富公司系某股权投资合伙企业(有限合伙)(以下简称基金)的A类财产委托人及有限合伙人。长城影视集团系基金的B类财产委托人及有限合伙人。赵某系长城影视集团的实际控制人。赵某、陈某系夫妻关系。2016年10月25日,长安财富公司与长城影视集团签订《无条件受让及差额付款合同》,约定由长城影视集团作为无条件受让义务人,承诺在合同约定的情形发生时,无条件受让长安财富公司持有的基金份额。同日,长安财富公司与赵某、陈某还分别各自签订两份《保证合同》,约定赵某、陈某为长城影视集团在《无条件受让及差额付款合同》项下所承担的义务承担连带责任保证。《无条件受让及差额付款合同》第1条第1款约定的受让情况包括:在基金运行期间,若自基金A类份额投资者的首期缴付资金实际到账之日起的30个月内,上市公司(指由长城影视集团实际控制的上市公司)收购标的公司(该公司由基金全资控股)未获得中国证券监督管理委员会(以下简称中国证监会)或其他有权审批机关的批准,或自基金A类份额投资者的首期缴付资金实际到账之日起的30个月内上市公司还未完成收购标的公司,或其他原因导致基金未完成所持有标的公司股权的全部转让。《无条件受让及差额付款合同》签订后,2016年12月29日,长安财富公司首期缴付资金到账。按照《无条件受让及差额付款合同》约定的30个月时间计算,上市公司应当于2019年6月29日以前完成对标的公司的收购。另根据长城影视集团与基金于2016年12月签订的《附条件收购协议》约定,标的公司的收购程序应当在

《股权转让协议》(签订日期为2016年12月)签署完成后的24个月内启动(不晚于2018年12月启动)。然而,截至长安财富公司起诉之日,标的公司的收购程序仍未启动,上市公司实际已不可能于2019年6月29日前完成收购标的公司的程序,因而已经实质构成了《无条件受让及差额付款合同》约定的受让情形。

另外,基金合伙协议约定,合伙企业财产份额转让的有效申请,需经代表全部表决权的合伙人一致表决同意。合伙协议另约定,经协商一致,合伙人可以通过签订补充协议的方式修改本协议或对未尽事宜进行补充,补充、修改内容与本协议相冲突的,以补充、修改后的内容为准。合伙协议还约定,本协议附件作为本协议不可分割的组成部分,与本协议具有同等法律效力。同时,合伙协议还约定,若A类资产份额的年化投资收益率低于预期最低投资收益,则按A类财产份额委托人与长城影视集团签订的《无条件受让及差额付款合同》、A类财产份额委托人与长城影视集团的实际控制人赵某及其配偶分别签订的《保证合同》中的具体约定,由相关义务人履行补足义务及担保义务。

故长安财富公司诉请:(1)长城影视集团向长安财富公司支付基金份额受让价款。(2)长城影视集团向长安财富公司赔偿因其违约所导致的损失(以受让价款为基数,按照每日万分之五的标准,自2019年2月2日起计算至实际付款之日止)。(3)赵某、陈某对长城影视集团在诉讼请求第1、2项下的债务承担连带责任。(4)长城影视集团、赵某、陈某共同承担本案律师费、案件受理费、财产保全费等在内的所有诉讼费用。

【审判】

一审判决认为,本案争议焦点主要集中在《无条件受让及差额付款合同》的性质及效力问题。

1. 本案争议的法律关系实质为私募基金有限合伙企业的有限合伙人之间因对赌协议触发有限合伙企业份额的对内转让关系。《无条件受让及差额付款合同》的签订主体是长安财富公司与长城影视集团,二者均是涉案基金的有限合伙人。长城影视依该合同约定,在对赌条件触发时,承诺无条件受让长安财富公司持有的该基金的A类财产份额,交易标的是该基金有限合伙企业的合伙财产份额。根据《合伙企业法》第22条的规定,除合伙协议另有约定外,合伙人向合伙人以外的人转让其在合伙企业中的全部或者部分财产份额的,需经其他合伙人一致同意。合伙人之间转让在合伙企业中的全部或者部分财产份额时,应当通知其他合伙人。其第60条规定,有限合伙企业及其合伙人适用本章规定,本章未作规定的,适用本法第二章第一节至第五节关于普通合伙企业及其合伙人的规定。因此,根据《合伙企业法》的上述规定,法律并未禁止合伙人之间的合伙财产份额转让,有限合伙企业的有限合伙人之间可以协议转让合伙财产份额,但应通知其他合伙人。

2.《无条件受让及差额付款合同》约定的对赌内容并未违反《合伙企业法》规定的利润和亏损分配原则。《合伙企业法》第33条第1款规定,合伙企业的利润分配、亏损分担按照合伙协议的约定办理;第2款规定,合伙协议不得约定由部分合伙人承担全部亏损。但其第69条规定,有限合伙企业不得将全部利润分配给部分合伙人;但是合伙协议另有约定的除外。本案所涉《无条件受让及差额付款合同》的签订主体是该有限合伙企业的有限合伙人,并非该有限合伙企业对有限合伙人的利润分配承诺,且合伙协议即已认可《无条件受让及差额付款合同》的对赌内容,就应视为合伙协议的另有约定。同时,长城影视集团并非该私募基金的管理人或者销售方,也并未违反《私募投资基金监督管理暂行办法》第15条私募基金管理人、私募基金销售机构不得向投资者承诺投资本金不受损失或者承诺最低收益的监管规定。因此,《无条件受让及差额付款合同》系有限合伙企业的两个有限合伙人之间就其持有的合伙企业财产份额进行转让的协议,且并未存在原《合同法》第52条规定的无效之情形,应为有效合同。

3.《无条件受让及差额付款合同》应受合伙协议的约束,合伙份额对内转让需满足合伙协议约定的程序条件。基金合伙协议明确该合同作为合伙协议的附件,是合伙协议的组成部分,鉴于合伙协议已经全体合伙人签字生效,即应视为该《无条件受让及差额付款合同》对全体合伙人具有法律效力。长安财富公司虽诉称其是依据《无条件受让及差额付款合同》向长城影视集团主张权利,其实质是有限合伙人之间的合伙财产份额转让,理应遵守合伙协议对合伙人之间份额转让的相关约定,但鉴于合伙协议已确认《无条件受让及差额付款合同》内容,全体合伙人对此已实质形成了一致意思表示,故对本案所涉的基金份额转让不需再另行进行合伙协议约定的表决程序。

故一审判决:被告长城影视集团支付原告长安财富公司基金份额受让价款并赔偿违约损失造成的损失(以基金份额受让价款为基数,按照日利率万分之五,计算自 2019 年 2 月 2 日起至实际支付日止);被告赵某、被告陈某就被告长城影视集团的上述债务承担连带责任保证。

本案审结后,原被告均未上诉,该一审判决现已生效。

【评析】

本案虽在《民法典》颁布之前审结生效,但是判决所体现的审理思路恰与《民法典》合伙合同一章相契合,实质表达了与《民法典》合伙合同一般规定相一致的法律逻辑。

一、对赌的内涵与外延

(一)"对赌"的内涵与类型

"对赌"一般是指投资人和目标公司(股东)合意预设特定的商业目标,并约定如在特定期间内该商业目标未成就,则投资人对目标公司、股东享有利益补偿、股权回购等请求权,以充分保护投资人权益的行为。

在我国,"对赌协议"这一概念主要在三种情形下使用:私募基金在对外投资时的对赌、上市公司重大资产重组中的业绩补偿以及中国企业并购海外标的时或有对价(earn out)的安排。最高人民法院第九次《全国民商事审判工作会议纪要》(以下简称《九民纪要》)中讨论的对赌,主要针对的是私募基金在对外投资时和被投资企业的股东、实际控制人和被投资企业之间发生的法律关系。[①] 简单来说,根据对赌适用的投资领域及通道方式的不同可以分

① 参见刘燕:《"对赌协议"的裁判路径及政策选择——基于 PE/VC 与公司对赌场景的分析》,载《法学研究》2020 年第 2 期。

为公司型对赌与私募型对赌。

(二)公司型对赌的司法审判思路

在公司型对赌中,私募基金是作为投资主体与目标公司形成对赌协议,约定两类对赌实现条件,即附条件的股权回购协议以及业绩补偿协议。通常是投资人在对企业进行股权投资时,约定了投资后被投资企业应当达到的业绩目标,如约定在特定的时间内上市或者发行一定规模的公司债券以实现融资目标,或在约定期限内企业净利润应当达到的金额,如果前述业绩目标未按时完成,则被投资企业的原股东或实际控制人、被投资企业就承担股权回购或者现金、股权补偿的义务。目前,司法审判已确认了对赌协议在公司融资行为中的效力及履行。

在公司型对赌中,司法审判的逻辑是,该类行为只要不损害目标公司及其债权人的利益,不违反法律、行政法规的强制性规定,人民法院对其效力应予认定。但是考虑到对赌协议实质是公司融资行为的一种方式,通过对赌条件的触发,投资人要求目标公司回购股权、补偿金钱利益,涉及公司资本维持、公司利益维护、股东利益维护及债权人利益维护等问题。因此,对公司型对赌效力进行认定,必须结合公司法相关规定:一是审查签订主体,是投资方与目标公司签订还是与股东签订;二是审查对赌的实现方式,是股权回购还是收益差额补足;三是在对赌条件触发时,对于股权回购或者收益差额补足约定的效力及实现,必须考虑公司法框架下资本维持原则所包含的股东不得抽逃出资、股份回购强制性规定以及利润分配强制性规定的三个方面限制。

二、私募基金有限合伙对赌的效力分析

(一)私募基金有限合伙对赌的结构剖析

从法律结构上看,私募基金可以划分为公司制、契约制及有限合伙制。私募基金有限合伙对赌在结构设计方面与公司型对赌类似,但是两者的区别在于私募基金成立有限合伙企业,对赌行为发生在有限合伙企业内部。即私募基金有限合伙人与有限合伙企业、其他合伙人或者第三方对赌,但不论是

哪一种对赌,从本质上看,私募基金都与对赌触发条件及对赌实现途径密切相关。

首先,从内部结构上来看。投资者投资私募基金有限合伙企业,以获取该有限合伙企业的合伙份额为对价,成为有限合伙人。其次,投资者以有限合伙人之身份与该私募基金、其他有限合伙人或者该私募基金有限合伙企业的管理人(普通合伙人)之外的关联方,如该管理人的母公司或其他关联方签订以该有限合伙企业财产份额转让或者以该有限合伙企业财产份额为计算基础的固定收益补偿条件。最后,对赌触发条件以该私募基金有限合伙企业未实现对外投资目标,即被该私募基金投资的主体(如收购某公司股权或者投资的目标公司发行公司债等)未在约定时间内完成对赌条件。

综合来看,私募有限合伙对赌是在私募基金有限合伙企业的框架范围内进行:一是对赌的主体可以是私募基金有限合伙企业的有限合伙人(投资者)、私募基金或者第三方;二是私募有限合伙对赌的触发条件是该私募基金投资的目的是否依约实现;三是对赌协议针对的履行标的是该私募基金有限合伙企业财产份额或者基于该份额的收益补偿。

因此从本质上看,在公司型对赌中,虽然也有私募基金出现,但私募基金是作为投资主体出现,其与目标公司进行对赌或者与目标公司股东对赌。比较而言,在私募基金有限合伙对赌中,实质是私募基金有限合伙企业的有限合伙人与该私募有限合伙企业进行对赌,虽然有些情况下签订对赌协议的并非该私募基金,但是对赌指向的制约条件均是直接关联该私募基金的投资目标,即通过对赌,投资人实现风险投资的预期收益及安全退出。因此,对私募基金有限合伙对赌的司法审判也应参照公司型对赌的司法审判逻辑,对私募基金有限合伙对赌的效力应全面考量我国《民法典》及《合伙企业法》的相关规定。

(二)私募基金有限合伙对赌类型

从对赌内容看,私募基金有限合伙对赌有如下两类情形。

一是合伙财产份额(基金份额)转让。在该类型对赌中,对赌的内容指向为基金份额的转让,包括对内转让及对外转让。例如,私募有限合伙人 A 与有限合伙人 B 约定,在该私募合伙基金投资的目标公司未完成约定的上市、收购其他公司、发行公司债等触发对赌条件时,有限合伙人 B 受让 A 持有的该私募有限合伙企业财产份额(基金份额)。受让价款一般以 A 持有该私募有限合伙企业财产份额加收预期收益。本案实质就为私募有限合伙企业合伙财产份额的内部转让。

二是收益差额补足。在该类型对赌协议中,对赌的内容指向为私募基金有限合伙企业财产份额预期收益的差额补足,一般体现为现金补偿。同时,在该类对赌私募合伙基金中,对投资人(有限合伙人)进行分级,不同级别的投资人(有限合伙人)依照全体合伙人同意的或者合伙协议约定的预期收益率计算该类投资人(有限合伙人)的收益。

(三)私募基金有限合伙对赌效力的审判考量

在我国《民法典》与《合伙企业法》对合伙法律关系进行一般与特殊并行规定的框架下,对该类纠纷的司法审判应主要审查是否符合法律关于合伙企业财产份额转让及合伙企业利润亏损分配方面的规定。

1. 应符合合伙企业财产份额转让的相关法律规定

首先,要区分是普通合伙或有限合伙的财产份额转让,以及对内转让与对外转让。

根据我国《合伙企业法》规定,在普通合伙企业中,对外转让合伙财产份额,除合伙协议另有约定外,须经其他合伙人一致同意;对内转让,则通知其他合伙人即可。在有限合伙企业中,对外转让则应提前 30 日通知其他合伙人,但并未限制对内转让份额。我国《民法典》合伙合同一章只对合伙财产份额的对外转让进行规定,第 974 条要求经其他合伙人一致同意,但是合伙合同可以对此另外进行规定,对于对内转让则没有进行限制。比较而言,从《民法典》的规定看,如果是对内转让则属于法律规制之外,尊重转让双方的意思自治;若对赌协议内容指向合伙财产份额的对外转让,则要审查份额转让的对赌协议是否通过其他合伙人一致同意,或者是否符合合伙协议的另行约定,即司法审判需裁量对赌协议是否符合这两种意思表示形式。

其次,要实质审查合伙人的意思表示内涵及形式。

实践中,可以有以下几种情形:一是合伙协议约定,有限合伙人财产份额转让需要形成合伙企业财产份额转让的有效申请,须经全体合伙人一致表决同意;二是对赌协议作为合伙协议的附件,明确对赌权利人可以依对赌协议约定实现对赌权利;三是在合伙协议中,明确约定有限合伙人(优先级投资人、对赌权利人)可以在约定条件下行使对赌权利,或者按照与对赌协议一致的条件行使有限合伙财产份额转让的权利。

在第一种情况下,若对赌权利人要实现对赌权利,是否需要再经过合伙协议约定的决议程序,经过其他合伙人的一致同意呢?根据我国《民法典》第970条规定,合伙人就合伙事务作出决定的,除合伙合同另有约定外,应当经全体合伙人一致同意。我国《合伙企业法》第19条规定,合伙协议经全体合伙人签名、盖章后生效,合伙人按照合伙协议享有权利,履行义务。修改或者补充合伙协议,应当经全体合伙人一致同意,但是合伙协议另有约定的除外。从上述法律规定,其隐含的逻辑是合伙协议可以约定需要经全体合伙一致同意的事项范围,另外,全体合伙人也可以其他意思表示形式表达对某一事项的意见。结合第二种、第三种情形,如果合伙协议明确对赌权利人可以基于对赌协议约定行使对赌权利,或者将对赌协议作为合伙协议的附件,并且合伙协议明确附件内容视为合伙协议内容,那么应视为全体合伙人对对赌权利人依约行使对赌权利持赞成态度,也是全体合伙人一致意思表示的形式,而不需再进行合伙协议约定的份额转让表决程序。因此,在对该项争议焦点进行司法审查时,需要注意全体合伙人对对赌内容的意思表示方式可以有多种形式,不应固化认为合伙人一致意思表示仅有合伙人会议决议一种形式。

2. 应符合《合伙企业法》的利润亏损分配规定

首先,从对赌协议的差额补偿条款签订主体及形式来分析其效力。我国《合伙企业法》第33条规定了利润亏损分配原则包含以下几个方面:一是按照合伙协议的约定办理;二是合伙协议未约定或者约定不明确的,由合伙人协商决定;三是协商不成的,由合伙人按照实缴出资比例分配、分担;四是无法确定出资比例的,由合伙人平均分配、分担;五是合伙协议不得约定将全部利润分配给部分合伙人或者由部分合伙人承担全部亏损。上述规定针对的是普通合伙,实践中,私募基金一般成立有限合伙企业,根据《合伙企业法》第

69 条规定，有限合伙企业不得将全部利润分配给部分合伙人；合伙协议可以就此另行约定。按该条规定，有限合伙企业可以通过合伙协议约定将利润优先分配给部分有限合伙人（优先级投资人，对赌权利人）。《民法典》第 972 条规定合伙的利润分配和亏损分担原则基本与《合伙企业法》一致，一般按照合伙合同的约定办理，没有约定或者约定不明确的，由合伙人协商决定，协商不成的，由合伙人按照实缴出资比例分配、分担，无法确定出资比例的，由合伙人平均分配、分担。但两者也存在区别，即《民法典》的规定明确了合伙利润分配由合伙人自治，并未特别限制合伙人之间的倾向性利润和亏损分配，充分体现了民事合同的契约自由原则。综合上述法律规定，在有限合伙中，合伙企业可以通过合伙协议约定来保障对特定合伙人的利润分配。即对赌协议的签订主体是合伙企业与合伙人，那么根据《民法典》及《合伙企业法》的规定，有限合伙企业可以在法律范围内实现利润的特定分配。如果对赌协议签订主体并未涉及合伙企业，而是合伙人之间或者合伙人与第三方签订，那么并非法律规制范畴。因此，在私募基金有限合伙企业中，通过对赌协议来保证有限合伙人的投资收益，并未违反《民法典》及《合伙企业法》的规定。

另外需要注意的是，若合伙人与合伙企业、管理人及关联方进行对赌，是否违反金融监管关于私募基金不得保底保收益的相关规定。根据中国证监会颁布的《私募投资基金监督管理暂行办法》第 15 条规定，私募基金管理人、私募基金销售机构不得向投资者承诺投资本金不受损失或者承诺最低收益。中国证券投资基金业协会制定的《私募投资基金备案须知》第 13 条规定，管理人及其实际控制人、股东、关联方以及募集机构不得向投资者承诺最低收益、承诺本金不受损失，或限定损失金额和比例。若对赌主体不是私募基金管理人及其实际控制人、股东、关联方，私募基金销售机构以及募集机构，那么就不受上述监管规定的制约；若因对赌而引发份额转让及收益差额补偿，因对赌条件本身存在或然性，其不是一种直接的、肯定的、必然的承诺保本保收益形式，因此，也不宜认定为承诺保本保收益。

其次，要区分差额补足条款是否涉及合伙企业财产分配。

差额补足条款以对赌权利人（有限合伙人、优先级投资人）投资持有的基金份额（合伙企业份额）为基数，按照预期收益率核算差额。根据《民法典》

第969条规定,合伙人的出资、因合伙事务依法取得的收益和其他财产,属于合伙财产。合伙合同终止前,合伙人不得请求分割合伙财产。那么,在上述法律规定下,对赌权利人是否可以主张其对赌权利,要求对赌义务人支付差额收益,要区分以下两种情况:一是对赌协议在有限合伙人与其他合伙人或者第三方之间签订,那么在私募基金有限合伙企业持续期间,对赌权利人要求义务方支付差额补偿,该金钱债务存在于私募基金有限合伙企业之外,资金并非源于有限合伙企业,更非该有限合伙财产的分配,因此并未违反《合伙企业法》及《民法典》的相关规定。二是若对赌协议的义务方是该私募基金有限合伙企业,或者资金实际源于该有限合伙企业,则对赌权利人行使对赌权利,要求支付投资收益差额,因该资金属于有限合伙企业的收益,其实质是在合伙企业存续期间分配财产,显然有违《合伙企业法》及《民法典》关于合伙存续期间不得分配合伙财产的相关规定。

三、私募基金有限合伙对赌履行的条件研判

在司法实践中,对赌权利人要求对赌义务人履行对赌协议,支付基金份额(合伙财产份额)受让价款及差额补足款,对该类权利诉请的实际履行条件进行研判,需要关注以下两个方面的问题。

首先,份额转让是否需要进行合伙企业清算。《民法典》对此问题并未直接进行规定。其第978条规定,合伙合同终止后,合伙财产在支付因终止而产生的费用以及清偿合伙债务后有剩余的,按照第972条规定进行分配。该条规定实际明确了合伙终止时需清算,但在合伙合同存续期间的合伙份额转让是否需要清算,《民法典》并未规定。对内转让是合伙人之间的交易,一般不会影响合伙(企业)的对内事务管理,根据契约自由原则,《合伙企业法》对此也仅以通知有效原则加以规制。实践中,若对赌权利人(有限合伙人、优先级投资人)将其基金份额(合伙财产份额)全部转让,而由第三方(非该私募基金的有限合伙人)受让,尽管份额转让是在合伙人与第三方之间协议约定,但实际发生了该有限合伙人退伙及新有限合伙人入伙。根据《合伙企业法》第43条的规定,新合伙人入伙,除合伙协议另有约定外,应当经全体合伙人

一致同意,并依法订立书面入伙协议。订立入伙协议时,原合伙人应当向新合伙人如实告知原合伙企业的经营状况和财务状况。因此,对赌权利人全部对外转让其合伙份额,实质为退出合伙,依照《合伙企业法》规定应该进行清算,方能确定其持有的合伙财产份额(基金份额)的实际价值(收益)。但是,这种份额对外转让也是基于对赌协议的权利义务双方的一致意思表示,同意按一定收益标准确定转让合伙财产份额(基金份额)的现值,转让双方之间就此达成合意,且份额转让价格不涉及合伙企业的收益,因此不必再经过合伙企业清算来确定转让的合伙份额(基金份额),清算非必须。

其次,差额补偿是否需要进行合伙企业清算。在一般情形下,对赌协议约定的差额补偿条款中明确了对赌权利人获得差额补偿以其投资私募基金的实际金额为基数,按照预期(最低收益率),以实际投资天数计算应获收益,而并未以其持有的基金份额现值来计算差额。因此,在此类对赌诉请中,不需进行私募基金的清算,可以按照对赌协议的约定直接确定差额数额。若需以基金份额的现值来计算补偿金额,则必须经过基金清算才能确定份额现值,进而确定差额金额。

围绕私募基金有限合伙企业进行的对赌,实质是在合伙企业框架下进行的投融资行为。因此,对该类案件进行审理研判时,应秉承公司型对赌纠纷的审判逻辑,综合考量《民法典》及《合伙企业法》的相关规定,审查合伙协议是否认可对赌合同,从对赌的主体、对赌条件的指向、对赌对合伙企业利润分配的实质影响、合伙企业清算等方面进行综合判断,进而判断对赌的效力及履行条件是否成就。

期货公司强行平仓权的行使
及强行平仓损失的承担

——光大期货有限公司诉鲍某某期货强行平仓纠纷案①

崔　婕*

【裁判要旨】

客户账户公司风险率大于100%而交易所风险率未达100%时,期货公司仅通知客户追加保证金而未采取强行平仓措施,并无不当。期货公司强行平仓权的行使应当以保证金为零为最低界限。客户账户交易所风险率达100%后,期货公司履行通知义务并给予客户自行处置的合理时间后已采取强行平仓措施,但由于市场行情变化导致平仓无法实现,由此产生的穿仓损失应由客户承担。

【案号】

上海金融法院(2020)沪74民初598号

---

① 合议庭成员:崔婕、周欣、于翠英。本案例入选上海金融法院2020年度十大典型案例、上海法院参考性案例。

* 法学博士,上海金融法院综合审判二庭副庭长。

【案情】

原告:光大期货有限公司(以下简称光大期货)

被告:鲍某某

原告光大期货起诉称,2018 年 6 月 21 日,被告鲍某某与光大期货签订《自然人期货经纪合同》。2019 年 9 月 3 日,因鲍某某未能按照上述期货经纪合同的约定及光大期货通知及时追加保证金或自行减仓,光大期货执行强行平仓并成交。经结算,鲍某某账户资金为负值,形成穿仓损失1,439,790.85元,光大期货以自有资金垫付了穿仓损失,鲍某某应归还垫付款项。

鲍某某辩称:其账户于 2019 年 8 月 30 日开盘时公司风险率即高于 100%,在通知鲍某某仓位处理而其没有自行处理的情况下,光大期货就应当履行强行平仓的义务。由于光大期货强行平仓不及时导致穿仓损失,该损失应根据双方过错比例进行分担。

法院经审理查明:2018 年 6 月 21 日,双方签订《自然人期货经纪合同》,其中第 42 条约定,风险率的计算方式为:风险率 = 客户持仓保证金 ÷ 客户权益 ×100%;第 44 条约定,在交易收市后,经结算风险率大于 100% 时,光大证券将向鲍某某发出追加保证金通知和强行平仓通知,鲍某某应在通知所要求的时间内追加足额保证金,否则光大期货有权在不通知鲍某某的情况下,对鲍某某期货账户的部分或全部未平仓合约强行平仓,直至其期货账户的可用资金大于等于 0 元,鲍某某应承担由此产生的结果。

鲍某某持有 ni1910 合约 171 手,2019 年 8 月 29 日日终结算时鲍某某账户公司风险率为 104.69%,交易所风险率为 83.75%。当晚鲍某某入金 30 万元,入金后及 2019 年 8 月 30 日日盘开盘时,鲍某某账户公司风险率均仍大于 100%,交易所风险率未达 100%。2019 年 8 月 30 日 14 时 41 分鲍某某账户交易所风险率为 100.21%,光大期货通知鲍某某追加保证金,14 时 56 分左右光大期货与鲍某某就追加保证金进行电话沟通,鲍某某要求观察夜盘行情再做操作,该日日终结算时鲍某某账户公司风险率 134.08%,交易所风险率 111.73%,客户权益为 1,972,736.45 元。该日日盘结束后光大期货又多次向鲍某某发出追加保证金否则光大期货有权强行平仓的通知。2019年8月30日21时0分20秒,光大期货对鲍某某账户所持ni1910合约121手采取强行平仓措施,由于该合约于该日夜盘及2019年9月2日日盘一直处于涨停状态,未能成交。2019年9月2日日终结算时鲍某某账户公司风险率753.78%,交易所风险率394.84%,客户权益650,906.45元。后光大期货与鲍某某电话沟通,鲍某某同意当日夜盘集合竞价时将ni1910合约171手全部挂单。2019年9月2日20时55分,光大期货对鲍某某账户全部持仓171手ni1910合约挂单强行平仓,最终以148,850元成交。2019年9月3日的交易结算单显示,鲍某某账户内可用资金-1,439,790.85元,平仓盈亏-2,089,620元,客户权益为-1,439,790.85元。

审理中,双方确认,双方签订的《期货经纪合约》中约定的风险率是指公司风险率。

【审判】

法院生效裁判认为,由于公司保证金高于交易所保证金,在鲍某某账户公司风险率大于100%而交易所风险率低于100%时,一般尚不存在透支交易的风险,此时光大期货仅通知鲍某某追加保证金而不采取强行平仓措施,并不违反法律的规定及双方间合同的约定。2019年8月30日14时41分鲍某某账户交易所风险率于大于100%,光大期货及时履行通知义务并给予鲍某某自行处置的合理时间后采取强行平仓措施,但由于市场行情急剧变化导致被告所持合约流动性枯竭,致使平仓无法及时实现,直至2019年9月2日夜盘完成平仓时被告账户出现穿仓。本案穿仓损失系由于客观原因而非光大期货平仓不及时所致,相应的损失应当由鲍某某承担。据此判决:鲍某某偿还光大期货垫款1,439,790.85元及其相应的利息。

【评析】

在期货强行平仓纠纷案件中,当事人双方通常系就期货公司强行平仓权行使的条件是否成就产生争议,客户往往会主张期货公司未给予自己追加保证金的合理时间、平仓价格或数量不合理等导致其交易损失。本案的不同之处在于,双方当事人对于强行平仓的条件已经成就不存分歧,争议在于:一是公司风险率大于100%而交易所风险率尚未及100%时期货公司是否必须执行强行平仓;二是本案诉争损失并非客户权益资金而是穿仓损失,此损失应由何方承担。对此,需要结合期货交易保证金制度的功能、强行平仓的性质、双方在期货交易中的地位以及穿仓损失产生的原因等综合分析。

一、期货交易保证金与风险率

(一)交易所保证金与公司保证金

期货交易中,客户必须按照其所买卖期货合约价值的一定比例缴纳保证金,用于结算和担保合约履行。保证金制度既体现了期货交易的杠杆特点,也是交易所和期货公司对期货市场进行风险管理的核心。交易所针对不同期货品种会制定交易所保证金标准,通常为交易金额的5% ~10% 。只有当客户账户内的保证金达到交易所保证金标准,才能参与期货合约的买卖,此为初始保证金。同时,客户在持仓过程中,会因市场行情的变化产生浮动盈亏,因此保证金账户中实际可用来弥补亏损和提供担保的保证金会随时发生增减。若客户账户内的保证金不足而又未追加保证金,期货公司则需要替客户向期货交易所垫付需追加的保证金。为了避免在客户保证金未追加进来时替客户向交易所垫付追加保证金,各期货公司在交易所保证金的基础上往往会制定额外的保证金额度。该标准依据交易所的规定,结合市场风险、品种波动幅度、交易所停板及熔断幅度、客户风险等因素确定,通常会在交易所保证金基础上加收3% ~6% 。

(二)期货交易中的两个风险率及其功能

期货交易中,一般通过风险率来计算和判断资金账户的风险,即风险率 = 持仓保证金 ÷ 客户权益 ×100% 。与上述两个保证金标准相对应,以交易所保证金标准计算出持仓保证金占用而得出的风险率,称为交易所风险率;以公司保证金标准计算出持仓保证金占用而得出的风险率,称为公司风险率。由于公司保证金高于交易所保证金标准,客户账户公司风险率大于100%时,表示客户账户内的保证金没有达到与期货公司约定的保证金额度。如客户不及时采取追加保证金或减仓等措施、期货合约价格又朝不利于客户方向发展,账户风险率则会继续上升达到交易所风险率100%,此时表示客户账户内的保证金未达到交易所规定的保证金额度,即会导致期货公司需要为客户垫支。

风险率是平衡期货市场效率与风险管理的关键,各期货公司一般根据风险率指标将客户风险划分为不同等级并对应采取不同的风险处置措施。客户账户公司风险率小于100%时,可正常交易及出金;公司风险率大于等于100%后,期货公司会向客户发送追加保证金通知,要求其减仓或追加资金,同时限制其开仓和出金;若账户风险率上升至交易所风险率大于等于100%,期货公司则会在向客户发出强行平仓通知并给予客户预留合理时间自行平仓或追加保证金后,执行强行平仓措施。

二、期货公司强行平仓权利行使的正当性辨析

(一)强行平仓权的赋予

期货公司与客户之间系期货行纪法律关系,期货公司的责任是严格根据客户的指令进行交易操作,并无处分客户财产的权利。法律之所以赋予期货公司强行平仓的权利,是由期货交易的特点决定的。在客户保证金低于交易所规定的保证金而又未能追加或自行减仓的情况下,就会有期货公司用其自有资金为客户垫支交易的发生,在某种意义上客户不及时追加保证金的行为即构成对期货公司的侵权。为了保障期货公司自身资金的安全,法律赋予期货公司在特定情形下强行平仓的权利。可见,强行平仓从本质上看是期货公司所依法享有的一项权利,根本目的在于避免期货透支交易。

强行平仓制度是由他人实施的最严厉的风险控制措施。[1] 如果条件未成就,期货公司就对他人期货合约实施强行平仓,则属于不当处分他人财产,构

① 参见贾纬:《期货交易风险和运行风险及其相关损失的司法认定》,载《人民司法》2014年第14期。

成侵权。因此,期货公司强行平仓权的行使必须满足一定的条件,具体包括:(1)客户保证金不足;(2)期货公司已履行通知义务;(3)期货公司给予客户追加保证金的时间合理;(4)期货公司强行平仓的金额应当与客户需要追加保证金额数额相当;(5)期货公司应当本着最大限度减少强行平仓给客户造成的损失的原则,根据风险水平由高到低的顺序平仓。

(二)保证金不足的判定

期货公司执行强行平仓的前提之一是客户账户内的保证金不足,且客户未在规定时间内追加保证金。由于期货交易中存在两个保证金标准,作为强行平仓前提的客户保证金不足是指何标准?从期货经纪合同约定看,存在两种情形:一种如本案,仅仅约定根据公司保证金标准计算的公司风险率;另一种是明确载明公司风险率和交易所风险率两个风险率,但均赋予期货公司在公司风险率大于等于100%时履行通知义务并预留合理时间后执行强行平仓的权利。而从强行平仓的实践看,期货公司往往会分级采取动态风险控制措施,一般只有在交易所风险率大于100%时才会执行强行平仓。如果公司风险率大于100%后所持合约仍朝不利方向发展,客户就会提出期货公司执行强行平仓过晚扩大了其损失。本案中鲍某某即主张,2019年8月30日日盘开盘时其账户公司风险率仍高于100%,此时光大期货就应当履行强行平仓义务。如此,期货公司强行平仓权的行使是否妥当?

首先,从性质上看,强行平仓系期货公司避免自身资金损失所享有的权利。由于公司保证金高于交易所保证金,在客户账户仅公司风险率大于100%时,尚不存在透支交易。《最高人民法院关于审理期货纠纷案件若干问题的规定》(以下简称《若干规定》)第31条第3款亦明确规定,审查是否构成透支交易是以期货交易所规定的保证金比例为标准。其次,从期货公司、客户在期货交易中的地位看,期货经纪公司并非期货交易的民事主体,期货交易是否及如何进行均是由客户决定的,客户对自己账户及所持合约的风险具有积极管理及注意义务。而且,期货公司所享有的强行平仓的权利,并不排除客户为保护自身财产安全与利益采取平仓措施的权利。本案双方间签订的期货经纪合同中也约定客户有随时关注并妥善处理自己持仓的义务。

最后,从期货经纪合同的约定看,一般也仅约定客户账户公司风险率大于100%时原告有权而非必须执行强行平仓。因此,在客户账户公司风险率大于100%而交易所风险率尚未达100%时,期货公司可根据行情、资金安全程度等因素自行决定是否行使强行平仓的权利,不行使并不违反法律规定及双方间合同的约定。

(三)合理时间的判断

强行平仓的行使要求期货公司为客户预留合理时间追加保证金或自行平仓。何为合理时间,需考量期货经纪合同的约定、客户自行处置的可能性、风险程度等于个案中予以判断。首先,期货经纪合同中就客户追加保证金的时间明确约定的,一般从其约定;未约定、约定不明确或期货经纪合同约定期货公司在履行通知义务后可随时对客户持仓进行强行平仓的,期货公司作为权利人仍应给予作为义务人的客户合理履行期限。其次,客户是否具备追加保证金的客观条件,包括需追加的保证金金额、是否具备转账的可能等,均应予以考虑。最后,以结算时间划分,客户账户存在的风险可分为隔夜风险与盘中风险。前者是期货公司在当天结算完毕后依据保证金比例测算客户的期货账户存在的风险,后者即在交易时间内依据保证金比例测算客户的期货账户存在的风险。由于期货交易实行日终结算制度,交易过程中后续市场行情具有不确定性,盘中风险与隔夜风险显然不能等同,两者对期货公司、客户的风险控制要求也不应相同。

三、强行平仓损失的承担

(一)客户权益资金损失的承担

《若干规定》第36条第2款规定:"客户的交易保证金不足,又未能按期货经纪合同约定的时间追加保证金的,按期货经纪合同的约定处理;约定不明确的,期货公司有权就其未平仓的期货合约强行平仓,强行平仓造成的损失,由客户承担。"同时,《期货交易管理条例》第34条第2款规定:"客户保证金不足时,应当及时追加保证金或者自行平仓。客户未在期货公司规定的时间内及时追加保证金或者自行平仓的,期货公司应当将该客户的合约强行平仓,强行平仓的有关费用和发生的损失由该客户承担。”根据上述规定,在强行平仓条件成就的情况下期货公司依法行使强行平仓权所造成的期货交易损失,应当由客户自行承担。但是,如果期货公司未按强行平仓的条件擅自强行平仓,则构成对客户的侵权,应承担相应的赔偿责任。

(二)穿仓损失的承担

由于涨跌停板的限制,交易所设计的保证金一般足够应付一天期货合约的变化,即便客户交易所风险度大于100%,当日也不可能发生穿仓,只要在下一个交易日交易前客户将保证金追加至原始保证金水平或及时减仓,客户的保证金就能维持其头寸。穿仓一般发生在客户保证金不足,期货公司和客户均未执行平仓或市场急剧变化平仓无法实现的情况下,此时损失应由何方承担?对此,本案双方间的合同与现行法律并未予以明确,需要结合期货公司是否已经执行强行平仓、穿仓发生的原因等具体分析。

1. 穿仓损失由期货公司承担的情形

客户交易所保证金不足又不及时追加保证金的透支交易行为,在实质上是一种融资行为,而且这种融资行为系现行法律法规及监管规定所禁止的行为。期货公司虽然仅仅是行纪性质的公司,但对于客户而言又是期货交易的经营者,在某种程度上代行了部分期货交易所的管理职能和期货市场风险控制的职能。而且,期货市场是个风险共担的市场,客户保证金不足时期货公司为客户垫支交易,不仅涉及自身资金安全,还会加大整个期货市场的风险。因此,虽然从法律属性上看强行平仓是期货公司的权利,但该权利的行使并非没有边界。《若干规定》第33条第2款规定,客户保证金不足,期货公司履行了通知义务而客户未及时追加保证金,客户要求保留持仓并经书面协商一致的,对保留持仓期间造成的损失,由客户承担;穿仓造成的损失,由期货公司承担。参照该条规定,期货公司强行平仓权的行使应当以保证金为零为最低界限。如果客户保证金不足,期货公司履行了通知追加保证金的义务而客户未及时追加保证金或减仓,期货公司亦不执行强行平仓,即构成违规允许客户透支交易、变相向客户融资。由此造成穿仓的,损失应当由期货公司与客户分别承担。

2. 穿仓损失由客户承担的情形

穿仓损失的发生还存在另外一种情形,即客户保证金不足,期货公司在履行通知义务后的合理时间已经执行了强行平仓,但由于市场原因未能成交,交易成功后导致穿仓。在此种情形下,期货公司并不存在变相违反强制性规定向客户提供融资、客观上允许客户透支交易的行为,并不存在过错。依据过错与责任相一致的原则,由于客户期货账户的穿仓是由于特殊市场行情导致的,而客户作为期货交易的主体自己并未及时追加保证金或自行平仓,期货公司对于穿仓的发生并无过错,因此穿仓的损失也不应要求期货公司分担,而应由客户自行承担。本案即属于此种情形。2019 年 8 月 30 日 14 时 41 分之前鲍某某账户交易所风险率始终低于 100%,14 时 41 分由于所持合约行情剧烈波动鲍某某账户交易所风险率大于 100%,光大期货通过短信、电话等方式通知鲍某某追加保证金或减仓,并给予鲍某某时间自行采取处置措施,后于当日夜盘挂单强行平仓。当日 14 时 41 分至该日日盘结束前鲍某某所持合约的行情并无急剧变化,光大期货给予鲍某某的履行期限尚属合理,而且由于期货交易实行日终结算,盘中交易价格并非该日日终结算价格,该日日终结算时鲍某某账户客户权益为 1,972,736.45 元。因此,光大期货于当日夜盘挂单强行平仓,并无不当。光大期货已经采取强行平仓措施,但由于市场行情急剧变化导致鲍某某所持合约流动性枯竭,2019 年 8 月 30 日夜盘以及 2019 年 9 月 2 日出现涨停,致使平仓无法及时实现,直至 2019 年 9 月 2 日夜盘完成平仓时鲍某某账户出现穿仓。可见,本案穿仓损失系由于客观原因而非光大期货平仓不及时所致,强行平仓产生的穿仓损失应当由鲍某某自行承担。

资管业务差额补足协议的法律性质及效力认定

——招商银行股份有限公司与光大资本投资有限公司其他合同纠纷案①

单素华*　黄佩蕾**

【裁判要旨】

本案系一起因跨境并购投资失败导致巨额亏损所引发的合同纠纷,涉及两家上市金融机构,诉讼金额达34亿余元,引发社会高度关注。本案判决结合《全国法院民商事审判工作会议纪要》(以下简称《九民纪要》)的相关精神,对当前金融机构资产管理业务中争议较大的"刚性兑付"的识别原则及法律效力、第三方"差额补足函"的法律性质等问题进行了详细阐述,并明确了认定原则,有利于同类案件的裁判。

【案号】

一审:上海金融法院(2019)沪74民初601号

---

① 合议庭成员:林晓镍、单素华、宋晓燕。本案入选2021年度全国法院十大商事案件、2023年人民法院高质量服务保障长三角一体化发展典型案例、上海金融法院2021年度十大典型案例。

* 法学硕士,上海市高级人民法院党组成员、副院长。

** 法学硕士,上海金融法院综合审判一庭法官助理。

二审:上海市高级人民法院(2020)沪民终567号

【案情】

原告:招商银行股份有限公司

被告:光大资本投资有限公司

原告招商银行股份有限公司诉称,原告通过招商财富资产管理有限公司(以下简称招商财富公司)设立的招财尊享5号专项资产管理计划(以下简称招财5号资管计划)出资认购上海浸鑫投资咨询合伙企业(有限合伙)(以下简称上海浸鑫基金)优先级有限合伙份额28亿元。上海浸鑫基金设立系用于收购标的公司MP&Silva Holding S. A.(以下简称MPS公司)65%的股权,并约定通过暴风集团公司收购标的公司股权实现投资退出。被告向原告出具"差额补足函",被告全资母公司光大证券股份有限公司(以下简称光大证券公司)出具了"关于光大跨境并购基金的回复"及"暴风光大跨境并购基金安慰函",明确已知悉上述补足安排。因被告未按约履行差额补足义务,原告提起本案诉讼。诉请:(1)被告向原告履行差额补足义务,金额为人民币3,489,429,041元;(2)被告以欠付金额3,489,429,041元为基数向原告赔偿自2019年5月6日起至实际清偿之日的资金占用损失。

被告光大资本投资有限公司辩称:(1)"差额补足函"违反不得"刚性兑付"的监管规定,应认定无效;(2)"差额补足函"的法律性质应为保证,与"合伙协议"、MPS公司股权回购协议之间构成主从法律关系,在主合同债权债务确定之前,原告不能依据从合同单独诉讼;(3)即使"差额补足函"有效,因基金尚未清算,支付条件并未成就;(4)若被告需承担差额补足义务,也应扣除基金已预分配的收益款以及MPS公司项目资产清算变现后的剩余资产等,否则构成双重获利。

【审判】

上海金融法院审理后认为,关于"差额补足函"的效力,因被告并非所涉投资资金的管理人或者销售机构,出具“差额补足函”不属于《私募股权投资基金监督管理暂行办法》所规制的刚性兑付行为。上海浸鑫基金系被告与暴风集团公司共同发起设立的产业并购基金,光大浸辉公司为基金执行事务合伙人,原告、被告分别认购上海浸鑫基金的优先级、劣后级合伙份额,被告系基于自身利益需求,自愿利用上述结构化安排以及“差额补足函”的形式,与原告就双方的投资风险及投资收益进行分配,不构成无效情形。

关于“差额补足函”的法律性质,被告出具“差额补足函”的目的确系为原告投资资金的退出提供增信服务,但是否构成保证仍需根据保证法律关系的构成要件进行具体判断。本案中,原告不是“合伙协议”及 MPS 公司股权回购协议中的直接债权人,被告履行差额补足义务也不以“合伙协议”中上海浸鑫基金的债务履行为前提。被告在“差额补足函”中承诺的是就香港浸鑫公司股权转让目标价格与实际转让价格之间的差额承担补足义务或在 MPS 公司股权没有完全处置时承担全额差额补足义务,与 MPS 公司股权回购协议的相关债务不具有同一性。因此,差额补足义务具有独立性。

关于差额补足的支付条件是否成就,被告直接向原告承诺差额补足义务是为确保原告的理财资金能够在资管计划管理期限届满时及时退出,在未能按期完成股权转让交易的情况下,被告需无条件独立承担支付义务,与基金项目是否清算无关,故履行条件已成就。但原告与招商财富公司对于系争债权的最终利益归属具有一致性,且被告义务的范围包括了系争 28 亿元投资本金及收益,因此招商财富公司已经取得的投资收益应予以扣除。招商财富公司出具承诺书,承诺如原告在本案中实现其全部权益后,将不再另行主张光大浸辉公司履行基金份额收购义务,也不再通过基金获取基金分配收益,故不存在双重获利。综上所述,原告的诉请具有相应事实及法律依据。原告要求被告自 2019 年 5 月 6 日参照中国人民银行逾期罚息利率标准计算逾期付款损失,合理有据,应予以支持。上海金融法院据此于 2020 年 7 月 30 日作出(2019)沪 74 民初 601 号民事判决:(1)光大资本投资有限公司向招商银行支付 3,115,778,630.04 元;(2)光大资本投资有限公司向招商银行支付以 3,115,778,630.04 元为基数、自 2019 年 5 月 6 日起至实际清偿之日止的利息损失。一审宣判后,光大资本投资有限公司依法提起上诉。上海市高级人民法院于2021年6月4日作出(2020)沪民终567号民事判决,判决驳回上诉,维持原判。

【评析】

资管业务投资人在进行投资决策时,往往要求融资方承诺固定回报、履行回购义务或由第三方承诺差额补足义务、提供流动性支持等,以降低投资风险,本案由劣后级投资人向优先级投资人提供的《差额补足函》即为典型。审判实践中,对该类安排是否构成“刚性兑付”、法律效力及责任范围应如何认定、是否构成担保合同等存在诸多争议,本案对此类案件的审理原则进行了探索和厘清。

一、资管业务刚性兑付的识别原则

本案中,被告抗辩差额补足协议无效的主要理由是构成“刚性兑付”。刚性兑付本身并非法律概念,该表述起源于信托,具体到资产管理业务中,则是指资管产品的发行人或者管理人对投资人承诺保本保收益的行为。为规避监管“去刚兑”的要求,实践中的保底安排呈现多样化、隐蔽化的特点。保底承诺主体除资管产品管理人自身以外,还有项目公司、管理人关联公司以及管理人的股东、法定代表人、劣后级投资人等第三方,承诺方式除在资管合同中直接约定固定回报之外,还通常采用约定投资标的回购协议、差额补足承诺、收益权远期转让协议等其他形式。

具体而言,各类保底安排根据主体不同,主要分为四种情形:一是管理人、销售机构直接承诺保底收益;二是第三方承诺保底收益,后再通过关联关系、收益权转让回购等协议安排使最终投资风险承担主体为管理人;三是投资标的即项目公司或股东直接向全部或部分投资人承诺保底收益;四是通过结构化投资安排,由劣后级投资人向优先级投资人承诺保底收益。其中,第一种情形属于“刚性兑付”并无疑义,监管及司法层面均禁止此类行为,如《私募股权投资基金监督管理暂行办法》第15条规定:“私募基金管理人、私募基金销售机构不得向投资者承诺投资本金不受损失或者承诺最低收益。”《九民纪要》第92条规定：“信托公司、商业银行等金融机构作为资产管理产品的受托人与受益人订立的含有保证本息固定回报、保证本金不受损失等保底或者刚兑条款的合同，人民法院应当认定该条款无效。”对于第二种情形，如第三方从投资人处受让收益权后，再由管理人从第三方处回购收益权的，因为由管理人承担了最终投资风险，实际是各方为规避监管做出的约定，应构成“变相刚兑”。但对于第三种、第四种情形，如只是将投资人的权益性投资风险转移给受托人之外的第三方的，该保底收益原则上则不属于司法层面上的“刚性兑付”。

法律之所以禁止刚性兑付，首先，是因为其违反了“受人之托，代人理财”的信托法律关系本质，违反信托财产独立原则。信托法律关系强调委托人对受托人的信任以及受托人受托责任的履行，受托人管理信托财产是为委托人的利益，受托人管理、运用信托财产所获得利益归于受益人。在受托人尽责管理情形下，受托人在法律上没有按照一般债权债务关系向委托人支付固定收益的义务。《中华人民共和国信托法》（以下简称《信托法》）第34条规定，受托人以信托财产为限向受益人承担支付信托利益的义务。若资管产品的管理人即信托法下的受托人刚性兑付的，以受托人固有财产承担保底风险，异化权益性投资关系为融资性借贷关系，不符合受托人固有财产与信托财产隔离的要求，直接违反《信托法》上述规定。其次，刚性兑付将本应分散至投资人的损失风险转嫁由受托人承担，使风险停留在金融体系内部，如果这种风险累积，可能产生系统性风险，损害正常金融秩序及金融市场的稳定。最后，资管产品的刚性兑付抬高了市场无风险收益率水平，干扰资本市场正常定价秩序。按照资本市场定价理论，高风险对应高收益，投资收益的不确定性越高，投资人要求的期望收益率越高。例如，债券因包含发行人还本付息承诺，其收益率显然低于股票的收益率，而内嵌保底承诺的资管产品在投资端呈现高收益、低风险的不匹配状态，资产运作本身难以存续，又与其他正常定价的资管产品难以区分，不利于发挥市场机制调节资源配置的作用。[①] 究

① 参见最高人民法院民事审判第二庭编著：《〈全国法院民商事审判工作会议纪要〉理解与适用》，人民法院出版社2019年版，第485页。

其实质,规制刚性兑付的核心目的是要将资管产品的固有投资风险进行合理的分配,故对于实践中各类保底承诺是否属于刚性兑付的判断,关键在于义务人是否为不得承担投资风险的主体。① 因此,前述保底情形可以从划分信托法律关系主体的角度简化成三类,即受托人保底、融资人保底和投资人之间的保底。其中,司法层面所规制的“刚性兑付”是指受托人的保底。对此,无论是在监管层面还是司法层面,均采用了“穿透式”的审查原则,只要承诺保底收益的主体归属为受托人一方的,即可从禁止刚性兑付的角度直接否定其法律效力。如《九民纪要》第92条第2款规定:“实践中,保底或者刚兑条款通常不在资产管理产品合同中明确约定,而是以‘抽屉协议’或者其他方式约定,不管形式如何,均应认定无效。”

对于信托法律关系之外第三方承诺保底收益的情形,如劣后级受益人向优先级受益人作出承诺的,劣后级受益人本身不属于信托法律关系中的受托人范围,其自愿增加负担的处分行为不违反《信托法》第34条的规定,也不违反信托财产独立的原则。即使出现投资风险,实际并未转嫁给受托人,而是在投资人之间分担,不会引发系统性风险。至于风险溢价水平的定价问题,若优先级受益人仅获取固定收益,且从资管产品中获取的正常收益与其从劣后级受益人处获得的保底收益之间不存在重复受偿,对市场正常定价秩序不构成干扰。同理,对于融资人承诺保底收益的情形,至多可能因投资标的直接向投资人承诺保底而涉嫌通道业务;或者因仅向部分投资人承诺保底收益,导致为资管产品承担风险的整体财产减少,可能构成恶意串通;又或者因存在无条件回购承诺而可能被认定为“名股实债”的法律关系,构成通谋虚伪意思表示,但均不涉及前述立法要规制刚性兑付的核心问题。因此,第三方承诺保底收益的情形主要取决于该第三方的主体是否是适格的投资风险承担主体。若本身不属于刚性兑付,则属于第三方提供增信措施,其效力应依据实际构成的具体法律关系性质认定。

① 参见李忱:《资管产品刚性兑付的监管进路与思考》,载《金融法苑》2018年第2期。

二、结构化资管中差额补足义务的法律关系

从本案《差额补足函》的两方主体来看,招商银行通过招商财富公司认购了基金的优先级份额,光大资本公司则认购了基金的劣后级份额。据此,基金的全部资产被分为风险与收益截然不同的“优先/劣后”结构以固定收益和风险,招商财富公司按照年利率8.2%获取固定收益,光大资本公司及其他劣后级合伙人则享有基金的全部剩余盈利,并承担基金亏损时的全部风险。

实践中,对于此类结构化资管中优先与劣后类别受益人之间法律关系的不同认识,直接影响了对劣后级对优先级承诺差额补足义务的效力认定。第一,以“利益共享、风险共担,风险与收益相匹配”的合伙关系予以规范。如根据《关于规范金融机构资产管理业务的指导意见》第21条规定,分级资产管理产品不得直接或者间接对优先级份额认购者提供保本保收益安排。按此观点,在资管产品产生收益和亏损时,所有投资者均应当享受收益和承担亏损,故劣后级受益人提供的差额补足承诺应为无效。第二,以取得固定本息回报为主要特征的借贷关系予以规范。按此观点,因劣后级分配具有高风险、高收益的特征,优先级受益人则相应获得固定的收益保障、不承担投资风险,故通过差额补足的安排,两种份额的关系实质是劣后级份额向优先级份额融资,通过向优先级份额支付固定收益而获取资金杠杆,符合借贷关系的基本特征,差额补足承诺认定有效。第三,直接以协议约定权利义务予以规范。该观点认为,单一法律关系无法涵盖双方之间的权利义务,只要约定内容不存在法定无效情形,即应认可其效力。笔者认同第三种观点,前两种观点试图以单一有名合同的法律关系进行规范,均不足以全面认识该种结构化投资关系。

首先,虽然结构化分级起到了融资功能,优先级资金的对价表现为固定本息回报,但不能排除优先级与劣后级受益人之间有共同投资的意思表示。优先级受益人投入资金认购基金份额并从中获取收益,应与受托人之间构成信托法律关系。若直接穿透认定优先级与劣后级之间为借贷法律关系,优先级的资金变成提供给劣后级的借款,优先级份额亦视为劣后级控制的投资,

则完全否定了优先级受益人与受托人之间原本存在的信托法律关系。对此,《九民纪要》第90条第2款亦明确,信托文件中关于不同类型受益人权利义务关系的约定,不影响受益人与受托人之间信托法律关系的认定。进一步而言,在劣后级承诺差额补足义务的情形下,该义务仅是对基金收益的补充,在基金收益满足预期的情况下,劣后级受益人不向优先级承担任何金钱给付义务,向优先级受益人支付收益的是受托人而非劣后级受益人,即并非必然还本付息。在此情况下,基于信托法律关系的两方主体即劣后级受益人与受托人互相独立及信托财产本身独立,不同类别受益人之间的权利义务并非完全符合借贷关系的特征。

其次,对于优先级与劣后级之间的结构化分级及相应差额补足安排,直接套用合伙投资、共担风险的规则予以规范,亦存在不足。资管业务语境下的"基金"在商业逻辑中仅是一种投资安排,具体落实到法律组织形式上又可分为公司制、合伙制和契约制,虽然受托人与投资人之间的权利义务因其具体法律组织形式的不同而分别受到公司法、合伙企业法等商事组织法的规制,但无论采取哪种法律组织形式,其本质都是投资人把财产交托给受托人并且赋予其开放性的管理权来获取收益,与一般意义上实体运作的公司或合伙企业存在本质不同。这一基本特性奠定了受托管理人信义义务的监管基础,并因此均按照信托法律关系进行处理。在此情形下,对于优先级信托份额的法律性质而言,因其附带了差额补足或远期回购等保证固定本息的增信措施,不能简单等同于对公司股权或合伙份额的认定。申言之,投资可以为股权性投资,也可以为债权性投资,债权投资表现为固定收益且优先于股权受偿,股权投资享有剩余收益并承担亏损风险。对比来看,结构化分级信托中的优先级投资更多体现债权投资的特性,而劣后级投资则更多表现为股权投资的特性,这两者的分类不影响其投资功能的实现。优先级受益人成为实质上的固定受益人不违反信托在本质上属于权益性投资的属性,对于信托而言,只要有部分受益人是剩余索取权人即可。① 何况这里的债权投资是相对于受托人和劣后级受益人整体而言,优先级受益人在受托人处自担的投资风

---

① 参见李皓:《论资管产品中差额补足协议的效力认定——基于108份相关司法判决的分析》,载《金融法苑》2020年第4期。

险，通过差额补足安排转嫁给劣后级受益人承担。在此情况下，优先级投资人仅获取固定投资回报，既不要求高额收益也不承担高额风险，收益与风险相匹配，股东对债权人的差额补足、优先级投资的优先退出并未造成权利失衡。反之，若仅从规制刚性兑付的思路出发，对优先级份额整体采用“信托”与“债”二分的立场，无视不同份额之间的利益、风险分配约定，强制只享有固定收益的优先级投资人亦承担投资风险，反而有失公平。

最后，优先级与劣后级受益人之间除共同投资、获取资金杠杆的意思表示之外，单就劣后级的差额补足义务与信托收益之间的关系而言，前者还存在提供增信的意思。对此，劣后级受益人是以其自有财产为优先级的固定收益提供增信，该差额补足义务在履行与否上具有或然性、在履行内容上具有补充性、在形式上独立于资管合同。无论是合伙法律关系还是借贷法律关系，均难以概括这部分增信内容。

综上，劣后级与优先级受益人之间兼具共同投资、借贷、增信的意思，不宜采用单一的有名合同思维进行司法认定，进而从有名合同的基本特征出发，去否定与该有名合同不符部分的法律效力。对于这种本身涉及不同交易主体，法律关系交织，具有高度复杂性、创新性的金融产品，应然的裁判思路并非要对法律关系的性质作单一界定，而应在不同对象所涉及的不同法律关系中，从对价调整的角度合理平衡当事人之间的权益。例如，优先级受益人与受托人之间为信托法律关系，从禁止刚性兑付的角度，优先级受益人不能在产品亏损的情况下要求受托人兑付本息；对优先级受益人若既约定在产品盈利时享有高额收益，又约定在产品亏损时从劣后级受益人处享有固定保底收益的，因高收益对应高风险的投资关系，低收益对应低风险的借贷关系，两者只可择一受偿且后者应参照借贷关系的法定最高利率予以限制，不能向劣后级受益人主张超出法定利率范围的高额收益；若优先级受益人已经从产品中获得收益分配的，在主张差额补足义务时应予以扣除等。同时，对法律效力的判断应兼顾监管强度、交易安全保护及防范系统性金融风险等方面的整体考量，对保底承诺并非一概否定其法律效力。本案中光大资本公司基于自身利益需求，自愿利用结构化安排及《差额补足函》的形式，与招商银行就双方的投资风险及投资收益进行分配，该行为不构成法定无效情形。

三、结构化资管中差额补足协议的法律性质

如前所述,单就劣后级受益人承担的差额补足义务而言,实际上具有一定的增信功能,但具有增信功能的合同并非都是担保合同。《九民纪要》第91 条规定,信托合同之外的当事人提供第三方差额补足等类似承诺文件作为增信措施,其内容符合法律关于保证的规定的,人民法院应当认定当事人之间成立保证合同关系。其内容不符合关于保证的规定的,依据承诺文件的具体内容确定相应的权利义务关系。实践中对此类增信文件的法律性质,大致存在保证、债务加入和独立合同关系三种观点。本案被告即抗辩其差额补足义务应认定为保证。

首先,从保证的法律构成要件来看,根据《中华人民共和国民法典》第681 条规定:"保证合同是为保障债权的实现,保证人和债权人约定,当债务人不履行到期债务或者发生当事人约定的情形时,保证人履行债务或者承担责任的合同。"保证系对主债务的担保,最本质的法律特征系其从属性,故此时必然存在主债务、主债务人,且保证人与主债务人系针对同一笔债务向同一债权人作出履约承诺。但本案《差额补足函》的文义中并未约定主债务,即使按照被告辩称主债务为上海浸鑫基金合伙协议约定的收益或暴风集团公司的 MPS 公司股权回购义务,但原告不是合伙协议及 MPS 公司股权回购协议中的直接债权人,与原、被告间的差额补足义务的主体不具有同一性,差额补足义务范围也不等同或从属于管理人返还基金财产或第三方回购标的公司股权的范围,不符合保证的构成要件。

其次,一般保证还具有履行顺位的意思,即使是连带责任保证,也以债务人不履行义务作为责任前提。[①] 本案中,尽管《差额补足函》约定有"如果股权转让价格少于目标价格""如果 MPS 股权没有完全处置"的表述,但并非对主债务或履行顺位的约定根据约定。本案商业逻辑是被告与暴风集团公司拟合作发起海外并购,故成立上海浸鑫基金筹集并购资金,并由暴风集团公

---

① 参见最高人民法院民事审判第二庭编著:《〈全国法院民商事审判工作会议纪要〉理解与适用》,人民法院出版社 2019 年版,第 481 页。

司承诺回购股权以实现收益。但对原告而言,投资目的是固定收益和按期退出,无论股权实际是否回购、基金是否实现收益,均需在资管计划到期时归还28亿元本金及相应收益。也就是说,至招商财富公司资管计划终止日,无论MPS股权是否处置,被告均应承担相应差额补足义务,只不过影响的其义务范围是差额、全额或为零。因此,与其说该差额补足义务是对债务人清偿能力不足的补充,不如说是承担或然性的价格风险,对此可以附条件的债务来理解,而无须套用保证的法律构造。由此可见,被告直接向原告承诺差额补足义务就是为了确保原告的资金能够及时退出,故在未能按期完成上述交易的情况下,被告须无条件独立承担支付义务,该差额补足义务具有独立性。

然而,尽管差额补足义务在形式上独立,与资管合同之间不构成保证关系,但其经济目的与资管合同收益的实现仍具有关联性。优先级受益人无论是从基金中获取收益还是直接要求劣后级受益人承担差额补足义务,都只能在其约定的固定收益回报范围内实现,这是各方合意的杠杆融资功能所决定的。因此,对于招商财富公司已经从基金获取的收益分配,应当在差额补足义务中扣除,并且招商银行依《差额补足函》得到固定收益的全额履行之后,不得再以优先级受益人的身份再获取基金收益,以免重复受偿。

证券纠纷代表人诉讼制度双重结构之法理透视与实践问题

——丁某等315名投资者诉上海飞乐音响股份有限公司证券虚假陈述责任纠纷案①

孙　倩*

【裁判要旨】

在证券侵权群体性纠纷中,10人以上投资者,推选2～5名拟任代表人,能够提供被告侵权的初步证据,并符合《中华人民共和国民事诉讼法》(以下简称《民事诉讼法》)规定的起诉条件的,可以发起普通代表人诉讼。败诉的被告方除赔偿原告方投资差额损失、佣金损失外,还应赔偿律师费等合理费用。普通代表人诉讼生效判决的既判力可以扩张至特定范围的案外人。

【案号】

一审:上海金融法院(2020)沪74民初2402号

二审:上海市高级人民法院(2021)沪民终384号

---

① 合议庭成员:林晓镍、单素华、孙倩、方乐华、范黎红、冯耀、张铭。本案入选新时代推动法治进程2021年度十大提名案件、证监会2022年度投资者保护八大典型案例、上海法院2021年度金融商事审判十大案例及参考性案例、上海金融法院2021年度十大典型案例,获评全国法院2022年度优秀案例分析优秀奖。

* 法学硕士,上海金融法院综合审判一庭法官。

【案情】

原告:丁某等 315 名投资者

代表人:朱某等 5 名投资者

被告:上海飞乐音响股份有限公司(以下简称飞乐音响公司)

飞乐音响公司是一家在上海交易所上市的公司(证券代码 600651)。2017 年 8 月 26 日,该公司发布 2017 年半年度报告,声称收入和利润实现增长。报告发布后,飞乐音响公司股价连续 3 个交易日上涨。2018 年 4 月 13 日,飞乐音响公司在其发布的《2017 年年度业绩预减及股票复牌的提示性公告》中承认,2017 年半年报和三季度报在收入确认方面有会计差错,预计将导致营业收入减少。公告发布后,飞乐音响公司股价连续 3 个交易日跌停。2019 年 11 月,中国证券监督管理委员会作出行政处罚决定,认定飞乐音响公司因项目确认收入不符合条件,导致 2017 年半年度报告、三季度报告收入、利润虚增及相应业绩预增公告不准确。

2020 年 8 月,魏某等 34 名投资者认为,飞乐音响公司上述虚假陈述行为造成其投资损失,遂共同推选其中 4 人作为拟任代表人,提起普通代表人诉讼。上海金融法院受理后作出民事裁定,确定权利人范围并发布权利登记公告。经权利登记,共有丁某等 315 名投资者成为本案原告,其中朱某等 5 名原告经在线推选当选为代表人,诉请被告飞乐音响公司赔偿投资损失及律师费、通知费等合计 1.46 亿元。

【审判】

一审法院经审理后认为,被告飞乐音响公司虚增营业收入、虚增利润总额的行为构成证券虚假陈述侵权,应当承担民事赔偿责任。315 名投资者均在实施日到揭露日期间买入飞乐音响公司股票,并在揭露日后因卖出或继续持有产生亏损,应当推定其交易与虚假陈述之间存在因果关系。飞乐音响公司提出的行业利好政策等因素不足以排除交易因果关系的成立,但其中受证券市场风险因素所致的部分损失,与涉案虚假陈述行为之间没有因果关系,飞乐音响公司不应对此承担赔偿责任。法院最终采纳中证资本市场服务中心出具的损失核定意见,认定原告所应获赔的损失金额为扣除证券市场风险因素后的投资差额损失与相应的佣金、印花税、利息损失之和,其中,证券市场风险因素采用个股跌幅与同期指数平均跌幅进行同步对比的方法扣除;判决飞乐音响公司赔偿 315 名原告投资损失共计 123,547,952.4 元,以人均 50 元为标准按 310 名原告计算的通知费 15,500 元,以及以人均 3000 元为标准按 315 名原告计算的律师费 945,000 元。

一审判决作出后,朱某等 5 名代表人均表示不再上诉,但原告刘某与被告飞乐音响公司不服,提起上诉。

二审法院认为,一审法院通过听证方式对实施日、揭露日等基本事实先行审查,再根据审查结果,作出确定权利人范围的裁定,符合法律规定。刘某虽然表示对一审实施日认定存有异议,但仍坚持参加代表人诉讼,可见其已实际接受了代表人的诉讼行为和主张,授权代表人参加诉讼。飞乐音响公司虽主张投资者是基于政策性和经营性利好消息而买入股票,与虚假陈述之间没有因果关系,但其提供的证据尚不足以认定经营风险对股价造成实质影响。涉案核算方法充分考虑了不同投资者的实际交易情况,体现了更加客观、精准的计算特点,一审法院相关认定并无不当。最终判决驳回上诉,维持原判。

【评析】

代表人诉讼制度并非新鲜事物,早在 1991 年《民事诉讼法》第 54~55 条中就规定了人数确定的代表人诉讼和人数不确定的代表人诉讼,这是我国专门用于解决群体性纠纷的民事诉讼程序。然而,从司法实践看,适用这一制度审理的群体性纠纷案件寥寥无几。2019 年修订的《中华人民共和国证券法》(以下简称 2019 年《证券法》)在 2017 年《民事诉讼法》规定的基础上,确立了证券侵权领域的代表人诉讼制度。2021 年,本案(以下简称飞乐音响

案)与顾某等投资者诉康美药业股份有限公司等证券虚假陈述责任纠纷案[①]
(以下简称康美药业案)民事判决的生效,标志着普通代表人诉讼和特别代表人诉讼制度均已落地。本文即从飞乐音响案的审判实践出发,在制度构建、价值考量、利益平衡、制度属性四个方面分析我国代表人诉讼制度特有的双重结构以及实践中存在的问题。

一、双足并立:普通代表人诉讼与特别代表人诉讼

根据《民事诉讼法》的规定,我国代表人诉讼为加入制,也即只有向法院明确作出参加诉讼的意思表示,方能成为代表人诉讼的原告。其背后的理论基础为,受大陆法系当事人处分权理论的影响,权利主张应当由当事人自行作出,以凸显当事人程序主体地位。我国 2019 年《证券法》修订时鲜见地从程序法上规定了证券纠纷代表人诉讼制度,其创新之处在于第 95 条第 3 款规定,投资者保护机构可以作为代表人参加诉讼,此时应采用“默示加入”制。2020 年最高人民法院《关于证券纠纷代表人诉讼若干问题的规定》(以下简称《代表人诉讼若干规定》)进一步细化,将证券侵权领域的代表人诉讼制度分为普通代表人诉讼(与 2019 年《证券法》第 95 条第 1 款、第 2 款对应)和特别代表人诉讼(与 2019 年《证券法》第 95 条第 3 款对应),由此形成两类代表人诉讼制度双足并立的局面。

普通代表人诉讼只能由当事人提起,法院不能依职权启动代表人诉讼审理程序。10 人以上投资者,推选 2 ~ 5 名拟任代表人,能够提供被告侵权的初步证据,同时符合《民事诉讼法》规定的起诉条件,即可发起普通代表人诉讼。该类诉讼程序最重要的特征在于“明示加入”,即经法院审查进入普通代表人诉讼程序后,符合权利人范围的投资者均可在法院发布的权利登记公告期间内通过登记参加诉讼;未能在公告期间登记的,可以在一审开庭前补充登记。只有进行了权利登记,才能成为案件原告。飞乐音响案即适用了普通代表人诉讼程序。

① 参见广东省广州市中级人民法院民事判决书,(2020)粤 01 民初 2171 号。

值得注意的是,特别代表人诉讼并非独立的诉讼制度,而是嫁接在普通代表人诉讼程序之上。换言之,投资者保护机构不能主动发起特别代表人诉讼,只有在普通代表人诉讼的权利登记公告期间才能参加诉讼,此时,普通代表人诉讼转化为特别代表人诉讼。

上述两种诉讼程序的制度设计也导致了诉讼规模的不同。在"明示加入"制度下,大部分投资者由于不知晓诉讼的存在,或是囿于时间精力未能主张权利。在飞乐音响案中,最终确定的原告规模为315名投资者。在杭州市中级人民法院审理的五洋债案中,原告规模为487名投资者。[①] 与此相对应的是,康美药业案中的原告人数多达5.5万余名。显然,特别代表人诉讼形成的大规模诉讼对上市公司造成了极大的威慑力。而在两类代表人诉讼制度并立的情况下,无法回避的问题就是普通代表人诉讼制度是否仍有存在的意义,以及二者适用案件的区分点如何界定。同样,投资者保护机构也面临着如何在普通代表人诉讼中选择案件进行特别代表人诉讼的难题。

此外,根据《代表人诉讼若干规定》第2条的规定,特别代表人诉讼案件由涉诉证券集中交易的证券交易所、国务院批准的其他全国性证券交易场所所在地的中级人民法院或者专门人民法院管辖,因此在普通代表人诉讼向特别代表人诉讼转化的过程中,不仅存在诉讼程序的衔接问题,还存在管辖法院的衔接问题。在被告破产的情形下,根据《中华人民共和国企业破产法》(以下简称《企业破产法》)第21条的规定,法院受理破产申请后,有关债务人的民事诉讼只能向受理破产申请的法院提起。上述两条关于集中管辖的规定可能带来实践中的冲突,根据法律位阶,应当优先适用《企业破产法》的规定。移送管辖中更突出的问题是,特别代表人诉讼的管辖法院与前期普通代表人诉讼的管辖法院对权利人范围的认定不一致时如何处理。笔者认为,当前法院确定权利人范围的主要依据是交易区间,通常将自实施日起到揭露日(不含)期间买入涉案股票且未全部卖出的投资者列为适格权利人,此时实质上认定了虚假陈述侵权行为的实施日和揭露日,但由于裁定权利人范围时尚未经过实体审理,即便该裁定经过上级法院复议程序,仍存在误判的可能

---

① 参见浙江省杭州市中级人民法院民事判决书,(2020)浙01民初1691号。

性。况且，在普通代表人诉讼中，如果在审理过程中确有证据证明应重新划定权利人范围，也应裁定变更权利人范围并重新公告。因此，如果两地法院对权利人范围的认定不同，特别代表人诉讼管辖法院可以裁定变更权利人范围。

二、双重价值：程序保障与诉讼效率

立法上规定集体诉讼程序的初衷在于提高诉讼效率，但所谓诉讼经济原则，绝不仅是谋求避免重复诉讼或减轻法院负担，还在于保护当事人之程序利益。“程序保障并非仅指应赋予当事人有优先选择追求系争实体利益（达成慎重而正确的裁判）之机会而已，亦包含应赋予当事人有优先选择追求程序利益（达成迅速而经济的裁判）之机会。”①对于证券侵权类案件，受损害的投资者往往在侵权事实和法律适用上具有高度一致性，只是在交易区间和赔偿金额的计算上有所不同。在传统的单独诉讼审理模式下，每起案件都要经历起诉、开庭、调解、判决、上诉程序，不仅使审理周期冗长，正义迟延，也造成司法资源的极大浪费。特别代表人诉讼程序在最大范围内将同类投资者囊括在同一案件中，能够通过一次诉讼解决大量纠纷，对于诉讼效率的积极作用自不待言。在普通代表人诉讼程序中，如前所述，案件规模通常较小，相当一部分案件系在代表人诉讼之外的单独诉讼。为提高整体诉讼效率，法律确立了代表人诉讼生效判决既判力的扩张效力。

既判力的根据在于当事人在诉讼过程中得到了充分的程序保障。② 在普通代表人诉讼案件审理中，须进行权利人范围裁定、权利登记公告、原告名单审查、代表人推选、退出登记、补充登记、特定环节的通知和异议等多重环节。经过复杂而严谨的审理程序，充分听取各方意见，给予被代表原告、代表人、被告实质的程序保障，判决的既判力方有依据。一般而言，受既判力所及的

---

① 邱联恭：《程序利益保护论》，台北，三民书局2005年版，第6页。

② 参见［日］伊藤真：《民事诉讼法》，曹云吉译，北京大学出版社2019年版，第355页。

限于诉讼中被赋予程序保障的当事人,不及于案外人。[①] 然而,根据《民事诉讼法》第57条和《代表人诉讼若干规定》第29条的规定,符合权利人范围但未参加登记的投资者提起诉讼,且主张的事实和理由与代表人诉讼生效判决、裁定所认定的案件基本事实和法律适用相同的,法院可以裁定适用已经生效的判决、裁定,裁定一经作出立即生效。此系法律就特定范围之案外人扩张既判力的专门规定,除为提高群体性纠纷的诉讼效率外,亦有维护诉讼秩序、"同案同判"等价值的考量。而且,代表人诉讼的审理模式,尤其是发布公示公告、允许补充登记等程序设计的目的在于让社会公众知悉代表人诉讼的存在,并最大限度上给予适格投资者参与诉讼的可能,对于既判力扩张之对象亦施以了程序保障。据此,后续案件无须开庭,可以直接作出裁定,且对于该类裁定,双方当事人均不得上诉,审理周期大幅缩短。据统计,截至2021年12月底,上海金融法院共裁定447名投资者适用飞乐音响案生效判决,平均审理周期不到1个月,极大提高了诉讼效率。

此外,对于明示不加入代表人诉讼以及明示退出的这一部分投资者,亦应给予其程序选择权。具体情形包括:(1)在代表人诉讼发起前已诉至法院的"在先诉讼",经法院释明不愿意撤诉加入代表人诉讼的;(2)在普通代表人诉讼中代表人推选结果公告后撤回权利登记、另行起诉的;(3)在特别代表人诉讼中声明退出并另行起诉的。"成为程序主体之当事人,不仅应有实体法上处分权,亦应被肯定享有相当之程序法上处分权,在一定范围内决定如何取舍程序利益,以避免因其程序之使用、进行招致减损、消耗、限制系争实体利益之结果。"[②]对于上述投资者,其已明确表示在程序选择上不愿适用代表人诉讼机制,故为充分保障其程序利益,法院应按照单独诉讼模式予以开庭审理,给予其完整的提出诉讼主张、提交证据材料、进行法庭辩论等行使诉讼权利的机会。对于法院作出的一审判决,该部分投资者有权提起上诉。

司法实践中,对于后续裁定案件和单独诉讼案件的区分尚有争议。对于后续裁定案件的起算点,第一种观点认为自代表人诉讼立案后未参加权利登

---

① 通常,既判力主观范围的扩张还表现为,以诉讼担当人为当事人作出的判决的效力及于被担当人,但在我国代表人诉讼制度中,被代表人系案件原告,故其当然受到代表人诉讼生效判决的约束。

② 邱联恭:《程序选择权论》,台北,三民书局2000年版,第33页。

记的都属于可裁定适用的范围;第二种观点认为起算点应为权利登记公告期间届满之日,因为在公告期间,符合权利人范围的投资者有权参加权利登记但未登记,而是选择了另行起诉,即以实际行动表示对集体诉讼程序的拒绝,应对其按照单独诉讼案件处理;第三种观点进一步对第二种观点进行修正,认为根据《代表人诉讼若干规定》第 8 条的规定,在一审开庭之前都可以进行补充登记,故只有在一审开庭日之后诉至法院的案件才可以裁定适用代表人诉讼生效判决。笔者认同第三种观点,既判力的时间基准一般为法庭辩论终结时,且既判力扩张至案外人更需审慎。在审判实践中,为妥善处理该问题,对代表人诉讼立案后到一审开庭日期间诉至法院的投资者,法院应就代表人诉讼相关法律规定和案件进展情况进行释明,如经过释明,投资者仍未进行权利登记,则应认为其明确排除适用代表人诉讼程序,不属于可裁定适用代表人诉讼生效判决的范围。

综上所述,在普通代表人诉讼程序的运行过程中,群体性案件可以分为三类:第一类是普通代表人诉讼案件本身;第二类是可以裁定适用代表人诉讼生效判决的后续案件;第三类是应当适用普通一审程序审理的单独诉讼案件。通过代表人诉讼审理的“繁”和后续案件审理的“简”,以及单独诉讼案件审理的流程之“全”三者相结合,达成了完善程序保障和提高诉讼效率双重价值的平衡。

三、双层格局:诉辩双方与原告群体

传统的单一诉讼结构通常表现为两造对抗、法官居中裁判,证券纠纷代表人诉讼则呈现更复杂的利益格局。一方面,需要动态平衡原告与被告之间的利益,既要维护原告作为投资者的合法权利,又要审慎判定因果关系,将与虚假陈述等侵权行为无关的因素从原告投资损失中剔除,使被告的赔偿额与其侵权行为相匹配。另一方面,由于原告人数众多,在其内部又分化成代表人和被代表原告两个群体,如何维持原告内部的利益平衡,既要赋予代表人充分权限,以推进集体诉讼顺利进行,又不能忽视被代表原告的利益,成为代表人诉讼制度所要解决的关键问题。

在代表人的赋权上,《代表人诉讼若干规定》与《民事诉讼法》略有不同。《民事诉讼法》第56～57条规定,代表人变更、放弃诉讼请求或者承认对方当事人的诉讼请求,进行和解,必须经被代表的当事人同意。而根据《代表人诉讼若干规定》第7条的规定,投资者参加权利登记视为对代表人进行特别授权,代表人的权限包括代表原告参加开庭审理,变更、放弃诉讼请求或者承认对方当事人的诉讼请求,与被告达成调解协议,提起或者放弃上诉,申请执行,委托诉讼代理人等。据此,代表人在进行变更诉讼请求、调解等诉讼行为时,无须再逐一取得原告的授权,而是通过参加权利登记即"默示授权"的方式,统一赋予代表人上述权限。该种"默示授权"方式在投资者极为分散的证券侵权集体诉讼中起到了积极作用,也是飞乐音响案中普通代表人诉讼制度得以落地的重要原因之一。

同时,为充分保障被代表人的权利,原告仍保有6项基本权利:一是表决权,即推选代表人的权利,这是普通代表人诉讼中原告所享有的固有权利,在特别代表人诉讼中,投资者保护机构是当然的代表人。二是知情权,原告有权获知所有诉讼进展,尤其是在代表人行使其特别权限,包括变更、放弃诉讼请求或承认对方诉讼请求,与被告达成调解协议以及申请撤诉时,均须通知全体原告。三是异议权,原告收到前述通知后,有权表达异议意见,法院应当充分听取。除此之外,案件审理过程中,原告认为代表人不适格的,可以申请法院撤销代表人资格;判决作出后,原告可就计算方法和赔偿金额申请复核,对赔偿款项分配方案还可以提出执行异议。四是复议权,对法院作出的权利人范围裁定,有权提起复议。五是退出权,无论是普通代表人诉讼还是特别代表人诉讼,原告均可在法定期间内退出诉讼;在案件调解环节,原告还可以部分退出调解,对于不愿意调解的原告,法院应继续审理并作出判决。六是上诉权,《代表人诉讼若干规定》专门用两个条文设计了一套精细的上诉制度,各原告均享有单独的上诉权,而非将原告"捆绑"在一起一致行动。具体而言,代表人决定不上诉时,应当通知全体原告,各原告均可提起上诉,若被告选择不上诉,则一审判决在不上诉的原告与被告之间生效,提起上诉的原告进入二审程序;反之亦然。[1]

尽管在制度设计时力争达成原告内部的利益平衡,然而,在司法实践中,上述权利义务的安排仍引发了一定争议。例如,对于原告的退出权,《代表人诉讼若干规定》第16条规定,在普通代表人诉讼中,原告可以自代表人确定公告之日起10日内申请撤回权利登记,另行起诉;而在特别代表人诉讼中,根据第34条的规定,投资者明确表示不愿意参加诉讼的,应当在公告期间届满后15日内向法院声明退出。从前述"可以"和"应当"的措辞区分来看,似乎特别代表人诉讼对声明退出的期限规定较严格,投资者只能在法定期限内声明退出,否则视为同意参加代表人诉讼,被法院登记为该案原告。那么,这是不是意味着,普通代表人诉讼中的10日法定期限届满后,原告可以在任一时间退出呢?笔者认为,从司法解释规定的本义看,并非要赋予投资者任意的退出权,否则法定期间的设置就变得毫无意义,因此,投资者若要行使退出权,应当在法定期间内进行。但是,该问题的核心在于,无论是普通代表人诉讼还是特别代表人诉讼,投资者参加代表人诉讼后,均享有原告的诉讼地位,作为原告能否行使撤诉权?如若允许其撤诉,那么实际达到了任意退出的效果,同样消解了上述法定期间的规定。而且,在极端情形下,如果撤诉的投资者数量较多,导致最终留在诉讼中的原告不足10名,将不再构成集体诉讼。再如,对于原告的上诉权,在被告未提起上诉的情况下,如果部分原告上诉,部分原告未上诉,则一审判决在未上诉的原告与被告之间生效。问题在于,如果经二审程序改判了一审判决,未上诉的原告和被告能否据此提起再审?现行司法实践中,申诉审查阶段往往不会仅因当事人未提起上诉即驳回其再审申请,有证据证明一审判决确有错误的,也有可能进入再审程序,如此一来,一审生效判决的稳定性受到极大挑战,亦有可能造成当事人不管是否认可一审判决均提起上诉的局面。综上,上述为保障被代表人利益所作的一系列复杂的诉讼权利保留安排,值得在法律修订时进一步反思和完善。

---

[1] 参见林文学等:《〈关于证券纠纷代表人诉讼若干问题的规定〉的理解与适用》,载《人民司法》2020年第28期。

四、双向互动:诉讼担当与诉讼代理

集体成员人数众多这一特征,决定了在集体诉讼中,不可能让所有人都直接行使诉讼权利,承担诉讼义务,否则集体诉讼将无法进行。美国集团诉讼制度(class action)是通过拟制出“集团”,使集团起到法人实体一样的效果,集团代表的诉讼行为被视为各个成员实现其诉讼权利的行为,集团代表才享有当事人的全部权利。[①] 除集团代表外,其余投资者被称为隐名成员(absent class member),主要权利是对代表人的充分性提出异议,要求更换集团代表。[②] 日本采用选定当事人制度,即“具有共同利益的多数人可以从中选定某人作为代表人进行诉讼,被选定人将代替作出选择的人成为诉讼上的当事人”[③],选定人退出诉讼,不再是案件的当事人,这属于一种任意的诉讼担当。德国的团体诉讼(verbandsklage)也是一种诉讼担当,[④]通过立法赋予某些团体诉讼主体资格和团体诉权,使其可以代表团体成员提起、参加诉讼,独立享有和承担诉讼上的权利义务,并可以独立作出实体处分,裁判结果间接惠于团体成员,[⑤]实质是将集体诉讼转化为一种 1V1 的单独诉讼模式,团体成员并非诉讼当事人。从上述国家的集体诉讼制度看,被代表的普通投资者或不享有当事人地位,或虽作为当事人但并不享有全部的诉讼权利。与之不同的是,德国参议院在 2005 年 7 月通过《投资者示范诉讼法》[⑥],确定了民事诉讼中的示范诉讼制度,即在群体性诉讼中选出 1 名或多名示范原告,对共同事实和法律问题作出示范裁判;规定了平行案件中止审理,但平行案件当事人有权作为第三人参与示范诉讼,可实施所有示范原告的诉讼行为。德国示范诉讼制度推出后,事实上并未提高诉讼效率,其中平行案件当事人作为第三

---

① 参见肖建华:《群体诉讼与我国代表人诉讼的比较研究》,载《比较法研究》1999 年第 2 期。

② 参见罗建豪:《美国集团诉讼退出制研究》,复旦大学 2008 年博士学位论文,第 26 ~ 27 页。

③ [日]高桥宏志:《民事诉讼法重点讲义》,张卫平、许可译,法律出版社 2021 年版,第 296 页。

④ 也有观点认为属于诉讼信托,参见肖建华:《群体诉讼与我国代表人诉讼的比较研究》,载《比较法研究》1999 年第 2 期。

⑤ 参见章武生:《论群体诉讼的表现形式》,载《中外法学》2007 年第 4 期。

⑥ 该部法律于 2007 年 11 月生效。

人的参与诉讼制度即是为人诟病的原因之一。[①]

就代表人诉讼制度本身而言,其应属于诉讼担当。通常认为,诉讼担当,是指第三人基于诉讼实施权而以自己的名义为原告或被告,就他人之实体权利义务进行诉讼的法律制度,诉讼结果中确定的实体权利义务仍然归属于他人。[②] 诉讼担当和诉讼代理的区别在于,诉讼代理人并非案件当事人,其权限以委托人授权为限,特殊事项需本人特别授权。“由于代表人是以所有的被代表人的名义、诉讼请求和诉讼理由来向对方当事人提出诉讼主张和进行诉讼抗辩,该诉讼实施权来源于所有被代表的当事人,这是一种任意的诉讼担当形式。”[③]然而,我国代表人诉讼制度的特点在于,代表人确定后,原告并不退出诉讼,仍享有原告的诉讼地位,由此形成“原告+代表人+诉讼代理人”的局面。在代表人的授权上,类似于诉讼代理人的权限限制。虽然《代表人诉讼若干规定》确立了默示特别授权制度,但当代表人真正实施放弃、变更诉讼请求等“特别权限”时,均应通知全体原告,且原告有权提出异议。此时,法院将根据原告的异议情况决定是否准许代表人的请求,故代表人未必能够真正地行使“特别权限”。我国代表人诉讼制度兼具诉讼担当和诉讼代理的特点,代表人并未获得完整的诉讼实施权。

由此带来的问题是,代表人能否按照自己的意愿发表诉辩意见。笔者认为,代表人作为诉讼担当人,有权根据自身的专业能力、对案件的理解就实体问题发表意见,除却法律规定的特定诉讼环节(如前述放弃、变更诉讼请求或承认对方诉讼请求、撤诉、调解等),其并没有义务在征询完所有原告意见后加以归纳总结再行确定诉讼策略。当然,这并不意味着原告不能表达自己的诉讼见解。案件审理中,原告可以以书面或口头方式直接向法院发表意见,也可以向代表人表达意见。在原告已经向代表人明确表达意见,且意见与代表人不一致的情形下,代表人有义务向法院转达。

律师费损失的赔偿也是司法实践中争议较大的问题。《代表人诉讼若干规定》第25条规定:“代表人请求败诉的被告赔偿合理的公告费、通知费、律

---

① 参见张大海:《德国群体诉讼制度研究》,复旦大学2008年博士学位论文,第93~100页。

② 参见纪格非:《功能论视角下任意诉讼担当的类型研究》,载《东方法学》2020年第2期。

③ 肖建华:《群体诉讼与我国代表人诉讼的比较研究》,载《比较法研究》1999年第2期。

师费等费用的,人民法院应当予以支持。"结合该司法解释第7条的规定看,代表人具备委托诉讼代理人的权限。一般而言,代表人为更好地参与诉讼往往委托律师作为诉讼代理人,并为此支付律师费,为弥补该项损失,司法解释增设了败诉被告赔偿律师费等合理费用的责任。然而,实践中并非照此逻辑运行。由于普通投资者对于能否维权、如何维权并不了解,自最高人民法院2002年通知可以受理证券侵权赔偿纠纷以来,市场逐渐自发形成了一套律师出面招揽客户、签订风险代理合同、待被告赔偿后从中提取15%～30%作为律师费的运转模式。飞乐音响案中,代表人亦与委托诉讼代理人签订了该种风险代理合同,并请求被告支付以315名原告诉讼标的额总和为基数按15%计收的律师费,即1800万余元。法院认为,在侵权案件中,被告所应承担的律师费损失是原告为维权所支出的合理费用,代表人与律师签订的律师费收取方式不能约束被告,综合考虑案件繁简、难易程度、律师工作量、诉讼规模等因素,最终判决被告支付以人均3000元为标准、按315名原告计算的律师费94.5万元。尽管本案根据合同关系和侵权损害赔偿关系相区分的原则处理了律师费争议,但仍存在这样的疑问:代表人聘请的律师是全体原告的诉讼代理人,还是仅为代表人的诉讼代理人?笔者认为,代表人是代表全体原告聘请律师,原告亦未退出诉讼,因此,律师是为全体原告服务,是全体原告的诉讼代理人。但随之产生的问题是,代表人与律师关于律师费收取的约定能否约束全体原告?如果对这个问题予以肯定回答,那么判决后律师将有权向所有原告按合同收取15%的律师费,如此一来,代表人的权限未免过大。飞乐音响案中,赔偿款分配后,诉讼代理人仅向自己前期招揽的投资者依据合同收取律师费,并未向通过权利登记参加诉讼的其他原告收取15%的律师费,故未引发上述争议,但该处法律漏洞仍有待在今后的司法实践中予以填补。

结　语

"法院裁量权之行使应指向于平衡保护相关共同利益人之程序利益及系

争实体利益。”[1]长期以来,我国民事诉讼程序倾向于注重实质正义,程序问题无伤大雅,一定程度上形成“程序虚无主义”“程序工具主义”。在2019年《证券法》的修订和实践中,通过代表人诉讼制度,一次解决大量纠纷,降低了投资者的维权成本,尤其是特别代表人诉讼制度,通过“默示加入”的程序设计,将“沉默的大多数”纳入原告范围,使分散在大江南北的实体权利碎片有了实现的可能,这充分证明了程序权利的价值,没有程序权利就没有实体权利。

飞乐音响案和康美药业案落地后,有关部门相继表示要推进代表人诉讼常态化开展。[2] 然而,如前所述,我国证券纠纷代表人诉讼制度形成了具有本土特色的双重结构,兼顾了当事人的程序利益保障、程序处分权及程序选择权,但在双重结构的运转中尚存在一些矛盾和冲突,有待在实践中加以解决和完善。首先,在制度支持方面,建议针对证券交易电子化的特点,打造全国统一的代表人诉讼权利登记平台,以此为依托,使投资者得以聚集,实现普通代表人诉讼中代表人的有效推选。其次,在制度优化方面,建议扩大特别代表人诉讼的功能,赋予投资者保护机构直接发起特别代表人诉讼的权限,而非嫁接在普通代表人诉讼之上。同时,厘清诉讼担当和诉讼代理的关系,在兼顾被代表人利益的同时,进一步向诉讼担当转化。再次,在制度体系方面,建议在常态化运行代表人诉讼制度的同时,也要充分运用示范判决机制、先行赔付制度、强制调解制度,并可探索公益诉讼制度,扩充权利救济途径,为当事人提供更多的制度选择。最后,要持续加强投资者教育,让投资者了解相关法律制度。只有畅通维权通道,投资者维权取得实效,代表人诉讼制度才具有持久的生命力。

---

① 邱联恭:《程序利益保护论》,台北,三民书局2005年版,第124页。

② 参见《加强投资者保护,筑牢注册制改革之基——王建军副主席在国际金融论坛第十八届全球年会上的演讲》,载中国证券监督管理委员会网2021年12月5日,http://www.csrc.gov.cn/csrc/c/00028/c1605825/content.shtml;《投服中心首单特别代表人诉讼开始执行　投资者获得感持续增强》,载中证中小投资者服务中心网,http://www.isc.com.cn/html/mtbd/20211222/4288.html。

管理人的实控人参与推销、管理私募基金造成投资者损失的责任承担

——钜洲资产管理(上海)有限公司、上海钜派投资集团有限公司与周某某私募基金纠纷案①

葛　翔* 阮申正**

【裁判要旨】

私募基金管理人的实控人向投资者推销私募基金,并有证据证明构成实质代销关系的,实控人负有告知说明义务和适当性义务。管理人在投资管理过程中未体现专业独立性,而由实控人实际管理运作基金,未尽忠诚勤勉义务造成投资者损失的,管理人及其实控人因违反监管规则和信义义务,应当承担连带赔偿责任。基金投资损失的认定应以清算为原则,但基金未投向约定标的,管理人亦未控制任何基金资产且资产追回期限不可预见,造成清算无法进行的,可以认定投资者损失已经固定。投资者诉请解除私募基金合同并返还投资成本,解除合同条件虽不成立,但管理人等主体应当承担赔偿责任的,人民法院可在投资者诉请的范围内判决责任主体赔偿实际损失。

---

① 合议庭成员:任静远、葛翔、余甬帆。本案入选2021年度上海法院百例精品案例、上海金融法院2021年度十大典型案例。

* 法学博士,上海金融法院综合审判三庭法官。

** 法学硕士,上海金融法院综合审判三庭法官助理。

【案号】

一审:上海市浦东新区人民法院(2020)沪0115民初2780号

二审:上海金融法院(2021)沪74民终375号

【案情】

上诉人(原审被告):钜洲资产管理(上海)有限公司(以下简称钜洲资管)、上海钜派投资集团有限公司(以下简称钜派集团)

被上诉人(原审原告):周某某

原审第三人:招商证券股份有限公司(以下简称招商证券)

2016年6月,钜洲资管成立"钜洲智能制造2018私募股权投资基金"并任基金管理人,由招商证券任基金托管人。《钜洲智能制造2018私募股权投资基金合同》(以下简称《私募基金合同》)载明,该基金由钜洲资管"直销","具有高收益、高风险的风险收益特征",并约定,基金募集资金主要投资于由北京国投明安资本管理有限公司(以下简称国投明安)、广州汇垠澳丰股权投资基金管理有限公司(以下简称汇垠澳丰)作为普通合伙人发起设立的广州天河明安万斛投资合伙企业(有限合伙)(以下简称明安万斛),该合伙企业成立的目的主要是对卓郎智能机械有限公司(上市公司)(以下简称卓郎智能)进行股权投资。

同月,钜洲资管的实控人钜派集团就前述基金进行推广,材料中载明明安万斛有国投明安和汇垠澳丰"双GP"(两大普通合伙人)保障等信息。经推介,周某某签署了载有"知晓项目所有风险""愿意自行承担投资风险"等内容的风险揭示书后,与钜洲资管、招商证券签订《私募基金合同》,并支付基金认购款3,000,000元,认购费30,000元。钜派集团直接向周某某出具"资金到账确认函",载明"周某某于2016年6月20日,通过钜派投资推介,自愿认购了"钜洲智能制造2018私募股权投资基金""钜派投资会配合相关单位认真积极地为您做好该产品后续服务工作"等内容。

2016年6月至7月,招商证券根据钜洲资管的指令,从涉案私募基金托管专户向钜派集团的全资子公司上海钜派钰茂基金销售有限公司划付了销售服务费,向明安万斛划付230,006,400元资金。

2019年10月28日,钜洲资管发布“临时信息披露公告”称:明安万斛基金管理人国投明安及其实际控制人、法定代表人周某,通过伪造交易法律文件、投资款划款银行流水、投后管理报告、部分资金已到账的银行网页及视频,恶意挪用基金资产,并已于2019年10月20日失联,钜洲资管已向公安机关报案,北京市公安局朝阳分局经侦支队以涉嫌合同诈骗于2019年10月25日出具了受案回执。

2019年10月29日,案涉私募基金召开投资人电话会议,钜派集团经理在会议中介绍了“钜派的投后人员和产品经理去北京现场查阅了这份盖章版的代持协议”“使得钜派相信项目在正常存续”“钜派不断地找周某要求尽早还款”“在钜派层面,9月25日发布了退出进展”“2019年9月28日,钜派召集了全体投资人的电话会议”“钜派目前正在全力推动刑事侦查程序”等相关情况。

另查明,2016年5月26日,国投明安、汇垠澳丰、钜洲资管共同签署合伙协议,成立明安万斛,约定:国投明安、汇垠澳丰为普通合伙人,钜洲资管为有限合伙人,由国投明安任执行事务合伙人并委派周某为代表,执行合伙事务。明安万斛的工商公示信息显示,截至2017年9月,汇垠澳丰、钜洲资管均未登记成为明安万斛合伙人;2017年12月14日,明安万斛合伙人由国投明安、深圳前海中明兴泰投资中心(有限合伙)、周某变更为国投明安、深圳前海中明兴泰投资中心(有限合伙)、钜洲资管,此后未再发生变更。

周某某追索投资无果,向一审法院起诉请求:(1)解除周某某与钜洲资管、招商证券签订的《私募基金合同》;(2)钜洲资管返还周某某基金投资款3,000,000元、认购费30,000元;(3)钜洲资管赔偿周某某自2016年6月21日起至判决生效之日止的资金占用损失;(4)钜派集团就钜洲资管的上述义务承担连带赔偿责任;(5)案件受理费、保全费由钜洲资管、钜派集团承担。

【审判】

一审法院认为，案涉私募基金已经依法成立，周某某成为案涉基金的基金份额持有人，仅投资收益未实现并不导致合同目的无法实现。故对周某某依据原《中华人民共和国合同法》（已失效）第94条第4项要求解除涉案基金合同的主张不予支持。但钜洲资管作为案涉私募基金管理人，违反法定、约定义务造成了周某某的损失：一是钜洲资管未能提供投资者风险测评等相关证据，仅凭周某某签署风险揭示书不足以证明钜洲资管在销售过程中妥善履行了投资者适当性义务；二是钜洲资管未核实国投明安的实际合伙人与《私募基金合同》约定不符，轻信国投明安的单方说辞，未查明上市公司卓郎智能的公示股东名单中并无明安万斛的事实，严重违反了管理人勤勉尽责管理财产的义务。故对周某某要求钜洲资管赔偿基金投资款损失3,000,000元、认购费损失30,000元及资金占用损失的诉讼请求，予以支持。而根据钜派集团出具的“资金到账确认函”、案涉私募基金销售服务费的支付情况、投资人电话会议记录等相关事实，足以认定钜派集团实质参与案涉私募基金的推介、销售、投资、管理，故钜派集团应承担连带赔偿责任。如判决后周某某在清算过程中获偿，该部分应在钜洲资管、钜派集团的赔偿金额中予以扣除。一审法院遂判决：（1）钜洲资管赔偿周某某基金投资款损失3,000,000元、认购费损失30,000元；（2）钜洲资产赔偿周某某截至2019年8月19日的资金占用损失450,924.66元，以及自2019年8月20日起至判决生效之日止的资金占用损失（以3,000,000元为基数，按全国银行间同业拆借中心公布的同期贷款市场报价利率计算）；（3）钜派集团对上述第1、2项赔偿义务承担连带责任；（4）驳回周某某其余诉讼请求。

一审判决后，钜洲资管、钜派集团不服提起上诉，认为：（1）一审判决超出周某某解除合同、返还财产的诉讼请求范围；（2）案涉基金清算未完成，周某某的损失无法确定，且该损失系底层资产合伙企业执行事务合伙人诈骗导致，与钜洲资管的基金管理行为无关；（3）本案基金属于直销，钜派集团不应承担连带责任。请求撤销一审判决，驳回周某某全部诉请。

二审法院经审理认为,第一,解除合同与投资款、认购费的反向给付可以作为两项独立的诉讼请求,并附之以相应的法律事实。人民法院根据当事人诉辩和举证,在查明案件事实的基础上,结合当事人诉讼请求与所查明的案件事实,选择适当的判决基础,并不违背诉讼处分原则,亦避免重复诉讼,有利于减轻各方当事人讼累。一审判决基于各方当事人参与私募基金募集、投资、管理等事实,判决两上诉人承担相应的赔偿责任,并未超出当事人诉讼请求范围。第二,基金的清算结果是认定投资损失的重要依据而非唯一依据,有其他证据足以证明投资损失情况的,人民法院可以依法认定损失。根据《私募基金合同》,案涉基金的权益基础为明安万斛对卓郎智能的股权收益,现基金资产已被案外人恶意挪用,明安万斛未取得卓郎智能股权,犯罪嫌疑人亦未到案,合同约定的基金权益无实现可能。因基金资产已经脱离管理人控制,清算小组无法接管基金财产,基金清算处于停滞状态,也无证据表明存在可资清算的基金财产。如果坚持等待清算完成再确认当事人损失,不利于投资者权益保护。一审法院根据投资款、认购费、资金占用利息确定损失,并明确若周某某在后续清算过程中获得清偿,应予抵扣,符合损失填平原则,二审法院予以认可。第三,虽然《私募基金合同》仅由钜洲资管与周某某签署,但结合钜派集团出具的"资金到账确认函"、案涉私募基金销售服务费的支付情况、钜派集团对钜洲资管的实控关系等相关事实,钜派集团与钜洲资管构成实质意义上的代销关系。在系争基金的销售过程中,钜派集团、钜洲资管未根据《私募投资基金监督管理暂行办法》第 16 ~ 17 条充分评估投资者适当性。一审法院根据 2017 年《中华人民共和国民法总则》(以下简称《民法总则》)(现已失效)第 167 条判决钜派集团、钜洲资管承担连带责任,适用法律并无不当。在系争基金的运作、管理过程中,钜派集团、钜洲资管亦未切实履行管理人义务,在上市公司公示股东名单中并不包括明安万斛时,未向上市公司进行核实,也未查阅股份代持协议,在资金转账凭证截屏存在瑕疵的情况下,也未对转账真实性进行查证,由此导致基金财产被案外人侵占转移,其也应当承担相应责任。二审法院遂判决:驳回上诉,维持原判。

【评析】

近年来,私募投资基金发展迅速,截至2020年年底,在中国基金业协会(以下简称中基协)登记的私募基金管理人有2.46万家,备案私募基金有9.68万只,管理基金规模达到15.97万亿元。[①] 而因私募投资基金引发的争议也呈现增长趋势,尤其是在私募基金销售管理过程中,管理人未履行忠诚勤勉义务,且存在其他责任主体参与,共同造成投资者损失时,如何分配赔偿责任,以及基金未清算情况下如何确定损失固定,都存在一定争议。本案围绕责任分配、损失范围和请求基础等问题作出相应裁判,有一定的典型意义。

一、实控人推销、管理私募基金的责任

(一)实控人参与基金推销应当承担告知说明义务和适当性义务

本案中,根据原告的诉称和相关证据可以证明,上诉人钜派集团参与了基金的推介和销售,即实质性参与了基金的募集。而"募管权责不清"历来是私募基金监管的重点,2016年中基协发布的《私募投资基金募集行为管理办法》第23条、第24条就明确规定了私募基金募集推介过程中应告知投资者"私募基金管理人名称、私募基金管理人登记编码、基金管理团队等基本信息",禁止"允许非本机构雇佣的人员进行私募基金推介;推介非本机构设立或负责募集的私募基金"。2021年证监会发布《关于加强私募投资基金监管的若干规定》(以下简称《加强基金监管规定》)中又进一步强调,"私募基金管理人的出资人、实际控制人、关联方不得从事私募基金募集宣传推介"。实控人等管理人关联主体进行私募基金募集,存在两方面问题:一方面,实控人等主体往往不具备基金从业或销售资格,不具备推介私募基金的相关资质。另一方面,实控人等主体参与基金推销,必然造成"募管权责不清"。实控人

① 参见中国证券监督管理委员会:《〈关于加强私募投资基金监管的若干规定〉起草说明》,载中国证券监督管理委员会网,https://www.amac.org.cn//governmentrules/czxgf/gfxwj/gfxwj_smjj/gfxwj_smjj_zhl/202101/P020210111336995154068.pdf。

参与募集,以自己的名义向投资者推销基金,实质目的往往是模糊实控人与管理人之间、实控人与基金之间的法律关系,通过实控人等特定身份或市场地位为管理人和私募基金进行不当增信,从而误导投资者基于对实控人特定身份的信赖作出投资决策。当基金发生亏损时,又以其与管理人、所售基金无法律上的关系为由拒绝投资者的兑付请求。

从规范构成来看,缔约前告知交易主体的身份情况属于告知中说明义务的范畴。例如,欧盟第二次金融市场指令(MiFID Ⅱ)中提出,投资公司在给出投资建议前应当告知(inform)消费者,该建议是否基于一个独立的基础(on an independent basis)。[①] 英国金融行为监管局(Financial Conduct Authority,FCA)颁布的《商业行为规范》(Conduct of Business Sourcebook,COBS)中也规定,应当向金融消费者告知公司是否已经获得了FCA等的授权,是否存在指定的代理人;作为平台公司是否存在相应的利益冲突等。[②] 实控人以自己名义参与基金募集,本身就属于违反监管规则的行为。如果实控人在基金募集过程中未充分揭示其与管理人之间的关系,未明确向投资者告知其不承担基金管理责任、不负有兑付义务等,从而使投资者对基金投资管理产生误解的,就属于违反告知说明义务。

实控人在参与募集过程中也要受到适当性义务的规制,本案中无论是钜洲资管还是钜派集团都未确认投资者是否属于合格投资者,也未对投资者进行适当性匹配,就向本案原告推介了案涉基金,显然未尽到适当性义务,应当根据《全国法院民商事审判工作会议纪要》(以下简称《九民纪要》)的规定承担缔约过失的连带责任。

(二)实控人参与私募基金管理造成投资者损失的应当承担赔偿责任

就管理阶段,实控人实质参与私募基金投管,并由此造成投资者损失的,是否应当承担赔偿责任,存在不同意见。一种意见认为,根据《中华人民共和

---

① See Directive 2014/65/EU of the European Parliament and of the Council of 15 May 2014 on markets in financial instruments and amending Directive 2002/92/EC and Directive 2011/61/EU, https://eur-lex.europa.eu/eli/dir/2014/65/oj/eng.

② See *Conduct of Business Sourcebook*, FCA (Jul. 2021) https://www.handbook.fca.org.uk/handbook/COBS.pdf.

国信托法》第30条的规定，受托人委托他人处理信托事务的，应当对他人处理信托事务的行为承担责任。本案中钜派集团并非《私募基金合同》的缔约主体，钜洲资管也未明确委托钜派集团管理案涉基金，因此即使钜派集团参与基金募后投管，由此造成的损失也应当由钜洲资管承担。另一种意见认为，虽然钜派集团不是缔约主体，但是其参与基金投管造成了投资者损失，应当承担侵权赔偿责任。二审裁判最后采纳了后一种意见，一审虽然认定钜派集团应当承担赔偿责任，但适用2017年《民法总则》第167条将推销阶段和投管阶段合并进行处理，在法律适用上存在可商榷之处，二审在说理部分作了适当调整。

本案中，实控人参与基金投管并造成投资人损失，在客观和主观两方面都存在重大过错。首先，在基金投资法律关系中，管理人作为信托受托人应向投资者承担信义义务，忠诚勤勉履行合约。而禁止利益冲突并及时披露利益冲突是信义义务的重要组成内容。[1] 前述《加强基金监管规定》明确规定，私募基金管理人的出资人不得有层级过多、结构复杂等情形，不得隐瞒关联关系或者将关联关系非关联化。同时，中基协《私募投资基金管理人内部控制指引》也明确了基金管理人应当建立内部风控制度，确保管理人依法依规行使职能。管理人独立专业履行基金投资管理的合同义务，既是避免利益冲突的风控细则要求，[2]也是忠诚勤勉义务的体现。相应地，管理人的实控人不应代替管理人履行基金投资管理义务。实控人代替履行管理人职责，不符合监管的风控要求，隐含利益冲突的可能，也意味着管理人自身未能履行信义

---

① 参见徐化耿：《信义义务的一般理论及其在中国法上的展开》，载《中外法学》2020年第6期。

② 例如，中国人民银行、中国银行保险监督管理委员会、中国证券监督管理委员会、国家外汇管理局《关于规范金融机构资产管理业务的指导意见》（银发〔2018〕106号）第13条规定，主营业务不包括资管业务的金融机构应当设立具有独立法人地位的资产管理子公司开展资产管理业务，强化法人风险隔离。金融机构开展资产管理业务，应当确保资产管理业务与其他业务相分离，资产管理产品与其代销的金融产品相分离，资产管理产品之间相分离，资产管理业务操作与其他业务操作相分离。又如，中国银保监会办公厅《关于清理规范信托公司非金融子公司业务的通知》（银保监办〔2021〕85号）规定，信托公司不得新增设立一级非金融子公司，只可保留一家涵盖投管或资管类业务的境内一级非金融子公司，该公司仅可作为私募基金管理人受托管理私募投资基金，且不得控制、共同控制被投资方或对被投资方施加重大影响，不得参与被投资方的日常经营。

义务。其次,钜派集团在投管过程中存在明显疏失,且造成的损害结果严重。① 从相关证据反映,基金投资活动(如投资流水的核对、股权投资协议的确认等)基本由钜派集团工作人员进行操作,即基金投资管理行为实质上是由钜派集团行使。同时,《私募基金合同》中约定案涉基金募集完成后注入合伙型基金,再由合伙型基金投向拟上市标的公司。而合伙型基金在合同中明确约定为双 GP 模式。但是该合伙型基金中约定的汇垠澳丰自始未登记为普通合伙人,也无证据证明汇垠澳丰在合伙型基金运作过程中起到了制约执行事务合伙人的作用。而且,钜派集团工作人员在基金投资管理过程中只是核对了股权投资书面文本和资金转账截屏,而案外人伪造的转账截屏有明显瑕疵,钜派集团工作人员如能及时向股权投资标的企业进行必要核实,也能及时避免后续损失的发生。正是由于钜派集团工作人员的疏失,造成基金所有投资款全部为案外人侵吞并且客观上无法及时追回,其应当承担相应的侵权赔偿责任。

本案中,钜洲资管作为管理人未履行忠诚勤勉的信义义务,存在侵权和违约责任的竞合;钜派集团参与投管因重大过错造成损失构成侵权。钜洲资管与钜派集团在过错行为的层次上存在不同,严格来说两者构成不真正连带责任,②即投资者既可以向管理人主张全部侵权赔偿,也可以向实控人主张全部侵权赔偿,最终仅取得一份赔偿。但向管理人主张的、基于信义义务之违反而产生的请求基础,和向实控人主张的过错侵权请求基础存在一定差异,严格来说不属于典型的连带责任。考虑到在募集阶段因管理人与实控人已承担连带责任,就损失结果的赔偿而言,对投管阶段的行为再严格界分责任已无必要,故二审仍认定钜洲资管与钜派集团应构成连带赔偿责任。

---

① 过失侵权中损害结果是否重大也是侵权构成中需要考虑的因素之一。参见[美]文森特·R. 约翰逊:《美国侵权法》,赵秀文等译,中国人民大学出版社 2017 年版,第 58 页。

② 数债务人与债权人间为满足债权人同一给付利益,皆与债权人发生个别独立的债之关系而分别负担全部之给付义务,同时债权人却仅能受领一份给付,是连带债务和不真正连带债务所具有的共同特征。但在不真正连带责任中,因数债务人不具有共同目的或存在不同层次的债的关系,而有别于连带责任。参见王千维:《论可分债务、连带债务与不真正连带债务》(下),载《中正大学法学集刊》2002 年第 8 期;杨立新:《论不真正连带责任类型体系及规则》,载《当代法学》2012 年第 3 期。

二、私募基金未清算时投资损失的确定

私募基金未清算时投资者损失能否确定，也存在一定的争议。在绝大多数情况下，基金资产已经投向底层标的，在底层标的存在清算价值时，的确难以确定投资者的损失。故现行主要观点认为，在资管类产品未清算时，基于资管业务的信托属性，其财产具有独立性，因此尚未清算的情况下不能认定损失已经确定，也不宜推定全损。① 从相关指导意见要求来看，一般情形下应清算前置，除非损失的确定不以资管产品清算为前提。但在特殊情形下，损失虽未最终确定但金融机构确有责任时，为避免诉累，法院可判决金融机构应就"资管产品清算完成后投资者的损失"承担一定比例的赔偿责任；或者，资管产品虽未经清算但有其他证据证明损失已确定实际发生的，法院可判决金融机构承担相应的赔偿责任。从域外比较来看，在德国法上，欺诈等侵权或缔约过失责任制度下，从损失填平的大原则出发，损害赔偿责任有选择所谓"小的损害赔偿"（Kleiner Schadenseratz）和"大的损害赔偿"（Grosser Schadensersatz）两种。前者系保留对方所给付标的（如有瑕疵之货物）的前提下，进而请求退还差价，即违反义务时原本所预期的对待给付；后者是指合同恢复原状，一方面返还对方给付，另一方面请求对方返还自己的给付，类似于解除合同。②

就本案而言，在未清算前确认投资者损失已经固定主要考虑了两个方面因素。第一，本案所募集资金实际上未投入底层标的。根据《私募基金合同》约定，基金的最终投资对象是拟上市的企业，合伙型基金的作用只是案涉基金的投资通道，案涉基金注入合伙企业不能视为投资行为已经完成。在基金投向标的公司前，所有基金资产已经脱离管理人控制、被案外人侵吞，由此造成管理人未掌握任何可资清算的基金财产。第二，基于侵

① 参见竺常赟等：《违约潮背景下资管产品受托人违反信义义务的责任界定》，载《上海金融》2021 年第 6 期。

② 参见叶新民：《德国民法上违反缔约时说明义务之损害赔偿责任》，载《台北大学法学论丛》2013 年第 86 期。

权基础,投资者相对人是本案的管理人和实控人,在管理人和实控人承担赔偿责任之后,投资者后续是否向其他主体进行追偿,以及追偿后取得的利益,不影响投资者的赔偿利益。当管理人的赔偿数额小于投资成本时,类似于"小的损害赔偿",而当赔偿数额覆盖投资成本时,其效果类似于"大的损害赔偿",后者使管理人取得基金清算完成后的结余。

三、从有利于投资者权益保护的角度确认诉讼标的

本案一审中,原告的诉请第1项和第2、3项分别为解除合同、返还投资本金、认购费和赔偿资金占用损失,而一审判决认为原告解除合同理由不成立,但判决两被告赔偿投资成本及认购费损失。就此,被告上诉意见认为原审判决超出诉请范围。此争议本质上是一个老问题。我国民事诉讼长期以来确定诉讼标的的理论标准是旧实体法说,即以受法院裁判的实体法律关系作为诉讼审理的对象。但是旧实体法说在请求权竞合问题上容易引发一事再理、重复诉讼的问题。[①] 同时也增加了法院释明权力运用的负担。因此,程序法说作为新诉讼标的理论,成为审判实践中提高诉讼纠纷解决效率和准确适用法律的有效理论路径。程序法说认为,诉讼标的就是原告说提出的诉之声明(诉讼请求),如在给付之诉中,原告关心的只是能否向被告要求给付,至于给付的基础是基于所有权的返还请求还是合同终结后的返还,对于原告本身而言并不重要。[②] 同时,为了确保诉讼标的不因诉讼请求的微小变动而失去稳定性,如德国通说以"二分支说"即诉之声明和原因事实来共同构成案件的诉讼标的。[③] 就我国司法实践而言,实际上近年来已经有逐步向程序法说过渡的倾向。其表现就是2019年最高人民法院《关于民事诉讼证据的若干规定》(以下简称《民事诉讼证据规定》)第53条。2001年《民事诉讼证据规则》第35条规定,诉讼过程中,当事人主张的法律关

① 参见任重:《民事纠纷一次性解决的限度》,载《政法论坛》2021年第3期。

② 参见[日]新堂幸司:《新民事诉讼法》,林剑锋译,法律出版社2008年版,第219～223页。

③ 当然,德国仍然保留了部分实体法说的影子。参见曹志勋:《德国诉讼标的的实体法说的发展——关注对请求权竞合的程序处理》,载《交大法学》2018年第1期。

系的性质或者民事行为的效力与法院根据案件事实作出的认定不一致的,法院应当告知当事人可以变更诉讼请求。显然在该条规范下,当事人应当予以变更,如不变更则承担败诉的风险。而2019年修正后的《民事诉讼证据规则》第53条规定:“诉讼过程中,当事人主张的法律关系性质或者民事行为效力与人民法院根据案件事实作出的认定不一致的,人民法院应当将法律关系性质或者民事行为效力作为焦点问题进行审理。但法律关系性质对裁判理由及结果没有影响,或者有关问题已经当事人充分辩论的除外。存在前款情形,当事人根据法庭审理情况变更诉讼请求的,人民法院应当准许并可以根据案件的具体情况重新指定举证期限。”也就是说,当事人请求权基础与法院认定不一致的,不再要求释明变更,而是作为争议焦点进行举证和辩论,如“已经由人民法院主持双方当事人进行了充分辩论,当事人的诉讼权利已经得到充分保障,也没有再次进行审理的必要,人民法院可以根据自己的认识对法律关系性质和民事行为效力问题作出认定,并以此为基础进行裁判”①。

就本案而言,当事人诉请解除合同并返还本金、认购费等的请求基础与法院认定侵权存在不一致的情况下,是否可以径行判决赔偿,取决于两方面因素:一方面是法院是否就此争议进行了审理,另一方面是不同的请求基础选择是否会影响主要证据的变化。就前一方面而言,一审过程中法院已经向当事人进行了释明,在当事人坚持原诉请的情况下,法院对相关争议进行了审理,二审中当事人也围绕请求基础进行了辩论,保障了当事人程序性权利。就后一方面而言,无论是解除合同后的返还还是侵权赔偿,本案相关事实和证据并不发生本质变化,也无须当事人变更诉请后另行提出证据加以证明。基于此,原审判决根据审理查明的事实和对法律关系的判定作出裁判,并不违反处分原则。二审判决则基于诉讼标的程序法说对相关争议进行了进一步释明。从投资者处于相对弱势地位的角度考虑,如此处理有利于保障投资者权益,也避免了重复诉讼的情形。

---

① 最高人民法院民事审判第一庭:《最高人民法院新民事诉讼证据规定理解与适用》(下),人民法院出版社2020年版,第500~502页。

涉私募基金财产在执行程序中的救济路径

——孙某某诉严某案外人执行异议之诉①

孙雪梅*　翟　爽**

【裁判要旨】

对于基金份额所有权的归属，有登记的，应当按照登记机构的登记判断；无登记的，应当按照合同等证明财产权属或者权利人的证据判断。私募股权投资基金不同于证券投资基金，目前并无强制性法律规定要求其必须按照《中华人民共和国证券投资基金法》（以下简称《证券投资基金法》）的规定进行份额登记。当基金管理人或托管人所作的内部份额登记与实际情况不符的，不能作为认定基金份额权属的依据。此时应结合基金份额转让合同的签订、履行等事实，辅以合同当事人的陈述等证明材料，综合判断基金份额的所有权归属。

【案号】

一审：上海市徐汇区人民法院（2019）沪 0104 民初 20594 号

二审：上海金融法院（2020）沪 74 民终 1025 号

① 合议庭成员：孙雪梅、朱颖琦、周荃。本案入选上海金融法院 2021 年度十大典型案例。

* 法学学士，上海金融法院立案庭副庭长。

** 法律硕士，上海金融法院申诉审查及审判监督庭法官助理。

【案情】

原告:孙某某

被告:严某

第三人:李某某、上海滚石投资管理有限公司(以下简称滚石公司)

2016 年 7 月 8 日,李某某与滚石公司签订《滚石 3 号基金合同》,记载:基金计划募集总额 3300 万元;基金管理人为滚石公司,其义务包括建立并保存基金份额持有人名册,办理基金份额登记;基金用于向上海运能能源科技有限公司进行增资。该份合同附件 1 为投资人信息表,记载基金投资者为李某某,认购/申购金额为 3300 万元。后李某某与孙某某签订基金份额转让协议,转让其在该基金中享有的 700 万份股权基金份额及一切相关衍生权利。同日,孙某某通过银行转账形式向李某某支付转让价款 700 万元。

2018 年 6 月 25 日,严某与李某某签订借款协议,约定严某借款 3300 万元给李某某,借款担保物为滚石 3 号基金股权。随后严某银行转账给李某某 3300 万元。因李某某未履行上述还款义务,严某诉至上海市徐汇区人民法院,双方达成的民事调解书中载明:李某某归还严某借款本金 3000 万元及利息。后因李某某未履行上述支付义务,严某申请执行。因上海市徐汇区人民法院查封了滚石 3 号基金股权,孙某某对此提出案外人异议但被驳回。故孙某某提出了本案执行异议之诉,请求确认滚石 3 号基金份额中有 700 万份股权基金份额属于孙某某所有,不得执行属于孙某某所有的基金份额及其相应财产收益。上海市徐汇区人民法院一审判决驳回孙某某的诉讼请求。

另查明,案外人吴某某等 3 人均于 2016 年 7 月向李某某受让滚石 3 号基金份额。2018 年 11 月,吴某某等 3 人通过诉讼的方式确认了相应基金份额及收益权归其所有。后国泰君安公司作为滚石 3 号基金新的托管人,为该 3 人办理了基金份额登记备案。2019 年 8 月 8 日,孙某某在上海市浦东新区人民法院(以下简称浦东法院)提起民事诉讼,要求李某某为其办理系争股权基金持有人变更及收益权转让手续,并要求滚石公司办理变更登记备案手续。

因本案一审案外人执行异议之诉正在上海市徐汇区人民法院审理中,故孙某某撤回了起诉。但上海市徐汇区人民法院调取了该撤诉案件中滚石公司于2019年9月17日向浦东法院出具的转让说明:滚石公司确认孙某某的基金份额权益,并通过在转让协议上盖章的形式对孙某某的基金份额权益进行了登记确认。

【审判】

上海金融法院判决:不得执行李某某名下滚石3号基金中700万份股权基金份额及相应财产收益,确认李某某名下滚石3号基金中700万份股权基金份额及相应财产收益归孙某某所有。

【评析】

私募基金在我国最初是以风险投资形式于20世纪90年代进入公众视野,30年间伴随我国资本市场在各种机遇与挑战中不断壮大,私募基金也呈现质量与数量不断提升、监管与自律不断规范的良好发展态势,截至2022年2月末,共有24,683家私募基金管理人在中国证券投资基金业协会登记,正在运作的私募基金数量为127,956只。[①] 私募基金呈现快速发展格局,有其深层次的原因:一是作为集合性投资工具,私募基金用其控制的基金资本,以更灵活的方式给非上市公司(特别是中小科创企业)提供重要的资金渠道,并获得高额投资收益。二是私募基金作为配置居民财富的一种手段,投资者以其持有的基金份额参与基金收益分配之中,通过较少的资金撬动高昂的资本,大大降低了投资门槛。

私募基金行业快速发展的同时,其中的法律问题也不断暴露。与以往的研究偏重于诉讼过程中的法律争议问题不同,笔者以一起案外人执行异

---

① 参见《私募基金管理人登记及产品备案月报(2022年2月)》,载中国证券投资基金业协会网,https://www.amac.org.cn/researchstatistics/report/zgsmjjhysjbg/201506/t20150612_4023.html。

议之诉为切入点,对涉私募基金财产[1]在执行程序中的救济问题展开研讨。执行程序中的救济是涉私募基金财产司法救济的最后一道防线,在保护涉私募基金财产安全的过程中起重要作用。执行程序中涉及私募基金财产纠纷的案件主要有两类:一是私募基金的出资份额被执行时,基金份额持有人提起的案外人执行异议之诉;二是私募基金所持有的基金财产(专属账户或被投资企业股权等)作为执行标的时,私募基金份额持有人提起的案外人执行异议之诉,处理此类纠纷所要面对的问题包括权属确认和能否排除执行。[2] 近年来,《证券投资基金法》《私募投资基金管理人登记和基金备案办法(试行)》《关于进一步规范私募基金管理人登记若干事项的公告》《私募投资基金备案须知》等一系列法律法规对私募基金财产登记作出了一系列规范性规定,并确立了"以登记作为权属确认的依据"的证券基金份额权属确认规则,在司法实践中其他基金类型往往也会参照适用。[3] 登记确认权属的一般性规则在审理涉及私募基金财产份额持有人提起的案外人执行异议之诉中发挥了重要的作用。但是,在涉私募基金财产未登记或登记与实际情况不符的案件中,如何确认财产权属在司法实践中颇有争议。

一、提出问题:基金财产权属争议的审理困境

(一)实证考察

在前期样本搜集中,笔者以"案外人执行异议之诉"为案由,以"基金份额""基金财产""排除强制执行"作为关键词在裁判文书网不区分时间、地域进行检索,共得到248个涉及以基金份额或基金财产作为执行标的并引发案外人执行异议之诉案件的样本,其中有178件案件以登记作为权属认定及执

---

① 本文所称涉私募基金财产,是指私募基金份额持有人所持有的基金份额及私募基金所持有的财产(包括专属账户、被投资企业股权等)。

② 执行中的异议处理方式主要是执行异议和执行异议之诉,两者处理纠纷的偏重各不相同。执行异议审理期限较短,主要是表面上的审理,而执行异议之诉则是实质性的审查,本文为深入研究,所探讨的即是执行异议之诉中的问题。

③ 参见北京市高级人民法院民事判决书,(2021)京民终634号。

行的依据。另外70件并未仅以登记作为确认权属的依据,笔者从中选取了6个具有代表性的案例作为样本[①]进行详细分析。具体如表1所示。

表1 相关案例梳理

序号	案例	争议焦点	案外人主张理由	认定基金份额归属的依据及是否可以排除执行	相关法条及理论
1	上海双创科技投资中心(有限合伙)与恒泰证券股份有限公司等案外人执行异议之诉,北京市高级人民法院(2021)京民终593号民事判决书	未登记的合伙型基金份额持有人可否排除执行	1.查封前其已经取得了涉案基金的所有权; 2.已经将转让款支付给被执行人; 3.已经实际占有控制基金份额,行使了表决权,取得了收益分配; 4.未办理过户并非其自身原因,申请执行人不得依据外观主义主张信赖保护; 5.案外人的物权性权利可以排除申请执行人的金钱债权	1.结合基金份额转让协议中的相关约定、份额转让款的付款情况、被执行人名下出资份额实际占有情况、合伙人名录记载等信息综合判断,认定该协议已经实际履行完毕; 2.结合《中华人民共和国合伙企业法》(以下简称《合伙企业法》)、合伙协议的约定、有限合伙人内部转让的说明函已经实际送达其他合伙人,认定案外人享有基金份额所有权; 3.执行人与被执行人发生金钱债权时,被执行人尚未认购涉案基金份额,所以申请执行人并非因信赖对涉案基金出资份额的权利而进行交易。 判决结果:支持排除执行	关于权属确认:《合伙企业法》第22条、第24条,《全国法院民商事审判工作会议纪要》(以下简称《九民纪要》)第8条; 关于排除执行:原《中华人民共和国民法总则》第65条、《中华人民共和国公司法》(以下简称《公司法》)第32条(保护第三人基于工商登记外观而产生的交易信赖); 《九民纪要》关于外观主义适用边界的论述; 刘贵祥《民法典适用的几个重大问题》

① 笔者将裁判文书说理部分未有详细论证的案件删除,并且将由相同基金引发的裁判结果基本一致的裁判文书合并同类项后,共计得到6个样本。

续表

序号	案例	争议焦点	案外人主张理由	认定基金份额归属的依据及是否可以排除执行	相关法条及理论
2	任某某等与刘某某案外人执行异议之诉，北京市高级人民法院(2020)京民终570号民事判决书	契约型私募股权投资基金份额持有人是否可以对基金管理人在目标公司持有的股权享有足以排除执行的权利	1. 涉案股权是基金财产而非管理人财产； 2. 基金管理人因自身债务被执行，但被执行财产系基金财产且案外人为基金份额持有人，申请排除执行可得到支持； 3. 契约型基金属于信托法律关系，不能简单地使用公司法的公示原则认定权属	1.《证券投资基金法》规定基金财产具有独立性，非因基金财产本身承担的债务，不得对基金财产强制执行； 2. 私募投资基金虽然并非必然属于证券投资基金，但可以参照使用《证券投资基金法》的规定； 3.《私募投资基金监督管理暂行办法》《私募投资基金合同指引1号（契约型私募基金合同内容与格式指引）》中都明确私募基金的财产为投资人购买基金时投入的成本及管理人投资时的收益。基金投资的股权虽然是由管理人的名义持有，但是其仍属于基金所有； 4. 因管理人本身的债务纠纷而采取的保全措施，不应涉及其管理的基金财产。 判决结果：支持排除执行	关于权属确认（基金独立性的论证）： 《证券投资基金法》第5条、第7条，《私募投资基金监督管理暂行办法》第4条； 关于排除执行（股权具有人身性和财产性）： 北京市高级人民法院《关于执行查控时财产权属判断规则及案外人异议审查中权利冲突规则若干问题的意见》第25条，《中华人民共和国信托法》（以下简称《信托法》）第2条、第16条

续表

序号	案例	争议焦点	案外人主张理由	认定基金份额归属的依据及是否可以排除执行	相关法条及理论
3	是某某、邹某等与黄某某执行异议之诉二审,江苏省无锡市中级人民法院(2019)苏02民终3405号民事判决书	登记在管理人名下的基金账户被冻结,基金份额持有人可否申请排除执行	基金产品托管账户中的所有款项均系基金份额持有人是某某等,非唐某某或智慧公司的财产,故应驳回黄某某的诉讼请求,停止对基金托管账户中款项的执行	1. 涉案专户系是某某等因投资智慧一号私募基金使用的专用账户,是基金财产,并非管理人智慧公司的财产; 2. 蔡某汇入100万元确已加入基金经营运行,并对基金相关盈亏情况产生实质性的影响。 判决结果:支持排除执行	《证券投资基金法》第5条、第7条,《私募投资基金监督管理暂行办法》第23条
4	刘某某与苏某某、姜某某等执行异议之诉一审,江苏省盐城经济技术开发区人民法院(2020)苏0991民初1674号民事判决书	契约型私募基金财产登记在管理人名下,被强制执行,基金份额持有人能否申请排除执行	1. 子沐基金持有的子沐弘某49.21%财产份额,属于"首汽一号基金"的基金财产,不属于子沐基金固有财产; 2. 契约型基金不具有独立民事主体资格,子沐基金作为管理人,代表"首汽一号基金"将基金财产投资于子沐弘某财产份额; 3. 非因基金财产本身承担的债务,不得对基金财产强制执行	1."首汽一号基金"投资人与子沐基金形成信托合同法律关系; 2."首汽一号基金"投资款资金流向清晰明确,与基金管理人子沐基金的固有财产不存在混同; 3. 投资人、子沐基金对于案涉合伙份额登记于子沐基金名下主观上并无过错,正是基于契约型私募基金无法人资格的客观实际,且子沐基金对该种代持关系已通过一定的方式予以披露公示; 4. 该基金的设立具有基金合同依据,且已通过一定的方式予以公示,不同于一般的股权或合伙份额代持行为,不适用《最高人民法院关于人民法院办理执行异议和复议案件若干问题的规定》第25条规定。 判决结果:支持排除执行	《信托法》第2条、第16条、第17条

续表

序号	案例	争议焦点	案外人主张理由	认定基金份额归属的依据及是否可以排除执行	相关法条及理论
5	曹某与湖北福诚澜海资产管理有限公司等案外人执行异议之诉一审,湖北省武汉市江岸区人民法院(2017)鄂0102民初8095号民事判决书	合伙型基金份额权属的审查	其虽未登记但是已经实际取得了基金份额所有权,可以排除执行	曹某、福诚澜海公司均不能提交证据证明涉案基金份额转让在本院查封前已履行有限合伙协议规定的基金份额向有限合伙人以外的第三方转让的前置程序。故基金份额所有权为澜海公司。 判决结果:不支持排除执行	《合伙企业法》第22条
6	嘉兴润石仁方股权投资合伙企业(有限合伙)与傅某等案外人执行异议之诉,北京市高级人民法院(2021)京民终634号民事判决书	未登记的合伙型基金份额持有人可否排除执行	已经取得了合伙企业份额,可以排除执行:合伙份额有别于一般的财产形态,性质上类似于股权,只要该合伙份额的转让合同合法有效就应该视为持有,内部流程和工商登记仅是内外部的管理、确认程序,并不是该合伙份额所有权是否转移交付的标准	待嘉兴润石的信息记载合伙人名录并且完成相应的工商变更登记之时,该案涉基金财产份额的转让才算最终完成。但至今未完成工商变更登记的情况下,嘉兴润石基于其履行基金财产份额转让协议而享有的权利实质为对新华联控股公司的债权,不能排除执行。 判决结果:不支持排除执行	《合伙企业法》第13条、第22条、第66条

表1显示,涉及私募基金财产在案外人执行异议之诉案件中的司法审查的问题,主要包括:执行标的为未登记或未及时变更登记的私募基金份额,引发的案外人执行异议之诉;执行标的为登记在管理人名下契约型私募基金所持有财产,引起的案外人执行异议之诉。案外人提起执行异议之诉的目的是排除对执行标的的强制执行,法院在认定是否能够排除执行的一个重要因素就在于涉案标的的权属确认。各地法院存在两种认定基金财产归属的审理思路:一是登记确认法,以基金份额登记机关所作的外部登记或基金管理人所作的内部登记作为确认基金份额归属的唯一依据;二是实质确权法,通过对基金份额转让合同的实际履行、管理人情况说明等事实进行实质性审查来确定基金份额归属,从而确定案外人是否有权申请排除执行。从司法实践来看,绝大多数法院在审理基金财产归属时选择登记确认的处理方式。

(二)登记确认的处理方式及其问题

各地法院在审理此类执行异议案件时,之所以多采用登记确权的处理方式,是因为此种处理方式化繁为简,大大降低了案件事实认定的审理难度,不过此种审判思路也存在适用困境。

1. 不同类型登记的区分困境

现代商事法遵循商事外观主义原则,强调商事参与者承担的风险与其理性预期应当一致。[①] 从所涉案例来看,在遵循登记确认权属处理方式的案件中也会出现不同类型登记的效力认定的问题。例如,在公司型或合伙型私募基金中,中国证券基金业协会备案登记的基金份额和在工商登记机关登记的股东(合伙人)不一致;[②]在契约型私募中基金管理人所作的投资者名册和托管人所作的份额内部登记记载不同[③]等情况。面对以上情况,如果要实现对商事外观主义的保护,必然要对各类登记的效力进行区分,不可一概而论。

2. 不同类型基金的适用困境

按照私募基金类型的不同可以分为私募证券投资基金和私募股权投资

① 参见刘胜军:《论商事外观主义》,载《河北法学》2016年第8期。

② 参见江苏省盐城市中级人民法院民事判决书,(2020)苏0991民初1674号。

③ 参见北京市高级人民法院民事判决书,(2021)京民终634号。

基金，目前《证券投资基金法》对于证券投资基金的相关份额登记进行了规制，但是对于股权投资基金的登记问题，我国法律目前未有明确且集中的规则，只能根据基金经营方式的具体类型判断适用法律。按照私募股权投资基金的经营方式不同，可以分为公司型、合伙型、契约型。《私募投资基金备案须知》关于公司型基金和合伙型基金投资者确权的相关规定明确，公司型基金或合伙型基金应当按照《公司法》或《合伙企业法》规定的程序和期限要求，向工商登记机关申请办理登记。① 值得注意的是，法律对契约型私募股权投资基金没有明确的登记要求及登记规则指引，基金份额持有人无法通过具有公示效力的外部登记进行确权，其权属确认往往只能依据内部记载或实质性的审查。

（三）实质审查的处理方式及其优势

实质性审查的处理方式在司法实践中的样本数量较少，但管中窥豹，依然可以看出此种审理思路的路径。例如，在上海双创与恒泰证券案外人执行异议纠纷一案②中，法院在认定未登记的合伙型私募基金份额持有人是否可以申请排除执行的问题时，依据基金份额转让协议的履行情况、合伙协议的内部规则及《合伙企业法》关于有限合伙人之间转让合伙份额的规定，认定基金份额转让有效，上海双创取得基金份额所有权，可以排除执行。实质性审查的思路有利于切实保障私募基金财产在执行中得到切实救济，具体来说主要有以下三点优势：

1. 实质性审理保护投资者的权益

基金份额未登记往往是管理人怠于履行职责、基金份额登记现实不能、基金份额变更未及时登记等不能归责于投资者的原因，在此情况下如果片面强调登记主义，在执行中对基金份额进行强制执行，无疑会损害无过错投资者的权益。基金财产登记在管理人名下的情况也是如此，在我国契约型基金

---

① 《私募基金投资基金备案须知》第 20 条规定："【公司型与合伙型基金前置工商登记和投资者确权】公司型或合伙型私募投资基金设立或发生登记事项变更的，应当按照《公司法》或《合伙企业法》规定的程序和期限要求，向工商登记机关申请办理登记或变更登记。"

② 参见北京市高级人民法院民事判决书，(2021) 京民终 593 号。

并不具备法人主体资格,若想进行股权投资必须要将购买的股权登记在管理人名下,而此时因管理人的其他债务导致登记在其名下的基金财产被强制执行,会损害基金投资者的合法权益。可见在以上情况下,唯有通过实质性审查的方式判定基金财产的真实所有权归属,才能够保护投资者的合法权益并且维护私募基金行业的健康发展。

2. 实质性审查有利于纠纷的一次性化解

在登记确认的处理思路下,基金财产或基金份额被执行后,实际权利主体必然会提起另案诉讼来维护自身的合法权益。而与其不同的是,实质性审查的思路从根源上限制基金财产被不当执行,有利于纠纷的一次性化解。实际上在执行程序中作为执行标的的基金财产背后的实际权益人往往是各类中小投资者和机构,登记确认的审理思路虽然在处理个案时方便快捷,但会引发接下来的一系列复杂纠纷案件,在一定程度上给有限的司法资源增加了不必要的负担。

3. 实质性审查切合执行异议之诉的审查要求

执行异议之诉不同于普通民事诉讼,其是从执行程序中衍生出的一种兼有实体利益目的的特殊类型诉讼。执行异议之诉的审理,应准确把握实体审查标准,妥善平衡申请执行人、被执行人、案外人分别对执行标的具有的执行利益、表象权利、实体权利发生冲突之时的权利实现顺位,通过实质性审理的方式确认基金财产的真实权属更符合执行异议之诉的处理思路。

虽然实质性审查有上述优点,但是我们也不能忽略,此种审理思路的重点与难点在于司法机关如何通过事后的分析判断来确定基金的实际权属,以及如何处理该种审理思路与商事外观主义之间的冲突,这些问题也正是一直以来困扰司法实践的难题。

二、问题提炼:登记"名实不符"的情况下涉私募基金财产权属的认定性质分析

(一)区分:与股权隐名代持的区别

有判决认为在私募基金份额或基金持有财产未登记(未及时变更登记)

等权属登记名实不符的情况下,对于私募基金财产权属的处理可以适用股权隐名代持的法律规定。[①] 但笔者并不同意此观点。

首先,对于未登记(未变更登记)的基金份额来说,参照适用股权隐名代持的法律规定并不准确。在股权隐名代持关系中通常存在隐名股东和显名股东之间的代持合意,但是在此类基金权属纠纷中,因为法律规定了严格的关于合格投资者的审查规则,所以很大程度上限制了基金代持的现象。在股权代持法律关系中,隐名股东自愿放弃了显名的权利,而在此类案件中未登记或未及时变更登记是非因基金份额持有人自身的原因导致的,更不是出于其自愿。在代持法律关系中,登记的名实不符并不是管理人等的过错导致的,而在基金权属纠纷的案件中未登记却很可能是管理人的过失或原持有人的过错。

最高人民法院《关于适用〈中华人民共和国公司法〉若干问题的规定(三)》明确实际出资人想要显名,必须经过其他半数以上股东同意这一前置条件。该条规定充分说明资合性与人合性的统一是有限责任公司的一大特点,出资人仅仅出资并不能直接成为公司股东,具备法律上的股东地位,而是必须要满足一定的条件。因此,隐名股东在符合上述条款规定的获得同意的条件之前仅仅享有向股权代持人主张返还投资权益的债权,无物权优先于债权的适用条件。

其次,在契约型私募基金的案件中将登记在管理人名下的私募基金财产看作股权代持也不够准确。最高人民法院《关于人民法院办理执行异议和复议案件若干问题的规定》第25条第1款规定:"对案外人的异议,人民法院应当按照下列标准判断其是否系权利人:……(四)股权按照工商行政管理机关的登记和企业信用信息公示系统公示的信息判断;(五)其他财产和权利,有登记的,按照登记机构的登记判断;无登记的,按照合同等证明财产权属或者权利人的证据判断。"上述司法解释第1款第4项关于权利人的判断,系对一般民事主体权利归属的判断,但是此类案件中认定私募基金持有财产即股权或合伙份额的实际权利人,涉及对不具有民事主体资格的契约型基金是否为

① 参见四川省德阳市中级人民法院民事判决书,(2020)川06民终25号。

"权利人"的判断。对该事实的审查,还应结合《证券投资基金法》《信托法》《私募投资基金监督管理暂行办法》以及上述司法解释第1款第5项、涉案基金合同的相关约定进行审查。例如,在刘某某与孙某某案外人执行异议之诉一案[①]中,从涉案"首汽一号基金"的设立及其管理人的代持行为的特殊性来看,法院认为该基金的设立具有基金合同依据,且已通过一定的方式予以公示,不同于一般的股权或合伙份额代持行为。该案中子沐公司系在中基协登记备案的私募基金管理人,"首汽一号基金"亦在中基协进行了登记备案,上述登记备案信息亦具有公示公信力,且"首汽一号基金"的设立符合《证券投资基金法》《信托法》《私募投资基金监督管理暂行办法》的相关规定,亦符合案涉基金合同的相关约定,应依法认定案涉合伙份额的实际出资人为"首汽一号基金",受制于其自身无民事主体资格,"首汽一号基金"借基金管理人子沐公司之名,代其持有合伙份额。但管理人代表契约型私募基金"首汽一号基金"持有合伙份额系基于管理人(受托人)与投资人(委托人)之间的信托法律关系,该种代持关系显然不同于基于一般合同法律关系的股权或合伙份额代持行为。

另外,从商事外观主义的功能来看,契约型私募基金的设立及运作,已满足了相关法律的规定及行业规范。商事活动中应当遵循商事外观主义原则,以商主体的行为外观认定其行为所产生的效果,其目的是促进商事交易、提高交易效率、维护交易安全、保障正常经济秩序。具体来说,如果基金管理人身份及基金的设立均已在中基协进行备案,募集的投资款也进行了专门托管,基于信托法律关系的代持行为也在工商行政管理部门档案中予以公示,可认定私募基金的上述一系列行为已在尽力满足法律规定的基金运作要求,是商事外观主义的具体体现。申请执行人仅依据工商行政管理部门登记的单一表象权利外观,难以对抗基金本身作为实体权利人的信托受益权。

(二)基金份额原持有人与现持有人:基金份额转让法律关系

基金份额原持有人与现持有人之间的法律关系应理解为是基于合同履

---

① 参见江苏省盐城市中级人民法院民事判决书,(2020)苏0991民初1674号。

行完毕而产生的所有权转移。例如,在上海双创诉中泰证券案外人执行异议之诉一案[①]中,法院结合基金份额转让协议中的相关约定、份额转让款的付款情况、被执行人名下出资份额实际占有情况、合伙人名录记载等信息综合判断,认定该协议已经实际履行完毕,并且结合《合伙企业法》、合伙协议的约定、有限合伙人内部转让的说明函已经实际送达其他合伙人,认定案外人享有基金份额所有权。之所以未办理登记是因为合伙企业内部其他有限合伙人不予配合,不影响基金份额所有权的移转。在所有权已经移转的情况下,不得因基金份额原持有人的其他债务,对该基金份额强制执行。

(三)基金份额持有人与管理人:信托法律关系

在契约型私募基金中,关于基金份额持有人与管理人之间的法律关系,有判决认为:"《证券投资基金法》为《信托法》之特别法,私募基金法律关系为'信托法律关系',受《证券投资基金法》《信托法》《私募投资基金监督管理暂行办法》等法律及规章调整。无论根据《证券投资基金法》还是《信托法》,非因基金财产本身承担的债务,不得对基金财产强制执行。"[②]不仅如此,我国现有的相关法律法规也普遍将此类法律关系定性为信托法律关系。[③]

私募基金财产具有独立性。《信托法》第16条第1款规定:"信托财产与属于受托人所有的财产(以下简称固有财产)相区别,不得归入受托人的固有

---

① 参见北京市高级人民法院民事判决书,(2021)京民终593号。

② 《证券投资基金法》第7条规定:"非因基金财产本身承担的债务,不得对基金财产强制执行。"《信托法》第17条规定:"除因下列情形之一外,对信托财产不得强制执行:(一)设立信托前债权人已对该信托财产享有优先受偿的权利,并依法行使该权利的;(二)受托人处理信托事务所产生债务,债权人要求清偿该债务的;(三)信托财产本身应担负的税款;(四)法律规定的其他情形。对于违反前款规定而强制执行信托财产,委托人、受托人或者受益人有权向人民法院提出异议。"

③ 最高人民法院《全国法院民商事审判工作会议纪要》第88条第2款规定:"根据《关于规范金融机构资产管理业务的指导意见》的规定,其他金融机构开展的资产管理业务构成信托关系的,当事人之间的纠纷适用信托法及其他有关规定处理。"中国人民银行、中国银行保险监督管理委员会、中国证券监督管理委员会、国家外汇管理局《关于规范金融机构资产管理业务的指导意见》(银发〔2018〕106号,即"资管新规")第2条规定:"……私募投资基金适用私募投资基金专门法律、行政法规,私募投资基金专门法律、行政法规中没有明确规定的适用本意见……"《中国人民银行有关负责人就〈关于规范金融机构资产管理业务的指导意见〉答记者问》第6条明确指出,"资管业务是'受人之托、代人理财'的金融服务",法律关系为信托关系。

财产或者成为固有财产的一部分。”《证券投资基金法》第5条也规定:“……基金财产独立于基金管理人、基金托管人的固有财产……基金管理人、基金托管人因基金财产的管理、运用或者其他情形而取得的财产和收益,归入基金财产……”独立性是私募基金财产的一大特征,即使登记在管理人名下也不因此与管理人财产混同而丧失独立性。

私募基金财产执行具有排他性。根据《信托法》第17条的规定,除受托人处理信托事务所产生债务、信托财产本身应担负的税款等特殊情况外,“信托财产不得强制执行”。《证券投资基金法》第7条规定:“非因基金财产本身承担的债务,不得对基金财产强制执行。”根据以上法律法规可知,私募基金财产的执行具有特殊性,虽然该基金登记在管理人名下,但因管理人其他债务而提起诉讼的债权人,不得主张对基金财产强制执行。

三、路径探索:登记确认与实质性审查相结合的审判思路

本文认为,应采用登记确认与实质审查相结合的审判思路来处理该类问题,即有登记按登记,无登记或登记与实际情况不符的再综合依据现有的登记及实质审查的方式综合判断基金财产的权属。在虽有登记,但登记与实际不符时,如何进行审查?即是此处需要重点讨论的问题。

此种情况下涉私募基金财产在执行程序中的救济路径,主要针对私募基金份额持有人提起的案外人执行异议之诉,主要包括以下两种诉请:(1)在基金份额原持有人未变更登记的情况下发生的争议,基金份额持有人请求对登记在原持有人名下的其实际持有的基金份额排除执行;(2)在契约型基金中基金管理人以基金财产购买股权并以其自身的名义登记为股东的情况下,基金份额持有人申请排除对管理人该部分股份的强制执行。对于以上两种诉请的请求权基础的确定要从法律及法理角度出发综合考虑,并结合案件的事实进行有效的法律要件涵摄。

(一)相关立法的解读及扩展

《证券投资基金法》第65条规定:开放式基金的基金份额的申购、赎回、

登记,由基金管理人或者其委托的基金服务机构办理。可见《证券投资基金法》对于开放式基金有明确规定,即由基金管理人或者基金服务机构办理份额的申购、赎回、登记工作。对于私募股权投资基金,通常是由管理人负责,在基金合同中约定。但是,当管理人不行使此项职责时,基金份额持有人的权益将受到一定的影响。

1. 关于公司型基金份额权属的法律规定

实践中,私募基金以公司形式设立的情况非常常见,此时对基金份额的登记实际上就是对股权的登记。对于股权转让是否需要进行工商变更登记,我国《公司法》以及《公司登记管理条例》(已失效)没有明确要求。《公司法》第 32 条第 3 款规定:“公司应当将股东的姓名或者名称向公司登记机关登记;登记事项发生变更的,应当办理变更登记。未经登记或者变更登记的,不得对抗第三人。”可见,股权的工商变更登记仅为行政管理行为,该变更登记并非设权性登记,而是宣示性登记,旨在使公司有关登记事项具有公示效力。不进行工商变更登记,并不影响受让方股东权利的行使。因此,在双方没有约定基金份额转让生效要件的情况下,判断基金份额权属是否转让的标准不是是否进行工商变更登记。我国《公司法》第 71 条关于股权转让的规定明确有限责任公司的股东之间可以相互转让其全部或部分股权。股东向股东以外的人转让股权,应当经其他股东过半数同意。综上所述,基金份额的转让只要满足了《公司法》的规定及公司章程等关于股权转让相关约定,并且已经实际履行完毕转让合同,该转让行为就属有效。

2. 关于合伙型基金份额权属的法律规定

《合伙企业法》第 22 条规定:除合伙协议另有约定外,合伙人向合伙人以外的人转让其在合伙企业中的全部或者部分财产份额时,须经其他合伙人一致同意。合伙人之间转让在合伙企业中的全部或者部分财产份额时,应当通知其他合伙人。通过《合伙企业法》的内容来看,合伙人的财产份额对外转让时,需要经过其他合伙人的全部同意;合伙人之间转让财产份额时,不需要经过其他合伙人的同意,通知即可,这种通知义务是应当、必需的。合伙人的合伙份额应按照《合伙企业法》进行登记或变更登记,但是与股权登记一样,登记也是具有公示效力。在实践中,私募股权投资基金以合伙企业形式设立,在基金份额持有人内部的转让比较常见,因为合伙企业的人合性较强,所以基金份额持有人的内部转让通常不通过工商登记等形式进行变更。此时应综合考虑基金份额转让是否符合法律及合伙协议的规定、转让协议是否履行完毕等判断基金份额的权属。

3. 关于契约型基金财产权属的法律规定

因契约型基金财产权属登记引发的争议通常出现在基金对股权或合伙企业份额进行投资的情况下,该投资标的的登记问题。私募基金投资上市公司成为股东的登记,所依据的是《证券法》及证监会、中国证券登记结算有限责任公司相关规定,①相关法律法规明确规定可以直接将私募基金、资产管理计划等股票持有人登记为股东。但是,对于非上市公司、合伙企业,其股东、合伙人的登记主体仅限于自然人、法人、其他组织。② 在此种情况下,契约型基金作为非上市公司的股东或合伙企业的合伙人必然需要管理人代持,此时不能仅以登记作为判断权属的唯一依据。

(二)法理基础:商事外观主义的权衡

理论指导实践,实践的困惑源于理论上的争议。登记确权和实质确权之间的争议实际上是围绕究竟采用事实标准抑或外观标准进行展开。这与目前理论界形成的"权利外观优先保护论"与"权利外观优先保护质疑论"两种

---

① 证监会《证券登记结算管理办法》(2018年修正)第17条规定:"投资者通过证券账户持有证券,证券账户用于记录投资者持有证券的余额及其变动情况。"第19条第1款、第2款规定:"投资者开立证券账户应当向证券登记结算机构提出申请。前款所称投资者包括中国公民、中国法人、中国合伙企业、符合规定的外国人及法律、行政法规、中国证监会规章规定的其他投资者。"《中国证券登记结算有限责任公司证券账户管理规则》第17条规定:"符合法律、行政法规、国务院证券监督管理机构及本公司有关规定的自然人、法人、合伙企业以及其他投资者,可以申请开立证券账户。证券资产托管人或资产管理人,可以按本公司规定为证券投资基金、保险产品、信托产品、资产管理计划、企业年金计划、社会保障基金投资组合等依法设立的证券投资产品申请开立证券账户。"《中国证券登记结算有限责任公司特殊机构及产品证券账户业务指南》对资金管理公司资产管理计划证券账户、私募基金证券账户、商业银行理财产品证券账户的开立以及名称规则均有详细规定,其中第2.5.1条规定,"经基金业协会备案的私募基金,可以申请开立私募基金证券账户"。同时,根据该指南第2.5.4条的规定,私募基金证券账户的"名称"应为"私募基金管理人全称—私募基金名称"。

② 根据《合伙企业法》第2条的规定,合伙人仅限于自然人、法人和其他组织。根据原《民法总则》第102条(现已被《民法典》第102条所修改)的规定,"其他组织"包括个人独资企业、合伙企业、不具有法人资格的专业服务机构等,但显然不包括契约型私募基金。

不同的观点有关。[①] 前者主张法院在审理登记“名实不符”的财产执行异议之诉案件时应当将外观主义作为裁判的依据,并从多角度加以论证。在执行程序中对执行标的权属的判断,除了动产、不动产可以适用物权公示原则外,股权等无形财产则须依据外观主义标准。[②] 而反对权利外观优先保护的学者则主张从客观事实出发,如有些案件中隐名股东才是股权实际出资者,故此时不应当执行名义股权。主要依据是股权登记仅有宣示性对抗效力并不能构成权利外观基础。[③] 同时在执行程序中隐含的逻辑前提是财产必须是被执行人的。因此,倘若不加分辨地将他人的财产作为执行对象加以执行则属于执行错误,严重侵犯了他人的正当利益,也违背执行理论。因此,执行异议之诉中必须兼顾登记确权与实质确权的审判思路,综合登记和实际情况确认财产的归属与是否应排除执行。

对于以上问题,本文认为,在适用外观主义的基础上应对其严格把握。《公司法》第 32 条规定公司未向登记机关办理股东姓名或名称登记或者在发生变更时未进行变更的,不得对抗第三人。这里的第三人仅指有交易关系的第三人,目的是使股权交易行为的效力处于确定状态进而维护交易秩序的稳定。因此,唯有基于工商登记产生交易行为的第三人才属于法律应当保护的不能对抗的对象。如果申请执行人仅仅因债务人无法按时偿还金钱债务便申请执行基金份额,无信赖利益予以保护的必要。另外,善意取得制度可谓是从外观主义发展而来,是该原则的具体表现,而该制度则致力于保护善意买受人。债权人仅仅因为普通债务纠纷请求执行基金份额,与商事交易活动并无任何关联,不能适用外观主义原则。

---

① 参见赵忠奎:《公司实际出资人执行异议之诉理论检视与裁判路径选择》,载《江西财经大学学报》2020 年第 3 期。

② 参见肖建国:《执行标的实体权属的判断标准——以案外人异议的审查为中心的研究》,载《政法论坛》2010 年第 3 期。

③ 参见王延川:《执行程序中权利外观优先保护之检讨——以名义股东被执行为例》,载《法学杂志》2015 年第 3 期。

四、具体适用:回归本案与延展探讨

(一)回归本案:未登记的私募基金份额权属认定

本案核心争议焦点在于孙某某是否对涉案系争基金份额享有所有权并可据此排除执行。

一是对于基金份额所有权的归属,有登记的,应当按照登记机构的登记判断;无登记的,应当按照合同等证明财产权属或者权利人的证据判断。本案中,李某某与孙某某、滚石公司于2016年7月签订运能能源股权基金份额转让协议,约定李某某向孙某某转让折合700万份股权基金份额及相关一切衍生权利。之后孙某某亦按约支付700万元转让价款。滚石公司作为基金管理人于2019年9月17日出具转让说明,确认系争基金份额转让协议签订的事实,并特别强调滚石公司作为管理人在份额转让协议上用印,对孙某某的滚石3号700万份基金份额权益进行了登记确认的事实,上述事实均可以确认孙某某对系争股权基金份额享有所有权。

二是孙某某曾起诉至浦东法院要求确认系争基金份额与收益,后因在一审法院提起案外人执行异议之诉而向浦东法院撤回起诉。滚石公司于2019年9月17日向浦东法院出具的转让说明,内容清晰,不存在任何歧义。一审法院在明知浦东法院已确认吴某等3人享有滚石3号股权基金份额的事实,以及基金管理人滚石公司也已确认孙某某享有滚石3号700万份基金份额权益的情况下,仍对孙某某的诉请不予支持,既与客观事实不符也有违公平原则。

三是一审法院驳回孙某某的诉讼请求,理由是认为孙某某未经滚石公司确认登记为滚石3号基金的持有人。上海金融法院认为,本案系争基金性质系私募股权投资基金,并非证券投资基金,目前并无强制性法律规定要求私募股权投资基金必须按照《证券投资基金法》的规定进行份额登记。国泰君安公司作为涉案基金新的托管人进行的内部基金份额登记,并不能否认滚石公司之前对孙某某基金份额的确认。况且,基于滚石公司出具的转让说明,应当认定当时的涉案基金管理人滚石公司已经对孙某某所持的系争基金份额进行了内部登记。

（二）思路总结

1. 基金份额权属争议

对于未登记或登记与实际情况不符的基金份额执行引发的争议，审理应遵循的思路为：有登记的按照登记确认权属，无登记或者登记与实际情况不符时，以下要件的审查可以作为确认权属的依据。

（1）在查封之前已经签订了合法有效的基金合同或基金份额转让合同，合同合法有效且不违反法律法规的相关规定。需要注意的是，公司性基金份额转让应按照《公司法》的规定，向有限责任公司股东以外的人转让的要经过半数以上的股东的同意。合伙型基金份额转让应依据《合伙企业法》，向合伙人以外的主体转让，应取得全部合伙人的同意。

（2）合同已经实际履行。已经支付了全部的价款，并且实际占有基金份额。判断合同实际履行可以依据支付款项的凭证，由行使股权或合伙人权益的主体来判断。如果有管理人或托管人出具的情况说明或者相关的确权诉讼，也可以将其作为此处判断权属的依据。

（3）非因基金份额持有人自身原因未办理登记。未办理登记是因为原持有人、其他份额持有人不配合办理，或者基金管理人怠于办理，而非股权代持中双方协议股东通过隐名的方式持有股权。

（4）申请执行人对登记不存在信赖利益。申请执行人的交易并非基于对被执行人登记财产的信赖，如执行人与申请执行人之间交易的发生早于基金份额登记在申请执行人名下的日期，在这种情况下就可以认定申请执行人对登记不存在信赖利益。

2. 基金所有财产权属争议

对于登记在管理人名下的基金所有财产的权属应依据以下情况综合判断：（1）基金合同及管理人备案登记情况。审查基金及管理人备案登记的内容，厘清基金与管理人之间的信托法律关系。审查备案的基金合同内容，重点关注其中指定基金存储账户是否是案件的执行标的。（2）基金合同约定的投资标的是否是案件的执行标的。（3）管理人对于执行标的进行权属登记或确认时,是否已经备注其是基金的管理人,投资资金源于基金并且投资权益由基金享有。综合以上3种情况,可认定基金财产的真实权属。

相似案件的处理可参照以上审判思路,具体见图1。

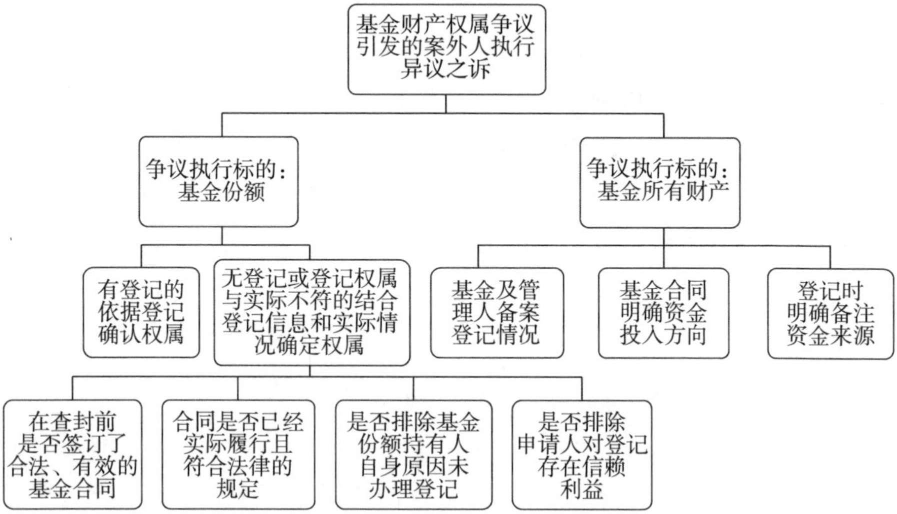

图1　类案处理逻辑

涉主板市场多手法证券操纵侵权责任的认定

——投资者诉鲜某操纵证券交易市场责任纠纷案①

肖 凯* 沈竹莺**

【裁判要旨】

操纵行为，是《中华人民共和国证券法》（以下简称《证券法》）明确禁止的行为。该行为破坏了证券市场的价格形成机制，使投资者无法依据真实市场价格进行买卖决策，额外支付了人为价格与真实价格之间的差价，操纵行为人对由此导致的损失应承担赔偿责任。行为人虽实施了多种操纵手法，但目的同一、时间交织、作用叠加的，应整体视为一个操纵行为。人为价格存在期间即操纵行为影响起止时点，交易型操纵影响消除取决于操纵力量时长等因素，信息型操纵影响消除取决于信息影响何时消除。操纵侵权责任应遵循交易因果关系和损失因果关系两重判断，公开交易市场中应适用欺诈市场理论和推定信赖原则，应采用"净损差额法""价格同步对比法"精确计算投资差额损失。信息型操纵与虚假陈述发生竞合时，按照目的吸收手段的原则，信息型操纵吸收虚假陈述，投资者可择一追责。对证券操纵行为进行立体追责时，操纵行为人财产不足以同时支付行政处罚、刑事罚没款和民事赔偿金的，先承担民事赔偿责任。

---

① 合议庭成员：肖凯、符望、沈竹莺。本案获评"新时代推动法治进程2022年度十大案件"、上海金融法院十大典型案例。

* 时任上海金融法院党组成员、副院长。

** 时任上海金融法院申诉审查与审判监督庭副庭长、研究室负责人。

【案号】

上海金融法院(2021)沪 74 民初 2599 号

【案情】

原告:曹某某等 13 名投资者

被告:鲜某

2017 年 3 月 30 日,中国证券监督管理委员会(以下简称证监会)作出〔2017〕29 号《行政处罚决定书》,认定鲜某通过采用集中资金优势、持股优势、信息优势连续买卖,在自己实际控制的证券账户之间交易,虚假申报等方式,影响匹凸匹金融信息服务(上海)股份有限公司(系上交所主板上市公司,曾多次更名,以下简称标的公司)股票交易价格和交易量,操纵期间为 2014 年 1 月 17 日至 2015 年 6 月 12 日,期间内标的公司股价涨幅为 260.00%,同期上证指数涨幅为 155.29%。责令依法处理非法持有的证券,没收违法所得 578,330,753.74 元,并处以 2,891,653,768.70 元罚款。2020 年 12 月 21 日,上海市高级人民法院作出生效刑事判决,认定鲜某利用信息优势操纵标的股票价格和交易量,构成操纵证券市场罪,处以有期徒刑 3 年 4 个月,罚金 1000 万元并追缴违法所得。

鲜某前述信息型操纵中发布虚假信息的行为同时构成了证券虚假陈述,对此,证监会于 2017 年 5 月 12 日作出〔2017〕52 号《行政处罚决定书》,对标的公司和作为实际控制人的鲜某作出相应处罚。之后,陆续有投资者向标的公司提起证券虚假陈述责任纠纷诉讼。相关生效判决认定,投资者损失的 50% 归因于自身非理性投资行为,20% 由市场系统风险导致,10% 归因于鲜某操纵行为,最终判定投资者损失的 20% 由标的公司赔偿。

本案 13 名原告投资者主张在鲜某操纵期间买卖了标的公司股票发生损失,要求鲜某赔偿包含投资差额损失、佣金、印花税等在内的全部经济损失。

鲜某因操纵证券市场行为被追究行政责任和刑事责任后,表示无力承担本案民事赔偿责任。为此,上海金融法院依据《证券法》关于民事赔偿责任优先的规定,对鲜某操纵证券市场刑事案件中相应款项进行相应保全。

案件审理中,上海金融法院依职权委托上海交通大学中国金融研究院对案涉投资者的投资差额损失进行核定。

鲜某对《行政处罚决定书》所认定的事实无异议,但对投资者主张的赔偿金额不予认可,认为其操纵行为最晚于 2015 年 6 月 12 日结束,此后投资者的交易行为与其操纵行为无因果关系;标的股票价格波动主要受到 2015 年股灾等系统性风险的影响,在损失计算时应当相应扣除;其实施信息型操纵同时构成证券虚假陈述,相关证券虚假陈述责任纠纷生效判决认定投资者存在非理性投资行为,应当对投资损失自担 50% 的责任,同时认定投资者损失的 10% 归因于其操纵行为,本案对其赔偿责任的认定应与该生效判决保持一致。

综合投资者的诉讼请求和鲜某的答辩意见,双方的争议焦点在于以下四个方面:一是如何认定鲜某操纵证券市场行为的方式、类型,以及操纵行为的开始日、结束日、影响消除日;二是投资者买卖标的股票遭受的损失是否与鲜某操纵证券市场行为具有因果关系;三是投资者因鲜某操纵证券市场行为所导致的损失应如何计算;四是本案与投资者诉标的公司证券虚假陈述责任纠纷案应如何衔接。

【审判】

上海金融法院认为,鲜某采用了连续买卖、洗售或对倒交易、虚假申报和利用信息优势操纵四种操纵手法,其中前三种手法属于交易型操纵,后一种手法属于信息型操纵。上述四种操纵手法皆服务于同一目的,在时间上相互交织,在作用上彼此叠加,共同影响了标的股票的交易价格和交易量,彼此之间难以区分,应当在本案中整体视为一个操纵证券市场行为。

结合鲜某操纵的具体方式、标的股票的价格波动情况,可认定其操纵行为属于拉高型操纵。《行政处罚决定书》关于操纵行为起止时间的认定符合证券操纵行为的要件特征,应予确认,故操纵行为开始日为 2014 年 1 月 17

日,结束日为 2015 年 6 月 12 日。交易型操纵与信息型操纵制造人为价格的方式不同,其影响消除所需要的时间也不同,交易型操纵影响何时消除取决于操纵力量、操纵时长等多种因素,信息型操纵影响何时消除取决于其发布之信息的影响何时消除。鲜某控制标的公司信息披露的节奏与内容,同时构成证券虚假陈述。为衔接操纵和虚假陈述民事责任,考虑到虚假陈述的司法解释已经对虚假信息的影响消除时间作出明确规定,故可在本案中予以参考。确认 2016 年 11 月 14 日作为信息型操纵影响消除之日,该日距整个操纵行为结束长达一年多之久,期间标的股票多次累计换手率超过 100%,应当能够涵盖交易型操纵的影响消除合理期间,可以作为整个操纵行为影响消除之日。

证券操纵行为在因果关系上应遵循交易因果关系与损失因果关系两重判断,在公开交易的证券市场中,应适用欺诈市场理论和推定信赖原则,来判断投资者的投资决策与操纵行为之间是否存在交易因果关系。从鲜某操纵行为开始日到信息型操纵之虚假信息揭露日,原告买入标的股票的行为与操纵行为具有交易因果关系,此后原告再买入标的股票则与操纵行为无交易因果关系。证券价格会受到各种因素的影响,如大盘、行业以及发行人自身风格等,该等因素导致的损失是投资者交易标的证券理应承担的投资风险,与操纵证券市场行为之间不具有损失因果关系,不属于操纵者的赔偿范围。损失因果关系的判断可由专业第三方机构在投资者损失核定中加以解决。

投资者损失计算是证券欺诈侵权责任案件审理的重点和难点,侵权人仅应对其不法行为造成的损害承担赔偿责任,然而证券价格的波动受多重因素影响,要较为准确地界定证券欺诈行为对投资者造成的损害,须排除其他因素对证券价格的影响,客观上需要借助专业人员的知识与技能。因此,委托专业第三方核定投资者损失具有必要性。净损差额法揭示了证券操纵的侵权本质,证券价格天然具有波动性,采用“净损差额法”和“价格同步对比法”,以投资者的实际成交价格与同时期股票的真实价格之差来计算损失金额具有合理性。

按照目的吸收手段的原理,信息型操纵吸收虚假陈述行为,既可以主张证券操纵赔偿责任,也可以主张虚假陈述赔偿责任。对投资者已在证券虚假陈述责任纠纷案件中获偿的部分,在本案中予以相应扣除。

上海金融法院于2022年9月29日作出(2021)沪74民初2599号民事判决,判决鲜某赔偿原告13名投资者合计470万余元。判决同时明确,若鲜某的财产不足以履行民事判决所确定的赔偿责任,则可以执行已依法保全的刑事案件罚没款,最大限度实现中小投资者权利救济。判决后,双方当事人均未提出上诉,判决已发生效力。

【评析】

一、案件裁判的背景

投资者是资本市场健康发展的基石,保护投资者合法权益是资本市场建设的重要主题。操纵证券市场行为扰乱资本市场的健康发展,破坏投资者对资本市场的信任基础,抑制资本市场正常功能的发挥。建立操纵证券市场民事赔偿制度对资本市场的健康有序发展具有重要意义。从实践看,已基本形成了对操纵证券市场行为进行规制的刑事、民事、行政责任法律体系,但目前世界范围内的操纵证券市场民事赔偿法律责任的构建从理论基础到实际运作都还有待进一步完善。

我国操纵证券市场民事责任制度的建立经历了一个渐进过程:从2001年9月最高人民法院《关于涉及证券民事赔偿案件暂不予受理的通知》到2002年1月15日《关于受理证券市场因虚假陈述引发的民事侵权纠纷案件有关问题的通知》,人民法院迈出了证券民事赔偿的第一步。2005年修订的《证券法》首次明确规定“操纵证券市场行为给投资者造成损失的,行为人应当依法承担赔偿责任”,使投资者因证券市场被操纵遭受损失寻求救济有了法律依据。

2008年汪建中案[①]是我国法院正式受理的首个操纵市场民事赔偿纠纷案件,投资人要求参照虚假陈述司法解释计算其损失。北京市第二中级人民

① 参见北京市高级人民法院民事判决书,(2011)高刑终字第512号。(一审文书号未公开)

法院认为证券操纵与虚假陈述是两种不同的违法行为,在违法主体、行为表现、持续时间、影响范围方面均不同,参照虚假陈述司法解释缺乏依据。虽然《证券法》规定,操纵证券市场行为给投资者造成损失的,行为人应当依法承担赔偿责任,但对于操纵市场与损害结果之间的因果关系的确定以及行为人承担赔偿责任数额的范围、损失的计算方法均无明文规定。最终判决驳回投资者诉讼请求。此后十年间,没有一起成功获得赔偿的证券操纵侵权案件,提起诉讼的中小投资者也很少,即使提起诉讼也因为认定难、举证难以及没有相关司法解释而被驳回起诉,所以大多操纵证券市场行为以行政处罚终结,但即使行政处罚罚款再多,中小投资者的损失也并未因此受到补偿。

2018年,中证中小投资者服务中心支持投资者起诉恒康医疗利用信息优势操纵市场,①法院判决首次支持了投资者的民事赔偿请求,在社会引发较大反响。该案中,中证中小投资者服务中心提出以买入股票价格与股票"真实价格"之差计算交易损失的净损差额法,然而未考虑操纵影响消除期间,致使算得损失金额明显过高,被法院以无法律依据又缺乏实质合理性为由拒绝采纳。该案生效判决认为信息型操纵因果关系、损失计算均可参照虚假陈述司法解释,这在一定程度上忽视了信息型操纵与虚假陈述的差异性,未对两者影响股价的机理作进一步分析,在证券操纵损失计算方法的探究上不免失于简单,难以对之后的证券操纵侵权案件尤其是复杂操纵案件提供有效参考。

二、证券操纵行为的定义及多手法操纵的认定

一般认为,操纵证券市场是指以交易活动或交易策略为手段,通过影响证券交易价格或者证券交易量,破坏证券市场的价格形成机制,从而误导或扭曲投资者的投资决策,以实现非法获利之目的。本质上,操纵行为的危害性在于破坏了证券市场的价格形成机制,使投资者无法依据证券的真实市场价格进行买卖决策,进而影响了证券市场的定价准确性和市场流动性,损害了证券市场有效配置资源、促进资本形成和保护投资者的社会功能。因此,

① 参见四川省成都市中级人民法院民事判决书,(2018)川01民初2728号。

操纵行为所产生的是人为价格，有别于基于真实买卖的真实市场价格。随着金融市场的不断深化和发展，操纵证券市场的行为也不断变化，法律除明确禁止的操纵手段外，亦专门设置兜底条款，以涵盖不同类型的操纵。通常，操纵行为可以分为交易型操纵、信息型操纵，以及其他滥用优势的操纵。虽然在理论上，所有正常的证券交易或相关信息均可能影响证券价格，但在判断操纵行为之构成时，除行为人主观上欠缺正当性理由外，应主要考量操纵行为对证券市场价格形成机制的破坏，即对市场上真实交易之供需关系信号的扰乱。实践中，容易影响价格形成的操纵行为包括：连续买卖形成影响股价的交易量、不改变实际所有权的交易、短时间内的反向交易、不以成交为目的的虚假报撤、影响开盘价或尾盘价的交易、事前或事后发布虚假信息的交易，以及与误导性或虚假性投资建议存在实质利益的交易，等等。

根据证监会〔2017〕29号《行政处罚决定书》认定的事实，鲜某具体采用了以下四种手法实施操纵证券市场行为：（1）连续买卖，即通过集中资金优势、持股优势连续买卖操纵标的股票价格；（2）洗售或对倒交易，即通过在自己控制的账户之间进行证券交易操纵标的股票价格；（3）虚假申报，即不以成交为目的，通过频繁申报、撤单制造涨停价买单众多假象，操纵标的股票价格；（4）利用信息优势操纵，即利用信息优势控制信息披露节奏及内容操纵标的股票价格。相关刑事判决书以鲜某连续交易的数量未达到刑事案件立案追诉标准为由，认定鲜某不构成刑事上的连续交易操纵，仅构成利用信息优势操纵的犯罪。究其原因，刑法、行政法和民法各自保护的法益不同，同一违法行为有可能被追究刑事、行政与民事三种不同性质的法律责任，其构成要件相互独立，具体认定某一行为的民事责任应依据相应的民事责任标准予以判断。因此，鲜某实施的不同操纵手法是否构成刑事犯罪，不影响认定相应操纵行为的民事责任。

本案所涉四种操纵手法中，前三种操纵手法属于交易型操纵，后一种操纵手法属于信息型操纵。交易型操纵是指行为人通过交易活动，制造证券价格变动的误导性或虚假信号，影响证券交易价格的形成，误导投资者作出投资决策，从而获取不法利益；信息型操纵是指行为人通过制造、传播对证券市场价格有重要影响的信息，或者控制该类信息披露的方式，制造证券价格变动趋势,误导投资者作出投资决策,从而获取不法利益。虽然采用了多种操纵手法,但皆服务于同一目的,在时间上相互交织,在作用上彼此叠加,共同影响了标的股票的交易价格和交易量,彼此之间难以区分,应当整体视为一个操纵证券市场行为。

三、人为价格存在期间的判断——操纵行为开始日、结束日和影响消除日的认定

操纵行为的可责性,表现为扭曲真实市场价格所形成之人为价格的欺诈性,从而误导不知实情的投资者买入标的股票,额外支付了人为价格与真实市场价格之间的差价,由此产生投资损失。要准确界定此类操纵行为侵权赔偿责任的范围,就必须准确界定人为价格存在的时间,即标的股票价格受操纵行为影响的起止时间,包含三个关键时点:操纵行为开始日、操纵行为结束日和操纵行为影响消除日。

由于操纵行为包含制造人为价格和交易股票获利两个步骤,前者是手段,后者是目的,因此判断操纵行为的开始与结束,就要通盘考虑手段行为和目的行为的开始与结束。交易型操纵的手段行为和目的行为均体现为鲜某控制账户组进行交易,信息型操纵的手段行为表现为其控制信息披露的节奏及内容,目的行为表现为其控制账户组进行交易。根据《行政处罚决定书》查明的事实,鲜某所控制账户组的交易开始于 2014 年 1 月 17 日,其控制信息披露节奏及内容的行为发生在 2015 年 4 月 9 日至 5 月 11 日,其所控制账户组的交易结束于 2015 年 6 月 12 日,可以认定鲜某操纵行为开始日为 2014 年 1 月 17 日,操纵行为结束日为 2015 年 6 月 12 日。

关于操纵行为影响消除日,指的是因操纵行为产生的人为价格回归至真实市场价格所需的合理时间。由于交易型操纵与信息型操纵制造人为价格的方式不同,其影响消除所需要的时间也不同。交易型操纵以交易制造人为价格,当交易行为结束,施加在股价上的人为力量不复存在,股价逐渐回归至真实市场价格。需要注意的是,因为交易型操纵手法具有隐蔽性,一般情况下行为结束不会向市场释放明显信号,投资者尚不知晓受到欺诈,可能还会

继续实施于己不利的交易，操纵影响何时消除，取决于操纵力量、操纵时长等多种因素，需结合个案具体情形酌定。操纵者施加的力量越大，连续操纵的时间越长，影响消除所需要的时间可能越长。信息型操纵通过发布信息来制造人为价格，操纵行为结束后，其影响何时消除则取决于其发布之信息的影响何时消除。

本案中，鲜某是标的公司的实际控制人，属于《证券法》规定的信息披露义务人，因此其控制标的公司信息披露的节奏与内容，同时构成了证券虚假陈述，被证监会立案调查并受行政处罚。尽管本案中发布虚假信息这一行为，在法律上存在操纵和虚假陈述两种定性，但在民事赔偿上应择一而处。为衔接本案操纵与前案虚假陈述的民事责任，考虑到虚假陈述的司法解释已经对虚假信息的影响消除时间作出明确规定，故可在本案中予以参照。

本案中，虽然交易型操纵影响消除的合理时间取决于个案裁量，但信息型操纵之虚假信息揭露日距整个操纵行为结束长达一年多，期间标的股票多次累计换手率超过100%，应当能够涵盖交易型操纵的影响消除合理期间，可以将信息型操纵影响消除之日作为整个操纵行为影响消除之日。

四、证券操纵侵权责任因果关系的认定

欺诈是指故意告知虚假情况，或者负有告知义务的人故意隐瞒真实情况，致使当事人基于错误认识作出意思表示。欺诈的定义明确了欺诈行为与受欺诈人表意错误之间存在因果关系。这一因果关系投射到证券领域，就要求欺诈行为与投资者决策之间必须具有因果关系，即投资者基于对欺诈者的信赖而作出交易（此为交易因果关系）。由于证券市场投资者众多、情况各异，投资者往往对此难以举证证明。为此，《证券法》在经济学有效市场假说的基础上发展出欺诈市场理论，确立了一个可以反驳的推定：市场受到了欺诈即推定投资者受到了欺诈，但实际情况证明投资者并未受到欺诈的除外。此即为推定信赖原则。此外，民事侵权责任还要求侵权人仅应对其违法行为导致的损害承担赔偿责任，而投射到证券欺诈法律关系，就要求欺诈行为与投资者的损失之间也必须具有因果关系（此为损失因果关系）。截至目前，我

国证券欺诈民事案件最常见的类型是证券虚假陈述责任纠纷,其审判实践在近年来普遍使用交易因果关系与损失因果关系两重分析框架,该实践经验也被相关司法解释吸收,即将因果关系拆分为交易因果关系与损失因果关系两个要件。操纵证券市场行为同为证券欺诈行为,在因果关系上亦应遵循交易因果关系与损失因果关系两重判断。

就交易因果关系而言,证券市场以价格发现为重要功能,证券价格的真实性和准确性取决于各影响因素的真实性。在公开交易的证券市场中,影响股票价格的因素不仅包括上市公司披露的信息,也包括供求关系、成交量、以往价格走势等。操纵证券市场者通过交易策略,影响特定证券的市场价格,从而误导或扭曲投资者的投资决策,这与证券虚假陈述行为通过发布虚假信息扭曲股票价格具有相同的欺诈本质。因此,在公开交易的证券市场中,亦应适用欺诈市场理论和推定信赖原则,来判断投资者的投资决策与操纵行为之间是否存在交易因果关系。如果投资者能够证明行为人实施了操纵证券市场的行为,投资者在操纵行为开始日之后、操纵行为影响结束日之前交易了与操纵行为直接关联的证券,即在拉高型证券操纵中买入相关证券,或者在打压型证券操纵中卖出相关证券,则应当认定投资者的投资决策与行为人的操纵具有交易因果关系。对于交易因果关系,操纵行为人可以提出反证推翻,即投资者明知或应知存在欺诈而交易,或投资者出于其他目的而交易,则交易因果关系不成立。信息型操纵中,如果虚假信息被揭露,投资者再行交易标的证券则为明知或应知欺诈,不构成交易因果关系。交易型操纵因具有隐蔽性,如无相反证据,投资者在操纵影响消除前交易标的证券的行为均与操纵具有交易因果关系。

具体到本案,从鲜某操纵行为开始日(2014年1月17日,含当日),到信息型操纵之虚假信息揭露日(2016年10月18日,不含当日),原告买入标的股票的行为与操纵行为具有交易因果关系,此后原告再买入标的股票则与操纵行为无交易因果关系。

就损失因果关系而言,证券价格会受到各种因素的影响,如大盘、行业以及发行人自身风格等,该等因素导致的损失是投资者交易标的证券理应承担的投资风险,与操纵证券市场行为之间不具有损失因果关系,故不属于操纵者的赔偿范围。因此,应在查明证券操纵与投资者损失之间的因果关系,以及导致投资者损失的其他原因等基本事实的基础上,综合判断。操纵者能够举证投资者的损失部分或全部是由他人操纵市场、证券市场的风险、证券市场对待特定事件的过度反应、上市公司内外部经营环境等其他因素所导致的,应当相应减轻或者免除其责任。要准确认定损失因果关系,就须合理剥离与操纵行为无关之因素对股价的影响,这涉及金融资产定价问题,也与投资者损失核定紧密相关。被告鲜某虽然主张存在导致投资者损失的其他因素,但对"其他因素"的影响程度及相应扣除金额如何确定,并未提出合理的计算方法,此问题宜由专业第三方机构在投资者损失核定中加以解决。

五、投资差额损失计算的方法

证券投资者损失计算是证券欺诈侵权责任案件审理的重点和难点。根据侵权责任的法理,侵权人仅应对其不法行为造成的损害承担赔偿责任,然而证券价格的波动受多重因素影响,要较准确地界定证券欺诈行为对投资者造成的损害,须排除其他因素对证券价格的影响,这涉及金融学、数学、统计学等专业学科,客观上需要借助专业人员的知识与技能。因此,委托专业第三方核定投资者损失具有必要性、合理性,近年来也在证券虚假陈述等证券欺诈责任纠纷案件的审理中所普遍采用。

净损差额法,或称净损益法、真实价值计算法等,即以投资者的实际成交价格与股票的真实市场价格之差来计算损失金额。所谓真实市场价格,是指在没有被操纵的情况下,股票应有的价格,是一种法律拟制的价格。净损差额法揭示了证券操纵的侵权本质,即操纵行为使股价偏离真实市场价格,使投资者额外承担了被操纵后的人为价格与真实市场价格之间的差额部分,该部分即为侵权人应赔偿的因其侵权行为所导致的投资损失。

确定真实市场价格是净损差额法的核心,亦是难点。证券价格天然具有波动性,真实市场价格并非一个恒定不变的值,而是一条不断变化的价格曲线。随着操纵手法和力量的变化,股票价格被扭曲的幅度也会相应地发生变化,实际成交价格与真实市场价格之间的差值也并非恒定不变,而是处于不断变化之中。理论上讲,采用净损差额法应当确定投资者每笔交易发生时的股票真实市场价格,但考虑到股票结算和大部分的股票定价都以日为单位,因此比较合理与可行的方式是以交易日为单位模拟股票真实市场价格,单一交易日确定一个真实市场价格。

采用净损差额法计算投资损失时应注意适用损益相抵原则,并以投资者账面损失作为损失核定的上限。侵权损害赔偿的目的在于填平实际损失,使权利恢复到侵权行为发生前的状态,超过账面实际损失的部分不应当属于投资者可获赔的范围,投资者因操纵行为获利缺乏合法依据,应当根据公平原则,在损失中予以抵扣。

本案中,投资损失核定的具体方法是:以操纵行为影响标的股票价格的期间作为损失核定期间,构建损失量化计算模型,结合运用多因子模型法和重大事件分析法,对影响股价的各种因素定量分析,在不考虑操纵因素的前提下,以其他各种因素所形成的标的股票收益率曲线模拟计算真实市场价格,将其与投资者在交易中的实际成交价格进行同步对比,按照损益相抵的原则得出投资者的投资差额损失。该损失金额扣除了与被告操纵行为无关的其他因素对股价的影响,可确定为鲜某操纵证券市场行为所导致的投资损失。

通过计算标的股票日收益率来模拟其每日真实市场价格。就标的公司而言,除操纵因素外,影响其股价的主要因素包括大盘因素、行业因素、个股风格因素和其他重大事件。基于以上因素的量化计算构建模型,模拟除操纵因素外,其他因素影响形成的标的股票日收益率(t 代表不同日期),再以操纵行为开始日的前一交易日标的股票实际收盘价为模拟初始价格,根据模型计算的日收益率模拟出标的公司每日股票价格 $P_t = P_0 \times (1 + \tilde{r}_1) \times (1 + \tilde{r}_2) \times \cdots \times (1 + \tilde{r}_t)$。

第一步:采用多因子模型法来计算标的股票由大盘因素、行业因素、个股风格因素引发的模拟日收益率。该模型除考虑市场风险外,还采用行业因素考虑行业对企业股票收益的影响,采用风格因素考虑各种基本面因素对企业股票收益的影响。其中,包括多因子模型中常见的影响因素,即规模因素(大、小市值的收益差)、价值因素(估值高低的收益差)、盈利因素(公司不同盈利水平的收益差)、投资因素(公司不同投资比例的收益差)、动量因素(股票收益历史表现好坏的收益差)、流动性因素(股票换手率大小的收益差)。

第二步:采用重大事件分析法来计算标的股票因其他重大事件引发的模拟日收益率。通过梳理损失核定区间标的公司发布的公告,筛选出显著影响标的股票价格且与操纵因素无关的两个重大事件。具体计算上,首先利用资本资产定价模型估计重大事件引发的日超额收益率;其次选取与标的公司发生过同类重大事件的其他上市公司作为基准;再次判断重大事件影响标的股票价格的窗口长度;最后将同类事件中其他上市公司日超额收益率的均值作为该事件对标的股票价格的影响。

第三步:将多因子模型法计算的日收益率与重大事件分析法计算的日收益率叠加,得到标的股票的模拟日收益率。

标的股票每日真实市场价格建立在模拟标的股票日收益率的基础上,采用多因子模型法和重大事件分析法模拟标的股票日收益率已在多个证券侵权案件的审理中采用,其科学性、合理性已为司法实践所认可。首先,该方法引入金融学领域中股票日收益率的概念,构建不同的损失量化计算模型对于各种致损因素的影响进行量化分析,进而计算投资者因与操纵行为无关的其他因素导致的投资差额损失,不仅逻辑自洽,也能够有效避免因各种风险因素重复计算而导致的结果偏差。其次,多因子模型法对股价造成持续性影响的共性因素的核定更全面,既包括大盘因素、行业因素,还考虑了多个对股价具有影响作用的个股风格因素。核定方式上,通过定量分析的方式逐日考察各因素对于股价的影响,包括正面影响和负面影响,其核定结果更精确。最后,重大事件分析法可以对与操纵行为无关的其他重大事件进行定量分析,包括影响时间区间和每日影响值,不同投资者在不同交易时间是否受到重大事件影响及其影响程度,均可得到较为客观准确的核定。

六、信息型操纵与虚假陈述的竞合

虚假陈述与信息型操纵都是证券欺诈行为,在信息型操纵通过发布虚假信息(包括隐瞒重大信息)的手段完成时,二者可能存在竞合。但是,虚假陈述的主体范围较小,限于发行人、上市公司及其他法律规定的信息披露义务人,只有在涉及信息披露义务人利用其优势地位通过公司发布信息时,二者才存在竞合可能。在此情形下还需满足两个条件:一是信息的内容属于披露义务的范围;二是发布信息的性质要满足虚假信息中的虚假或误导属性。本案就正属于这种情况。

就信息型操纵和虚假陈述两种行为间的关系而言,虚假陈述只是手段,起辅助作用,操纵行为才是目的,起主要作用。按照目的吸收手段的原理,信息型操纵可以吸收虚假陈述行为,当事人可以选择不同的法律救济途径,既可以主张证券操纵赔偿责任,也可以主张虚假陈述赔偿责任。对同一行为追究不同法律责任,因行为主体、责任类型等差异亦会有所不同。如本案所涉之情形,若追究虚假陈述责任,则标的公司是信息披露义务人,鲜某则是实际控制人,投资者可就证券虚假陈述单独或共同起诉标的公司和鲜某,而若追究证券操纵赔偿责任,则只能起诉鲜某个人。考虑到本案中虚假陈述行为属于鲜某操纵行为的一部分,故投资者已在之前证券虚假陈述责任纠纷案件中获偿的部分,应当在本案中予以扣除,以避免重复受偿。当然,前案证券虚假陈述责任纠纷中标的公司与鲜某的责任分配也不影响本案证券操纵中鲜某应当对投资者的全部投资损失承担赔偿责任。

在投资者诉标的公司证券虚假陈述责任纠纷案件中,法院认定投资者损失的20%为证券市场系统风险等因素所致,损失的50%归因于投资者的非理性投资行为。然而,上述比例系法院酌定,本案已委托专业第三方机构核定投资者损失,对于证券市场系统风险等因素的扣除将更为精准,投资者的主观认知和判断在付诸交易之前并不能实际影响股价,其付诸交易后,则成为影响个股风格或大盘走势的因素,进而纳入多因子模型或重大事件分析的考察范畴,投资者非理性交易如果对投资损失发生影响,亦可体现在损失核定结果中。

结　　语

投资者诉鲜某操纵证券交易市场责任纠纷案是全国首例主板市场交易型与信息型操纵混同的证券操纵赔偿责任纠纷案件。该案判决对证券市场操纵的基础性法律问题进行了深入分析,为同类案件提供了有益参考。

操纵新三板证券市场行为民事赔偿的司法认定

——定向增发投资者诉上海阿波罗机械股份有限公司、邵某操纵证券交易市场责任纠纷案①

朱颖琦*　李瑶菲**

【裁判要旨】

定向增发投资是以“面对面”签订协议方式参与认购证券,定增投资者的索赔不适用证券侵权中依据欺诈市场理论、旨在保护不特定投资者合法权益而确立的因果关系推定原则,定增投资者仍应对行为人实施的操纵证券交易市场行为与其遭受的损失之间存在因果关系进行举证。交易型操纵证券市场民事赔偿的损失认定有别于证券虚假陈述民事赔偿,应当以净损差额法原理作为投资差额损失的计算基础。对新三板市场证券侵权的损失认定,法院应充分听取专业意见,以对相关行业企业进行投资时的科学估值方法等作为参考。

---

① 合议庭成员:林晓镍、朱颖琦、吴建忠。本案入选“新时代推动法治进程2022年度十大提名案件”、上海法院2022年度“100个精品案例”、上海金融法院2022年度十大典型案例。

* 法学硕士,上海金融法院综合审判一庭副庭长。

** 法学硕士,上海金融法院综合审判一庭法官助理。

【案号】

上海金融法院(2021)沪74民初146号

【案情】

原告:上海朱雀珠玉橙投资中心(有限合伙)(以下简称朱雀投资中心)

被告:上海阿波罗机械股份有限公司(以下简称阿波罗公司)、邵某

被告阿波罗公司是一家经相关部门批准可以从事民用核安全设备设计、民用核安全设备安装、特种设备制造,凭营业执照可依法自主开展工业泵等装置制造、加工以及技术开发、技术咨询、技术转让的企业。2015年6月17日起,被告阿波罗公司成为新三板市场挂牌公司(证券简称:阿波罗,证券代码:832568)。2015年8月3日起,被告阿波罗公司在新三板市场的股票转让方式由协议转让变更为做市转让。2015年7月,6家证券公司作为机构投资者认购阿波罗公司首次发行股票,在2014年12月31日每股净资产(1.24元/股)的基础上根据公司未来盈利预期协商得出发行价格每股14.21元。2015年8月7日至2015年9月30日,阿波罗公司股价从20.26元增长至30.79元,期间最高价格为36.50元。

2017年11月20日,被告阿波罗公司发布《关于收到中国证券监督管理委员会对控股股东、实际控制人调查通知书的公告》,称因涉嫌证券市场操纵,中国证监会决定对阿波罗公司实际控制人陆某、邵某进行立案调查。2020年9月7日,中国证监会作出〔2020〕61号《行政处罚决定书》,认定被告邵某、案外人左某某、案外人胡某某于2015年8月7日至9月30日对被告阿波罗公司进行了股价操纵,上述期间内,新三板市场做市指数从1515.4点下跌到1322.15点,跌幅为12.75%,而同期阿波罗公司股价从20.26元上升为30.79元(期间成交价最高36.50元),涨幅为51.97%。邵某通过其控制的证券账户在操纵期间大量买卖阿波罗公司股票,其成交量占同期市场交易量的比率为54.03%。被告邵某影响阿波罗公司交易量和

交易价格的主要手段是通过连续主动买入,主动与做市商成交,迫使做市商不断提高双向报价中枢,进而推动成交价格不断上升。上述交易行为,影响了该股交易量,也对其价格走势产生了重大影响。《行政处罚决定书》认定,邵某与案外人胡某存在沟通串联,胡某利用做市商报价即为成交价的定价优势,使用广发证券做市专用账户多次在尾盘操纵阿波罗公司收盘价格,从2015年9月14日(阿波罗公司定增投融资对接会召开时间为2015年9月17日)开始,共8个交易日,有7个交易日的申买价最终成为当日收盘价,造成收盘价明显上涨,收盘价较前一笔成交价格的上涨幅度最高达7.79%。结合行为人违法事实、性质、情节与社会危害程度,中国证监会对被告邵某处以150万元的罚款,对其他案外人亦有相应处罚。《行政处罚决定书》还认定,被告邵某等行为人利用控制账户在操纵期间买入的股份已全部卖出,"刘某英"账户组产生亏损5,860,795.04元,"小左1号"账户组产生亏损1,142,066.92元。

原告朱雀投资中心是一家从事证券及股权投资的私募基金。2015年7月,原告员工黄某向阿波罗公司发送朱雀投资中心投资简介。2015年9月17日,原告作为定增意向投资者参加被告阿波罗公司组织召开的定增投融资对接会。同期原被告展开线上线下多轮谈判,2015年9月21日,原告员工黄某向阿波罗公司发送的邮件提及:"在价格方面,目前的做市交易量非常小,并且公司股东人数较少,因此将做市价格作为增发价格的标准,参照意义不大……20元的发行价格相对于做市商成本已经溢价40%,时间仅为半年,价格的上涨幅度已经比较大,投资机构在筹码上的劣势已经非常明显。"2015年11月,原告与被告阿波罗公司签订《股票发行认购协议》,以20元/股的价格购入阿波罗公司发行的股份150万股,共计投资3000万元。此次股票发行数量为2500万股,参与发行的投资者包括原告在内的23家机构投资者及2名自然人投资者。

2015年9月15日,阿波罗公司与B股份有限公司签订了《关于上海阿波罗机械股份有限公司首次公开发行境内人民币普通股(A股)并上市之辅导协议》。2015年10月8日至2016年1月28日,阿波罗公司股票处于停牌状态,2016年1月29日,复牌后第一个交易日的股票价格为20.2元。2016

年3月24日起阿波罗公司第二次停牌，并至2018年11月13日长期停牌。2016年4月7日，阿波罗公司领取了《中国证监会行政许可申请受理通知书》（160695号），公司首次公开发行A股股票并上市的申请被中国证监会受理。2017年8月17日起，阿波罗公司股票转让方式由做市转让变更为协议转让。2018年8月20日，阿波罗公司向中国证监会递交了撤回首次公开发行A股股票并上市申请的材料。2018年11月14日，阿波罗公司复牌，第一个交易日的股票价格为2.4元。2020年9月17日，即《行政处罚决定书》公告之日，阿波罗公司股票价格为5元。

庭审中，原被告就原告的投资损失与操纵证券交易市场行为是否存在因果关系、投资损失应当如何认定及阿波罗公司是否需要承担共同赔偿责任等问题展开辩论。在损失认定方面，为充分听取专业意见，法院两次委托专业机构对损失进行核定、对股权价值进行追溯评估。

【审判】

本案的争议问题主要有以下三个方面：第一，原告朱雀投资中心的投资损失与被告邵某的操纵证券交易市场行为是否存在因果关系；第二，若被告邵某对证券侵权行为承担民事责任，原告的投资损失应当如何认定；第三，被告阿波罗公司是否需要作为共同侵权方承担赔偿责任。

法院认为，根据2014年《中华人民共和国证券法》（以下简称2014年《证券法》）第77条的规定，操纵证券市场行为给投资者造成损失的，行为人应当依法承担赔偿责任。原告系以“面对面”签订认购协议方式参与投资，应对行为人实施的操纵证券交易市场行为与其遭受的损失之间存在因果关系进行举证。本案中原告通过其定增投资与操纵行为高度关联等具体事实证明了邵某操纵市场行为对投资者的诱导是导致原告最终决定投资的重要因素之一，邵某拉升股价的行为影响了原告参与投资的定价，法院据此认定原告的投资损失与被告邵某操纵市场行为之间存在因果关系。在损失认定方面，证券虚假陈述侵权行为造成投资者的差额损失既包括行为实施后投资者买入价格虚高的损失，还包括虚假陈述行为揭露后股价下跌造成的投资者损失。

交易型操纵市场行为下,操纵行为对投资者损失产生的影响集中在操纵行为实施期间及随后的影响时期,经过一定的消弭时期,操纵行为带来的影响会被市场所消化。法院充分考虑交易型操纵证券交易市场行为的特点,选取净损差额法原理作为基础,通过比较原告投资阿波罗公司股票的实际价格与公允的基准价格之间的差值计算原告的投资差额损失。据此,法院以专业评估机构评估的每股 17.88 元作为基准价格计算原告的投资差额损失,判决由被告邵某承担 318 万元赔偿责任。被告阿波罗公司因并非操纵市场行为人而不承担共同侵权责任。

一审宣判后,双方均未上诉,判决已生效。

【评析】

操纵证券市场是资本市场严厉打击的违法行为典型形式之一,也是严重损害投资者合法权益的易发多发行为,依法追究操纵证券市场行为人的民事责任是投资者权益保护的重要环节。我国司法实践长期面临操纵证券市场民事责任具体法律适用规则缺失的问题。本案系全国首例涉新三板操纵证券交易市场民事赔偿案,案件涉及定向增发投资者在操纵证券市场交易民事侵权认定中可否适用推定因果关系,以及如何证明存在因果关系的热点问题。作为首例涉交易型操纵证券交易市场行为的民事赔偿责任案,本案对交易型操纵市场行为作了有别于证券虚假陈述赔偿损失认定规则的探索。同时,本案还根据新三板市场的交易特点,通过专业支持努力寻求新三板股权公允价值的科学方法,具有一定前瞻性、实践性和典型意义。

一、操纵证券交易市场行为民事赔偿的理论基础及法律依据

操纵证券市场与证券市场的兴起和发展如影随形,世界主要发达经济体都通过立法的方式禁止任何人操纵证券市场。通说认为,操纵市场本质上是一种证券欺诈行为,其目的是以异常的交易行为,影响市场价格,制造交易假

象，诱导或致使其他投资者在不了解真实的情况下作出证券投资，其本质特征在于制造虚伪的市场行情从而诱使投资者在对行情误解的情况下做出错误的投资决定。[①] 多数操纵行为在根本上是通过诱导他人交易来实现非法牟利目的，而其他人被诱导交易是由于被欺诈，即对交易价量产生误判，而非屈服于操纵人的市场力量。[②] 由于操纵证券市场行为违背公平原则、扰乱市场秩序、引发市场波动、侵害市场投资者的权益，因此，世界各个国家或地区均规定禁止操纵证券市场行为，并制定了行政、刑事方面的罚则。美国《1934年证券交易法》在第9节、第10节(b)款以及第15节(c)款规定了反操纵行为条款，禁止对交易所挂牌股票的交易活动进行操纵；禁止洗售和相对委托交易；禁止连续交易引诱他人买卖证券；禁止恶意传播信息引诱他人买卖证券；禁止虚假陈述误导投资者；禁止限制价格(pegging)、固定价格(fixing)或者稳定价格(stabilizing)等。

我国《证券法》自1998年颁布实施以来便对虚假陈述、内幕交易、操纵证券市场三大危害证券市场正常秩序的违法行为作出明令禁止。《证券法》几经修改后对证券违法行为人的行政责任和刑事责任的规定日趋完善，而相关民事责任规定则相对缓进。从法律功能的角度来说，行政与刑事责任更侧重于规制、惩儆违法，而民事责任最主要的功能是补偿受害人的损失。在证券市场上，投资者损失能否得到合理补偿、投资者权益能否得到有效维护不仅关系证券市场的公平公正交易机制的构建，也关乎市场平稳发展的信心。因此，从这个意义上讲，证券和投资市场不可缺少民事赔偿机制。

近年来，我国证券领域侵权赔偿司法实践有了长足发展。2001年最高人民法院曾发布《关于涉证券民事赔偿案件暂不予受理的通知》，规定对于内幕交易、欺诈、操纵市场等行为，“受目前立法及司法条件的局限，尚不具备受理及审理这类案件的条件。对上述行为引起的民事赔偿案件，暂不予受理”。2003年，最高人民法院首次出台了《关于审理证券市场虚假陈述侵权民事赔偿案件的若干规定》(以下简称《虚假陈述司法解释》)，人民法院开始受理并

---

① 参见汤欣、高海涛：《操纵市场行政处罚案例全景观察》，载黄红元、卢文道主编：《证券法苑》第18卷，法律出版社2016年版。

② 参见缪因知：《信息型操纵市场行为执法标准研究》，载《清华法学》2019年第6期。

审理证券市场因虚假陈述引发的民事赔偿案件。随着我国证券市场的飞速发展以及资本市场法治建设的日益完善,特别是2015年中央加大对证券市场违法行为打击力度后,全国各地中级人民法院陆续审理了大量证券虚假陈述责任纠纷案件,并不断在侵权行为因果关系认定、专业化损失核定、系统风险等其他因素扣除等方面积累了经验。全国各级法院还通过探索"示范判决机制""代表人诉讼规则"等在证券群体性纠纷的程序规则领域不断实现突破。2020年至2022年,最高人民法院出台《关于证券纠纷代表人诉讼若干问题的规定》,并对《虚假陈述司法解释》进行了全面修订和完善。至此,证券民事赔偿领域新一阶段的规则基本形成。

相较于虚假陈述民事赔偿制度的完善和实践的丰富,我国操纵证券市场民事责任主要体现在《证券法》中的原则性规定,即2019年《证券法》第55条规定,"操纵证券市场行为给投资者造成损失的,应当依法承担赔偿责任",而具体到操纵行为民事赔偿的归责原则、因果关系认定、损失赔偿计算则无其他法律法规、司法解释配套规定。审判实践中首次尝试是2021年1月四川省高级人民法院对恒康医疗案作出的二审判决,实现了操纵市场民事赔偿审判实务领域投资者获赔"零的突破"。但该案属于"信息型"操纵市场行为,法院在判决时更多沿用了虚假陈述民事赔偿的规则逻辑,并未真正体现操纵证券市场行为特殊的赔偿规则。操纵市场行为分信息型、交易型等多种表现形式,不同类型操纵市场行为导致投资者损失的原理和逻辑存在差异,不能一概而论,这也是相应配套规则难以出台的原因之一。在司法实践中,投资者损失因果关系认定、损失计算规则等法律问题始终是操纵市场行为民事赔偿责任案件的核心争议焦点。本案为典型的交易型操纵市场民事索赔案件,同时由于投资者身份、交易方式和所处交易市场的特殊性,在探索操纵证券行为司法认定共性问题基础上又面临诸多复杂方面。

二、投资者损失与操纵市场行为之间因果关系的司法认定

(一)因果关系推定规则的适用及例外

操纵市场行为人实施操纵行为往往主观上存在过错、客观上具有违法

性,而认定其是否需要对投资者损失承担赔偿责任主要在于因果关系的判断。因为并非证券市场投资人的所有损失都与证券侵权行为关联,只有那些直接为侵权行为造成的损害方是侵权行为人承担民事责任的范围。[①] 关于证券侵权行为与投资者损失之间因果关系的认定,新实施的《虚假陈述司法解释》承继2003年《虚假陈述司法解释》规定的推定因果关系原则,即虚假陈述行为对市场产生的诱导影响始于实施日,终于揭露日,只要是在此期间买入与虚假陈述直接关联的证券的,推定其受到虚假陈述行为的诱导、交易因果关系成立。该原则源于证券法律制度中的欺诈市场理论,旨在保护以集合竞价方式进行交易的证券市场上不特定的市场投资者的权益。

操纵市场民事责任中是否能类推适用因果关系推定原则在理论与实务界存在争议。主张在操纵证券民事责任认定中采用推定因果关系的理由在于,操纵行为对价格造成了影响,误导了投资者,但投资者对此很难举证,故应对举证责任进行重新分配,降低操纵市场案件原告的举证难度。相反观点则认为,推定因果关系的正当性在于基础事实之间具有因果关系的客观逻辑性,而不能仅因为一方难以举证而作出。操纵市场行为与投资交易行为之间的关联实际上是模糊的、不确定的,因此操纵市场民事责任中推定因果关系的正当性较弱。[②] 本文认为,推定因果关系适用于以集合竞价方式进行交易的证券市场,旨在保护公开有效证券市场上不特定投资者的权益,这点与虚假陈述行为并无二致,但不同类型的操纵行为对投资者交易及损失的影响存在逻辑差异,需具体进行分析。就信息型操纵行为而言,由于行为人以信息误导操纵股价,信息的发布类似于虚假陈述行为,该信息必然会在相关的股票价格中得到反映,投资者受信息误导而投资,可视为受操纵行为的影响。信息型操纵行为可适用因果关系推定原则,即认为信息误导直到信息更正的时期为信息操纵期间,在此期间交易的投资者交易损失与操纵行为之间存在因果关系。交易型操纵行为系以行为影响股价,具体表现为以各种交易手段拉高或打压股价,行为人对投资者的欺诈体现在对价格的影响上。在证券市

① 参见贾纬:《证券市场侵权民事责任之完善》,载《法律适用》2014年第7期。

② 参见缪因知:《操纵证券市场民事责任的适用疑难与制度缓进》,载《当代法学》2020年第4期。

场上,股票价格是公司各项经营指标的集中反映,行为人对价格的影响会误导投资者作出投资决策。交易型操纵行为中,如果没有行为人对价格的人为影响,投资者就有可能不会买入或卖出股票,说明在交易型操纵证券市场行为上也存在符合"but…for…"特征的交易因果关系,也可以适用因果关系推定原则。具体而言,在交易型操纵证券行为中,可以操纵证券市场交易影响时期作为因果关系判断标准,即认定在交易影响时期内进行相应交易的投资者其交易损失与操纵行为之间存在因果关系。

当然,因果关系推定规则的适用存在例外情形。一般认为,"欺诈市场理论"仅适用于股价能够立即并且充分反映公司所有公开信息的"信息有效率"的市场,虽然市场效率很难存在可靠的测量标准。[①] 同时,对于通过协议转让方式进行的证券交易,由于投资者主体确定且通常为大宗交易,往往存在单独议价磋商过程,也一般不认为适用交易因果关系的推定。2003 年《虚假陈述司法解释》第 3 条规定,其适用范围不包括通过协议转让的方式进行的交易。尽管 2022 年《虚假陈述司法解释》不再将协议转让、定向发行等交易方式排除在外,但考虑到新司法解释在适用范围上的广阔性,并非纳入《虚假陈述司法解释》适用范围的交易均适用因果关系推定的规则。新司法解释对于以实施日到揭露日区间判断因果关系认定的,只限于以集合竞价方式进行的证券交易。

2020 年,广东省高级人民法院审理的"保千里案"[②]直接体现了非公开进行的证券交易不适用因果关系推定的规则。该案判决明确指出,针对公开募集股份的发行市场和通过证券交易所报价系统进行的"非面对面"证券交易,才需要适用交易因果关系推定原则,以减轻不特定投资者的举证责任,实现实质公平。针对向特定投资者发行股票、协议转让等"面对面"证券交易,属于普通侵权,应由原告自行举证证明交易决策受到虚假陈述行为影响。

本案也沿用了该判决的观点,并认为这一观点在学理上也有足够的支持性论据。研究指出,在"推定信赖原则"发源的美国,该原则本就是用来解决

---

① 参见耿利航:《欺诈市场理论反思》,载《法学研究》2020 年第 6 期。

② 参见广东省高级人民法院民事判决书(2019)粤民终 2080 号,该案被评为 2020 年最高人民法院十大商事案例。

在“非面对面交易”(impersonal market)的证券市场上,投资者经由交易所的集中竞价系统或者做市商交易机制进行证券交易,此时其客观上无法负担举证交易因果关系的负担这一问题。[①] 而从另一角度,在“一对一交易”中,价格是由双方自行磋商决定的,不存在竞价系统中“价格”与“公开信息/行为”的高度关联性。在本案中,原告是新三板市场参与挂牌公司定向增发的机构投资者,其系以“面对面”签订《股票发行认购协议》的方式参与投资。与中小投资者相比,机构投资者具有专业的投资背景和资金信息优势,在投资前对目标公司进行了全面尽职调查并对价格进行磋商。证券侵权中依据欺诈市场理论、旨在保护不特定投资者合法权益而确立的因果关系推定原则对于定增投资者并不适用。在这类案件的索赔中,原告作为特定投资者,应对行为人实施的操纵证券交易市场行为与其遭受的损失之间存在因果关系进行举证。

(二)定增投资者对其损失和行为之间因果关系的证明

在推定因果关系不适用的情况下,特定投资者在民事索赔中要举证证明存在因果关系,具体在交易因果关系上,原告应举证证明其投资决定受了操纵行为的影响。这种证明应当特定并具体,并符合逻辑和一般交易常识。在本案中,原告证明了以下事实:

首先,原告证明了其定增投资与邵某的操纵行为在同时期同步进行,高度关联。根据中国证监会的《行政处罚决定书》,行为人邵某在2015年8月7日至2015年9月30日与案外人合谋拉升了阿波罗公司股价。原告系于2015年7月起开始与被告阿波罗公司开展投资接洽,从双方往来邮件看出,2015年9月是定增投资谈判及投资决策作出的最关键时期,原告参与被告阿波罗公司定增投融资对接会的时间是2015年9月17日,而几乎同一时期,邵某与案外人串联,自2015年9月14日开始连续8个交易日进行了尾盘操纵。尽管双方最终签署《股票发行认购协议》是在同年11月,但由于阿波罗公司的股票于2015年10月8日起就一直处于停牌状态,股价长期间定格在

---

① 参见樊健:《我国证券市场虚假陈述交易上因果关系的新问题》,载《中外法学》2016年第6期。

31 元,直至 2016 年 1 月复牌后股价才回落到 20 元左右,因此原告定增入股时正处于操纵行为结束后的影响期内,操纵行为对市场产生的影响尚未消弭。

其次,原告还证明了操纵市场行为对投资者的诱导是导致原告最终决定投资的重要因素之一。各方证据显示投融资各方前期进行了沟通,原告参与阿波罗公司定增投融资接洽与看好目标公司的行业前景和 A 股上市转板预期有关,同时原告还对公司基本面经营情况等展开尽职调查,但未有证据表明原告在操纵行为开始前已经决定投资。邵某作为阿波罗公司实际控制人,直接参与并主导定增计划,公司能否顺利完成定向增发对其自身利益关系密切。证据显示,邵某大量主动买入迫使做市商提高双向报价的行为最终没有获利反而产生大额亏损,而其在庭审中对此行为意图亦未作出合理解释,很大程度上表明邵某操纵股价的行为意图即在于诱导或影响同期进行的定向投资。中国证监会也在《行政处罚决定书》中将邵某与案外人连续 8 个交易日拉升尾盘的行为与原告参与的定增投融资对接会进行了关联认定。可见,目标公司实际控制人在同期不断拉升股价的行为客观上造成了公司在新三板市场股价走势强劲、交易热络的表象,对正在考虑定增决策的原告产生了心理影响,导致其作出投资决定。

最后,原告还证明了操纵行为影响了它的投资定价。原告系专业的投资机构,在该轮定向投融资中,原告与阿波罗公司经过一对一接洽、充分协商最终确定定增价格。这一投资价格受到公司基本面、财务指标、行业前景及成长性等多种因素综合影响。但由于阿波罗公司当时为新三板市场挂牌公司,且已经采用做市转让方式交易,具备一定价格发现功能,一旦该时期公司股票交易频率稳健、流动性高,股票市场价格就会成为影响投资者协议定价的参考因素之一。邵某在定增同期的操纵行为恰好造成了公司股票在新三板市场挂牌交易中量价齐升、走势稳健的局面,此时的市场价格会使投资者产生合理信赖。案件证据显示,双方在谈判过程中也相互提及了二级市场价格,并对此展开价格谈判。在其他原告投资者的案件中,还有专业机构提供证据证明其在内部的投资意见决策书中将目标公司同期的二级市场价格纳入了考量范围,并作为公司投资前景预测的依据。法院由此认定,被告邵某在定增定价的关键时期,长达近两个月的过程中一直主动维持股票交易量、不断拉升公司股价,影响了同期的定向增发价格。关于被告主张原告投资完全是因为看好公司前景和A股转板预期的抗辩,法院认为,当时阿波罗公司仅仅是进行上市辅导,A股转板的预期可靠性还很薄弱,投资者对公司前景的预测系基于公司当前的整体情况,其中公司的市场交易情况很难被排除。综合上述因素,法院最终认定原告投资损失与被告邵某操纵证券交易市场行为之间存在因果关系。

值得一提的是,关于专业投资者在证券侵权的认定中是否应考虑其负有更高注意义务的问题,实践中存在争议。本案中,被告律师围绕这一观点也展开论证,他们反复指出原告作为专业投资者,在对新三板挂牌公司的股权投资中应自行展开调查独立决策,对新三板市场价格无法反映真实股价的情况应有充分认识,甚至应当觉察当时股价存在人为操纵的情况。本文认为,在证券虚假陈述侵权中,对于集合竞价方式开展的证券交易,一般不区分专业投资者和普通投资者,这是因为虚假陈述行为人公开进行的信息误导对于整个市场的全部投资者都是一样的,专业投资者的投资决策也是基于对公开信息的信赖。交易型操纵市场行为主要通过操控证券交易价格和交易量对投资者形成误导和欺诈,投资者的注意义务因其专业能力、所处的交易市场和交易方式而有所差别。与普通投资者相比,专业投资者在证券交易量价判断上能力更高,注意义务应与其专业能力相匹配。同时,新三板市场流动性和定价功能的特点也影响投资者在价格判断上的注意义务。对于向特定投资者发行股票的"面对面"证券交易,因投资者的交易决策主要通过财务分析、前景预测、尽职调查等方式对投资可行性进行分析,同时由于投资门槛高、期限长,定增投资者在投资时应负有更高的注意义务。需要指出的是,一旦原告完成对交易因果关系的举证证明义务,则举证责任发生相应转移,如果操纵市场行为人认为专业投资者未尽到注意义务的,应由操纵市场行为人承担举证证明义务,从而推翻投资者合理信赖的主张。本案中,法院认为被告并未提供证据证明原告做出投资决策系因自身的重大过错,原告作为专业投资者即便能够注意到股价和交易量的异常波动,也无法完全排除个股市场行情造成量价齐升的可能性,更无法辨别该异常波动是人为的虚假交易所引起的。由此,对于行为人造成的股价拉升,本案认为原告虽为专业投资者,但还是对该股价情况产生了一定的合理信赖,影响了投资决策和定价。

三、交易型操纵证券市场行为民事赔偿的损失计算规则

(一)交易型操纵行为侵权赔偿损失计算宜采用净损差额法

《虚假陈述司法解释》采用了毛损益法作为证券虚假陈述侵权赔偿损失计算的基础方法,其逻辑在于证券虚假陈述侵权行为造成投资者的差额损失既包括行为实施后投资者买入价格虚高的损失,还包括虚假陈述行为揭露后股价下跌造成的投资者损失。因此投资者的投资差额损失应为其实施日到揭露日期间买入价与揭露日后卖出价(或基准价)的差额。本案中,原告也主张以此方法计算损失,原告认为,操纵行为推高了定增价格,操纵违法行为的揭示又导致公司股价大幅下跌,两项叠加造成了投资者损失。操纵行为揭露日为阿波罗公司公布《关于股东邵女士收到行政处罚决定书的公告》之日即2020年9月17日,基准日为揭露日后第30个交易日,原告主张其投资差额损失为20元/股的买入价格与揭露日至基准日期间每个交易日收盘价的平均价格5.22元之差乘以150万股。被告则指出操纵行为发生在2015年9月,而随后阿波罗公司股票长期停牌,股价下跌主要系因2017年公司撤回首次公开发行A股申请并在新三板市场长期无流动性所致,与操纵行为无关,因此原告的投资损失并非由操纵行为造成。

在损失认定方面,交易型操纵证券交易市场侵权与证券虚假陈述侵权存在不同,交易型操纵行为对投资者损失的影响主要在于交易行为的影响期,在该期间内,操纵行为影响了股价,导致投资者买入或者卖出股票的价格偏离了正常价格。而在交易行为影响期后,由于操纵行为不再继续进行,操纵行为的影响逐渐消弭,股价逐渐回归正常价格。本案中,行为人操纵证券交易的行为表现是在一定时期通过连续主动买入的方式单方面拉升股价,属于交易型操纵证券市场的行为。该行为将人为的错误信息反映到证券价格上,扭曲了证券价格,释放了虚假的市场信号,导致投资者受操纵行为误导而买入虚高价格的股票。从这一角度上讲,投资者的投资差额损失应为其实际买

入价格与没有操纵行为影响时股票的真实价格的差额。在交易型操纵市场行为下，操纵行为对投资者损失产生的影响集中在操纵行为实施期间及随后的影响时期，操纵行为结束后，经过一定的消弭时期，操纵行为带来的影响会被市场所消化。股价后期因其他经营性因素、市场因素以及操纵行为被监管处罚所产生的负面因素造成的影响，均非操纵行为对投资者需要承担的损失赔偿范围。

本案中，邵某的操纵行为集中发生于2015年8月7日至9月30日，随后公司停牌至2016年1月，第一次复牌后股价回落到20元左右，此时操纵行为的影响已近消弭。后阿波罗公司股票自2016年3月24日至2018年11月13日长期停牌，并经历从首次公开发行A股股票并上市的申请被中国证监会受理到递交撤回申请、交易方式从做市转让到协议转让等重大变动。因此，公司股价在2018年第二次复牌后直接下跌至2.4元并长期缺乏流动性，并非由操纵市场行为造成，而是受到阿波罗公司重大经营环境变化的影响。由此，本案判决考虑交易型操纵证券交易市场行为的特点，选取了净损差额法原理作为基础，通过比较原告投资阿波罗公司股票的实际价格与公允的基准价格之间的差值计算原告的投资差额损失，这是对交易型操纵市场行为民事赔偿损失计算基础方法的有益探索，实践中可以推广。

值得一提的是，本案中法院委托的第三方专业支持机构在损失核定中也运用了净损差额法的原理。法院曾委托中证资本市场法律服务中心对投资者损失进行核定。该中心出具的《损失核定意见书》载明：证券市场的股票价格遵循价值规律，受市场供求关系等因素影响围绕真实价值上下波动。受到操纵证券交易市场行为影响的股票，在行为操纵期间其交易价格并不是真实价格的反映。操纵证券交易市场行为致使阿波罗公司股价在操纵期间异常上涨，投资者原本应当以较低价格获取股票，因操纵行为不得不高成本获取股票，致使投资者买入成本被垫高而发生了损失。投资者因操纵行为所受到的损失应当为买入被操纵股票的实际价格与股票未被操纵状态下的“真实价格”之间的差值。该报告以同行业对比的方法拟制出剥离操纵行为影响后的“真实价格”作为净损差额的基准。尽管这份《损失核定意见书》最终因不符合新三板市场定增交易特点而未被采纳，但其中的净损差额基础方法是可取且可行的。

(二)新三板市场的投资差额损失计算具有特殊性

运用净损差额法计算操纵行为造成投资者投资差额损失的重点在于“真实价格”的拟制,一般认为,投资差额等于实际投资价格与“真实价格”的差值。在流动性强、定价充分有效的证券市场中,“真实价格”可以操纵行为消弭后一定时期股票的平均价格作为基准,也可以根据该股票所在同行业同类相关股票进行收益率对比等方法计算获得。但在新三板市场,特别是定增交易过程中,真实价格的拟制方法需要考虑市场和交易的特点。2022年6月,最高人民法院印发《关于为深化新三板改革、设立北京证券交易所提供司法保障的若干意见》。该意见指出要充分理解、深刻认识多层次资本市场“层层递进”市场结构的多层次司法需求,尊重新三板市场流动性及价格连续性与交易所市场存在较大差距的客观实际,在损失计算上应充分听取专业意见,以对相关行业企业进行投资时的通常估值方法等为参考,综合考量各项因素,合理确定投资者损失。

本案特殊之处即在于被告阿波罗公司系新三板市场挂牌公司,法院充分考虑了新三板市场在交易量、流动性及定价能力上与成熟的主板市场有较大差距。原告系定增投资者,其并非直接从新三板市场买入证券,而是通过面对面协商方式议定投资价格。基于此,法院在最终核定损失时,并未采纳中证资本市场法律服务中心的损失核定意见,认为新三板市场同类可比公司数量有限且类比公司在特定时期亦存在流动性较差、定价能力不强等情况,因此股价和收益率对比的方法从客观上无法保证“真实价格”的科学性和准确性。同时,《损失核定意见书》在计算得出阿波罗公司拟制的“市场真实价格”后,直接采用正向同比例计算方法换算出“真实定增价格”,容易放大市场交易价格对定增价格影响,不符合证券投资行业投资新三板挂牌公司的普遍实际情况,因此没有采纳其结论。法院认为,在对新三板挂牌公司的投资合理价格进行判断时,应参考对该行业企业进行投资时的通常估值方法,而资产评估公司对阿波罗公司在2015年11月股权价值进行的追溯评估更符合新三板定增投资的现实情况。

股权价值追溯评估是资产评估的一种类型,其目的在于对目标公司过去某一时期的股权价值进行综合性评定。负责股权追溯评估的机构必须是具有合法的证券类资产评估资质的资产评估公司，且必须依照相关资产评估行业准则，通过组成评估项目小组、收集资料、数据清查、财务分析、调查访谈、编制评估报告等步骤得出专业结论。实践中，资产评估机构的选定往往通过司法机关在具有资质的企业中随机抽取选定，权威性和可靠度较高。股权价值评估须根据企业特点，采用两种以上的评估方法。本案中评估公司用了资产基础法和市场法两种评估方法，最终根据阿波罗公司在 2015 年盈利能力、行业前景、管理水平、竞争优势等综合情况，选用市场法的结果作为评估结论。在市场法评估中，该报告将阿波罗公司与同行业同类 A 股企业进行对比，A 股企业的交易数据较为全面可靠；还分别对类比公司在财务指标和非财务指标上的差异点进行数据调整纠正，其中非财务指标中统筹考虑了公司当时的团队竞争力、发行 A 股转板预期及行业板块优势等综合因素，尽可能保持类比科学性；在估值结果上还考虑了新三板市场挂牌公司与 A 股上市公司的差异，通过建立期权定价模型计算两者的折扣率，最终还原阿波罗公司合理的股权价值为每股 17.88 元。法院认为这一评估过程逻辑完整，分析较全面，相较于阿波罗公司在 2015 年 7 月 6 家证券公司定增入股时的协议价格每股 14.21 元，和同年 8 月 3 日（开始做市转让之日）至 8 月 6 日（操纵行为发生前一交易日）阿波罗公司在新三板市场每日收盘价平均值为18.24元，评估结论尚在合理区间范围之内，由此认定该追溯评估具有公允性。

与证券虚假陈述民事赔偿相对统一的执法标准相比，操纵市场民事赔偿案件的个案差异更大，需要法官综合运用法律逻辑，更加注重不同市场的交易规则和特点。本案发生在新三板市场的定增机构投资者和挂牌公司实际控制人之间，在规则判定、利益衡量等方面确实存在诸多复杂特殊的情形，并非典型的欺诈证券市场普通投资者的案件。作为首例新三板市场操纵证券交易市场责任纠纷，本案对操纵证券交易市场民事赔偿中的因果关系认定、损失计算规则等诸多新颖的法律问题进行了前瞻性的探索和尝试。判决结果最终支持投资者索赔，体现了人民法院贯彻落实中央对资本市场违法行为“零容忍”要求，有效引导、教育证券参与主体敬畏市场、敬畏法律，共同构建中小企业健康发展的良性生态，维护新三板市场交易秩序。

上市公司以"隐藏承诺"对抗限售股解禁中的责任认定

——东方证券股份有限公司诉皇氏集团股份有限公司损害股东利益责任纠纷案①

符 望* 朱婧婧**

【裁判要旨】

在限售股相关承诺条件已完成的情况下,受让人针对其在司法执行程序中取得的股票,有权要求上市公司配合办理解除限售手续。上市公司不愿配合并突然提交了一份此前未曾公开的隐藏承诺进行对抗。作为上市公司,如存在这样一份承诺并新增了许多解禁条件,会影响已经符合条件的股票解禁,却不对投资者提及,并不符合企业经营常理,时间真实性存疑。该承诺在作出之后两年直至争议发生时才披露,现有的或者潜在的投资者此前无从知晓系争股票又增加了限制条件。由于这种隐藏承诺此前未曾公开并公告,不符合我国证券监督管理委员会(以下简称证监会)制定的《上市公司信息披露管理办法》,无法对抗公告之前的善意受让人。受让人作为司法执行程序的当事人,对执行过程中的公告信息亦有充分的信赖。另外,上市公司亦无权通过股东大会决议的形式限制某个股东出售股票的权利。

---

① 合议庭成员:符望、崔婕、周欣。本案入选上海金融法院2022年度十大典型案例。

* 法学硕士,上海金融法院综合审判二庭庭长。

** 法学硕士,上海市黄浦区人民法院金融审判庭法官助理。

【案号】

一审:上海金融法院(2020)沪74民初3479号

二审:上海市高级人民法院(2021)沪民终514号

【案情】

原告:东方证券股份有限公司(以下简称东方证券)

被告:皇氏集团股份有限公司(以下简称皇氏集团)

2014年11月25日,皇氏集团发布《广西皇氏甲天下乳业股份有限公司发行股份及支付现金购买资产并募集配套资金暨关联交易实施情况及新增股份上市报告书》(“广西皇氏甲天下乳业股份有限公司”为皇氏集团原名),载明:(1)皇氏集团以发行皇氏集团股份35,520,446股和支付现金人民币204,750,000元(以下币种相同)相结合的方式,购买李某某持有的御嘉影视集团有限公司(以下简称御嘉影视)100%股权;(2)李某某以资产认购的皇氏集团股份在业绩承诺期内(2014年至2017年)不得转让,即在2017年审计报告出具后、《发行股份及支付现金购买资产协议》约定的盈利承诺与补偿责任履行完毕后,方可转让其在本次发行中取得的上市公司股份。在上述锁定期限届满后,其转让和交易依照届时有效的法律和深交所的规则办理。

东方证券因与案外人李某某之间质押回购交易,引发公证债权文书强制执行案,由北京市第二中级人民法院执行。2017年10月12日,北京市第二中级人民法院出具执行裁定书,明确东方证券有权将李某某出质的58,410,000股“皇氏集团”股票以折价或拍卖、变卖所得价款优先受偿。2018年1月,该院向皇氏集团出具《协助执行通知书》要求其协助法院查明上述质押股份是否达到解除限售条件。皇氏集团答复北京市第二中级人民法院称:上述股票尚属限售状态,并提出皇氏集团2017年度审计报告尚未出具,御嘉影视2017年度业绩完成情况仍有待审计机构的审定,尚未具备办理股票解除限售手续的相关条件。

针对御嘉影视盈利与业绩承诺情况,皇氏集团2015～2018年发布多份关于御嘉影视集团有限公司盈利情况报告、承诺完成情况说明。上述报告确认御嘉影视2014年至2017年业绩承诺完成率均超100%。此外,2018年4月28日,皇氏集团发布的《皇氏集团股份有限公司2018年第一季度报告》中,载明了多名股东持有的限售股情况,包括李某某、徐某等。同时,在"三、公司实际控制人、股东、关联方、收购人以及公司等承诺相关方在报告期内超期未履行完毕的承诺事项"中,专门载明盛世骄阳原股东徐某未完成2016年与2017年的业绩承诺。但该报告未载明李某某超期未履行完毕的承诺事项。

之后,法院对上述股票进行拍卖。2018年7月31日皇氏集团发布《关于公司持股5%以上股东股权将被司法拍卖的提示性公告》,告知了上述法院准备拍卖股票的情况,并载明"本次司法拍卖对公司的正常生产经营不产生影响,公司将持续关注此次拍卖的进展,并根据相关法律法规的规定及时履行信息披露义务"。后因拍卖无法成交,2018年9月,北京市第二中级人民法院出具裁定书将李某某的限售流通股作价人民币300,694,680元交付东方证券抵债,办理了过户手续,并随后向皇氏集团出具《协助执行通知书》,要求皇氏集团协助办理解除限售手续。2018年9月7日,东方证券作为信息披露义务人,发布了《皇氏集团股份有限公司简式权益变动报告书》,披露了上述股票抵债情况,并提到李某某所持股份对应的所有业绩承诺已完成。

2020年3月起,东方证券工作人员王某通过微信向皇氏集团工作人员王某某了解解禁流程及所需材料。在微信沟通记录中,王某表示准备申请解禁,但应该不会减持,并多次向王某某了解解禁时需要准备的材料清单。王某某回复称:看了一下相关的材料,基本都是上市公司填,因为规则上都是对于非公开、定增对象的解除限售,对于司法划转的情况没有提及,故要求王某把东方证券相关案件的判决书、中登公司的股份划转文件扫描发给她。但皇氏集团后续并未办理。2020年7月24日东方证券正式向皇氏集团发送一封《要求办理股票解禁手续的公函》,要求皇氏集团收函后3日内办理解禁手续,随后又于8月5日发出《律师函》。但皇氏集团仍未配合解禁,故东方证券遂于2020年12月2日向上海金融法院起诉,请求法院判令:(1)皇氏集团停止对东方证券股东权利的侵害，并立即为上述限售股办理解除限售手续；（2）皇氏集团赔偿因延迟解除限售而给东方证券造成的损失50,000,000元。

在案件诉讼过程中，皇氏集团提出还存在一份载明日期为2018年3月20日，由李某某向皇氏集团出具的《解除股份限售之自律承诺函》（以下简称承诺函），该承诺函载明李某某自愿增加以下解除股份限售之自律条件：（1）2018年3月20日御嘉影视及其子公司产生的应收账款、预付账款、存货及其他应收款，李某某已完成全部保值收回。（2）李某某因本次交易所取得的现金已完税（包括因后期国家税务政策变化和调整新增的应缴所得税）。（3）就拟申请解除限售部分的股份在未来转让时涉及的个人所得税税金（以申请解除限售时国家相关税务法律政策为准）已足额缴纳至皇氏集团。2020年8月13日，皇氏集团将上述增加限售条件事宜向深圳证券交易所进行报告。此后，皇氏集团先后召开董事会、股东会，通过决议认定李某某的新增条件未完成，并同时提出，对于东方证券因抵债取得股票，应由东方证券缴纳李某某应承担的账款清收和税费责任11,110.70万元，然后才可以解除限售。①

【审判】

本案争议焦点为：（1）李某某向皇氏集团出具的承诺函的真实性以及该函对东方证券要求皇氏集团解除限售是否具有约束力；（2）皇氏集团通过的股东大会决议是否可以限制东方证券请求解除限售条件；（3）若皇氏集团应配合而不配合东方证券解除限售，皇氏集团应赔偿的东方证券损失如何确定。

上海金融法院一审认为：（1）直至2020年8月，皇氏集团才向东方证券以及深圳证券交易所提及该份承诺函。此前皇氏集团发布的多个公告中，不仅未曾提及该承诺函，而且明确披露解禁条件已成就。作为上市公司，如存在这样一份承诺函并新增了许多解禁条件，会影响原来已经符合条件的股票

① 一审：上海金融法院民事判决书，（2020）沪74民初3479号；二审：上海市高级人民法院民事判决书，（2021）沪民终514号。

解禁,却不去对投资者提及,并不符合企业经营常理。在法院司法拍卖系争股票、东方证券联系解除限售过程中,多次与皇氏集团联系,但皇氏集团从未提及存在承诺函,故该承诺函真实性存疑。(2)即便承诺函签署日期确系2018年3月20日,但其内容有别于原先的限售承诺,对市场、对投资者、对东方证券均有重大影响,故应按证监会制定的《上市公司信息披露管理办法》《深圳证券交易所中小企业板上市公司规范运作指引(2015年修订)》进行披露。皇氏集团直至2020年10月28日才披露,现有的或者潜在的投资者此前无从知晓系争股票又增加了限制条件。(3)东方证券作为司法执行程序的当事人,对执行过程中的公告信息有充分的信赖,根据当时公开信息及拍卖公告,案涉股票上并不存在承诺函、不存在除业绩承诺之外的承诺,原有业绩承诺已经完成,在此基础上,才形成了以司法拍卖的保留价作为抵债价格。如果存在承诺函,自然会对抵债价格产生重大影响。基于对东方证券信赖利益的保护,股票抵债过户之后方才披露的承诺函对东方证券并无约束力。(4)皇氏集团无权通过股东大会决议的形式限制某个股东出售股票的权利。综上,法院认定皇氏集团拒绝配合解禁的行为存在过错,限制了东方证券的交易自由与交易机会,故判决皇氏集团配合办理手续解除限售。(5)关于损失的认定,2020年4月至本案起诉之时即2020年12月,皇氏集团股价经历了先涨后跌的过程。起诉后,股价先跌后涨。根据一审中这一股价波动情况,酌定皇氏集团先行赔偿损失500万元,其余损失待配合解禁后东方证券卖出后可视情主张。综上,上海金融法院于2021年7月29日作出一审判决:皇氏集团在判决生效之日内10日内配合办理解除限售手续,赔偿东方证券损失500万元,支付东方证券律师费等。

判决后,皇氏集团不服向上海市高级人民法院提起上诉。上海市高级人民法院于2022年7月25日作出二审判决,认可了一审裁判中的主要认定,但根据二审期间股价继续上涨情况将赔偿损失固定为500万元,不再允许东方证券根据出售的情况另行求偿。最终驳回上诉,维持原判。

【评析】

一、上市公司限售承诺制度与司法难题

上市公司限售股是与上市公司流通股相对应的一个概念，屡屡见于上市公司公告中。限售股指的是因为法律限制或者持股人自我承诺，而在特定的期限届满或特定的条件成就前不能在公开市场自由买卖的上市公司股票。我国资本市场上的限售股制度基于法律强制与私人契约二者共同发挥作用从而产生限售的效果，通常情况下是通过公开限售承诺这一形式来实现目的，即行为人公开承诺在特定的期限届满或特定的条件成就前不能在公开市场自由买卖上市公司股票。

限售承诺属于涉及上市公司公开承诺的类别之一。近年来，上市公司及其大股东、董监高公开承诺的情形并不少见。在IPO、上市公司再融资、并购重组等情形中，承诺人通过承诺释放信息增强中小投资者信心来达到稳定或拉抬股价的目的。大多数承诺内容为承诺人表示自愿承担不利益，限制自己的权利（如限售承诺）或增设自己的义务（如资产注入承诺），具有自我限制的特征。限售承诺虽以自我限制的方式出现，但仍可进一步细分为基于监管的限售承诺与基于约定的限售承诺：（1）基于监管的限售承诺主要规定于《中华人民共和国公司法》（以下简称《公司法》）、《中华人民共和国证券法》（以下简称《证券法》）等法律，《监管规则适用指引——关于申请首发上市企业股东信息披露》[①]等部门规章以及《上海证券交易所股票上市规则》《深圳证券交易所股票上市规则》等行业规范中。比如，《深圳证券交易所股票上市规则》（2023年修订）规定“3.1.9 发行人首次公开发行股票前已发行的股份（以下简称首发前股份），自发行人股票上市之日起一年内不得转让”；“3.1.10 发行人向本所申请其首次公开发行股票上市时，其控股股东和实际控制人应当承诺：自发行人股票上市之日起三十六个月内，不转让或者委托

① 该部门规章规定“上述新增股东应当承诺所持新增股份自取得之日起36个月内不得转让”。

他人管理其直接和间接持有的发行人首发前股份,也不由发行人回购其直接或者间接持有的发行人首发前股份。发行人应当在上市公告书中公告上述承诺……"。美国限售股主要类别有公开市场转让受限以及证券和控制证券(限售期为6个月或1年)、向合格投资者转让私募的受限证券和控制证券(限售期为6个月或1年)、向私人投资者进行发行和转售。(2)基于约定的限售承诺则不同于前者,是以私人契约的形式存在的,系基于自身意愿作出的限售承诺。上市公司的股东、董事、高管可以在通常的监管要求之外,基于一些特定事项作出更高承诺。这些承诺作出之后,在一定程度上成为广义行政监管手段。目前上市公司股东作出限售承诺的现象较常见,深圳证券交易所"承诺事项及履行情况监管"中"股份限售承诺"栏目载明的限售承诺共有393页。[①]

限售承诺作出之后,便具有了相应的法律约束力。中国证监会于2015年12月发布的《关于进一步推进新股发行体制改革的意见》中提到"(三)强化对相关责任主体承诺事项的约束。发行人及其控股股东、公司董事及高级管理人员等责任主体作出公开承诺事项的,应同时提出未能履行承诺时的约束措施,并在公开募集及上市文件中披露,接受社会监督。证券交易所应加强对相关当事人履行公开承诺行为的监督和约束,对不履行承诺的行为及时采取监管措施"。《证券法》第84条第2款也规定,"发行人及其控股股东、实际控制人、董事、监事、高级管理人员等作出公开承诺的,应当披露。不履行承诺给投资者造成损失的,应当依法承担赔偿责任"。

限售承诺明确行为人在一定期限内不得转让股份,或约定满足一定条件前不得转让股份。违反这些承诺,会产生一定的民事责任,[②]因此,法律责任后果成为承诺人直接违反承诺的阻碍因素。但如果承诺人成为债务人以及司法程序中的被执行人,则产生了限售股能否在强制执行后流通的争议。实践中,人民法院一般通过司法拍卖或者拍卖无法变现后以股抵债的方式清偿

---

① 参见深圳证券交易所:承诺事项及履行情况栏目,载深圳证券交易所官网,http://www.szse.cn/disclosure/supervision/promise/index.html,2022年9月24日访问。

② 有学者以侵权和违约这两类责任为基础,提出责任承担方式应包括"停止侵害、返还财产、实际履行、赔偿损害"等。参见陈亦聪、武俊桥:《上市公司承诺履行与上市公司诚信塑造》,载《证券法苑》2012年第2期。

债务,此时限售期可能届满,也可能尚未届满,但无论如何,实务中拍卖、抵债的受让方要真正出售股票,仍要面对程序与实体阻碍。在程序上,根据相关规则,股票受让方无法自行向交易所提交解禁申请,若上市公司不予配合,解禁程序便不能启动。控股股东实际掌控上市公司,在控股股东与限售股受让方利益不一致的情况下,受让方交易该等股份的权利将难以实现。这种情况下,受让方只得通过投诉或诉讼的方式寻求救济,本案就是其中一起典型案例。

二、限售承诺的约束力与司法应对

(一)限售股的转让、执行与司法的态度

由于限售涉及上市公司中小股东的利益,受到市场关注,司法实践中,对于限售股的执行,司法持一种相对审慎态度,做法也略有不同。比如,北京市高级人民法院于 2014 年 1 月 1 日施行的《北京市法院执行工作规范》第 390 条规定:“被执行人作为发起人持有本公司股份的,人民法院对该股份可以强制进行转让,不受《中华人民共和国公司法》第一百四十二条‘发起人持有的本公司股份,自公司成立之日起一年内不得转让’的限制,有关单位应当按照人民法院的裁定书和协助执行通知书办理转让股份的变更登记手续。”2018 年 8 月 22 日施行的《江苏省高级人民法院关于执行疑难问题的解答》第 6 条第 2 款规定:“执行被执行人所持上市公司限售流通股(股票),可以先将限售流通股强制扣划至申请执行人账户,待限售股办理解禁手续转为流通股后再行处置。在此过程中,执行法院视情可以冻结申请执行人该账户,防止变价款高于执行标的额时申请执行人转移变价款损害被执行人利益。”2019 年 11 月 21 日施行的《上海金融法院关于执行程序中处置上市公司股票的规定(试行)》第 18 条规定:“处置上市公司限售流通股、存托凭证,根据限售条件、解禁条件、案件情况可选择适用大宗股票司法协助执行方式或网络司法拍卖方式。”上海金融法院未就限售股的强制执行可行性问题予以规定。

在司法执行过程中,司法会尊重法律规定以及监管部门的要求。比如,

公司法限制了发起人股份在一年内转让,而发起人为了规避司法执行,签订转让协议并让受让人提出异议。法院认定这种情形系违反法律规定的限售条件,并非善意,不予保护。[①] 对于约定的限售承诺,司法也会考虑监管部门的规定。比如,《深圳证券交易所主板上市公司规范运作指引》(2015年修订)第4.5.14条以及《深圳证券交易所创业板上市公司规范运作指引》(2015年修订)第4.5.14条明确规定,承诺人作出股份限售等承诺的,其所持股份因司法强制执行、继承、遗赠、依法分割财产等原因发生非交易过户的,受让方应当遵守原股东作出的相关承诺。在浙江省嘉兴市中级人民法院审理的张某与巴士在线股份有限公司(以下简称巴士公司)股票权利确认纠纷一案中,[②]2018年5月巴士公司公告称标的公司未完成业绩承诺,中麦控股有限公司(以下简称中麦公司)等11名股东需履行业绩补偿承诺,其持有的巴士公司股份由公司以1元总价回购并注销。同年5月23日,张某与中麦公司达成调解协议,由中麦公司于5月31日前偿还借款,并最终通过司法拍卖方式获得中麦公司持有的巴士公司股票。法院认为,中麦公司作出的业绩补偿承诺早已在2015年以公告形式发布。张某作为投资者可以随时查阅相关承诺的具体信息以及动态情况,故其对案涉股票存在的限售风险理应明知。中麦公司明知其所持有的巴士公司股票首先应作为业绩补偿,且其并无能力向张某履行还款义务,仍签订一份履行期限仅为八天的调解协议,显然其主观上具有将案涉股票转让给张某以变现的意图,系对其公开承诺的违反。在此情况下,如果以司法拍卖形式即可完全涤除股票上承载的公开承诺业绩补偿义务,则会导致原设定的业绩补偿机制以及股票限售制度目标落空,成为原限售股股东恶意以合法形式逃废相关债务,并损害上市公司及中小投资者的合法权益的方式,不利于建立健康的证券市场秩序环境,故对张某解除限售

---

① 参见甘肃创新商贸集团有限公司与亚联盟资产管理有限公司、甘肃致远商贸集团有限公司案外人执行异议之诉一案,最高人民法院民事裁定书,(2021)最高法民申3062号。最高人民法院认为:"致远公司作为发起人在一年期内向创新公司转让股权的行为违反了《公司法》第一百四十一条第一款关于'发起人持有的本公司股份,自公司成立之日起一年内不得转让'的规定,创新公司明知违反上述法律规定而受让股权,应自行承担不利后果。……案涉兰州农商行1000万元股权仍然登记在致远公司名下,原判决据此认定创新公司不作为案涉股权的权利人,不足以排除对案涉股权的强制执行,并无不当。"

② 参见浙江省嘉兴市中级人民法院民事判决书,(2021)浙04民终162号。

的请求不予支持。

(二)公开承诺VS隐藏承诺:本案限售的特殊性

上文总结了司法尊重限售承诺、审慎处理的态度,但实务总是丰富多彩的。本案中,限售承诺股票的受让方,在解除限售的条件满足之后,要求上市公司配合解禁,又不得不面临新增的隐藏承诺,由此产生了法律难题。本案中,根据皇氏集团公布的多份文件可以看出,股权转让人李某某分别作出了两份约定限售的承诺,第一份系李某某以资产认购的皇氏集团股份在业绩承诺期内(2014年至2017年)不得转让,即在2017年审计报告出具后、《发行股份及支付现金购买资产协议》约定的盈利承诺与补偿责任履行完毕后,方可转让其在本次发行中取得的上市公司股份。第二份系于2018年3月20日由李某某向皇氏集团出具的《解除股份限售之自律承诺函》,该承诺函载明李某某对皇氏集团购买其持有的御嘉影视100%股权时向其发行的全部皇氏集团股份,除国家规定的解除限售股份法定条件外,自愿对上述股份(包括上述股份实施的送红股,资本公积金转增股份等原因新增的股份)增加解除股份限售之自律条件……但该承诺函于2020年8月13日才对外公布披露。基于公告披露情况与时间点的不同,笔者将第一份称为公开限售承诺,第二份称为隐藏限售承诺(面临诉讼才披露)。对于他们的效力,进一步具体分析如下。

1. 公开限售承诺之效力

对于第一份公开承诺,其本质与合同法上的承诺并无不同,行为人可以单方作出承诺,一旦公开作出,其他人便可以对该承诺产生信赖。如果随意违反承诺,行为人应承担相应的法律责任。[①] 对于上市公司而言,这种公开承诺,会在上市公司的相关公告中公布出来,并且附着于相应股票之上。交易相对方在交易时知晓这一承诺,故应受其约束。故第一份限售承诺函的

---

① 对于公开承诺行为的学理分析,尚存在不同路径。比如有观点认为公开承诺属于民法上的单方允诺,行为人对此产生信赖。但也有观点认为,民法分析框架存在不足,公开承诺应以证券法框架加以分析,公开承诺属于信息披露行为,违反则可能构成虚假陈述或者操纵市场。参见龚澄渝:《公开承诺的法律定位与责任框架——论〈证券法〉第八十四条第二款的适用》,载《金融法苑》2021年第1期。

效力及于东方证券。东方证券只能等待限售条件成就之后,才能处分该股票。

2. 隐藏限售承诺之效力

在东方证券要求皇氏集团配合解除限售的过程中,皇氏集团突然提出还有一份李某某出具的日期为2018年3月20日的承诺函。这种隐藏的承诺,其内容会对东方证券权利产生重大影响,也会对投资者判断皇氏集团财务状况、进行投资决策产生影响。但在东方证券取得涉案股票的司法执行过程中,皇氏集团从未告知过执行法院或者东方证券存在这样一份承诺函。因此,该函的真实性以及约束力成为本案中争议的焦点。

在真实性方面,东方证券提出该函完全可能是倒签日期形成,因为直至2020年8月,皇氏集团才向东方证券以及深圳证券交易所提及该份承诺函。此前皇氏集团发布的多个公告中,不仅未曾提及该承诺函,而且明确记载御嘉影视业绩承诺完成率超过100%,即符合了相关的解禁条件。笔者认为,作为上市公司,如存在这样一份承诺函并新增了许多解禁条件,会影响原来已经符合条件的股票解禁,却不对投资者提及,并不符合企业经营常理。此外,2018年4月28日《皇氏集团股份有限公司2018年第一季度报告》,未载明李某某超期未履行完毕的承诺事项,却载明了另一股东徐某未完成承诺事项。在2018年7月31日皇氏集团发布的关于司法拍卖的公告中,也没有提及存在承诺函。2020年3月,东方证券与皇氏集团工作人员沟通过程中,微信记录显示,双方都已经在协商办理解禁所需手续与清单了,皇氏集团也没有提及存在李某某的承诺函。在本案审理过程当中,法庭专门询问了皇氏集团何时收到该承诺函,但皇氏集团的律师无法当庭回复并要求庭后书面答复。事后的书面答复写明"在皇氏集团敦促之下,李某某于2018年3月20日向皇氏集团出具《解除股份限售之自律承诺函》",并未正面回复法庭问题即皇氏集团何时收到承诺函。这些不合逻辑与常理的现象,自然会让法庭对于承诺函的日期真实性产生怀疑。不过,在本案中,双方当事人亦未申请对承诺函签字日期进行技术鉴定,但即便申请技术鉴定,现有技术亦未必能鉴定出承诺函的真实签署时间。综合考虑上述情况,法庭认为承诺函存在较大的倒签日期的可能性。

在约束力方面，即便承诺函签署日期确系2018年3月20日，亦不能约束东方证券：(1)承诺函增加了多项解除股份限售条件。该份承诺函就内容而言有别于原先的限售承诺，对市场、投资者和东方证券均有重大影响。对此，中国证监会制定的《上市公司信息披露管理办法》(2007年)存在相关规定：第19条第1款规定，“上市公司应当披露的定期报告包括年度报告、中期报告和季度报告。凡是对投资者作出投资决策有重大影响的信息，均应当披露”；第30条第1款规定，“发生可能对上市公司证券及其衍生品种交易价格产生较大影响的重大事件，投资者尚未得知时，上市公司应当立即披露，说明事件的起因、目前的状态和可能产生的影响”；第31条第1款规定，“上市公司应当在最先发生的以下任一时点，及时履行重大事件的信息披露义务：……(三)董事、监事或者高级管理人员知悉该重大事件发生并报告时”。《深圳证券交易所中小企业板上市公司规范运作指引(2015年修订)》(以下简称《深交所运作指引(2015)》)第4.5.10条则进一步对相关承诺作为披露规定，“承诺人作出追加承诺后二个交易日内，应当通知上市公司董事会；追加承诺达到披露标准的，公司应当及时公告，并向本所提交下列文件：(一)承诺人追加承诺申请表；(二)承诺人追加承诺的公告；(三)承诺人出具的追加承诺书面文件；(四)本所要求的其他文件”。皇氏集团作为深圳证券交易所中小企业板上市公司，应清楚了解这些制度要求。按照皇氏集团的主张，李某某于2018年3月20日向皇氏集团出具承诺函，但皇氏集团于2020年10月28日才将此承诺予以公告，并不符合上述规定中对于重大信息及时披露的要求，现有的或者潜在的投资者此前无从知晓系争股票又增加了限制条件。(2)就合同法义务而言，东方证券系因司法执行而取得股票所有权，李某某并未在相关质押回购合同中把承诺函内容作为合同条款。在司法执行过程中，皇氏集团亦未把承诺函内容及时告知东方证券。在这种情况下，东方证券作为系争股票的善意取得者，李某某的单方承诺，仅对李某某有约束力，对东方证券并无约束力，否则难言公平。(3)东方证券作为司法执行程序的当事人，对执行过程中的公告信息有充分的信赖，根据当时公开信息及拍卖公告，案涉股票上并不存在承诺函、不存在除业绩承诺之外的承诺，原有业绩承诺已经完成，在此基础上，才形成了以司法拍卖的保留价作为抵债价格。

如果存在承诺函,则流动性折扣的不同会影响股票的保留价,进而会对抵债价格产生重大影响。最高人民法院《关于人民法院民事执行中查封、扣押、冻结财产的规定》第24条第1款规定:“被执行人就已经查封、扣押、冻结的财产所作的移转、设定权利负担或者其他有碍执行的行为,不得对抗申请执行人。”突然冒出来的承诺函即属于对冻结财产设定权利负担,损害了东方证券作为执行申请人的权利。此外,皇氏集团在接受承诺函后,既未在合理期限内向公众披露,也没有在股票处置前告知东方证券和执行法院。执行法院和东方证券在不知道新设负担的情况下,将系争股权折价3亿余元抵偿债务,如认可承诺函对不知情的东方证券发生约束力,无疑有悖诚信原则。因此,基于对东方证券信赖利益的保护,股票抵债过户之后方才披露的承诺函对东方证券并无约束力。

3. 上市公司无权通过股东大会决议强加限售条件

本案中,皇氏集团还通过董事会、股东大会作出决议,限制了东方证券解除限售。对此,笔者认为,首先,《公司法》第137条规定:“股东持有的股份可以依法转让。”第144条规定:“上市公司的股票,依照有关法律、行政法规及证券交易所交易规则上市交易。”根据上述规定,股东有权转让自己所持有的股票,这是股东基本的权利之一。除非事先存在特别的约定,[1]否则股东大会不能通过事后的决议程序来限制某位股东转让自己所持有的股票。对于上市公司来说,股东之间的人合性更弱,这种自由转让股票的权利应得到更好的保障。在司法执行程序中,如果受让方基于对系争股票满足自由流通条件这一公开信息的信赖,取得了股票,则事后通过的股东大会决议,不能约束先前的受让行为。其次,上市公司在解除限售过程中,并非一个审批主体,并无权自行施加其他限制。《深交所运作指引(2015)》第4.3.6条规定,“股东申请限售股份上市流通的,应当委托公司董事会办理相关手续”。这表明上市公司董事会对此类事项系受托办理手续的角色,并非审批者,其无权通过董事会决议或进一步形成股东大会决议来限制股票受让人的权利。如果施加无理限制,则构成侵权。

① 比如,一些员工持有股票期权如何行使权利的约定。

三、不予协助解禁限售股的责任承担

根据沪深交易所相关规则,限售股的解禁申请只能通过上市公司提出,若上市公司坚持不向交易所提出申请,解禁程序便无法启动,股票受让人依据其自由意志进行处分的可能性进而受限。这种上市公司的不作为将导致持有人无法及时处置股票,而股票可能会价格下跌,导致持有人遭受损失。但是,这种侵权行为的因果关系以及损失认定较困难。本案中,东方证券的损失认定,属于本案的难题之一。《中华人民共和国民法典》第1184条规定:“侵害他人财产的,财产损失按照损失发生时的市场价格或者其他合理方式计算。”对于此类损失,不同于上市公司虚假陈述造成的投资者损失,也不同于公开承诺人违反限售承诺导致的其他中小投资者损失,《证券法》《公司法》均无明确规定。此外,起诉时由于尚未出售,故实际损失是否发生,亦存在争议。

一审、二审过程中,皇氏集团的股价涨跌不同。2020年4月23日收盘价为6.13元,7月31日收盘价为5.93元。2020年12月1日立案后,股价先跌后涨。一审判决后,股价先涨后跌。截至2022年10月22日该股日线走势图如图1所示(重要时间点已标明)。

起诉时,东方证券提出了两种损失计算方式:一是在股价较高时卖出;二是一经解禁便着手卖出。在第一种方式中,假定股份于2020年4月解禁,则2020年4月1日至11月16日,东方证券可通过二级市场集中竞价交易及大宗交易进行股份减持,按照相关的交易规则,则东方证券可以在股价较高时的2020年7月13日进行集中交易按市场收盘价7.50元减持8,376,400股(占皇氏集团总股本1%),同时进行大宗交易(交易价格约为收盘价的9折)减持16,752,800股(占皇氏集团总股本2%),合计减持金额为170,596,467.78元。按证监会《上市公司股东、董监高减持股份的若干规定》,3个月后的10月12日东方证券可继续从事上述同样操作,合计减持金额为133,522,407.55元。上述两次可合计减持50,258,400股,合计金额为304,118,875.33元。东方证券认为上述金额与2020年11月17日的股票市

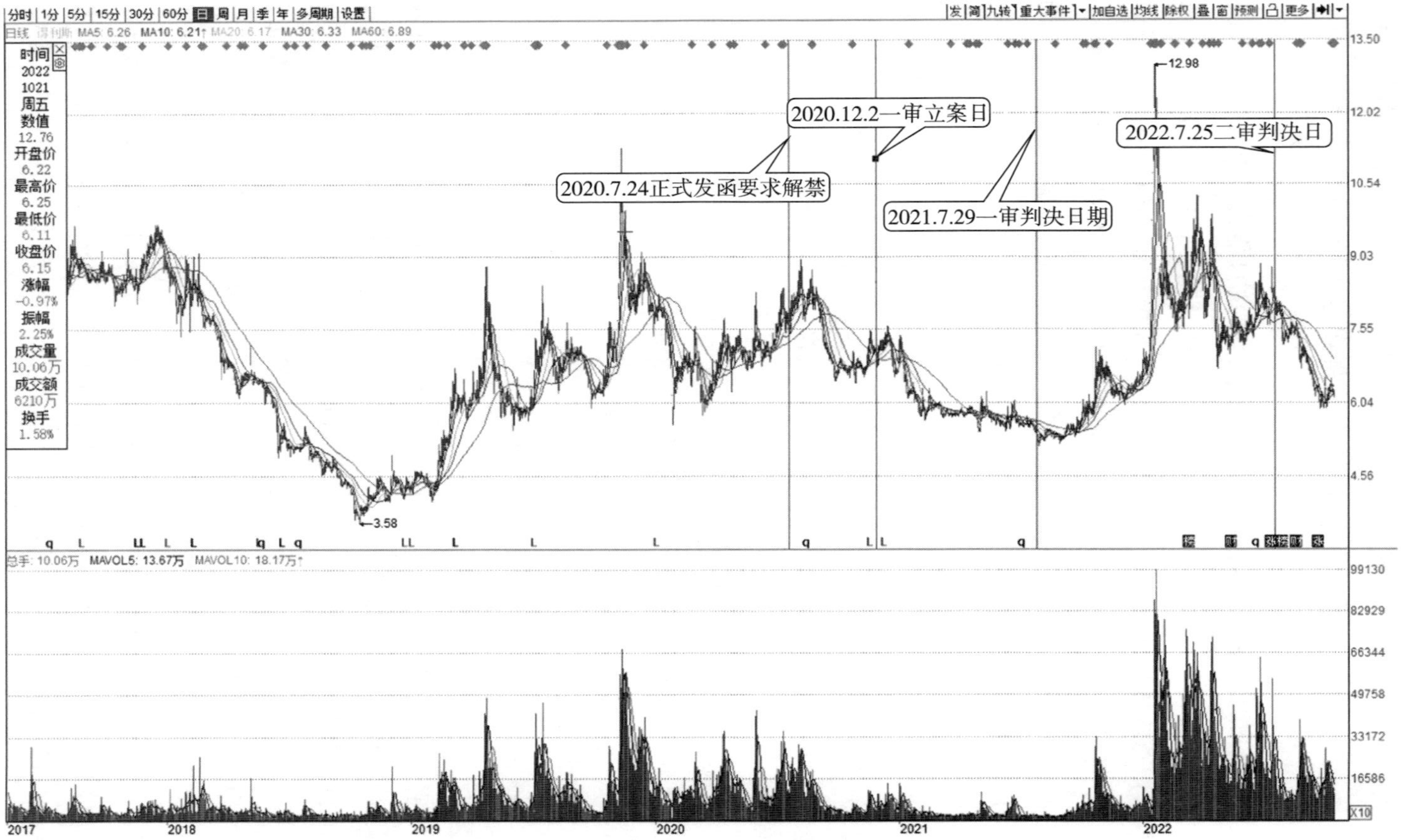

图 1　皇氏集团股价涨跌情况

场价值相比(收盘价4.92元/股×50,258,400股),差额已超过5000万元。在第二种损失计算方式中,计算方式类似,只不过是以2020年4月23日、7月22日、10月20日作为交易日,将股票全部减持完毕,差额亦不低于5000万元。故东方证券认为其主张皇氏集团赔偿5000万元损失。皇氏集团则对东方证券的计算方式不认可,提出股票有涨有跌,而且东方证券未必能够预料到最高点并且在最高点减持。

一审法院认为,根据具体案情,东方证券实际性地要求皇氏集团配合解禁应以7月31日作为解禁时间点,当日股票收盘价为5.93元。假定此时开始根据相关规则分批减持股票,按照东方证券的第二种计算方式分批减持,全部减持后所获得的资金为2.8亿元左右。不过,需要注意的是,东方证券计算的差额系以其自行选取的2020年11月17日的股票价格4.92元作为基准,而股价其实不停变动,在本案一审判决之时已超过了上述价格。如果未予按前述计划减持,反而可能对原告有利。当然,股价保持在相对高位,也有可能是原告未能减持的结果,因为原告一旦大量抛售股票,将引发价格猛烈下跌。因此,在未完成实际减持的情况下,难以直接认定差额损失。最终,一审法院以2.8亿元(按前文所述假定东方证券2021年2月全部减持完毕)作为基数,以LPR利率作为基准,考虑诉讼程序的持续时间,酌定皇氏集团赔偿东方证券500万元损失。该损失为本案暂定损失,如果本案判决生效后,股票得以解禁,东方证券可以按合理方式进行减持,如差额损失超过500万元的,东方证券仍可另案主张。

二审法院亦同意在未实际出售的情况下损失难以直接确定。皇氏集团的不作为并未导致股票本身发生减损,而是由于限制处分,使东方证券无法在股价较高时抛售股票,进而损害了其经济利益。这种经济利益上的损害具有特殊性和不确定性。流通股的股价涨跌属于常态,以历史上的最高成交价作为基准价的方式确定损失,是假设受害人处于“上帝视角”,在绝佳的时机发出了交易指令,不具有合理性。损失确定也不能以股票实际解禁日为基准点。因为实际解禁日的股价完全可能高于应当解禁日的股价。单纯从股票价差上看,此时东方证券没有损失,但东方证券长期无法变现、获取资金占有所带来的经济利益因而受损却是显见的。故不应拘泥于损失必须已经固定,也不应过分倚重股价的实际表现,而应依据个案情况酌情确定损失金额,并考虑一次性解决纠纷,降低当事人诉讼成本,故酌定东方证券全部损失金额为5,000,000元作为终局赔偿金额,不再保留东方证券的诉权。

在司法实务中,以利息计算损失以及酌定损失的判决均有出现。比如,在天津市第一中级人民法院(2017)津01民终8582号案件中,损失计算以受让人提交解限申请材料之日(2014年8月5日解限)起计算其资金量按银行同期贷款利率计算至开庭2017年9月12日的利息损失。在湖北省武汉市东湖新技术开发区人民法院审理的(2020)鄂0192民初1477号案件中,法院认为因股市行情的变化不定,原告要求按最高价与最低价之间的差价作为损失数额的依据不充分。根据案件的实际情况,法院酌定按限售期满后6个月内的平均股价1.88元和目前股价0.44元之间的差价作为依据。司法实务中的不同做法表明,该问题值得进一步研究。

新三板公司司法估值的路径选择及因素考量

——上海绿岸网络科技股份有限公司诉沈某、深圳市豹风网络股份有限公司其他合同纠纷案①

黄　婧*　苏　煜**

【裁判要旨】

在缺乏流动性市场的新三板公司估值问题上,法院审查的范围不应局限于相关合同文本的法律判断,而要着眼于目标公司的实际情况,综合考虑目标公司所处的发展阶段、行业特点、经营情况、财务状况等因素,选择金融市场普遍认可的、适当的估值方法判断企业的公允市值或估算出公允市值的区间。在估值方法的选择上,可以通过不同估值方法的交叉验证减少估值偏差。同时,在条件允许的情况下应充分发挥专家辅助人制度的积极作用,从专业背景、形式要件及程序完整性的角度分析专业人士意见,以作出更符合市场及投资者预期的估值结论。

【案号】

一审:上海市静安区人民法院(2019)沪 0106 民初 44920 号

---

① 合议庭成员:符望、虞憬、黄婧。本案入选上海法院 2022 年度"100 个精品案例"、2022 年度上海金融法院十大典型案例。

* 法学硕士,上海金融法院综合审判二庭法官。

** 法学硕士,上海金融法院综合审判二庭法官助理。

二审:上海金融法院(2021)沪74民终530号

【案情】

上诉人(原审原告):上海绿岸网络科技股份有限公司

被上诉人(原审被告):沈某

原审第三人:深圳市豹风网络股份有限公司

深圳市豹风网络股份有限公司(以下简称豹风公司)为一家在全国中小企业股份转让系统(以下简称新三板)上挂牌的手机游戏公司,该公司的控股股东和实际控制人为沈某。2016年5月12日,上海绿岸网络科技股份有限公司(以下简称绿岸公司)与豹风公司签订《股份认购协议》,约定绿岸公司以现金方式按照每股15元认购豹风公司发行的股票333,333股,共计5,000,000元。同时,绿岸公司与沈某签订《补充协议》,约定若豹风公司在绿岸公司增资完成后3年内达成以下任意条件的,绿岸公司无权要求沈某回购绿岸公司所持有的全部或部分豹风公司股份或股权:(1)2016年、2017年经审计归属于母公司净利润两年合计大于或等于8000万元;(2)在本次增资完成之后3年内实现IPO(指豹风公司取得中国证券监督委员会或其他IPO审核部门关于其IPO申报材料的受理通知书);(3)在本次增资完成之后3年内进入全国股份转让系统创新层;(4)在本次增资完成之后3年内再融资的市值超过6.5亿元。若上述任一条件均未成就,则绿岸公司有权要求沈某回购。

2017年6月6日,豹风公司迎来一名新的定增投资者,其与A公司签署《股票认购协议》,A公司按每股22元认购豹风公司发行的股票181,818股,共计3,999,996元,该次投资占总股数的0.57%。对此次定增,主办券商东吴证券出具了股票发行合法合规的意见书,其中"关于发行定价"部分载明:"豹风公司采取协议转让方式,挂牌以来仅进行四次交易……交易活跃程度低,交易价格不具参考性;本次发行价格综合考虑了豹风公司所处行业、成长性、每股净资产、前次融资价格等多种因素,并与投资者沟通后最终确定为每股22元;2016年度财务数据每股净资产为1.83元,基本每股收益为0.23

元,本次股票发行价格对应2016年发行市盈率为95.65倍,发行市净率为12.02倍,发行价格高于每股净资产,估值水平与豹风公司目前发展阶段相适应,发行价格公允。”

2019年7月,绿岸公司向沈某寄送《股权回购通知书》,认为按市场协议交易价格计算,豹风公司在增资之后3年内未能满足市值条件以及其他条件,已经触发回购条件,要求沈某回购绿岸公司持有的全部豹风公司股份。沈某则认为,以A公司定增价格22元为基准,豹风公司向A公司再融资时的公司估值已经超过6.5亿元,即应免除回购义务。双方就是否满足回购条件存在争议,绿岸公司遂向法院起诉。

在一审、二审审理过程中,法院查明:

豹风公司自2015年12月挂牌以来至2017年6月增资时,采取协议转让方式的交易共有5次,成交价格分别为20元/股、22元/股、30元/股、11元/股、10.18元/股,成交数量分别为3000股、5000股、2000股、3000股及8000股。

在2016年5月豹风公司向绿岸公司以每股15元定向增发时,该轮融资以15元/股的价格共计增发1,806,666股,占总股数的5.99%,融资总金额为27,099,990元。该轮融资涉及的投资人包括三家机构和一名自然人,其中案外人苏州市历史文化名城发展集团创业投资有限公司(以下简称名城创投公司)及绿岸公司为新投资人,案外人北京华盖卓信投资合伙企业(有限合伙)(以下简称北京华盖公司)与沈某为原股东。上述投资人认购豹风公司股份情况如下:名城创投公司认购1,333,333股、绿岸公司认购333,333股、北京华盖公司认购70,000股、沈某认购70,000股。名城创投公司在投资前自行委托了江苏中天资产评估事务所有限公司对豹风公司的市值进行评估,江苏中天资产评估事务所有限公司采取资产基础法、收益法对豹风公司市场价值作出判断,于2016年5月10日出具苏中资评报字(2016)第2019号《评估报告》。该报告载明:经协商确定本项目资产评估基准日为2015年12月31日。根据评估目的、市场条件及被评估对象的自身特点,本次评估中选取的价值类型为市场价值。评估中采取了资产基础法、收益法进行。(1)资产基础法是以被评估企业评估基准日的资产负债表为基础,合理评估企业表内及表外各项资产、负债价值,确定评估对象价值的评估方法。评估后的豹风公司总资产价值3,456.81 万元,总负债868.39 万元,净资产2,588.42 万元,净资产增值157.39 万元,增值率6.47%。(2)收益法,是指将预期收益资本化或者折现,确定评估对象价值的评估方法。针对豹风公司,本次收益法评估采用现金流量折现法,并采用股权自由现金流折现模型。本次评估取6年,即预测期为2016 年1 月至2021 年12 月,用折现率对未来6 年预测的收益进行折现,然后假设以后各年度的年收益相等,通过对第6 年的收益进行调整并年金化,将其折现成现值,从而求得6 年以后永续期的年金现值,将未来6 年的折现值加上期后永续期的年金现值,求得收益现值法评估结果。评估结论为股东全部权益价值为46,560.81 万元。根据收益法的评估值比豹风公司账面净资产增值44,129.79 万元,增值率1,815.28%。(3)采用资产基础法评估后的股东全部权益价值为2,588.42 万元,采用收益法评估后的股东全部权益价值为46,560.81 万元,两者相差43,972.39 万元,差异率1,698.81%。评估机构认为投资方和被投资方相对于被评估单位目前拥有的有形资产,更加重视的是被评估企业未来的经营状况和获利能力,收益法能够较好地体现被评估单位的未来盈利能力,因此,采用收益法的评估结果更适用于本次评估目的。

豹风公司相关的财务数据变化如表1 所示。

表1　豹风公司的财务数据

财务数据	2016 年上半年	同比增减	2017 年上半年	同比增减
营业收入	16,091,112.66 元	124.59%	14,209,708.77 元	-11.69%
毛利率	60.24%	—	27.73%	—
净利润	2,869,062.74 元	111.37%	-19,260,946.78 元	-771.33%
ROE	11.14%	—	-39.50%	—
EPS	0.1	-23.08%	-0.6	-700%

【审判】

一审法院认为:第一,基于双方的专业认知能力,“再融资”不仅具有时间节点的含义,还包括“再融资”行为对公司市值的影响,即争议条款的免除条款应当理解为豹风公司在本次增资完成后3年内发生再融资,且再融资行为或行为后果对豹风公司市值的影响达到使其超过6.5亿元。第二,从“再融资”行为的发行程序、发行价格、发行对象、出资情况、融资款用途角度来看,豹风公司向A公司“再融资”的价格具有公允性,能够反映豹风公司的市场价值。根据《证券期货业统计指标标准指引》(以下简称《统计指引》)的规定,按照“再融资”发行价格22元乘以总股数计算市值具有行业依据。第三,考虑到豹风公司是在新三板挂牌的公司,与竞价交易机制下的收盘价意义不同,不能以“再融资”时点的收盘价确定豹风公司的市值。综上,一审法院认为沈某回购义务依约免除,驳回绿岸公司的全部诉讼请求。绿岸公司不服上诉至上海金融法院。

上海金融法院二审认为:第一,豹风公司为新三板挂牌的非上市公司。结合我国新三板市场现状,豹风公司股票流动性差,交易极不活跃。以豹风公司收盘价格10.18元乘以总股数的方法计算公司市值难以反映公开市场对豹风公司价值的认同。第二,案涉“再融资”采取了定向增发的融资方式,仅涉及一位新投资者,亦未引入做市商参与。投资金额不大,占总股本比例极低,也无法反映市场情况。第三,豹风公司系一家以游戏研发业务为主的企业。该行业竞争激烈、不确定性高、盈利波动较大。但若公司后续自行研发游戏项目上线表现达不到预期,则公司存在持续亏损的风险。结合豹风公司2016年上半年及2017年上半年的财务数据,毛利率在2017年下降很多,许多反映公司盈利能力的指标,已呈现连续下行的态势。结合2016年融资时的公司资产评估报告,2017年再融资时的公允市值不应高于2016年的评估结果。第四,在约定不明、双方各执一词的情形下,应当依据合同法关于约定不明的相关规则予以确定。为此,法院综合考虑以下两个估值标准:(1)《统计指引》中的计算方法。该指引设立专章对于股转系统挂牌公司市值的计算方法作了明确规定,引入了市盈率概念,并提出了净利润为正值或负值时应采取不同统计方法。该指引中的估值方法已经适当考虑了挂牌公司特点,虽然《统计指引》主要用于统计而非直接用于投资估值,但仍具有相当的参考价值。这些统计方法表明单纯地依据个别交易进行估值,忽略净利润、市盈率等指标,可能会产生较大的偏差。(2)《私募投资基金非上市股权投资估值指引(试行)》(以下简称《估值指引》)中的投资估值方法。本案当事人沈某主张的估值方法,即该《估值指引》中的“参考最近融资价格法”。该《估值指引》规定,运用参考最近融资价格法时,应当对最近融资价格的公允性作出判断,如果没有主要新的投资人参与最近融资,或最近融资金额对被投资企业而言并不重大,或最近交易被认为是非有序交易,则该融资价格一般不作为被投资企业公允价值的最佳估计使用。第五,本案审理中各方均就估值问题提供了专家意见。其中绿岸公司聘请金融研究专家团队提供《专家意见书》并出庭接受质询。该意见从纵向估值法和横向估值法入手,结合豹风公司所属的行业特征及相关行业股票交易情况如市净率、市盈率进行了对比分析,认为豹风公司市值在再融资时点上的公允市值在2.96亿～3.2亿元。二审法院采纳该专家意见,二审改判沈某履行股权回购义务。

【评析】

一、对赌协议与市值挂钩带来的不确定性

本案对赌协议中设置了4个对赌条件,若目标公司满足任意条件,则免除融资方的回购义务。其中,第4个对赌条件划定了公司市值目标,该种约定在投融资实践中较为罕见,因为市值涉及估值,而估值方法、标准的多样化,会导致完全不同的结果。在合同本身对于估值方法没有明确约定的情形下,本案争议并非一个简单的合同解释问题,估值方法的确定无法单单通过合同解释来实现。本案中的估值问题应视为“约定不明”。根据1999年《中华人民共和国合同法》第61条的规定,合同没有约定或者约定不明的,当事人可以协议补充,不能达成补充协议的,应按照合同相关条款或者交易习惯确定。因此,各方应避免将估值约定为对赌条件,如果约定,也要明确约定估值的方法与标准,同时明确估值方法使用过程中选择的参数。

二、本案挂牌公司如何估算市值

(一)估值方法的选择

1.《统计指引》中统计方法的参考意义

中国证券监督管理委员会(以下简称证监会)于2019年发布的《统计指引》,主要用于规范证券期货监管系统内部的数据统计工作。根据该指引的定义,挂牌公司股票市值是指统计期末根据挂牌公司股票价格和总股本计算的股权价值合计。同时,该指引对于计算方法有专门的规定:(1)股票价格通常以收盘价计算;无转让成交记录但有股票发行记录的,按最近一次发行价格计算。(2)在计算挂牌公司股票市值时,既无转让成交记录又无股票发行记录的挂牌公司股票,市值估算方法为:①对于净利润为正的挂牌公司股票,股票市值通常按平均市盈率估算($CAP = \overline{PE} \times NP$);②对于净利润为负的挂牌公司股票,股票价格按每股面值估算。该指引是否具有规范投资估值的功能尚需讨论,但其区分不同情形分别将成交价格、发行价格、净利润、市盈率等指标纳入计算考量的方法,对于本案估值具有一定的参考性。

2. 市场交易收盘价能否直接用于认定新三板公司市值

《全国中小企业股份转让系统业务规则(试行)》规定,股转系统挂牌公司的股票可以采取协议方式、做市方式、竞价方式或者其他中国证监会批准的转让方式。本案中目标公司是新三板普通层挂牌的非上市公众公司,自挂牌至涉案增资时,仅有几次交易,成交量限于几千股,交易极不活跃。上述交易均通过"协议方式"转让,而非做市方式或竞价方式。再融资时,协议方式的收盘价为每股10.18元,与定向增发的22元差别较大。

根据查明的事实,该收盘价系小股东卞某为筹钱为其父亲治病而抛售其持有的8000股股票而形成。在此之前,卞某按照10.18元/股的价格挂牌时间长达半年仍无人问津。最后由豹风公司原股东青岛蓝海方舟创业投资基金合伙企业(有限合伙)与其达成协议转让。因此,该交易价格的形成有其特殊的背景及偶然性,且成交量极小,难以客观反映豹风公司在特定时间节点的市场公允价值。但该小股东报出交易意向却长时间无人问津的情况,从侧面表明了豹风公司股票在这一相对较低价格仍难以得到市场认可。

3.《估值指引》对估值方法的细化

中国证券投资基金业协会制定、经中国证监会批准的《估值指引》对于投资估值的原则与方法作了更加详细的规定。《估值指引》系行业规定,该指引“总则”部分第3条规定:“本指引所称的非上市股权投资,是指私募基金对未上市企业进行的股权投资。对于已在全国中小企业股份转让系统挂牌但交易不活跃的企业,其股权估值参考本指引执行。”《估值指引》规范的是私募投资基金管理人进行股权投资时的股权估值行为,本案中估值对象豹风公司即为交易不活跃的全国中小企业股份转让系统挂牌公司,故该指引对本案估值具有重要参考价值。

本案中,沈某提出的估值方法,即“市场法”中的“参考最近融资价格法”。对此,《估值指引》规定,运用参考最近融资价格法时,应当对最近融资价格的公允性作出判断,如果没有主要新的投资人参与最近融资,或最近融资金额对被投资企业而言并不重大,或最近交易被认为是非有序交易,则该融资价格一般不作为被投资企业公允价值的最佳估计使用。此外,该条款还规定,(基金管理人)还应当结合最近融资的具体情况,考虑是否需要对影响最近融资价格公允性的因素进行调整,相关因素包括但不限于:……最近融资价格中是否包括新投资人可实现的特定协同效应或新投资人可享有某些特定投资条款,或新投资人除现金出资外是否还投入了其他有形无形的资源。

本案中,豹风公司最近融资即为2017年6月向A公司的定向增发。该轮融资金额较小,增发新股数量占比仅0.57%,对被投资企业而言并不重大。与此同时,该轮融资价格中还包含A公司的其他商业目的。根据庭审中当事人的陈述,A公司投资豹风公司除希望获取投资回报外,还包含商业合作机会如获得游戏发行权的考量。这种商业合作机会可视为本次投资的协同效应,属于影响公允性需要调整的因素。因此,在未对上述影响该估值方法公允性的因素进行调整的情况下,直接以22元/股的定增发行价计算豹风公司市值缺乏公允性。故以最近融资价格法计算得到的市值,不能视为豹风公司最佳的公允估值。值得注意的是,近几年来最近融资价格法被市场错误地理解与使用,国际规范开始剔除该方法作为单独可选择的估值方法,而将其作为估值模型的输入值的一种“校对”。①

(二)本案估值应综合考虑的因素

本案中,因为无法简单套用任一标准,因此需要对公司的市值进行一个初步分析。在本案中,合议庭综合考虑了以下因素。

1. 目标公司的经营状况

从发展阶段来看,目标公司豹风公司尚处于成长期。目标公司于 2008 年成立,2015 年在新三板普通层挂牌。自挂牌以来,目标公司的财务数据处于一个持续且快速的变化状态,除呈现一定的成长活力外,还隐含发展前景不稳定的风险。

从所处的行业来看,豹风公司属于轻资产、智力密集型的游戏研发企业,主要经营活动为网络游戏的开发和发行。目标公司无形资产比重大,故将对其估值产生重大影响。同时,游戏研发具有一定的周期性,不同阶段的记账标准不同,对估值的基本参数影响巨大。

2. 目标公司的财务变化状况

目标公司的财务变化情况能反映出企业的过往,也可以间接说明企业未来价值趋势。从豹风公司公布的相关财务数据入手,通过对比 2016 年 6 月与 2017 年 6 月目标公司半年报中主要会计数据和关键指标,可以推断 2017 年上半年较 2016 年同时期的市值变化:豹风公司 2017 年 6 月的盈利能力较 2016 年同时期的盈利能力有了显著降低,可以判断 2017 年 6 月的公司市值是低于 2016 年同时期的市值。

3. 可以综合多种估值方法考虑估值区间

每一种估值方法都有其特点和局限性,而且可能相差比较大。在估值的过程中,如果被估值企业的特征允许、财务数据可得,比较考察多种估值方法

---

① IPEV Board, *The International Private Equity and Venture Capital Valuation (IPEV) Guidelines*, privateequityvaluation (Dec. 2018), https://www.privateequityvaluation.com/Portals/0/Documents/Guidelines/IPEV%20Valuation%20Guidelines%20-%20December%202018.pdf?ver=2018-12-21-085233-863&timestamp=1545382360113.

的结果,能够一定程度上避免单独估值方法的局限性。通过多种估值方法来判断公允价值,既可以以某种估值方法的估值结果来交叉验证另一种方法的估值结果,又可以结合多种估值方法使用来划定公允价值范围。这一特定区间便是最能反映目标公司公允价值的结论。

三、专家辅助对于估值的作用

估值是一项专业技能,涉及财务数据的解读、资产折旧的规则(如账面资产的现值),还涉及市场数据(如可比公司的选取需要 Wind 数据),而这些并不是法官的专长,因此,需要在专家辅助的基础上作出判断。《中华人民共和国民事诉讼法》第 82 条规定:“当事人可以申请人民法院通知有专门知识的人出庭,就鉴定人作出的鉴定意见或者专业问题提出意见。”专家辅助人不同于鉴定人亦有别于英美法的“专家证人”。

就估值问题,本案各方就 2017 年 6 月目标公司市值问题分别提供了专家意见。沈某在本案一审中提交了两份“访谈笔录”形式的专家意见,专家未出庭接受质询。绿岸公司亦提交了两份专家意见,其中一份专家意见书由专家代表出庭接受质询。

就上述专家意见,可以从各方专家意见的专业角度、形式要件、程序完整性方面进行比较分析,能够对说服力和证明力进行认定。(1)从专业背景的角度来看,各方聘请的专家均达到“有专门知识”的标准。(2)从形式要件上来看,一般要看各方专家意见的作出形式、相关的数据和材料基础、判断的依据等,沈某提供的专家意见属于个人对条款的理解与意见,而绿岸公司提供的金融学院研究团队的专家意见就 2016~2017 年豹风公司相关财务数据为基础进行纵向数据对比分析,同时自新三板创新层、A 股市场选取对标公司进行数据对比分析(市场法分析)。因为意见的形成基础是本案特定目标公司的财务数据信息,有翔实的推理过程,得出的结论相对严谨。(3)从程序完整性看,法院均允许各方专家到庭发表意见,接受法庭和对方当事人询问。绿岸公司的专家辅助人到庭,其意见在程序方面更具有完整性和充分性。

证券虚假陈述责任纠纷中董事责任承担的认定

——彭某诉中安科股份有限公司、黄某、邱某、朱某等证券虚假陈述责任纠纷案①

周　菁*　靳　轶**

【裁判要旨】

证券虚假陈述责任纠纷中,关于公司董事是否勤勉尽责,应在区分内部、外部董事的基础上,结合其职责范围以及在公司决策中所起的作用等因素综合作出认定。对于不参与公司经营活动的独立董事,如果虚假陈述所涉事项超出其职责范围,且已有相关专业中介服务机构进行审核,一般应认定独立董事已勤勉尽责。对于公司内部董事,如果虚假陈述所涉事项属于其职责范围,而未根据其职责要求对相关事项予以谨慎审核,导致虚假陈述行为发生,则应当认定其未尽勤勉之责,应对投资者损失承担相应赔偿责任。

【案号】

一审:上海金融法院(2019)沪74民初2509号

二审:上海市高级人民法院(2021)沪民终870号

---

① 合议庭成员:王承晔、周菁、于翠英。本案入选上海金融法院2022年度十大典型案例。

* 法律硕士,上海金融法院综合审判二庭法官。

** 法律硕士,上海金融法院综合审判二庭法官助理。

【案情】

原告:彭某

被告:中安科股份有限公司,黄某、邱某、朱某、殷某、常某、蒋某、涂某、周某、吴某、梅某、杨某,中安消技术有限公司,深圳市中恒汇志投资有限公司,银信资产评估有限公司

原告彭某诉称:中国证券监督管理委员会(以下简称证监会)分别做出〔2019〕40、44、45、46 号行政处罚决定书,认定中安科股份有限公司(以下简称中安科公司)公开披露的重大资产重组文件存在误导性陈述、虚假记载,并对中安科公司及其 6 名董事黄某、邱某、朱某、殷某、常某、蒋某,中安消技术有限公司(以下简称中安消技术公司)及其法定代表人周某、财务负责人吴某,深圳市中恒汇志投资有限公司(以下简称中恒汇志公司)及其实控人涂某、银信资产评估有限公司及其评估师梅某、杨某处以警告、罚款等行政处罚。彭某在虚假陈述行为实施日至揭露日期间买入中安科股票,并因此遭受损失,该损失与中安科公司等的虚假陈述行为之间存在因果关系,中安科公司应对原告损失承担赔偿责任,其余各方被告承担连带责任。

被告中安科公司辩称:本案虚假陈述揭露日应为 2016 年 2 月 25 日。彭某主张的投资损失和被告中安科公司虚假陈述之间不存在因果关系。彭某是因为中安科公司发布的经营性利好消息以及 2015 年上半年股市大涨因素影响而买入中安科股票,其投资决策与案涉信息披露行为之间没有因果关系。

被告黄某、邱某、朱某、殷某、常某、蒋某辩称:行政责任和民事赔偿责任在过错的认定等诸多方面存在明显区别,上市公司董事受到相关行政机关的行政处罚,并不必然导致或者推定其在民事纠纷中存在过错并承担相应的民事赔偿责任。就本案所涉重大资产重组事项,6 名董事出席、审议并签署了相关董事会会议决议。在重组过程中,6 名董事和中介机构就重组问题多次展开讨论,要求中介机构就发现的问题进行论证和答复,对于中介服务机构

出具的审计报告、评估报告和重大资产重组报告均认真审阅,不存在任何怠于履行职责的情形。在中安科公司对相关文件盖章之前,6 名董事还严格要求中安消技术公司、中恒汇志公司及相关中介服务机构书面承诺该等文件真实、准确和完整,预防其出具不实文件和资料的风险。同时,6 名董事积极要求中安科公司和中恒汇志公司签署了严格的利润补偿协议,防止上市公司及其股东因中恒汇志公司无法完成盈利预测而遭受损失。6 名董事已经尽力避免案涉重大资产重组所采取的以收益法为基础的评估方法而可能产生的资产高估情形,防止因中恒汇志公司无法完成业绩承诺而导致中安科公司、股东及中小投资者的损失。故 6 名董事对投资者的损失不存在主观过错,彭某不能基于行政处罚要求其承担连带赔偿责任。证监会认定的违法事项属于借壳方中安消技术公司和中恒汇志公司提供的外部信息,6 名董事作为被借壳方的董事,并非标的公司中安消技术公司的运营、管理和实际控制人员,并不熟悉中安消技术公司的经营情况。《盈利预测报告》和《评估报告》属于专业报告,对该等报告的实体内容审核完全超越了 6 名董事的核查能力、核查义务和履职范围。6 名董事作为非专业人士,只能履行程序上的核查义务,不能以专业人士的标准加以要求。本案中,除有中介服务机构分别出具《盈利预测审核报告》《独立财务顾问报告》《评估报告》,6 名董事还单独聘请了申银万国证券股份有限公司(以下简称申银万国公司)作为上市公司的独立财务顾问,对重大资产重组文件进行审核。在盈利预测值和评估值均经过该等专业权威的中介机构审核无误并出具了无保留意见报告的情况下,6 名董事有理由信赖该等专业权威中介机构的意见,故 6 名董事已经履行了程序上的核查义务,不存在任何民事侵权的主观过错。本案所涉重大资产重组系国资项目,已经履行了全部国资审批程序。针对所涉置入资产评估报告,上海市国有资产监督管理委员会(以下简称上海市国资委)召开了共计两次专家评审会,部分董事参加了评审会,并取得了上海市国资委以及上海市政府的批准。故 6 名董事已勤勉尽责,不应对被告中安科公司的偿付义务承担连带赔偿责任。

上海金融法院经审理查明:

2013 年 4 月,上海仪电电子(集团)有限公司(以下简称仪电电子公司)

与申银万国公司签订《财务顾问协议》,约定仪电电子公司委托申银万国证券股份有限公司作为其在涉案重大资产重组中的财务顾问,具体工作内容包括:协助仪电电子公司就本次交易涉及与仪电电子公司的交易内容、交易结构、交易价格、法律程序等提供专业咨询意见;协助仪电电子公司与独立财务顾问协作,对重组方(收购人)的背景、资质、注入资产是否符合收购及重组条件进行必要的复核等。申银万国公司分别于2013年6月4日、6月20日、6月24日出具三份重组财务顾问专业意见备忘录,载明"中安消100%股权的预估交易价格约为60亿～70亿元,该等交易价格过高……我们认为:置入资产的评估和交易价格应按照12%的折现率和符合会计准则合理确认的利润水平进行公允评估,并确保置入资产按照2012年净利润除以交易价格计算的净资产收益率达到10%,从而令上市公司在本次重组后盈利能力指标得到提升"。

2013年11月15日、2014年3月12日,就涉案重大资产重组置入资产评估项目召开了两次专家评审会议。专家组审核意见中提到,"对中安消智能安防合同,建议进一步履行好审查核实确认程序"。

2014年6月10日,中安科公司第八届第十四次董事会审议通过重大重组议案,董事邱某、朱某、蒋某、殷某、常某表决同意,关联董事黄某等回避表决。6名董事中,黄某、邱某、朱某是中安科公司内部董事,分别担任董事长、总经理、财务总监一职,殷某、常某、蒋某是中安科公司的独立董事。

2014年6月11日,中安科公司发布《关联交易报告书(草案)》,披露了中安科公司通过向中恒汇志公司非公开发行股份的方式购买中恒汇志公司持有的中安消技术公司的100%股权。当日,中安科公司公告了包括资产评估报告在内的重大资产重组文件。2014年12月30日,被告中安科公司就本次向中恒汇志公司发行股份购买资产总计395,983,379股普通股(A股)股份向证券登记结算公司提交相关登记材料。2015年1月23日,本次配套募集资金新增股份完成登记。至此,中安科公司本次重大资产重组实施完成。

2016年12月24日,中安科公司发布《关于收到中国证券监督管理委员会调查通知书暨风险提示公告》,载明:2016年12月22日,中安科公司收到证监会调查通知书，因公司涉嫌违反证券法律法规，根据《中华人民共和国证券法》（以下简称《证券法》）的有关规定，证监会决定对公司进行立案调查。2019年5月31日，中安科公司发布关于收到证监会行政处罚决定书的公告。证监会认定中安科公司在其2014年6月11日发布关联交易报告书中所披露的置入资产评估值及2013年度营业收入存在严重虚增，构成证券市场虚假陈述。同时受到处罚的还有本案其余各方被告。

【审判】

对于6名董事的责任问题，上海金融法院认为，2014年《证券法》第69条规定，发行人、上市公司公告的招股说明书、公司债券募集办法、财务会计报告、上市报告文件、年度报告、中期报告、临时报告以及其他信息披露资料，有虚假记载、误导性陈述或者重大遗漏，致使投资者在证券交易中遭受损失的，发行人、上市公司应当承担赔偿责任；发行人、上市公司的董事、监事、高级管理人员和其他直接责任人员以及保荐人、承销的证券公司，应当与发行人、上市公司承担连带赔偿责任，但是能够证明自己没有过错的除外。2003年《最高人民法院关于审理证券市场因虚假陈述引发的民事赔偿案件的若干规定》（以下简称2003年《虚假陈述民事赔偿若干规定》）第21条规定，发起人、发行人或者上市公司对其虚假陈述给投资人造成的损失承担民事赔偿责任。发行人、上市公司负有责任的董事、监事和经理等高级管理人员对前款的损失承担连带赔偿责任。但有证据证明无过错的，应予免责。就公司董事而言，根据董事是否在公司内部从事专职董事工作，可以区分为独立董事和内部董事。独立董事的作用主要在于确保战略决策的妥当性、合理性和强化公司的经营监督。内部董事则主要承担企业具体运营职责。可见，独立董事与内部董事的职责并不相同，故对于二者所应承担的责任也应有所区分。本案6名董事中，被告殷某、常某、蒋某为独立董事，未在中安科公司任职。作为独立董事，被告殷某、常某、蒋某并不参与公司的经营活动，仅是对公司的经营决策提供建议和监督，况且本案中他们是对重大资产重组所涉的标的公司中安消技术公司的经营状况进行表决。同时，专业中介服务机构对本次重大资产重组置入资产进行了审计和评估,也未发现置入资产存在营业收入及评估值虚增的情形。对于被告殷某、常某、蒋某这 3 名外部董事而言,既不参与公司经营,又非专业人士,还要求其持续关注标的公司“班班通”项目的履行进程,并对已经专业机构评审的项目进行审核,未免过于苛刻。故被告殷某、常某、蒋某在本案中应予免责。被告黄某、邱某、朱某系被告中安科公司的内部董事,其对于公司所负有的勤勉义务标准理应高于独立董事。该 3 名董事当时分别担任中安科公司董事长、财务总监、总经理一职,有义务对交易对方及标的公司提供的相关资料尽到谨慎审核义务。现他们未能提供证据证明其已尽到勤勉之责,故应对被告中安科公司在重大资产重组中存在虚假陈述行为致使投资者彭某遭受损失承担相应的民事责任。对于该 3 名董事的赔偿责任范围,应结合其过错程度进行考量。首先,本案中,被告黄某、邱某、朱某对交易相对方提供的信息负有的谨慎注意义务应与对中安科公司自身信息有所不同。被告黄某、邱某、朱某分别作为公司担任董事长、总经理、财务总监,理应对重组过程中需要披露的信息负有一定的注意义务。其次,虽本案所涉重组交易中除有独立财务顾问、审计机构、评估机构等中介服务机构外,还有申银万国公司提供专业咨询意见。同时,被告中安科公司就置入资产评估项目曾召开两次专家评审会议。但被告黄某、邱某、朱某作为内部董事,过分依赖专业中介服务机构,没有尽到合理调查义务。鉴于此,被告黄某、邱某、朱某对于被告中安科公司违反信息披露义务,构成虚假陈述具有一定的过错,应酌情对原告的损失在 2% 的范围内承担连带责任。

上海金融法院于 2021 年 7 月 30 日作出(2019)沪 74 民初 2509 号民事判决:被告黄某、邱某、朱某对被告中安科公司的赔偿义务在 2% 的范围内承担连带责任。

判决后,中安科公司不服向上海市高级人民法院提起上诉,6 名董事均服判息诉。上海市高级人民法院于 2022 年 1 月 21 日作出(2021)沪民终 870 号民事判决:驳回上诉,维持原判。

【评析】

《中华人民共和国公司法》(以下简称《公司法》)第 147 条规定,董事应当遵守法律、行政法规和公司章程,对公司负有忠实义务和勤勉义务。董事的勤勉义务是指董事、监事、高级管理人员在处理和安排公司事务时,以一个普通正常人的合理、谨慎的态度,恪尽职守,维护公司的利益。本案就董事责任的认定较以往的案件更为细致,在对公司外部董事和内部董事的勤勉义务加以区分的基础上,结合内部、外部董事的职责、作用,深入分析内部、外部董事提出其尽到勤勉义务的抗辩理由能否成立,最终作出判决。

一、上市公司董事的勤勉义务

2003 年《虚假陈述民事赔偿若干规定》第 21 条规定,发起人、发行人或者上市公司对其虚假陈述给投资人造成的损失承担民事赔偿责任。发行人、上市公司负有责任的董事、监事和经理等高级管理人员对前款的损失承担连带赔偿责任。但有证据证明无过错的,应予免责。2014 年《证券法》第 69 条规定,发行人、上市公司公告的招股说明书、公司债券募集办法、财务会计报告、上市报告文件、年度报告、中期报告、临时报告以及其他信息披露资料,有虚假记载、误导性陈述或者重大遗漏,致使投资者在证券交易中遭受损失的,发行人、上市公司应当承担赔偿责任;发行人、上市公司的董事、监事、高级管理人员和其他直接责任人员以及保荐人、承销的证券公司,应当与发行人、上市公司承担连带赔偿责任,但是能够证明自己没有过错的除外。根据上述规定,可以看出我国证券法律对上市公司董事承担民事责任采取的是过错推定原则,即董事可以对自己是否尽到勤勉义务提出抗辩,以证明自己不存在过错,从而免于承担相应责任。

2011 年,我国证监会发布的《信息披露违法行为行政责任认定规则》第 21 条第 1 项、第 3 项,对董事可以提出的抗辩理由作出规定。抗辩的理由分别是:(1)董事对信息披露事项提出的异议要记载于董事会、监事会、公司办公会会议记录等,并提反对票;(2)对公司信息披露违法行为不负有主要责任的人员在公司信息披露违法行为发生后及时向公司和证券交易所、证券监管机构报告。2022 年《最高人民法院关于审理证券市场虚假陈述侵权民事赔偿案件的若干规定》(以下简称 2022 年《虚假陈述侵权民事赔偿若干规定》)

第16条规定了5种独立董事可以免责情形:(1)在签署相关信息披露文件之前,对于不属于自身专业相关具体问题,借助会议、法律等专门职业的帮助仍然未能发现问题的;(2)在揭露日或更正日之前,发现虚假陈述后及时向发行人提出异议并监督整改或向证券交易所、监管部门书面报告的;(3)在独立意见中对虚假陈述事项发表保留意见、反对意见或者无法表示意见并说明具体理由的,但在审议、审核相关文件时投赞成票的除外;(4)因发行人拒绝、阻碍其履行职责,导致无法对相关信息披露文件是否存在虚假陈述作出判断,并及时向证券交易场所、监管部门书面报告的;(5)能够证明勤勉尽责的其他情形。

我国以往的司法实践中,证券虚假陈述案件中以董事为被告的案件相对较少,而较为常见的董事抗辩理由主要归纳为以下三种:

第一,对披露的违法事实不知情。大部分董事在诉讼中会提出抗辩称其对公司披露的违法事实毫不知情,如不属于其工作范围;未实际参与公司经营;虽尽到审慎注意义务,但由于种种原因最终无法发现等。

第二,合理信赖。主要指基于对专业的第三方中介机构出具的审计报告、评估报告的信赖,而无法发现违法事实。

第三,合理调查。如在相关董事会、监事会上就有关披露的事项进行了关注、询问或提出反对意见,甚至投票反对,或有邮件往来等证据证明其对披露的违法事实尽到了审慎注意义务等。

二、独立董事和内部董事的勤勉义务

本案主要的争议在于6名董事是否应当承担连带责任,如应承担,则应如何承担责任的问题。本案的难点就在于怎么样既保护投资者的合法权益,又平衡好董事的责任,以有利于证券市场的良性有序发展。

中安科案件中包括3名独立董事和3名内部董事,在对独立董事和内部董事的勤勉义务的认定上,法院采取了不同的标准。

(一)独立董事的勤勉义务

我国证监会在2001年8月发布了《关于在上市公司建立独立制度的指

导意见》,要求所有上市公司必须按照该意见的规定,建立独立董事制度。我国独立董事制度建立以来,大大改良了上市公司董事会结构。证监会颁布的《上市公司独立董事规则》第 2 条以及《关于在上市公司建立独立董事制度的指导意见》第 1 条,均就上市公司独立董事的定义作出规定,即独立董事是指不在上市公司担任除董事外的其他职务,并与其所受聘的上市公司及其主要股东不存在可能妨碍其进行独立客观判断的关系的董事。独立董事应当按照相关法律法规、本着指导意见和公司章程的要求,认真履行职责,维护公司实体利益,尤其要关注中小股东的合法权益不受损害。上述规定强调了独立董事要维护的是公司利益,而非大股东的利益;中小股东与大股东的利益都蕴含在公司利益中,不允许大股东凌驾于小股东利益之上。独立董事和其他董事一样,既享有权利和权力,也应承担义务与责任。独立董事对公司和全体股东负有忠实和注意义务,一旦违反,也应对公司及股东承担民事赔偿责任。

我国公司治理中,独立董事虽为公司董事,但其不参与公司日常经营,是具有一定独立性的董事,因此独立董事也被称作外部董事。从前述独立董事的定义可以看出独立董事强调其独立性,类似于《公司法》中的监事,但又不完全一样。独立董事对于公司运营的合规性、对公司不利影响后果的可能性、防范内部人利益输送、对中小股东的保护更为关注。内部董事作为董事会成员,则更偏向于商业管理,享有公司的经营决策权和管理权,对内掌管公司事务,对外代表公司进行决策和执行。独立董事和内部董事的工作职权也是不同的。根据《上市公司独立董事规则》第 22 条、第 23 条及有关部门规章等,独立董事应当对特殊事项发表专门的独立意见与事先认可,这是独立董事所享有的特权。内部董事仅依据《证券法》《公司法》享有在董事会中的决策和管理的权力。虽然职权不同,但独立董事与内部董事一样需要对公司和股东尽诚信及勤勉之责。

2022 年《虚假陈述侵权民事赔偿若干规定》对独立董事的归责与免责抗辩事由作出了细化规定,第 16 条规定了 5 种独立董事可以免责的情形。该规定认可了合理信赖的抗辩理由。实践中,法院也更关注勤勉义务履行的过程及相关证据,独立董事能够提供证据证明其充分参与了项目的考察,如独立董事在董事会前阅看相关资料,了解相关背景,就其中发现的异常行为或异常数据提出疑问并要求公司作出合理解释,然后根据自身经验提出意见和建议,或者依靠专业第三方中介机构出具的专业意见作出判断,并对专业意见尽到了审核义务,则很大可能被认定为尽到了勤勉义务。由于每个独立董事的学识、职责、获取信息的渠道的差异性,勤勉义务的抗辩也应当更具有针对性,而不能一概用同一个标准去衡量。例如,上市公司的独立董事是律师、会计财务或本行业的技术专家等类型的专业人士,那么他们对于上市公司披露的与其专业相关方面的信息应尽到却未尽到勤勉义务的时候,独立董事就应当承担上市公司违法主要责任,毕竟关联交易的构成与否涉及专业知识的掌握和运用。反之,如果独立董事并非专业人士,还要求其对披露信息承担较高的审核义务,则未免过于苛刻。

在此意义上,中安科案中的6名董事中,被告殷某、常某、蒋某为独立董事,未在中安科公司任职,也并非律师、会计师等专业人士。这3名独立董事平时也不参与公司的经营活动,仅是对公司的经营决策提供建议和监督,相对于中安科公司的其他董事而言,其对公司经营状况的了解程度更小。况且,中安科公司披露的信息源于他人提供的第三方信息,即重大资产重组所涉标的公司中安消技术公司的经营状况,对于这种源于第三方的信息,相对于内部董事而言独立董事所负有的审慎注意义务的程度也有所不同。根据证监会的行政处罚决定,被告中安科公司虚假陈述主要涉及"班班通"项目、"智慧石拐"项目和"BT"项目等。被告中安科公司、中安消技术公司已聘请专业中介服务机构对本次重大资产重组置入资产进行了审计和评估,均未发现置入资产存在营业收入及评估值虚增的情形。被告殷某、常某、蒋某这3名独立董事都不是专业人士,且在专业的第三方中介机构已经作出专业的审计和评估的情况下,再苛求其持续关注标的公司"班班通"项目的履行进程,并对与标的公司经营状况相关的资料进行审核,显然已超出独立董事的职责范围,因此,法院认定3名独立董事已经尽到了勤勉义务,在本案中应予免责。该认定很好地衔接了2022年《虚假陈述侵权民事赔偿若干规定》的裁判思路。

(二)内部董事勤勉义务

勤勉是指努力、勤劳,从其字面含义来看应包含积极、善意、审慎之意。公司法上的勤勉是指尽心尽责地处理公司事务。董事的勤勉义务就是要求董事必须以一个谨慎之人管理自己事务时具有的勤勉程度去管理公司事务。现行法律对于董事勤勉义务的认定未作出明确规定。判断内部董事是否已履行勤勉义务,应从董事的行为是否符合法律法规、公司章程、岗位职责的规定,并结合董事是否已尽到合理注意义务等方面来考量。《证券法》第82条规定,发行人的董事、监事和高级管理人员应当保证发行人及时、公平地披露信息,所披露的信息真实、准确、完整。本案中,被告黄某、邱某、朱某是被告中安科公司的内部董事,其对于公司所负有的勤勉义务标准理应高于独立董事。该3名董事当时分别担任中安科公司董事长、财务总监、总经理一职,有义务对交易对方及标的公司提供的相关资料尽到谨慎审核义务。被告黄某虽对于置入资产的相关决议均回避表决,但其作为被告中安科公司的董事长,系公司的主要决策者,对于涉及公司经营等方面事务负有直接责任。被告黄某在审议涉案重大资产重组事项中回避表决系由于其在重大资产重组所涉置出资产交易对方公司任职,据此并不能成为免除其作为董事长所负有的谨慎注意义务的理由。被告中安科公司披露的信息源于其交易对方被告中恒汇志公司及标的公司被告中安消技术公司,3名内部董事黄某、邱某、朱某对该信息所负有的谨慎注意义务也与对中安科公司自身信息应有所不同。被告黄某、邱某、朱某虽不具备审计和评估方面的专业知识,但他们作为分别在公司担任董事长、总经理、财务总监的内部董事,理应对重组过程中需要披露的信息负有一定的审慎注意义务。尤其对于需要经过招投标程序才能实际付诸履行的“班班通”项目未予以持续关注,导致最终的股权价值严重虚增,该3名董事对被告中安科公司的违法行为理应负有相应的责任。虽本案所涉重组交易中除有独立财务顾问、审计机构、评估机构等中介服务机构外,还有申银万国公司对本次重大资产重组涉及的置入资产范围、预估交易价格以及交易结构等提供专业咨询意见,同时,就置入资产评估项目曾召开两次专家评审会议,但被告黄某、邱某、朱某作为内部董事,过分依赖专业中介服务机构,没有实施诸如实地调查或要求中介服务机构进一步查证相关在手合同实际履行情况等主动核查行为。鉴于此,被告黄某、邱某、朱某对于被告中安科公司违反信息披露义务,构成虚假陈述具有一定的过错,应酌情对原告的损失在2%的范围内承担连带责任。

结　语

近年来,证券虚假陈述案件中,投资者追究上市公司董事责任的案件呈上升趋势。2003年《虚假陈述民事赔偿若干规定》对公司董事的勤勉义务只作了概括性规定,即有证据证明无过错的,应予免责,但未有明确的细化规定。本案审理中,法院对上市公司董事的勤勉尽责抗辩事由不再"一刀切",打破"签字追责"的惯性思维,而是根据具体情况作出判断。比如,允许独立董事在尽到了勤勉义务的情况下合理合法的免责,既切实保护了中小投资者的合法利益,又为公司独立董事的履职标准提供了法律依据,也更有利于证券虚假陈述案件中独立董事责任的认定,发挥独立董事制度的作用,推动资本市场的良性运作。

本案判决于2022年《虚假陈述侵权民事赔偿若干规定》颁布之前,但与新司法解释中有关独立董事过错认定的规定是契合的,对于上市公司独立董事责任的认定具有典型意义。

双重嵌套资管合同下次级管理人的侵权赔偿责任及限制

——戴某诉中科招商投资管理集团股份有限公司等其他侵权责任纠纷案①

王　鑫*　阮申正**

【裁判要旨】

受债的相对性约束，双重嵌套资管合同中，投资者原则上不得直接向次级投资项目的受托管理人主张权利。但若该管理人明知项目的实际投资者，且存在违反以保护投资者为目的的法律、行政法规，或违背公序良俗的侵害行为，造成投资者在资管合同项下的合法权益受到损害的，尤其是在穷尽其他救济方式的情况下，投资者可依法直接向次级管理人主张损害赔偿责任。

【案号】

一审：上海市虹口区人民法院(2020)沪0109民初5898号

二审：上海金融法院(2022)沪74民终43号

---

① 合议庭成员：王鑫、许晓骁、葛翔。本案入选2022年度上海金融法院十大典型案例。

* 法学硕士，上海金融法院综合审判三庭庭长。

** 法学硕士，上海金融法院综合审判三庭法官助理。

【案情】

上诉人(原审被告):上海聚潮资产管理有限公司(以下简称聚潮公司)、中科招商投资管理集团股份有限公司(以下简称中科公司)

被上诉人(原审被告):华泰证券股份有限公司(以下简称华泰证券)

被上诉人(原审原告):戴某

聚潮—中科 A 资管计划由聚潮公司发行并作为管理人,华泰证券作为托管人,资管计划存续期限为 24 个月,可展期 12 个月。《资管合同》约定,投资期内,资管计划不低于 95% 投资于中科公司担任普通合伙人及执行事务合伙人的有限合伙企业的有限合伙份额(私募基金),有限合伙企业主要投资于新三板挂牌公司的股票、拟上市公司股权以及存款工具,其中拟上市公司股权包括但不限于拟在主板、创业板、中小板上市公司或拟在新三板挂牌公司的股权;有限合伙企业投资于单一企业累计不得超过计划净值的 20% 等。

2016 年 1 月,华泰证券作为代销机构,就上述资管计划组织了多次路演。其间,中科公司委派其工作人员参与部分路演,介绍中科公司以往业绩及有限合伙企业基本情况,预期收益等。

募集完成后,聚潮公司代表 A 资管计划与中科公司签订《合伙协议》,约定:合伙企业名称为中科华海,普通合伙人中科公司、有限合伙人聚潮公司分别占出资 5%、95%,合伙资产由华泰证券托管;合伙企业设投决会,由普通合伙人、有限合伙人委派委员组成,投资事项必须经全体委员通过;投资项目及其限制与《资管合同》的约定一致。中科公司代表中科华海与华泰证券签订《托管协议》。

中科华海进行了以下投资交易:(1)2016 年 8 月,投决会决议购买 1.8 亿元银行短期理财产品。中科公司据此要求华泰证券向以中科华海名义另行开立于中国民生银行的账户支付 1.8 亿元用于投资,并表明投资回款后由中科公司负责将资金返还至托管账户。后中科公司将 1.8 亿元款项全部用于购买《五矿信托计划》。(2)2016 年 10 月至 2017 年 4 月,中科华海投决会决议以增资、受让或出资形式各投资"东明化工""威盛工业""韶山润泽""中长健康"4 家公司约 3000 万元。中科公司制作的《分析报告》载明,"东明化工""威盛工业"已经或将有中介机构进场辅导,拟完成股改并在新三板挂牌,但审理中未能提供相应依据;"韶山润泽""中长健康"的报告则未表明该两家公司有上市计划,后 4 家公司均未上市。(3)2017 年 6 月,中科公司未经中科华海投决会决议,将民生银行账户中尚未退回至托管账户的 6030 万元擅自用于购买"恒宇 55 号"基金产品,并导致合伙企业实际投资超过《合伙协议》比例限制。聚潮公司得知后对中科公司提起仲裁,中国国际经济贸易仲裁委员会裁决:中科公司向中科华海支付 6030 万元与"恒宇 55 号"清算或债权处理结果差额的 80% 款项及相应利息等。后"恒宇 55 号"亦未能实现资金回笼。

2018 年资管计划到期后,未实现退出。

2019 年 12 月,聚潮公司、华泰证券、中科公司签订《备忘录》,约定:鉴于中科华海不能于短期内实现对投资标的的清收,由中科公司指定其关联公司众科盛祥受让聚潮公司持有的中科华海份额;各方承诺在受让方开始履行付款义务之日起不自行或者通过任何人以任何形式为投资者提供法律援助等。各方根据:第三方机构对中科华海投资的 4 家项目公司的评估(合计价值 2985.6 万元)、仲裁裁决确定的中科公司赔偿金额(按"恒宇 55 号"0 清算价值计算)及部分溢价补偿款 19,389,804 元,确定份额转让价款,并向投资者公告。

2021 年 2 月 3 日,众科盛祥分五期将转让款支付完毕后,聚潮公司将涉及 A 资管计划的最后一笔资产分配完毕,A 资管计划完成清算并注销。

本案投资者戴某认购 300 万元 A 资管计划份额,本金亏损 1,318,033.83 元,以侵权为由,起诉请求聚潮公司、中科公司、华泰证券赔偿戴某投资本金损失、预期收益、利息损失及律师费。

【审判】

上海市虹口区人民法院认为,本案中,华泰证券未违反适当性义务及托管义务,并无过错;聚潮公司、中科公司未按照《资管合同》《合伙协议》的约定决策、管理中科华海的投资项目,存在过错:两者共同决策投资的 4 家项目公司不符合“拟上市公司”的要求;中科公司违规投资“恒宇 55 号”产生损失,聚潮公司对此未尽监管责任;私募基金项目退出转让价款及对象不具合理性。考虑到市场风险因素,戴某酌情自担损失的 30%,聚潮公司、中科公司连带赔偿损失的 70%、相应利息及律师费,于 2021 年 11 月 16 日作出(2020)沪 0109 民初 5898 号民事判决:(1)聚潮公司、中科公司连带赔偿戴某投资本金 922,623.68 元及上述款项自 2021 年 2 月 4 日起至实际履行之日止的利息;(2)聚潮公司、中科公司连带赔偿戴某律师费损失 5 万元;(3)驳回戴某其余诉讼请求。

宣判后,聚潮公司、中科公司均提出上诉,认为自身不存在过错,戴某的相关损失系市场风险所致。中科公司还认为,中科公司与戴某之间不属同一法律关系,戴某无权直接起诉中科公司,中科华海份额转让后,戴某也不能再提起赔偿请求。

经审理,上海金融法院认为,案涉交易包括两层架构:一是戴某与华泰证券、聚潮公司签订《资管合同》对 A 资管计划的投资;二是聚潮公司代表 A 资管计划与中科公司签订《合伙协议》,作为有限合伙人对中科华海的投资。一般情况下,根据合同相对性原则,戴某无权为自己的利益直接起诉中科公司,其只能请求管理人聚潮公司代表 A 资管计划起诉中科公司违约或在聚潮公司怠于行使权利的情况下依法通过代位诉讼寻求救济。但是本案的特殊之处在于,聚潮公司与中科公司约定,相互间不起诉也不为投资者提供法律援助,且 A 资管计划已于一审判决前完成清算,即聚潮公司或投资者代表 A 资管计划提起诉讼的基础已不复存在,投资者难以通过常规的途径寻求救济。戴某在 A 资管计划中的受益权属于原《中华人民共和国侵权责任法》(以下简称原《侵权责任法》)所保护的合法财产权益,比照第三人侵害债权的相关规则,中科公司作为《资管合同》之外的第三人,知道或者应当知道债权债务关系存在,如违反了勤勉尽责等《中华人民共和国信托法》(以下简称《信托法》)规定的以保护该权益为目的的法定义务,造成投资者合法权益受到损害的,行为人应承担相应的侵权责任。故戴某可依法对中科公司提起侵权责任纠纷之诉。根据各方的过错行为及导致的相应损失上海金融法院对各被告的责任进行相应的调整,于 2022 年 10 月 28 日作出(2022)沪 74 民终 43 号民事判决:(1)撤销一审判决;(2)聚潮公司、中科公司连带赔偿戴某投资款本金损失 876,597.95 元;(3)驳回戴某的其余一审诉讼请求;(4)驳回聚潮公司的其余上诉请求;(5)驳回中科公司的其余上诉请求。

【评析】

本案二审包括多项程序、实体争议,鉴于篇幅所限,本文主要围绕中科公司可否作为本案适格当事人承担侵权责任这一争议展开,对其他争议的分析过程不再赘述。

一、投资者权益保护原则上应受合同相对性的约束

(一)合同相对性的一般原则

合同的相对性,又称"债的相对性",是源于罗马法的一项法律制度。债(obligatio)在罗马法中被称为"法锁"(juris vinelum),意指"当事人间之羁束(Gebundenheit)状态",[①]即把债权人和债务人联系在一起的纽带。正是因为该纽带的存在,一方当事人才有义务履行某些行为或表示某种容忍,另一方当事人才有权接受这些行为或容忍,第三人原则上不受影响,[②]故债具有相对性。合同是基于当事人之间意思自治而建立的特定权利义务关系,属于债的一种,故具有相对性。合同的相对性包括三个方面:一是主体的相对性,即合同关系只能发生在特定的主体之间,只有合同当事人一方能够向合同的另一方当事人基于合同提出请求;二是内容的相对性,即只有合同当事人才能享有某个合同所规定的权利义务并承担该合同规定的义务,除合同当事人以外的任何第三人不能主张合同上的权利;三是责任的相对性,违约责任只能在合同关系的当事人之间发生,合同关系以外的人不负违约责任,合同当事人

---

① 参见李宣琛:《日耳曼法概说》,商务印书馆 1944 年版,第 72 页。

② 参见[英]巴里·尼古拉斯:《罗马法概论》,黄风译,法律出版社 2000 年版,第 168 页。

也不对其承担违约责任。[①] 其体现了民事法律关系平等、意思自治的基本原则及维护行动自由的理念,是私法制度的基础。

《中华人民共和国民法典》(以下简称《民法典》)第 465 条第 2 款规定:“依法成立的合同,仅对当事人具有法律约束力,但是法律另有规定的除外。”《民法典》颁布前的《中华人民共和国合同法》(以下简称《合同法》)虽未以立法的形式直接确认该原则,但该法第 121 条规定,“当事人一方因第三人的原因造成违约的,应当向对方承担违约责任。当事人一方和第三人之间的纠纷,依照法律规定或者按照约定解决”,亦隐含了相应内容。[②]

本案所涉资管计划包括两层架构,第一层是投资者对 A 资管计划的投资,即戴某与华泰证券、聚潮公司签订的《资管合同》;第二层是 A 资管计划对中科华海的投资,即聚潮公司代表 A 资管计划与中科公司签订的《合伙协议》。就合同的主体、内容及责任三方面的相对性而言,戴某与第二层投资中的中科公司均没有直接联系,原则上不得向其主张《资管合同》下的权利或利益,只能向与其缔约的聚潮公司主张。

(二)侵权法的主要规范对象

大陆法系国家采取物债两分的法律体系,物权可能受到任何人的侵犯,但是人们不可能预先(ab inito)、准确地知道谁可能侵犯它,也没有想到必须通过诉讼来保护自己的权利;相反,债权则可能受到同其发生关系的人的侵犯,而且一开始(ab origine)就知道将可能针对该人行使诉权。[③] 故物权属绝对权,可针对一切人提起诉讼,而债权属相对权,为维护债权的诉讼只能针对特定人提起。侵权责任法的主旨是保护民事主体的相关民事权益不受侵害。但是,这并不意味着其保护的权益范围可以无限制地扩展,如果将债权像物权一样地纳入侵权责任法的保护范围,赋予所有人不得侵害该权利的义务,将使权利人处于一种动辄得咎的状态,不仅加重民事主体的注意义务,而且

---

① 参见王利明:《论合同的相对性》,载《中国法学》1996 年第 4 期。

② 参见韩世远:《合同法总论》(第 4 版),法律出版社 2018 年版,第 15 页。

③ 参见[意]彼得罗·彭梵得:《罗马法教科书》,黄风译,中国政法大学出版社 1992 年版,第 258 页。

容易诱发侵权诉讼的泛滥，影响民事主体的行为自由。[①] 故一般认为，侵权法的保护对象应限定为绝对权，其与债法上的责任分属不同的责任体系，规范功能也各不相同，只有在违约行为同时构成对当事人固有权利，即绝对权的损害时，才可能构成两种责任的竞合。[②]

本案中，戴某主张的投资、利息、预期收益等损失不与任何人身伤害或者固有财产损害相联系，不具有对世效力，一般不能通过侵权法获得救济。

二、合同相对性的突破

合同相对性原则将社会关系理想化地分割成一个个独立的“契约”，但事实上并不存在完全封闭的合同关系，人们之间的利益关系总是紧密相关的。[③]随着市场交易的广泛程度与复杂性日益增加，严守合同相对性原则在很多情况下不能充分平衡各方利益，故各国立法、司法从实际出发，对合同相对性作出了不同的突破。

（一）合同履行力的扩张

合同履行力的突破是合同权利义务向合同当事人以外的第三人延伸，其旨在积极实现当事人的缔约目的，一般属于合同责任的范畴。其主要包括实现履行利益之义务、辅助实现履行利益之义务两种类型。前者只可由当事人约定，当事人应有以该给付为合同重要之给付的意思，[④]如纯粹利他合同。《德国民法典》《法国民法典》《日本民法典》和我国《民法典》等对此均有规

---

① 参见刘志刚：《基本权利影响侵权民事责任的路径分析》，载《东北师大学报（哲学社会科学版）》2018 年第 5 期。

② 例如，《民法典》第 186 条规定，因当事人一方的违约行为，损害对方人身权益、财产权益的，受损害方有权选择请求其承担违约责任或者侵权责任。

③ 参见吴文嫔：《论第三人合同权利的产生——以第三人利益合同为范式》，载《比较法研究》2011 年第 5 期。

④ 参见陈自强：《不完全给付与物之瑕疵——契约法之现代化Ⅱ》，台北，新学林出版股份有限公司 2013 年版，第 67 页。

定。后者则通常由法律政策所决定,如披露制度[①]、关联合同制度[②]、买卖不破租赁、债的保全[③]等。合同履行力的突破主要基于以下考量:一是交易自由;二是交易成本;三是交易安全。总体上,突破的程度随着合同当事人意思的明确性或联系的紧密性、期待的可能性增大而逐渐提升,实现合同履行范围及责任主体的扩张。

(二)合同履行利益的保护

债权利益无法实现是典型的纯粹经济损失,由于该损失"不与任何人身体伤害或者财产损害相联系",且涉及的多为预期利益,故具有较大的不确定性。为防止侵权责任的泛化,一般不可获得赔偿[④],但对此类损失一律不予赔偿在某些情形下可能有违社会一般伦理观念,故法律规定,特定情形下第三人负有不损害当事人当前债权利益状态的消极义务,此即合同履行利益的保护,一般属于侵权责任的范畴。我国一般以特别法或司法解释的形式作出规定,如《中华人民共和国反不正当竞争法》第 7 条禁止经营者采取不正当手段谋取交易机会;最高人民法院《关于适用〈中华人民共和国公司法〉若干问题的规定(二)》(以下简称《公司法解释(二)》)第 18 条规定股东、董事因怠于清算损害公司债权人利益的应负赔偿责任等。除列举方式外,《德国民法典》第 826 条[⑤]被认为概括性地规定了侵害债权的责任要件;《法国民法典》则更进一步,对合同债权赋予了普遍的保护[⑥],当然,这种保护在司法实践中仍会受到过错、因果关系等抽象概念的限制。[⑦] 总体而言,侵权法上对债权利益的

---

① 例如,我国《民法典》第 926 条。

② 关联合同是多数合同因为交易上的一体性而紧密联结形成的多数合同关系,根据法律规定,这些合同之间在效力上相互关联。如根据《德国民法典》第 358 条的规定,消费者信贷交易中,贷款合同和买卖合同可以构成关联合同,消费者享有撤回直索和抗辩直索权;我国《关于审理商品房买卖合同纠纷案件适用法律若干问题的解释》第 16 条亦作出类似规定。

③ 例如,我国《民法典》第 535 条。

④ 参见张新宝、张小义:《论纯粹经济损失的几个基本问题》,载《法学杂志》2007 年 4 期。

⑤ 参见《德国民法典》第 826 条规定,故意以背于善良风俗之方法,加损于他人者,对该他人负损害赔偿之义务。

⑥ 参见《法国民法典》第 1200 条规定,第三人应当尊重合同所创设的法律状态。为了提出某种事实证据,第三人尤其可以主张此种法律状态。

⑦ 参见葛云松:《纯粹经济损失的赔偿与一般侵权行为条款》,载《中外法学》2009 年第 5 期。

保护并非如对物权的保护那样当然,其主要受到行为人主观状态、注意义务、损害因果关系等多重因素的影响。

三、关于资管计划投资者请求次级管理人损害赔偿的司法考量

(一)投资者权益保护的充分性

1. 诉讼利益

诉的利益是指根据每个具体请求的内容,考量作出本案判决的必要性以及实际上的效果,即本案判决的必要性和实效性。[①] 诉的利益的功能在于平衡国家、原告、被告的利益,一方面法律赋予国民诉权从而获得使用制度带来的利益,另一方面禁止原告滥用这一制度避免被告不必要的应诉以维护其合法利益。根据民事诉讼理论,诉的利益是诉讼要件,无利益者无诉权。我国《民事诉讼法》第 122 条第 1 项、第 3 项规定的有直接利害关系,有具体的诉讼请求和事实、理由两项起诉条件[②],可以认为是该理论在立法中的具体体现。

本案中,戴某主张 A 资管计划项下损失,而资管计划本质上属于信托。信托财产具有独立性,在资管计划存续期间,信托财产的管理和运用并不以投资者的名义进行[③],其财产权也不归属于投资者[④]。资管计划的财产损失与投资者的利益损失之间缺乏法律上的直接利害关系,若资管计划因第二层

---

① 参见[日]新堂幸司:《新民事诉讼法》,林剑锋译,法律出版社 2008 年版,第 187 页。

② 《民事诉讼法》第 122 条规定:“起诉必须符合下列条件:(一)原告是与本案有直接利害关系的公民、法人和其他组织;(二)有明确的被告;(三)有具体的诉讼请求和事实、理由;(四)属于人民法院受理民事诉讼的范围和受诉人民法院管辖。”

③ 参见《信托法》第 2 条规定:“本法所称信托,是指委托人基于对受托人的信任,将其财产权委托给受托人,由受托人按委托人的意愿以自己的名义,为受益人的利益或者特定目的,进行管理或者处分的行为。”

④ 参见《信托法》第 15 条规定:“信托财产与委托人未设立信托的其他财产相区别。设立信托后,委托人死亡或者依法解散、被依法撤销、被宣告破产时,委托人是唯一受益人的,信托终止,信托财产作为其遗产或者清算财产;委托人不是唯一受益人的,信托存续,信托财产不作为其遗产或者清算财产;但作为共同受益人的委托人死亡或者依法解散、被依法撤销、被宣告破产时,其信托受益权作为其遗产或者清算财产。”

私募基金投资的管理人中科公司的行为而产生损失的,理应由聚潮公司代表资管计划提起诉讼,投资者戴某并非适格当事人,即使参照《中华人民共和国公司法》(以下简称《公司法》)股东派生诉讼制度,投资者亦无权要求第二层管理人进行直接赔付,[①]而应当由资管计划行使归入权。但是,由于本案中资管计划已清算注销,其财产权益转化为投资者的直接财产,故投资者对次级投资项目的管理人也具备了相应的诉讼利益。

2. 侵权法的规范范围

对于侵权法的规范范围,大陆法系有德国及法国两种立法模式。德国采取了封闭的立法模式。《德国民法典》第823条第1款规定,因故意或过失,不法侵害他人之生命、身体、健康、自由、所有权或其他权利者,对于该他人,负赔偿因此所生损害之义务。通说认为,此处的"其他权利"仅指法律规定的绝对权,限制了法官的裁量权力。法国则采取了开放的立法模式。《法国民法典》第1382条规定,任何行为致他人受到损害时,因其过错致行为发生之人,应对该他人负赔偿之责。该法对于民法所保护的权益的范围未加限定,将其决定权交由法官来行使。

原《侵权责任法》第2条规定:"侵害民事权益,应当依照本法承担侵权责任。本法所称民事权益,包括生命权、健康权、姓名权、名誉权、荣誉权、肖像权、隐私权、婚姻自主权、监护权、所有权、用益物权、担保物权、著作权、专利权、商标专用权、发现权、股权、继承权等人身、财产权益。"

私权的形成本身就是从利益到法益,再从法益到权利的正当化的过程。我国立法虽然未对侵害债权的行为作出特别规定,但司法实践并没有囿于传统观念的束缚,而是从诚实信用、维护交易安全、行为自由等角度灵活解释法律,对第三人侵害债权制度均进行了合理的吸收,从而形成符合客观情形的判决。[②] 全国人大常委会法工委主任黄薇主编的《中华人民共和国民法典合同编释义》中认为,合同债权是一种民事权益,原则上不属于侵权责任编的保

---

① 根据《公司法》第152条的规定,股东直接诉讼只能对董事、高级管理人员提起,类比信托、资管计划,只能向直接管理人提起。

② 例如,上海市第一中级人民法院民事判决书,(2009)沪一中民二(民)终字第898号;安徽省芜湖市中级人民法院民事判决书,(2020)皖02民终1276号;最高人民法院民事判决书,(2017)最高法民终181号等。

护范围，但如果第三人侵害债权的行为足够恶劣，第三人有过错，能够构成相应侵权行为的，可以适用本编规定。[①] 可见，债权可成为原《侵权责任法》所保护的民事权益在我国具有一定的理论和实践基础。

本案中，戴某主张所受损的权益为A资管计划项下“受益权”，在性质上属于债权，原《侵权责任法》并未完全排除对该利益的保护，故戴某可以基于侵权请求权提起本案诉讼。

（二）投资者权益救济的必要性

一方面，侵害债权即妨害债权实现，从广义而言，侵害债权应包括由于合同债务人的违约而妨碍债权人债权实现的情形，但若认定债务人的所有违约行为同时构成侵权，债权人可以要求他们承担侵权责任，这将导致违约责任与侵权责任的混淆，破坏民事法律责任体系的和谐和完整。[②] 另一方面，债权并非如绝对权一样具有公开性，外界难以查知，如果行为人动辄需要对自己轻率、不假思索的行为承担责任，将不堪重负，而且法院也会面临着随之而来的诉讼泛滥。故债权的保护应受到一定的限制，并非所有因侵害而产生的损失均可从行为人处获偿。

1. 救济手段的补充性

最高人民法院编写的《中华人民共和国民法典侵权责任编理解与适用》指出，对于能够通过债务不履行规则解决的问题，应在准确界定相应法律关系的前提下，首先适用债务不履行的规则，避免将第三人侵害债权泛化，冲击正常的交易秩序乃至社会秩序。[③] 笔者认为，上述观点表明，侵权责任在债权救济中居于补充性的地位，只有穷尽合同法及其他特别法的救济，才可以选择侵权责任的一般条款寻求救济。面对缺乏法律明文规定而依据一般条款、一般法起诉而来的案件时，法院应该慎重对待、从严审核，不能纵容当事人为了直达目的而“抄近路”滥诉。[④]

---

① 参见黄薇主编：《中华人民共和国民法典合同编释义》，法律出版社2020年版，第191页。

② 参见孔东菊：《论第三人侵害债权与合同相对性的关系》，载《法学杂志》2005年第2期。

③ 参见最高人民法院民法典贯彻实施工作领导小组主编：《中华人民共和国民法典侵权责任编理解与适用》，人民法院出版社2020年版，第18页。

④ 参见俞巍：《股东请求确认股东会决议有效的诉讼不宜受理》，载《法学》2008年第9期。

本案中,投资者享有的“受益权”是基于合同而创设,一般情况下,投资者主张受益权应基于违约的请求权基础,并受合同相对性的约束,戴某无权为自己的利益直接起诉次级投资项目的受托管理人中科公司。但是本案的特殊之处在于,首先,违约救济对投资者利益的保护并不完整。案涉资管计划包括两层架构,虽然《资管合同》《合伙协议》在内容上体现了较高的关联性,但聚潮公司、中科公司间不构成典型意义上的“通道业务”,[①]在两个合同中的权利义务也存在一定的区别,[②]中科公司在私募基金层面的违约行为不必然导致聚潮公司对投资者构成违约,两者在责任上也不必然重合,可能存在中科公司造成的损失无法通过合同获得救济的情形。其次,投资者对中科公司没有其他适当的债权救济途径。对于中科公司损害案涉资管计划的行为,立法并未赋予特殊的救济手段,但投资者仍可根据现有法律规定寻求以下救济:一是根据合同相对性,请求聚潮公司代表资管计划追究中科公司的违约责任。但本案中,两者已在《关于“资管计划”退出操作事宜之备忘录》中约定互不追究责任,该救济显然无法实现。二是按照《公司法》第151条的规定,自行起诉中科公司,代表资管计划行使归入权。本案中,由于资管计划已注销,投资者亦无法行使归入权。[③] 故投资者在现有救济途径无法实现的情形下,直接起诉次级投资项目的管理人,不违反侵权责任介入债权保护的补充性要求。

2. 实体责任的有限性

(1)可预见性

行为人需要具备“可预见性”。行为人应当能合理预见他的不当行为将给受害人的利益带来损害或者受害人可以合理信赖行为人不会从事侵害行

① 参见《全国法院民商事审判工作会议纪要》第93条规定,当事人在信托文件中约定,委托人自主决定信托设立、信托财产运用对象、信托财产管理运用处分方式等事宜,自行承担信托资产的风险管理责任和相应风险损失,受托人仅提供必要的事务协助或者服务,不承担主动管理职责的,应当认定为通道业务。

② 《资管合同》《合伙协议》均合法有效,本案不属于《信托法》第32条中典型的共同受托人,聚潮公司、中科公司分别履行各自的合同义务,故而最终法院根据两者的行为及导致的相应损失分别认定其责任。

③ 不同于普通法系国家,我国未承认信托财产具有独立的诉讼地位,涉及信托利益的诉讼一般以管理人的名义进行,但实质的权利义务仍由信托财产承担,不同于管理人自身的诉讼。笔者认为,信托计划注销后,其权利能力及责任能力均不复存在。同理,投资者也不能基于对聚潮公司本身的债权向中科公司行使债权人代位权。

为。只有对加害于人的结果有预见可能者才能要求其防免,并对未加以防免者课以责任。就本案而言,中科公司符合“可预见性”的要求:中科公司签订的《合伙协议》明确约定聚潮公司代表A、B资管计划成为有限合伙人,同时,《资管合同》中披露了有限合伙具体名称、执行合伙人、投资事项等细节信息。可见,在A资管计划的销售过程中,中科公司设立有限合伙企业投资拟上市公司的构想和计划已经形成,A资管计划实质上是中科公司为了引入包括戴某在内的更多投资者而设立,两者形成类似关联合同的关系。投资者及中科公司分别订立《资管合同》《合伙协议》时,即对彼此的存在及职责有清晰的认识,也对彼此诚实地履行自身的义务存在合理的信赖。同时,就损害结果而言,案涉产品属于封闭的私募投资基金,投资者的范围与投资总额相对确定,故中科公司对最终的受害主体及损害金额均具有可预见性。[①]

(2)近因性

所谓近因,非最初的原因,也不是在时间上或空间上与损失发生最接近的原因,而是指造成损失的最直接、最有效、起主导性作用的原因。近因在损失发生中起的作用十分有力,以致在一连串事件中起着支配作用,使人们在各个阶段能够有逻辑地预见下一个事件,直到意料中的结果发生。[②] 根据本案交易架构,投资者认购聚潮A资管产品后,A资管计划作为有限合伙人投资中科华海,再由中科华海对外投资进而实现最终投资收益。中科公司对整个投资决策起主导作用,如因中科公司的过错导致中科华海损失的,必然导致A资管计划的损失,从而影响投资者权益。故中科公司的行为与损害后果之间符合近因要求。

(3)正当性

本案中,投资者突破合同相对性进行责任追究的正当性或合理性主要包括以下三个方面考量:

一是受害人民事利益的可救济性。纯粹经济利益不像绝对权那样具有

---

① 与此相对应的是,公开市场上的虚假陈述等侵权行为,受害主体和损害结果均存在不特定性,行为人可能因自己的行为承担无法预见的损害后果,故此类侵权责任通常需要有法律明确规定,而且一般会设置责任上限。

② 参见杨艳华主编:《保险学》,厦门大学出版社2016年版,第89页。

公示性及明晰的权利界限,损失的发生通常也具有间接性,“只是使受害者的钱包受损”①,故一般在伦理观念上被视为“坏运气”②,不能“有损害就有救济”。但如果这种民事利益被普遍认为应当受到保护,从而赋予行为人必要的注意义务,如存在一些特别的保护性法律规定,则增强了对侵害人施以责任的正当性。苏永钦教授认为,法律若课以行为人不得作为或为一定作为的义务,通常会尽力使潜在的行为人有预知的可能,从而对于违反义务者在命其排除违法状态以外,附带地追究财产损害的责任。③ 本案中,投资者根据《资管合同》享有的信托受益权受到《信托法》的保护,如果这种权益因市场风险以外的异常行为因素受到损害,则具备了可救济性;同时,中科公司作为管理人,根据《信托法》对所管理的私募基金也具有勤勉尽责的义务,当其违反这种义务时,承担相应的法律责任也未超出其合理认知范围。

二是侵害人的过错程度。由于侵权法对债权的保护程度不像绝对权一样,一般认为,行为人侵害债权的过错程度要重于一般侵权行为,才具有“非难可能性”。理论界多认可“故意以悖于善良风俗方法加害于债权人者,始负赔偿责任”④,理由在于:第三人一般并不知道债权的存在,如果过失也可构成侵害债权,就会严重妨碍行为人的活动自由。但是,侵权责任中的过错不仅包括故意、过失的主观过错,也包括无过错或过错推定的客观过错。近代以来,过错的判断基础日益由个人人格非难可能性转为依社会秩序一般客观需要,特别是对于专业领域具有特殊注意义务的主体等情形。⑤ 实践中,第三人侵害债权的行为存在诸多情形,难以穷尽列举,将第三人侵害债权的责任限定于主观故意的情形可能导致责任范围过于狭窄,部分权益难以获得救济。对此,笔者认为,《德国民法典》的做法值得参考:该法第823条第2款规定,“违反以保护他人为目的之法律者,负同一义务。依法律之内容,无可归

① [意]毛罗·布萨尼、[美]弗农·瓦伦丁·帕尔默主编:《欧洲法中的纯粹经济损失》,张小义、钟洪明译,法律出版社2005年版,第5页。

② 参见葛云松:《纯粹经济损失的赔偿与一般侵权行为条款》,载《中外法学》2009年第5期。

③ 参见苏永钦:《再论一般侵权行为的类型》,载苏永钦:《走入新世纪的私法自治》,中国政法大学出版社2002年版。

④ 王泽鉴:《民法学说与判例研究(五)》(修订版),中国政法大学出版社2005年版,第171～174页。

⑤ 参见邱聪智:《民法研究一》(增订版),中国人民大学出版社2002年版,第59页。

责事由亦可能违反该法律者,仅于有可归责事由之情形,始负赔偿义务”。对行为人的过错标准采取了更为细化的处理,既在赔偿责任上体现出注意义务的区别,又避免了遗漏应受责难的过失侵权行为。信托是负有特殊注意义务的专业领域,管理人的勤勉尽责义务应是一种客观责任。本案中,中科公司违反合同约定进行投资、违规操作的行为严重违反勤勉尽责义务,导致投资者的损失,无论其在主观上是基于故意或是重大过失,均具有“非难可能性”。

三是侵害人的行为自由。拉伦茨和卡纳里斯教授指出,“任何侵权规范的基本问题都存在于法益保护与行为自由之间的冲突上……侵权法的目标就是根据最合理的平衡或实际合理性来解决这一冲突”。[①] 过分强调对受害人利益的保护,可能会限制行为人的行为自由,故在界定受保护的利益范围时,要考虑行为人的行为自由。本案中,虽然第三人侵害债权的责任属于对一般侵权责任的扩张,但投资者的利益与《合伙协议》下私募基金的利益存在一致性,投资者突破合同相对性直接向终局责任人中科公司求偿,并不会导致其承担额外的赔偿责任,也不会增加中科公司基于《信托法》而应履行的勤勉尽责义务,故不会导致对其行为自由和交易秩序的额外限制。由于中科公司不具有法定或约定的免责事由,其应向投资者承担相应的赔偿责任。

四、余　　论

物权与债权之间并非全无交集,随着市场交易的广泛程度与复杂性日益增加,物权、债权的二元划分逐渐显现一定的弊端,虽然合同相对性原则在绝大多数情况下的适用仍具有其合理性,但合同的相对性已在某些领域被打破。对此,我们既不能脱离现实,盲目冒进,也不能陷入概念法学的窠臼,僵化适用法律,要在确保法律适用可预见性的前提下,协调好权利和义务、自由和秩序,把握好原则和例外,合理维护各方当事人的合法权益。

---

① 李昊:《交易安全义务论》,北京大学出版社2008年版,第19~20页。

银行间债券市场主承销商因利冲侵权承担赔偿责任的判定

——中国一拖集团财务有限责任公司诉上海浦东发展银行股份有限公司侵权责任纠纷案①

吴峻雪* 杨 晖**

【裁判要旨】

银行间债券市场主承销商作为债券存续期间的后续管理人应对发行人及债务融资工具进行动态监测、发现问题督导督促、及时启动突发事件应急响应程序。在其同时作为所承销债券的持有人及发行人的融资银行时,多重身份导致其自身利益与其他债券持有人利益之间形成必然的利益冲突,承销机构应以全体债券持有人的利益优先。在明知影响发行人偿债能力的重大不利信息后,承销机构作为债券后续管理人,应督促发行人及时披露相关信息,并在发行人信息披露前,不得将其自身持有的债券先行交易。承销机构在其自身利益与投资人利益存在冲突时,利用信息优势先行交易的行为违背诚信原则,具有主观过错,造成交易相对方损失的,应承担相应的赔偿责任。

---

① 合议庭成员:单素华、吴峻雪、翁新芳。本案入选 2022 年度上海金融法院十大典型案例。

* 法学硕士,上海金融法院申诉审查及审判监督庭庭长。

** 法学博士,上海金融法院申诉审查及审判监督庭法官助理。

【案号】

一审:上海金融法院(2019)沪 74 民初 22 号

二审:上海市高级人民法院(2021)沪民终 962 号

【案情】

原告:中国一拖集团财务有限责任公司(以下简称一拖公司)

被告:上海浦东发展银行股份有限公司(以下简称浦发银行)

2014 年 2 月 8 日,被告浦发银行作为主承销商与国裕物流公司签订《承销协议》,约定国裕物流公司向中国银行间市场交易商协会(以下简称交易商协会)申请注册总额不超过人民币 11 亿元的债务融资工具。2015 年 8 月 5 日,国裕物流公司在银行间债券市场发行 15 国裕物流 CP001 短期融资券,发行金额 4 亿元,起息日 2015 年 8 月 6 日,到期兑付日 2016 年 8 月 6 日,票面利率 7%。2015 年 10 月 26 日,国裕物流公司发行 15 国裕物流 CP002 短期融资券,发行金额 2 亿元,起息日 2015 年 10 月 28 日,到期兑付日 2016 年 10 月 28 日,票面利率 7%。

《现券买卖成交单》显示,2016 年 1 月 13 日,原告一拖公司买入 15 国裕物流 CP001,券面总额 5000 万元,交易金额 49,775,300 元,应计利息总额 1,530,054.64 元,结算金额 51,305,354.64 元,卖出方为“上海浦东发展银行资管”,受托方为被告。

2015 年 11 月 18 日,国裕物流公司组织各融资银行召开债权人会议,会议《备忘录》记载,签字银行包括被告,其签名代表为杨某。2015 年 12 月 23 日,武汉市地方金融工作局召集国裕物流公司、被告武汉分行等融资银行在内的单位,召开国裕物流公司银行信贷协调会。《协调会纪要》载明,国裕物流公司的盈利能力大幅度下降,出现收不抵支现状,经营现金流日益紧张,企业生产濒于停产边缘。《协调会纪要》载明被告参会人员为俞某、杨某。

2016 年 1 月 20 日,国裕物流公司向被告报送该公司自助查询版《企业信用报告》。2016年1月22日,被告向国裕物流公司发送邮件,要求发行人填报交船订单延期和撤销情况。2016年1月29日、2月1日,被告向国裕物流公司发送邮件,要求发行人严格做好订单撤销和推迟事项的信息披露工作。2016年2月2日、3月28日,国裕物流公司先后发布两份《造船订单推迟、取消公告》。

2016年2月22日,被告自行查询国裕物流公司银行办《企业信用报告》,发现报告期内有欠息和垫款记录。2016年2月24日、2月26日、3月14日,被告分别向国裕物流公司发送邮件,要求发行人对信贷违约进行全面核查和信息披露。2016年3月14日,发行人发布《债务逾期公告》,披露从2015年12月18日开始,发行人子公司发生贷款逾期;从2016年1月11日开始,国裕物流公司发生贷款逾期。在被告发送给国裕物流公司的相关邮件中,部分邮件抄送"杨某(武汉)"等被告武汉分行江岸支行人员。

2016年3月15日,被告向国裕物流公司发送邮件,告知发行人要求召开投资人沟通会和持有人会议及会议具体安排事宜。2016年3月17日,被告分别发布召开15国裕物流CP001及15国裕物流CP002持有人会议公告,2016年4月6日召开两期短期融资券持有人会议。

2016年8月及10月,被告及国裕物流公司均发布《短期融资券未按期足额兑付本息的公告》,分别宣布截至涉案短融券到期兑付日日终,发行人未能按照约定筹措足额偿债资金,两期短融券不能按期足额兑付。

2019年1月10日,原告诉至上海金融法院,以被告作为涉案短融券主承销商,未履行信息披露督导义务,在知晓发行人重大财务问题后,隐瞒该足以影响发行人兑付能力的内幕信息,将自己持有的债券转让给原告,直接造成原告财产损失,请求判令被告赔偿短融券损失本金9000万元、利息630万元、罚息14,137,200元(暂计)、律师费15万元。

【审判】

上海金融法院经审理认为,本案被告浦发银行履行后续管理义务未有不当,原告一拖公司产生的损失,系主承销商的侵权责任,责任范围应根据浦发的行为和一拖的损失之间的关系链及原因力大小合理确定，浦发银行卖出债券的行为不是一拖公司产生损失的根本原因。浦发银行作为主承销商，不是债券信披义务主体，其仅承担转让债券时因主承销商、债券持有人身份构成的利益冲突而对相对方产生的侵权责任，该责任主要系由其法定义务而产生，并非系对一拖公司有终局性的赔偿责任，故应承担一定比例赔偿责任。

上海金融法院于2021年9月17日作出(2019)沪74民初22号民事判决：(1)被告浦发银行应于判决生效之日起10日内赔偿原告一拖公司人民币2140万元。(2)对原告一拖公司的其余诉讼请求不予支持。宣判后，一拖公司、浦发银行均提出上诉。上海市高级人民法院于2022年10月27日作出(2021)沪民终962号民事判决：驳回上诉，维持原判。

【评析】

目前我国债券市场统一正在推进中。债券主承销商的责任性质以及其在短期融资券存续期间履行后续管理义务的合法性、适当性问题尚未在法律层面加以全面统一规定。在多重身份下，承销商转让持有债券是否构成利益冲突，应否承担侵权赔偿责任尚需深入探讨。该案的审理充分考虑债券行业发展现状和发展要求，按照诚信原则和分类趋同原则，在《全国法院审理债券纠纷案件座谈会纪要》指导下，对银行间债券市场主承销商后续管理义务和利冲行为作出规制范例，确定主承销商在利益冲突下交易债券的限制，参照证券法下内幕交易的规制原则，符合人民银行、发展改革委等六部委联合发布的《关于推动公司信用类债券市场改革开放高质量发展的指导意见》要求，填补了银行间债券市场相应的行为规范空白。

一、银行间债券市场承销商与交易所承销商责任比较

首先，关于责任内容。在公司债券中，承销商的基本责任是销售债券，并不进行后续督导管理；在非金融企业债务融资工具中，主承销商除完成发行销售，还应进行后续督导管理服务。在交易所市场和银行间市场，承销商的

承销责任均应遵守诚实信用、勤勉尽责原则。就信息披露而言,承销商并非信息披露义务人,其仅对债券发行人及融资担保机构披露信息的真实、准确、完整进行必要的核查。在银行间市场,承销商对其出具的文件负有确保真实、准确、完整之责任。

其次,关于责任性质。在公司债券市场,承销商不仅作为销售中介,还可以同时作为受托管理人。进行受托管理的责任性质应为对投资人的信托义务,其行为违反法定的信义义务,造成投资者损失,则应依法或依约承担相应法律责任。如其只进行发行承销,那么则根据法律规定或者合同约定的承销行为内容,其应承担与其过错相应的赔偿责任。

最后,关于过错认定。《中华人民共和国证券法》(以下简称《证券法》)第85条、第163条认定中介机构连带责任,包括两种情形,一是"故意"和"明知"虚假陈述的;二是行为严重违反注意义务,对虚假陈述的形成或发布存在过失的。最高人民法院于2022年1月21日出台的《关于审理证券市场虚假陈述侵权民事赔偿案件的若干规定》第17条、第18条、第19条规定了中介机构的过错责任认定标准,其依照《证券法》的上述规定,中介机构遵守监管规定及行业执业规范已审慎履职,尽到职业谨慎,则认定没有过错。同理,在两类债券市场中的承销商在履行中介责任过程中,因违约或者侵权承担民事赔偿法律责任的过错标准,必须是严重、故意和明知,责任范围应与其过错相当。不论是交易所债券市场还是银行间债券市场,承销商会因法律规定或者自律监管规则的规定对投资者承担法定的信义义务,也会因与投资人签订合同约定受托管理或者后续管理义务,而因此承担合同义务。承销商的责任性质不论是法定还是约定,若造成投资者损失,均应承担与其过错相当的赔偿责任。

二、承销商的后续管理义务及适当履行判定

在银行间债券市场中,监管规范明确规定由承销商承担后续管理责任,会造成承销商可能同时身兼数个不同角色。承销商除进行债券的发行承销工作,还需承担属于受托管理人的后续管理义务,承销商兼任受托管理人。

若承销商购入债券，则又同时成为债券持有人，若出售债券，则又成为债券出让人。另外，在银行间市场，承销商为具有会员资格的银行金融机构，若承销商恰好为债券发行人的融资银行，此时将会引发两个问题：(1)银行间债券市场主承销商适当履行后续管理义务的判定；(2)主承销商同时具有多重身份，其将债券转让给投资者，是否构成利益冲突、应否承担侵权责任。

首先，银行间债券市场主要受自律监管规则调整，与公开在交易所向社会公众发行的其他信用债不同，其投资者是专业机构。机构投资者具备优于公众投资者的专业知识，配有专门人员，按照规范流程进行投资交易，其判断、识别风险的能力明显不同于一般公众投资者。专业投资者在交易中更多地依靠自身的能力作出交易判断。因此相比对公众投资者的特殊保护而言，应充分考虑专业投资者的交易能力特征，对专业投资者应适用分类、分级保护，并且在个案协商交易方式中，交易一对一进行，反复磋商，双方的交易能力是对等的，专业投资者对交易对手的信赖关系不是推定的，这明显有别于公开竞价交易方式。

其次，不论是何种交易场所，各种信用债券都具有通过承销行为在一定范围发行，发行人承诺到期还本付息的共同属性。因此，虽各个信用债市场投资者主体身份和风险承受能力有差异，但从信用债市场管理和规范的角度看，良好市场秩序的建立和维护，都应以保障债券持有人的合法权益、强化发行人的监督约束、督促中介机构勤勉尽责为目标和导向。

最后，在债券市场中，无论承销商是否承担后续管理义务，单从承销行为内容看，承销商也对投资者负有信义义务。作为发行中介机构，承销商仅与发行人签订承销协议，并未与投资者存在直接的合同关系，但是承销商负有督促发行人规范发行，其在发行过程中出具的中介专业服务意见应核查其真实性、准确性与完整性。因此，承销商应忠实勤勉尽责。从忠实义务内容来看，承销商自身利益与投资者利益冲突，应以投资者利益为重；从勤勉义务内容来看，承销商在执行职责时，应当为投资者最大利益尽到管理者通常应有的合理注意。

综上，在银行间债券市场，承销商均应以信义义务为基本标准，履行后续管理职责，忠实勤勉，处理好利益冲突，禁止不当获利。

(一)承销商适当履行后续管理义务的内容

根据自律监管规定,应从下面三个方面标准判断承销商适当履行后续管理义务。

首先,承销商是否尽职动态监测,对发行人的经营运行情况、风险承受能力、债券兑付情况进行持续跟踪。具体监测方式,应以与监测内容相关的公开途径与方法进行监测。监测内容应包括发行人重大经营合同签订、履行、取消情况,了解重大财务变动情况,包括大额应收账款的支付履行状况等会计信息调整。监测方式应以承销商与发行人约定的联络方式为渠道如电话(做好电话录音)、邮件(做好及时抄送转发留档)、信件(做好签收及内容记录),定期查询相关登记公示平台信息,动态关注发行人情况等。

其次,督促发行人及时信息披露,督导发行人及时处置发现的相关问题。通过动态监测发现涉及经营平稳运行与风险偿债能力问题,应在合理工作时间内通知发行人及时对外披露相关信息,采取相应处置措施。关于督促的时间,并非以发行人出现相关影响经营的重大情况的当时为准。发行人内部的经营状况与偿债能力变化系其内部运行情况,承销商作为外部人了解上述状况,一是需要一定的规范途径,二是需要一定的时间与流程,三是需要通过一定手段加以核实。承销商作为外部监督力量,获取发行人内部信息需要通过一定环节与时间,并且在获取相关信息后还要采取相应的核实核查过程。因此,及时督促督导的时间标准应以受托管理人合理注意义务所需的通常时间进行判断,或者另有证据证明承销商故意拖延时间,未及时督促发行人。

最后,对突发事件及时启动应急响应程序。若发行人对督促督导不予及时处置,怠于履行相应披露义务,则承销商应切实尽到受托管理责任,根据自律监管规则与合同约定,启动持有人会议等程序,采取救济措施。

(二)承销商适当履行后续管理义务的具体判定

交易商协会《后续管理工作指引》规定,主承销商应结合宏观经济、金融政策、行业运行变化情况对企业募集资金用途等进行动态监测,但是关于具体的监测方式,自律规则并未明确。自律规则未规定主承销商在对企业一般的日常动态监测时有权实时监控发行人银行账户。日常动态监测和对入池企业风险排查的监测方式和程度应有所区别。实践中，关于承销商是否适当履行后续管理义务，主要焦点集中在承销商在发现发行人经营情况的重大情况后，是否及时督促发行人披露重大信息，采取相应救济监督措施。

1. 承销商内部操作规范不能作为判断适当履行后续管理义务的标准

承销商自行制定的，关于后续管理义务的相关内部工作流程要求，较之合同约定和行业自律监管规则更为细化严格，是各承销商内部业务流程的操作规范，并不具有普适性的规范效力和法律效力，不能直接将内部规范作为认定具体承销商未适当履行后续管理义务、承担法定责任的基础标准，否则将出现银行间债券各承销商后续管理义务履行不当承担法定责任标准不统一的情况。

2. 承销商以其他身份获取未公开重大不利信息，在具体事项查实前未向投资者披露不属于履行后续管理义务不当

本案中，发行人作为融资人请求召开银行债权协调会，并在会上陈述濒临停产、收支困难，该信息具有重大性、非公开性，属于可能对投资决策产生重大影响的尚未公开的敏感信息。但浦发银行作为参会融资行知晓的上述信息，还不具备直接披露信息的条件。债券发行人作为债务人向融资银行陈述经营困难，而非作为发行人向主承销商报告需要披露的风险和偿债能力问题，二者行为性质、信息明确度不同。浦发银行作为融资银行获知的上述重大不利信息具体内容指向不明，作为后续管理义务人，应采取的适当后续管理义务措施为进一步查实上述重大不利信息指向的发行人具体经营和财务问题，如主要业务经营情况、贷款逾期情况等，并在查实具体问题后督促发行人及时披露，而并非直接披露发行人对公司整体情况的描述。同时，在查实并披露具体问题前，应严格遵守管理人的信义义务，不能以此信息谋取不正当利益。浦发银行在获知上述信息后两周内着手推进了多项后续管理工作，核查了发行人的企业信用报告，并向发行人发送管理邮件，及时督促信息披露，履行后续管理义务并无不当。

3. 不能以发行人相关问题的实际发生日期作为衡量后续管理义务适当性的绝对标准

发行人是信息披露义务人,主承销商进行后续管理,应履行对发行人动态监测、发现问题督导督促、及时启动突发事件应急响应程序。若发行人发生影响企业稳定运营及债券偿付的重大事项,应及时进行信息披露,承销商并非上述信息的披露义务主体,承销商适当履行后续管理义务,应体现在及时督促发行人履行信息披露义务。因此,即使承销商以其他身份获知尚未公开的重大信息,并不能因此而认为,承销商负有向投资者披露该信息的义务,也不能以此信息产生的具体时点作为判断承销商后续管理义务是否适当履行的时间标准。本案中,在系列重大事件发生后,如重大合同订单取消,发行人负债状况发生重大变化,承销商在此之后一段时间内通过外部登记公示平台对发行人债务信息变动进行了查询并邮件通知发行人及时披露信息。交易商协会亦对涉案债券主承销商的履责行为进行了调查,认为其履行后续管理义务未存在严重瑕疵,未认定其有相应过错或作出相应处罚。因此,从客观角度看,在发行人相关问题发生时,承销商不可能立即知悉,也不能要求其马上就相关问题督促发行人,留有必要的操作时间是必要的,也是合理的。

三、承销商在多重身份下的利益冲突及防范

在银行间债券市场,存在承销商同时兼具债券发行人短期融资券主承销商、受托管理人(后续管理)、系争短期融资券持有人、系争短期融资券转让人、发行人融资银行等多重身份的可能。在承销商转让涉案债券时,其是否因多重身份而存在利益冲突,是否因身份优势获得交易优势,获取不正当利益,由此对交易对手的损失负相应赔偿责任。厘清上述争议点是判定承销商应否承担相应赔偿责任的关键环节。

(一)承销商的多重身份会引发利益冲突

发行人融资银行、债券持有人、债券出让人、承销商、受托管理人,不同角色在债券发行交易中的利益定位不同。

一是融资银行与债券持有人之间是债权竞争关系。发行人融资银行处于债券法律关系之外,与债券持有人一致,均系发行人的债权人,但是二者与发行人的法律关系不同。融资银行与发行人形成借款合同关系,债券持有人与发行人之间形成债券债权债务关系。从本质看,融资银行与债券持有人对发行人债权处于竞争状态,若发行人偿债能力有限,会引发债务兑付竞争,因此这两种身份之间存在利益冲突。

二是承销商、受托管理人均系发行人发行债券的中介服务机构,对投资者负有信义义务,二者之间不存在利益冲突,二者均应忠实勤勉为投资者(债券持有人)利益服务。

三是债券持有人与债券受让人之间是交易对手关系,二者之间是利益交换关系。通过债券转让,持有人脱离债券法律关系,套现离场,受让人支付对价,获得债券,加入债券法律关系,实现其投资目的。

四是同一主体同时为承销商、受托管理人并持有债券(投资者)情况下,此时出让债券,债券出让人利益定位与其承销商、受托管理人身份利益定位冲突。债券出让人利益目标是通过交易获取最大经济收益,而承销商、受托管理人应忠实投资者利益,为债券持有人最大利益服务。因此,承销商同时为债券持有人出让债券时,同时为债券出让人,两者利益目标不同,存在利益冲突。

若发行人的融资银行召开会议,发行人明确表示收不抵支、濒临停产,该信息直接反映了发行人的经营和偿债能力发生重大困难。一旦其经营濒临停产、收不抵支的信息公开,将对相关债券市场产生重大影响。承销商以发行人融资银行身份参会并获取这类信息,在这些信息尚未向投资者公开披露前,承销商若同时具备债券持有人及出让人身份,进行债券交易,相较交易对手(其他投资者)而言,不同角色之间的利益目标不同,这类信息的使用会引发利益冲突。

本案中,浦发银行作为系争债券的管理人,为维护债券持有人利益,在得知上述信息后,应及时主动开展跟踪、监测和调查工作,并及时督促发行人披露信息。同时,浦发银行作为发行人的融资债权人,在系争短期融资券发行后又购回系争债券,成为债券持有人,亦存在避免自身损失的利益需求。因此,浦发银行同时作为融资债权人、债券持有人和债券管理人等,多重身份的并存导致其自身利益产生冲突。

(二)利益冲突导致债券交易对手之间信息不对等

在一般情况下,基于银行间债券市场交易的交易投资属性、金融产品性质、交易主体机构投资者身份以及平台交易特点,在债券一对一交易中,若双方处于交易自由、身份地位对等前提下,交易对手方之间对风险进行独立判断,达成交易协议,属于市场交易的常态,一般无须因信息披露向交易对手方承担责任。但若交易一方利用交易之外的其他身份获取信息等优势,并将该优势用于交易中,则使交易双方处于不对等状态,有违交易公平与诚实信用。本案中,浦发银行兼主承销商、受托管理人、授信贷款行和债券持有人于一身,其在获知上述重大敏感信息后在披露前处置了自己持有的涉案债券,在交易对手间形成了因交易身份之外的身份优势,交易双方处于不对等状态。

(三)承销商在多重身份情形下的利益冲突防范

忠实勤勉是承销商在多重身份情形下,防范利益冲突的基本原则。承销商作为债券后续管理义务人,服务全体债券持有人,而非某一部分债券持有人,当发生利益冲突时,应以全体债券持有人的整体利益为先,勤勉尽责,而非自身利益(持有债券)的利益最大化。

首先,承销商应建立完善的风险内控机制和业务隔离防火墙。不同业务谨防人员交叉,不同业务严格信息交换,操作规范留痕,并形成完备抄送机制。

其次,承销商在以其他身份渠道获知债券发行人业务经营发生重大变动、偿债能力发生重大变化等相关信息后,应忠实勤勉履行后续管理相应责任。在发生利益冲突时,应以投资者(债券持有人)整体利益为重,承销商维护自身作为融资银行、债券持有人、债券出让人身份的利益,应劣后于其中介职责,严禁将不同身份优势转化为自身利益优势。

最后,设立承销商多重身份下的债券交易防火墙机制。利益冲突是客观存在的,一方面,要求承销商严格履行信义义务,这是从法律责任方面对利益冲突进行限制，树立处理利益冲突的基本原则，同时为防患于未然；另一方面，也要从技术机制层面设立多重身份下承销商持有转让债券的限制制度。一是在为债券提供承销及后续管理期间，承销商可以购入服务的债券，但是具体金额、出售时间、出售比例应严格限制；二是在信息敏感期，应限制其交易服务的债券，从源头避免利益冲突；三是建立承销商交易债券报告备案制度，限制承销商交易自由，在交易前向市场自律监管部门进行登记备案，作出不存在利益冲突或者不存在利用多重身份导致交易优势的承诺。

（四）利益冲突下承销商向投资者转让涉案债券的赔偿责任认定

1. 承销商在多重身份下交易债券存在悖信过错

在多重身份下，承销商利用未公开信息优势先行转让债券，获取不当利益，有悖诚信原则。根据交易商协会《银行间债券市场非金融企业债务融资工具管理办法》的规定，债务融资工具发行与交易应遵循诚信、自律原则。承销商利用其优势地位，得知发行人“收不抵支，濒临停产”的消息后，在行使后续管理职责前向原告转让了系争债券，转嫁了本应由其承担的投资风险，违反了诚信原则，具有主观过错。承销商在其后的后续管理中，查证了发行人应披露的具体事实，对上述重点情况召开了债券持有人会议，债券最终未能兑付导致债券持有人损失。债券受让人的损失与承销商在利益冲突的情况下转让债券有交易因果关系。因此，承销商在构成利益冲突的情况下，相关信息公开前的敏感期，就所涉债券先行交易有违诚信原则，应向合同相对方承担与其过错相适应的赔偿责任。

2. 承销商利用身份优势导致投资人损失的赔偿范围判定

首先，投资者与承销商的短期融资券交易是一对一协商交易，不同于证券二级市场的公开竞价交易模式。短期融资券是具有法人资格的非金融企业在银行间债券市场发行的，约定在 1 年内还本付息的债务融资工具。与在证券交易所市场采用公开竞价交易模式的公司债券不同，银行间债券市场债券交易的成交报价一般为询价交易方式，交易流程具有格式化、标准化、规则化的特点，但其性质仍属一对一主体之间的交易。

其次，根据承销商的过错程度及受让人的专业机构投资人身份，酌定多重身份下承销商承担受让人损失赔偿责任范围。银行借款和债券均属金融债务,募集资金用于归还到期债券,均为解除企业的金融债务负担,并不必然产生发行人不能兑付涉案债券的后果。债券受让人的损失最终由发行人造成,发行人到期未兑付是原告发生损失的根本原因。且受让人作为银行间债券市场专业的机构投资者,相较于公开债券市场的普通投资者而言,更具专业性。因短期融资债券的协商交易模式,受让人在选择投资标的时,对债券发行人和债券的基本情况有较高的注意义务。承销商基于金融债权人身份获知发行人重大不利信息,向原告转让部分债券时未依诚信原则履行先合同义务,未履行后续管理责任,以维护债券持有人整体利益为先,利用不同身份优势引发的交易优势,使受让人基于错误的认知购入上述债券,最终产生损失。承销商的过错行为与受让人的投资决策之间具有一定的交易因果关系,但要明确交易对手的损失最终是发行人所致,承销商承担赔偿责任的法律基础是其因多重身份,在利益冲突时,悖信交易存在过错。

金融商事·银行类

网络盗刷的认定及发卡行与持卡人的责任承担

——丁某诉招商银行股份有限公司上海淮中支行储蓄存款合同纠纷案①

崔　婕*

【裁判要旨】

网银交易中,网络交易身份认证信息验证通过,一般可认定为持卡人本人或其授权交易;但持卡人提供证据足以证明案涉交易系他人冒用持卡人名义所为的,应认定系网络盗刷。发卡行主张持卡人违反信息保管义务的,应当承担举证责任;仅以信息验证通过为由,主张持卡人存在信息保管过错的,不能成立。在无证据证明持卡人自身存在违约行为等可归责事由的情况下,发卡行就被盗刷的款项承担责任。

【案号】

一审:上海市黄浦区人民法院(2018)沪 0101 民初 1312 号

二审:上海金融法院(2019)沪 74 民终 200 号

---

① 合议庭成员:崔婕、周欣、胜宏观。本案入选上海法院 2019 年度“四个一百”精品案例。

* 法学博士,上海金融法院综合审判二庭副庭长。

【案情】

上诉人(原审被告):招商银行股份有限公司上海淮中支行(以下简称招商银行淮中支行)

被上诉人(原审原告):丁某

丁某诉称:丁某在招商银行淮中支行办理储蓄卡一张。2015 年 9 月 16 日,收到招商银行发来的短信,查询发现账户发生 3 笔网银转账,而收款账户是原告并不认识的户名。随后原告向公安机关报警,公安机关侦破此案后查明,上述转账系犯罪分子在非法获取储户的网银用户名及登录密码后,使用扫号软件非法扫描银行网站,从而登录储户的网上银行而进行的。在原告严密保管自己的网银登录名及密码且从未向外透露的情况下,犯罪分子仍然能够轻易获取原告的登录名及密码并能够成功转账,说明被告对网上银行交易的安全保障存在严重疏漏,应对原告的资金损失承担赔偿责任。

招商银行淮中支行辩称:招商银行淮中支行不存在违约行为,取款密码等只有丁某本人掌握,说明其自身存在过错,而且本案损害后果是由犯罪行为所导致。

法院经审理查明:2011 年 4 月,丁某在招商银行淮中支行处办理一张卡号 6226××××××08 的储蓄卡。2011 年 4 月 24 日,丁某填写申请表申请开通该储蓄卡网上个人银行,并在“关联本行卡”选择框中画“√”,在“申请移动数字证书”前选择框中画“×”,“申请文件数字证书”“作废文件数字证书”“作废移动数字证书”“关联他行卡”栏均未填写。该申请表背面功能说明及责任条款载明,客户凭账号、密码和数字证书进行个人银行(专业版)网上交易。客户对网上交易指令及由此产生的结果承担一切经济和法律上的责任。客户需要妥善保管账号、密码和数字证书等资料,由本人泄露客户资料产生的风险及损失由客户本人承担。

2015 年 1 月 18 日,丁某开通该卡的短信验证码转账功能,单日限额为 20 万元。短信验证码转账流程为:第一步,打开招商银行个人银行大众版首页;第二步,进入个人银行大众版登录页面,输入用户名(登录名/手机号/邮箱)、登录密码、附加码登录;第三步,进入转账汇款页面,输入收款方户名、账号、金额等相关信息;第四步,点击获取验证码,输入取款密码及发送至验证码收取手机号所接收的验证码,点击完成。

2015 年 6 月 28 日、7 月 7 日,丁某使用短信验证码转账功能进行过转账,短信验证码接收手机号为 189××××××69。2015 年 9 月 16 日,丁某账户在 7 时 29 分许、31 分许、35 分许,使用短信验证码转账功能向户名为章某,卡号为 6230××××××22 的卡分别转账 5 万元、5 万元、4750 元,招商银行淮中支行系统均将短信验证码发送至上述手机号中。此外,3 时 43 分许,招商银行淮中支行系统还向上述手机号发送一网通关联手机修改验证码。7 时 49 分许,丁某口头挂失该卡,招商银行淮中支行系统也向上述手机号发送短信告知口头挂失操作成功。2015 年 9 月 16 日 9 时 33 分,丁某将该卡中剩余款项取出,并更换新卡同时开通短信通知功能。10 时 46 分,丁某至上海市公安局黄浦分局经侦支队报警。

(2016)沪 0101 刑初 1072 号刑事判决查明:被告人童某、唐某经预谋和约定分成比例后,由唐某出资非法购买公民个人信息数据,并给童某提供住处。自 2015 年 9 月起,被告人童某用非法获取个人信息的大量数据,与被告人唐某一起对上述数据进行切割、整理,保留原始数据中的移动电话号码、身份证号、密码等内容,随后由被告人童某使用专门的扫号软件,在其租赁的服务器上用盗取的网银登录名和登录密码进行自动匹配,选取登录名和密码正确的信息,再使用变号软件用被害人的电话号码拨打通信运营公司客服电话,以被害人名义在被害人的移动通信功能中开通短信助手业务,增设短信过滤、短信保管、短信转移等功能,然后登录被害人网上银行主页,输入截取的银行发送的转账验证码等方式,将被害人银行卡中的存款转账后予以侵吞。2015 年 8 月 29 日至 9 月 21 日,共计从 7 名被害人的账户中转账或消费 1,728,261.50 元,所得赃款除部分由被告人童某替唐某归还债务外,余款化用殆尽。具体如下:……(5)被告人童某使用上述手法于 2015 年 9 月 16 日将被害人丁某名下银行卡(卡号 6226××××××08)中的资金 104,750 元转账至卡号为 6230××××××22 户名为章某的银行卡内……被害人丁某发现其名下招商银行卡于 2015 年 9 月 16 日凌晨被他人盗刷,遂向公安机关报案。经上海弘连网络科技有限公司计算机司法鉴定所鉴定:经去重,从被告人童某处查获243,287条公民个人信息,从被告人唐某处查获5,162,101条公民个人信息,从被告人杨某处查获1,750,358条公民个人信息,从被告人幸某处查获202,250条公民个人信息。(2017)沪02刑终703号民事裁定书,裁定驳回上诉,维持(2016)沪0101刑初1072号刑事判决。

【审判】

法院生效裁判认为,债务人必须向正确的债权人履行债务,否则不发生清偿的效果。本案根据丁某提供的询问笔录,涉案资金损失系网络盗刷所致。招商银行淮中支行主张,持卡人丁某自身存在泄露信息的过错,然就此并未提供有效的证据证明,不予采纳。同时,基于合同的相对性和合同严格责任,即便案涉资金损失是由合同以外的第三人造成的,与丁某存在合同关系的招商银行淮中支行,仍应对作为持卡人的丁某先行承担支付责任。而且,从风险分配和利益衡量的角度讲,将案涉银行卡欺诈的风险分配给招商银行淮中支行也更为合理。综上,丁某账户资金遭网络盗刷,在没有证据证明丁某存在违约行为等可归责事由的情况下,招商银行淮中支行对冒名者的付款行为不能产生清偿的效果,仍应当就被盗刷的款项对丁某承担全部支付责任。

【评析】

当丁某将货币存入招商银行淮中支行时,即不再对其享有所有权,而是获得依合同约定请求招商银行淮中支行支付本息的债权。虽然丁某的诉请表述为"赔偿损失",但实为确认其与招商银行淮中支行之间就被盗刷部分的债权债务关系仍然存在,要求招商银行淮中支行承担继续履行的违约责任。本案二审争议焦点为:丁某账户遭网络盗刷,与丁某建立储蓄存款合同的招商银行淮中支行应否对被盗刷的款项承担支付责任。

一、网银交易中持卡人本人或其授权交易与网络盗刷的举证与认定

债务人必须向正确的债权人履行债务，否则不发生清偿的效果。对合同是否正确履行发生争议的，由负有履行义务的当事人承担举证责任。在储蓄存款合同的履行中，银行应采取措施识别银行卡的使用人是否为持卡人本人或经授权的人；在诉讼中，银行对系争交易是向持卡人本人或经授权的人履行负有举证责任。网上银行业务不同于物理卡交易，银行无法凭借真实有效的银行卡来验证持卡人身份，而是通过卡号、登录及交易密码、动态验证码等持卡人网络交易身份认证信息的一致性来核实客户身份。银行提供的证据证明上述信息验证通过的，通常即认定构成具有受领权的权利外观、银行的给付属于适当履行。本案根据查明的事实，涉案银行卡的网上交易须输入正确的用户名、登录密码、附加码、取款密码及验证码，方能完成网银转账交易。招商银行淮中支行亦是以验证通过为由，主张其在债务履行过程中并不存在违约，而且个人银行证书申请表背面所载功能说明及责任条款亦规定，客户对网上交易指令及由此产生的结果承担一切经济和法律责任。然而，上述网银交易中债务履行适当性的认定，在性质上属于事实推定。即以相关验证信息的私密性为前提，推定系争交易由持卡人或其授权所为。如果持卡人提供证据证明相关交易系他人冒用持卡人名义、使用持卡人网络交易身份认证信息所为的，即可推翻上述事实推定。本案中，根据丁某提供的询问笔录，涉案资金损失系因案外人童某等人非法获取被上诉人的身份信息、账户信息后，通过使用变号软件截获银行发送的验证码，进而完成转账所致。在存在网络盗刷的情况下，招商银行淮中支行仍仅以验证通过为由主张属于适当履行，不能成立。

二、招商银行淮中支行主张丁某违反信息保管义务应当承担举证责任

我国《合同法》第 120 条规定，当事人双方都违反合同的，应当各自承担

相应的责任。在储蓄存款合同关系中,发卡行负有向持卡人提供安全的用卡环境的义务,持卡人则负有妥善保管银行卡卡号、密码等银行卡信息的义务。持卡人未尽到妥善保管自己银行卡信息的义务,亦构成违约,可以减轻或免除发卡行的违约责任。本案中,招商银行淮中支行即主张,取款密码是丁某自行设置的,犯罪分子之所以可以撞库成功是因为丁某在其他网站使用了相同的用户名和密码,因此持卡人丁某自身存在泄露信息的过错。然而招商银行淮中支行的此主张是以取款密码等银行账户信息只有丁某知晓为前提的,而网银交易系统的安全性不高、银行对网银交易环境的管理不善等均有可能导致银行卡信息泄露。而且,即便丁某在其他网站使用了与案涉银行卡相同的用户名和密码,亦不能即得出丁某未尽到妥善保管自己银行卡信息的义务。因此,招商银行淮中支行未提供相应的证据证明丁某未尽到适当注意义务导致银行卡信息泄露,应承担举证不能的后果。对其关于丁某自身也存在违约行为,并据此要求减轻或免除责任的主张,本院不予采纳。

三、招商银行淮中支行的安全保障义务及案涉银行卡信息泄露风险的分担

我国《商业银行法》第6条规定,“商业银行应当保障存款人的合法权益不受任何单位和个人的侵犯”。《电子银行业务管理办法》第38条亦规定,“金融机构应当采取适当的加密措施和采取适当的技术、识别与验证使用电子银行服务客户的真实、有效身份”。从利益衡量和风险防范的角度讲,将案涉银行卡欺诈的风险分配给招商银行淮中支行也更为合理。作为专业金融机构,招商银行淮中支行对其所提供的供客户选择的任何一种网上交易模式,均具有保障账户资金安全的法定义务。丁某之所以选择将案涉款项存入招商银行淮中支行,也正是基于对其作为商业银行的信任。为此,作为借记卡的发卡行及相关技术、设备和操作平台的提供者,应当对交易机具、交易场所加强安全管理,对各项软硬件设施及时更新升级,以最大限度地防范资金交易安全漏洞。尤其是随着电子银行业务的发展,商业银行作为从电子交易系统的开发、设计、维护者,也是从电子交易的风险中获得经济利益的一方,

相较于持卡人而言,应当也更有能力采取措施防范风险和解决问题:一方面,可以通过发布警示案例,告知持卡人相应的风险隐患,还可以通过引入保险机制,分散相应的风险;另一方面,可以升级软件硬件等技术保障措施,增强防范银行卡违法犯罪行为的能力。

四、招商银行淮中支行不能以第三人原因为由免责

招商银行淮中支行另主张,丁某账户被盗刷是由于犯罪行为所致,手机运营商在涉案事件中亦存在过错,不应由其承担民事责任。对此,首先,丁某将款项存入银行后,账户资金的所有权已经发生转移,相应地该笔款项的风险也转移至招商银行淮中支行。犯罪分子冒丁某之名实施盗刷行为,侵害的是招商银行淮中支行的货币所有权,而非丁某资金的所有权。丁某请求支付存款与银行资金被盗是两个独立的法律事实。其次,我国《合同法》第 121 条规定,当事人一方因第三人的原因造成违约的,应当向对方承担违约责任。我国《商业银行法》第 33 条规定,银行应当按时向储户足额支付本息,在储户没有可归责事由的情况下,银行应该无条件地向储户承担到期支付的责任。本案丁某提起诉讼的请求权基础为储蓄存款合同关系,基于合同的相对性和合同严格责任,即便案涉资金损失是由合同以外的第三人造成的,与丁某存在合同关系的是招商银行淮中支行,对作为持卡人的丁某仍应当先行承担支付责任。手机运营商是否存在过错以及招商银行淮中支行对丁某承担违约责任后向手机运营商追偿,均并非本案审理范围。

综上,丁某账户资金遭网络盗刷,在没有证据证明丁某存在违约行为等可归责事由的情况下,招商银行淮中支行对冒名者的付款行为不能产生清偿的效果,仍应当就被盗刷的款项对丁某承担全部支付责任。

电子票据代理应适用严格显名主义

——东方财富证券公司诉瑞高保理公司等票据追索权纠纷案[①]

孙　倩[*]

【裁判要旨】

电子票据代理应适用严格的显名主义。代理人除在电子商业汇票系统中签章外,还应在系统中载明代理关系以及被代理人。电子商业汇票系统中未记载代理事项的,无论相对人是否知晓代理关系,被代理人均不能依据票据之外的约定事项取得票据权利。

【案号】

上海金融法院(2018)沪74民初497号

【案情】

原告:西藏东方财富证券股份有限公司(以下简称东方财富证券公司)

---

① 合议庭成员:单素华、孙倩、窦申。本案获全国法院2019年度优秀案例分析二等奖,入选上海法院2019年度"四个一百"精品案例,上海金融法院2019年度十大典型案例。

* 法学硕士,上海金融法院综合审判一庭法官。

被告:瑞高商业保理(上海)有限公司(以下简称瑞高保理公司)

第三人:中信银行股份有限公司上海分行(以下简称中信银行)

2016年2月23日,案外人星瀚公司与齐星集团签订《购销合同》,约定星瀚公司向齐星集团供货,货款结算方式为电子商业承兑汇票。齐星集团(出票人)据此向星瀚公司(收款人)开具了涉案电子商业承兑汇票,并予以承兑。

2016年3月,瑞高保理公司与星瀚公司签订《应收账款转让合同》。根据该合同约定,星瀚公司将其在《购销合同》项下享有的应收账款债权转让给瑞高保理公司,同时将涉案票据背书转让给瑞高保理公司。

2016年4月,东方财富证券公司作为买方、管理人,瑞高保理公司作为原始权益人、卖方、资产服务机构签订了《财盈二期资产支持专项计划标准条款》《财盈二期资产支持专项计划资产买卖协议》。根据该合同约定,东方财富证券公司为财盈二期资产支持专项计划(以下简称专项计划)的管理人,瑞高保理公司将包括上述应收账款以及票据项下的收益等若干项资产转让给东方财富证券公司,东方财富证券公司将以回收款为主要资金来源向专项计划的资产支持证券持有人兑付本金和预期收益。东方财富证券公司亦按照约定向瑞高保理公司支付了相应价款。

2016年4月,东方财富证券公司作为管理人、瑞高保理公司作为原始权益人签订《财盈二期资产支持专项计划票据质押协议》,约定东方财富证券公司作为专项计划的管理人,为专项计划享有该协议约定的权利、履行该协议约定的义务,瑞高保理公司以涉案票据设定质押,作为《购销合同》项下货款支付义务的担保。瑞高保理公司认可,东方财富证券公司有权为设立、保护及执行质押财产质权之目的委托票据服务机构对该协议项下的质押、解除、托收、转付等事宜进行服务。

2016年4月,东方财富证券公司作为质权人、管理人,瑞高保理公司作为出质人、原始权益人与中信银行共同签署了《财盈二期资产支持专项计划票据服务协议》,约定由东方财富证券公司委托中信银行作为票据服务银行,代表东方财富证券公司通过电子商业汇票系统对涉案票据进行质押签收,并对该票据的审验、保管和提示付款等事宜提供服务。2016年4月18日,中信银行通过电子商业汇票系统对涉案票据进行质押签收,并发出付款提示。2017年4月20日,涉案票据被拒付,理由为“承兑人不付款、开户行代拒付”。2017年6月12日,中信银行通过电子商业汇票系统向瑞高保理公司以及星瀚公司、齐星集团发出追索提示。

东方财富证券公司认为,我国《票据法》第31条规定,以背书转让的汇票,背书应当连续。持票人以背书的连续,证明其汇票权利;非经背书转让,而以其他合法方式取得汇票的,依法举证,证明其汇票权利。东方财富证券公司系委托中信银行作为代理人持有票据,属于该条规定的“以其他合法方式取得汇票”,故其作为持票人、质权人提起诉讼,请求判令瑞高保理公司向其支付汇票票面金额100,509,300元及利息。

【审判】

法院经审理后认为,本案的主要争议焦点在于票据质权人记载为中信银行的情形下,东方财富证券公司是否享有票据权利,即东方财富证券公司与瑞高保理公司之间的票据质押法律关系是否成立。

我国《票据法》第5条规定:“票据当事人可以委托其代理人在票据上签章,并应当在票据上表明其代理关系。”即票据代理行为实行严格的显名主义,代理人在代理他人为票据行为时,必须以被代理人的名义实施。本案中,瑞高保理公司系在电子商业汇票系统中将系争汇票质押背书给中信银行,中信银行亦在该系统中予以接收成为质权人。从电子商业汇票系统中显示的信息看,并未表明中信银行系东方财富证券公司的代理人。对此,东方财富证券公司主张,依据三方签订的票据服务协议,瑞高保理公司明知也认可东方财富证券公司系实际质权人。然而,票据是完全的有价证券,票据权利的发生以票据作出为必要,票据权利的移转以票据交付为必要,票据权利的行使以票据持有为必要,换言之,在出票、背书、提示付款等票据流转的各个环节中均须以票据为媒介。而票据的便捷流通又进一步要求其适用严格的文义性,票据权利的内容以及与票据有关的一切事项均以票据上记载的文字为准。在票据法律关系中,票据当事人在票据之外的约定事项对票据权利本身没有影响,如果代理人未在票据上记明代理关系,即便其系真正被授权的代理人,被代理人亦不能因此享有票据权利。

综上分析,因系争汇票上并未记载代理关系,东方财富证券公司和中信银行之间并不成立票据代理关系。此基础上,东方财富证券公司主张其系以其他合法方式取得票据,即通过中信银行代表东方财富证券公司持有及行使票据权利的主张亦不成立。据此,法院于 2019 年 4 月 29 日作出判决,驳回东方财富证券公司的诉讼请求。判决后,双方均未提起上诉。一审判决已生效。

【评析】

本案所涉争议是当前电子票据资产证券化业务中出现的典型问题。受制于资产证券化行业监管和电子商业汇票系统(Electronic Commercial Draft System,ECDS)实际操作的双重因素,实践中出现大量电子票据“代持”景象,即在票载权利人的表象之外,直接前后手与第三方另行达成协议,约定票载权利人仅是代理第三方接受票据背书,第三方才是实质权利人。一旦产生纠纷,第三方能否据此享有票据权利不无争议。

一、“代持”原因之探——在证券监管与 ECDS 夹缝中的票据 ABS

根据我国《票据法》第 10 条的规定,票据的签发、取得和转让,应当具有真实的交易关系和债权债务关系。在我国,票据产生之初更多的是作为一种结算工具而存在,不能脱离真实交易而直接买卖票据,否则可能被认定为非法贴现而被取缔。[1] 然而,对融资的迫切需求使市场主体寻求各种可能的路径实现票据的融资、交易或是投资功能。

---

① 参见《非法金融机构和非法金融业务活动取缔办法》(国务院令〔1998〕第 247 号)第 4 条规定:“本办法所称非法金融业务活动,是指未经中国人民银行批准,擅自从事的下列活动……(三)非法发放贷款、办理结算、票据贴现、资金拆借、信托投资、金融租赁、融资担保、外汇买卖……”

本案中,东方财富证券公司作为管理人设计了一种资产证券化产品(见图 1),通过设立专项计划自瑞高保理公司处购入基础资产(瑞高保理公司收购的对齐星集团的应收账款以及涉案票据项下的收益权,该应收账款的支付方式为出具涉案票据),并以基础资产产生的现金流作为偿付支持发行资产支持证券,投资人交付认购资金成为资产支持证券持有人,专项计划将其获得的认购资金作为基础资产购买价款支付给瑞高保理公司。同时,瑞高保理公司将涉案票据质押给东方财富证券公司作为增信措施,当然,其中亦有防止票据继续流转的考量。该产品结构也是当前票据资产证券化中普遍采取的业务模式之一。

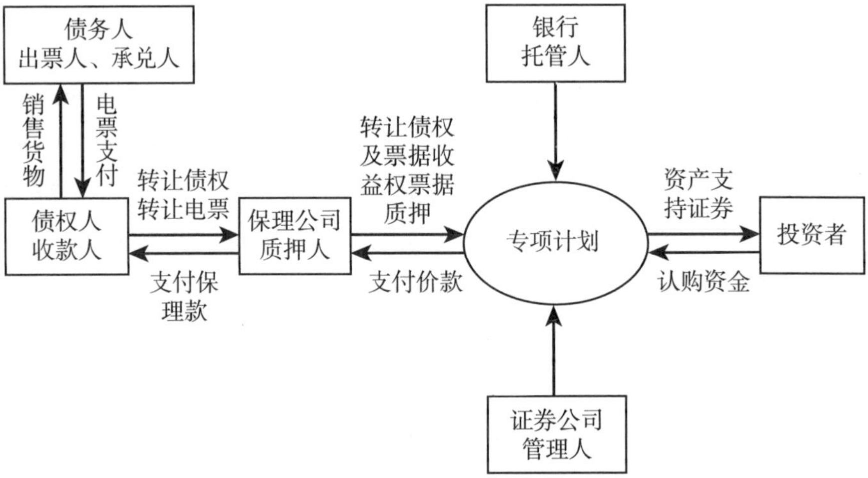

图 1

然而,在 ECDS 中,无法将涉案票据质押背书给专项计划。虽然实践中可以看到大量银行账户以某某专项计划的名义开立,但《电子商业汇票业务管理办法》第 7 条规定,办理电子商业汇票业务应具备组织机构代码。专项计划并不是独立的民事主体,没有组织机构代码,故不能在 ECDS 中登记为质权人。那么,能否将涉案票据质押背书给管理人东方财富证券公司?如此则又违反了资产证券化业务的监管要求。根据《证券公司资产证券化业务管理规定》第 3 条的规定,因专项计划资产的管理、运用、处分或其他情形取得的财产,归入专项计划资产。专项计划资产必须独立于管理人的固有财产,故也不能将质权登记在东方财富证券公司名下。

于是,东方财富证券公司与瑞高保理公司找到中信银行,三方约定瑞高保理公司将涉案票据质押背书给中信银行,中信银行系代理东方财富证券公司持有票据,真正质权人为东方财富证券公司。在当前 ECDS 的实际操作中,系统无法标注代理关系,瑞高保理公司只能将票据要么发送给东方财富证券公司,要么发送给中信银行,而对于中信银行来说,只有"接受"或"拒绝"两个选项,故而从 ECDS 所登记事项看,中信银行系涉案票据的质权人,同样也是中信银行发起了涉案票据的提示付款和追索(见图 2)。

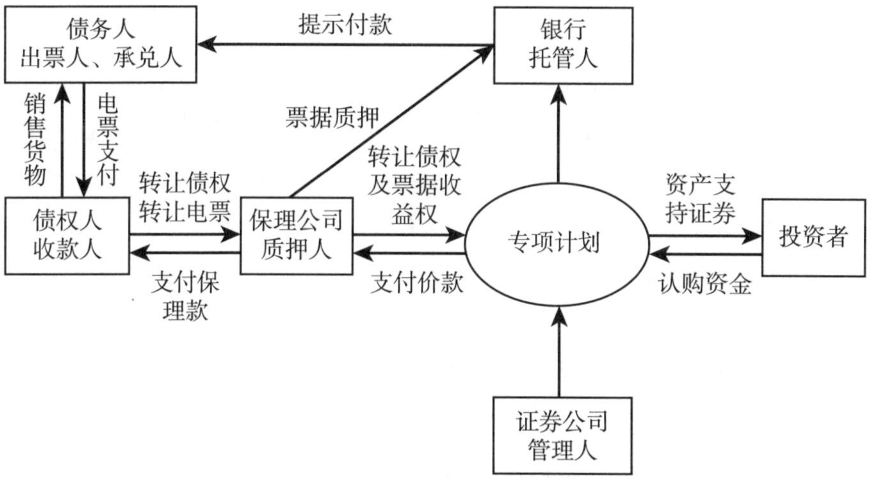

图 2

二、观点之争——严守文义性抑或尊重当事人约定

对于东方财富证券公司能否行使票据追索权,一种观点认为,东方财富证券公司不享有票据权利。文义性是票据的基本性质,即持票人行使票据权利须以票据表面记载内容为准。按此原则,原告并未在涉案票据上签章,并非票据法意义上的持票人,故不享有票据权利。另一种观点认为,东方财富证券公司是实际质权人。本案系票据直接前后手之间的争议,而瑞高保理公司对于中信银行仅作为代理人持有票据、票据权利由东方财富证券公司享有是明知的,中信银行对此也予以确认,且从票据的流转来看,质权人为流转的

最后一环,对于票据出票人来说,其承担的是最终的付款义务,确认何者系持票人并未额外增加其负担。故东方财富证券公司对瑞高保理公司主张权利并不影响其他票据当事人的权利义务。另外,如果认定中信银行为持票人,其可能因与瑞高保理公司无真实基础交易关系无法主张票据权利,如此则出现无人享有质权的僵局。

三、裁判观点——票据代理应适用严格显名主义

民事主体可以通过代理人实施民事法律行为。代理制度拓宽了民商事主体活动的时间、空间、能力范围,是民商事领域不可或缺的一环。在我国,一般民商事法律关系中以显名代理为原则,[①]但并不禁止隐名代理。例如,我国《合同法》第402条规定,对于受托人以自己的名义、在委托人授权范围内与第三人订立的合同,第三人在订立合同时明知代理关系的,该合同直接约束委托人和第三人。有学者认为,这是从法律层级上承认了隐名代理,且隐名代理可转化为直接代理。[②] 但是,《票据法》第5条规定:"票据当事人可以委托其代理人在票据上签章,并应当在票据上表明其代理关系。"本案中,显然,涉案票据上并未标注代理关系,那么东方财富证券公司得否援引上述《合同法》的规定,主张瑞高保理公司明知代理关系从而要求其履行付款义务?笔者认为,与合同关系不同,票据代理应适用严格的显名主义,代理人在代理他人为票据行为时,必须以被代理人的名义实施。

首先,票据是完全的有价证券,有价证券并非仅仅是权利凭证,其所表彰的权利是当事人通过证券本身所创设的权利。票据权利的发生以票据作出为必要,票据权利的移转以票据交付为必要,票据权利的行使以票据持有为必要,换言之,在出票、背书、提示付款等票据流转的各个环节中均须以票据为媒介。而票据的便捷流通又进一步要求其适用严格的文义性,票据行为的内容以及与票据有关的一切事项均以票据上记载的文字为准,即使文字记载

---

① 我国《民法总则》第162条规定,代理人在代理权限内,以被代理人名义实施的民事法律行为,对被代理人发生效力。

② 参见梁慧星:《中国民法典草案建议稿附理由(总则编)》,法律出版社2004年版,第228页。

与实际情况不一致,也不允许当事人以票据文字记载以外的证据变更票据文义。[①] 虽然《票据法》出台之际针对的是纸质票据,但票据的文义性等基本原则同样适用于电子票据。

从票据流通性的角度来看票据代理,代理行为由代理人作出,但其行为后果由被代理人承担,这种行为和责任的分离应当在票据上加以体现,使票据当事人可以简便、高效、快捷地识别权利人或责任承担方,否则无法实现票据的便利流转。正因如此,各国立法也通常要求票据代理应当在票据上表明代理关系。例如,《日内瓦统一汇票本票法公约》第 18 条规定,如背书上有"为收款""为托收""委托代理"或其他表明单纯委托之记载,持票人得行使汇票上之一切权利,但仅得以代理人资格背书。《美国统一商法典》第 3 - 403 条亦明确规定,经授权之代理人签名于票据之上而未在票据上记明被代理人,也未记明他是以代理人资格签名的,应自负其责。1988 年通过的《联合国国际汇票和国际本票公约》尚未生效,不过该公约对票据代理行为作了详尽而细致的规定,指出仅以票载内容判断是否存在代理关系,代理人虽经授权在票据上签字但未表明代理关系的,则应由签字人承担票据责任。该公约第 36 条规定,代理人经委托人授权在票据上签字,并且票据上显示他是以指名的该一委托人的代表身份签字,或经委托人授权由代理人在票据上签委托人的名字,则此签字应由委托人而非代理人承担责任。经授权签字的代理人在票据上签字但未在票据上显示他是以某一指名的人的代表身份签字,或虽在票据上显示他是以代表身份签字但未指明他所代表的人的姓名,则此签字应由在票据上签字的人而非他声称他所代表的人承担责任。票据上的签字是否以代表身份作出的问题,仅以票据上的内容为准。[②]

其次,与合同关系相比,票据法律关系有其自身特殊性。合同具有相对性,合同一方当事人在转让其合同权利或义务后即可自原合同关系中脱离出来,而票据当事人一旦参与票据流转,就应对后手承担票据责任,并不因其转

① 参见谢怀栻:《票据法概论》,法律出版社 2017 年版,第 47 页。

② 参见联合国公约与宣言检索系统:https://www.un.org/zh/documents/treaty/files/A-RES-43-165.shtml,2019 年 6 月 10 日访问。

让票据权利而免除担保义务。

具体到本案,虽然涉案票据经质押背书后不能再行背书转让,东方财富证券公司也仅向瑞高保理公司,即中信银行的直接前手主张票据权利,瑞高保理公司又与东方财富证券公司、中信银行签订了三方协议,似乎本案仅涉及直接前后手之间的权利义务关系,然而,票据流转过程中的其他票据当事人并未退出票据法律关系,在保护质权人权利的同时亦不能损害其他票据当事人的正当权利。由于在ECDS中,票据当事人并不持有附着于有形载体之上的票据,不存在空白背书的可能性,因而,当事人只能以系统记载事项来判断持票人。而一旦认定东方财富证券公司为持票人,则其他当事人将面临向票据记载当事人以外的市场主体承担义务的局面,如此则将不适当地加重了票据其他当事人甄别持票人的负担,也增加了票据的流通成本,与票据本义相悖。

基于以上考虑,本案认定,在电子票据代理法律关系中,代理人应在票据上同时记载如下事项:第一,被代理人的姓名或名称;第二,表明为本人代理的意思;第三,代理人签名或盖章。三者缺一不可。在前述记载事项之外,票据当事人另行约定的事项对票据权利本身没有影响。如果代理人未在票据上记明代理关系,即便其系真正被授权的代理人,被代理人亦不能因此享有票据权利。本案中,因涉案票据上未记载被代理人和为本人代理的意思,东方财富证券公司与中信银行之间并不成立票据代理关系,故东方财富证券公司主张其系以其他合法方式取得票据,即通过他人代理持有及行使票据权利的主张亦不成立。最终,法院判决驳回东方财富证券公司的诉讼请求。

结　语

票据与资产证券化的结合在一定程度上解决了中小企业融资难的问题,符合市场需求,其存在具有经济实益和商业合理性。而随着中国人民银行开通运行 ECDS、大力推行电子票据，[①]目前票据市场上 9 成商业承兑汇票系以电子形式开具，电子票据取代纸质票据成为大势所趋。在此背景下，如何改进金融创新模式，促进票据融资功能的回归，尚有待进一步探索。

① 2009 年 10 月，中国人民银行建成运行电子商业汇票系统，正式推出电子商业汇票。2016 年 8 月，中国人民银行发布《中国人民银行关于规范和促进电子商业汇票业务发展的通知》，要求自 2017 年 1 月 1 日起，单张出票金额在 300 万元以上的商业汇票应全部通过电票办理；自 2018 年 1 月 1 日起，原则上单张出票金额在 100 万元以上的商业汇票应全部通过电票办理。

预扣典当综合费情形下当金本金的计算方法及抵押权优先受偿范围之司法认定

——国盛典当公司诉中科公司、久之公司典当纠纷案①

吴峻雪*　楼雨薇**

【裁判要旨】

典当纠纷中,典当合同中关于可预先在当金中扣除当期内所有月综合费用的约定影响了当户使用当金的期限利益,计收月综合费用时,应按照实际发放的当金金额计算。当期超过一个月时,典当行有权在发放当金时预收第一个月的综合费用,该项金额可以计入当金本金,不当扣除的后续当期内的月综合费用不应计入当金本金。关于一般抵押权的优先受偿范围,当抵押合同约定及登记的担保债权数额超过主合同约定的借款本金金额但小于负债总额时,应认定该登记债权数额系被担保债权的限额,担保范围则依据抵押合同确定。

【案号】

上海金融法院(2018)沪74民初774号

---

① 合议庭成员:林晓镍、吴峻雪、陈文培。本案入选上海法院2019年度"四个一百"精品案例。

* 法学硕士,上海金融法院申诉审查及审判监督庭庭长。

** 法学硕士,上海金融法院综合审判三庭法官助理。

【案情】

原告:上海国盛典当有限公司(以下简称国盛典当公司)

被告:中科建设开发总公司(以下简称中科公司)、苏州市久之资产管理有限公司(以下简称久之公司)

2017 年 7 月 3 日,国盛典当公司与中科公司签订《股权质押典当合同》,约定中科公司将其在中科久之置业上海有限公司的 7000 万元股权质押给国盛典当公司,向国盛典当公司借款 1.5 亿元。合同约定月综合费率为 1.5%。同日,国盛典当公司与中科公司、久之公司签订《房地产抵押担保合同》,约定抵押人久之公司同意按协议约定将其拥有的协议列明房地产抵押给国盛典当公司,以为债务人中科公司基于《股权质押典当合同》等合同项下的债务进行担保,担保债权数额为 2 亿元。抵押担保合同列明抵押房产合计 135 套。同日,国盛典当公司与久之公司签订《不可撤销的连带责任保证合同》,约定久之公司就《股权质押典当合同》等项下债务向国盛典当公司提供连带责任保证。其后,各方办理了相应担保登记手续。每套房产在登记时各自列明了相应的担保债权数额。

国盛典当公司按约扣除 3 个月当期综合费后,实际发放当金 143,250,000 元,并于 2017 年 7 月 14 日向中科公司出具 3 张 5000 万元的当票,合计 1.5 亿元。后经多次续当,2018 年 5 月 14 日续当到期,中科公司未按约归还典当借款本金,国盛典当公司遂提起诉讼,诉请中科公司返还典当借款本金 1.5 亿元,支付违约金等相应款项,并要求中科公司和久之公司按约承担股权质押担保、不动产抵押担保及保证责任。

被告中科公司辩称:(1)原告实际发放的当金为 143,250,000 元,当金本金应当以实际发放的数额为准。(2)对于原告主张的违约金计算方式予以认可,但应以 143,250,000 元为基数。(3)久之公司的担保责任虽然不涉及中科公司,但抵押担保债权数额应以 2 亿元为限。

被告久之公司辩称:(1)当金应认定为 143,250,000 元。(2)原告关于不动产抵押权的诉请与不动产登记证明不一致。根据不动产登记证明,每套房屋均登记了各自的担保债权数额,且合同约定总的担保债权数额为2亿元。鉴于原告坚持诉请,若合并认定抵押金额可能损害久之公司或房屋可能存在的权利人的利益,应对原告该项诉请予以驳回。(3)中科公司股权质押与久之公司无关,久之公司不发表答辩意见。

【审判】

法院经审理后认为,本案主要争议焦点有二:(1)典当本金金额认定。(2)房地产抵押担保是否以《房地产抵押担保合同》中约定的2亿元担保债权数额为限,且是否需要分项认定每套房产的抵押担保债权数额。

关于争议焦点一,根据《典当管理办法》关于综合费用的相关规定,国盛典当公司有权在发放当金时收取一定比例的综合费作为服务和管理费用。但无论是根据上述规定还是合同约定,典当行收取的是月综合费,应按月收取。国盛典当公司在《股权质押典当合同》约定典当行有权预先扣除所有综合费用,该约定影响了当户使用当金的期限利益,不发生法律效力。国盛典当公司仅有权在发放当金前收取第一个月的月综合费。因此,第一个月的月综合费可以计入本金,不当扣除的月综合费不能计入本金额度。国盛典当公司实际发放当金143,250,000元,加上可以收取的第一个月综合费,即为本案的典当本金金额。根据合同约定,月综合费为本金的1.5%。由于本案典当本金金额发生变化,相应月综合费金额也应作出调整。设应收取的月综合费为X,则根据(X+143,250,000元)×1.5%=X的方程式,可以计算出应收取的月综合费为2,181,472.08元。加上实际发放的当金143,250,000元,可以得出本案典当本金为145,431,472.08元。

因对当金进行了调整,则相应合同履行金额亦需做相应调整:(1)第一个月的月综合费应收取2,181,472.08元。(2)当期内第二个月和第三个月的月综合费合计4,362,944.16元,该金额非中科公司到期未付所致,故中科公司不必承担该部分月综合费违约金或资金占用成本。(3)续当期间的月综合费,因在本案中无争议,故不予调整。(4)续当期间的月综合费,原告及中科公司均称已支付,且中科公司明确不在本案中主张多付部分,故本院不予调整。(5)本金违约金应以典当本金145,431,472.08元为基数计算。

关于争议焦点二,各方当事人均无为一定期间内将要连续发生的债权提供担保的意思表示,故涉案抵押性质为一般抵押。本案当事人在《房地产抵押担保合同》中自行约定“担保债权数额”为2亿元,在各方明知主合同本金约定为1.5亿元的前提下,难以根据抵押担保登记实践,直接将2亿元理解为仅指主合同本金。主合同债权除本金外,还约定有综合费、违约金等多种性质的款项,故上述“担保债权数额”约定应根据通常理解,作主合同约定的1.5亿元本金和不超过5000万元的主合同其他各项债权共计2亿元的解释。

因135套房产系分别办理抵押登记,且各他项权证上载明了每套房产各自担保的债权数额,故不能视为总体“一揽子”抵押。各套房屋各自登记的担保债权金额累加为2亿元超出了典当借款合同约定的1.5亿元本金的金额,故每套房屋登记的担保债权数额相应地包含本金及其他各项债权。综上,原告享有的抵押权应认定为每套房产各自登记担保的债权金额。

据此,法院判决:中科公司归还国盛典当公司典当本金145,431,472.08元并支付相应典当综合费、违约金、律师费等,中科公司按约承担股权质押担保,久之公司按约承担不动产抵押担保及保证责任。判决后,双方均未上诉,案件已经生效。

【评析】

近年来典当行业发展迅速,但实践中因立法供给不足,监管机构职能缺位等问题,导致典当纠纷处理时面临规范依据不足、法律适用不统一的裁判困境。本案主要涉及典当综合费一次性预先扣除情形下典当本金的计算方法、抵押合同约定及抵押登记的债权数额大于主合同债权本金时不动产抵押权的优先受偿范围的界定两个问题,具有一定的典型性和代表性,为今后此类问题的解决提供了可供借鉴的审理思路。

关于典当本金的认定。《典当管理办法》仅规定典当当金利息不得预扣,而没有明确综合费用是否可以预扣。实践中,典当行往往在发放当金时一次性预先扣除当期内的所有典当综合费,这相当于变相提高资金使用成本,会对当户使用当金的期限利益造成侵害。因此,典当本金应以合同约定的当金本金剔除不当扣除的金额后进行认定。本案中,原告发放当金时扣除了3个月综合管理费,其中对后两个月的管理费系不当扣除,故典当本金金额应为实际发放的当金加上可以收取的第一个月综合费。因典当本金金额发生变化,第一个月的月综合费金额也相应随之变化,如此即陷入本金金额和月综合费金额计算相互依赖,无法直接确定的循环。对此,司法实践中存在酌情确定当金本金金额做法,但在精确度上有一定缺憾。为确保司法审判的精确性和严谨性,本案创设性地提出典当案件不当扣除月综合费情形下通过列方程式的方法准确计算典当本金和月综合费的方法:设应收取的月综合费为X,根据方程(X+实际发放的典当本金)×合同约定月综合费率=X,计算出应收取的月综合费用,该应收取的月综合费加上实际发放的当金,即为应确定的典当本金金额。这一方法较好地解决了典当行对综合费用不当扣除后典当本金的精确计算问题,有效保障企业融资成本不至过高,对维护企业合法权利具有积极的现实意义。

关于优先受偿范围的认定。在不动产登记实践中,他项权证上仅可填写被担保的主债权数额,而无法登记利息、违约金等附随债权。为保障担保权利的有效实现,担保权人有时会在抵押合同中约定超出主合同债权本金的担保债权数额,并以此进行抵押登记,但抵押合同同时又约定担保范围为主债权及其附随债权,由此即导致抵押权优先受偿范围的争议。本案中,《房地产抵押担保合同》约定了担保范围为主合同项下所有借款、相应利息、罚息等,但同时还约定担保债权数额为2亿元,该金额超过了主合同约定的典当借款本金1.5亿元,在涉案主合同债权除本金外还有综合费、违约金等多项附随债权的情形下,2亿元担保债权数额应视为对所担保的主合同债权数额的限定,根据对涉案抵押合同条款的文义解释,涉案抵押房产担保范围应理解为主合同约定的1.5亿元本金和不超过5000万元的主合同其他各项债权共计2亿元。而且,原告于抵押合同中约定超过主合同本金的担保债权数额,应系其基于借款本金及主合同相关情况而对相应附随债权所作的预估,其对涉案附随债权在5000万元额度内受偿已有一定预期,故本案对抵押权优先受偿范围所作认定亦符合原告签订合同时的意思表示。本案他项权证登记的亦是2亿元债权数额。因此,本案抵押权优先受偿范围认定为以2亿元的债权数额为限,符合对涉案抵押合同条文的一般理解,亦与抵押登记的公示情况相一致。涉案135套抵押房产系分别办理抵押登记,各自登记的担保债权金额累加合计为涉案抵押合同约定的担保债权数额。鉴于抵押登记的公示公信效力,涉案房屋的抵押权应根据每套房屋的抵押登记情况分项确定,且每套房屋登记的担保债权数额相应地包括本金及其他各项债权。

通道类信托业务中受托人外部责任的司法认定

——上诉人吴某与上诉人华澳国际信托有限公司财产损害赔偿纠纷案[①]

朱颖琦[*]

【裁判要旨】

在被动管理型信托业务中,信托公司虽主要依据信托合同约定履行相应义务,但其在以自身名义独立从事信托管理事务时,仍应尽到合理注意义务。信托公司作为专业的金融机构,在明知委托资金系属私募募集资金的情况下,更应当审慎回应委托人提出的明显不合理的要求。尽管犯罪分子的集资诈骗行为是投资者损失的根本和主要原因,但信托公司在开展单一资金信托业务中明知信托资金源于社会募集,未对犯罪分子借用其金融机构背景进行资金募集的行为采取必要防控措施,也未对社会投资者作相应警示;信托存续期间内,信托公司曾出具内容明显虚假,足以误导案外人的《项目风险排查报告》,客观上促成了犯罪分子的集资诈骗行为,对投资者被骗受损负有一定责任,故信托公司应当根据其过错程度,承担相应的侵权损害赔偿责任。

① 合议庭成员:单素华、张聪、朱颖琦。本案入选 2020 年全国法院十大商事案例、最高人民法院发布的人民法院服务保障“长三角”一体化发展典型案例、上海法院 2020 年度“四个一百”精品案例、2020 年度上海市高级人民法院参考性案例(107 号)。

* 法学硕士,上海金融法院综合审判一庭副庭长。

【案号】

一审：上海市浦东新区人民法院（2018）沪 0115 民初 80151 号

二审：上海金融法院（2020）沪 74 民终 29 号

【案情】

上诉人（原审原告）：吴某

被上诉人（原审被告）：华澳国际信托有限公司（以下简称华澳信托公司）

2013 年 6 月，上海寅浔投资管理中心（有限合伙）（以下简称上海寅浔）与华澳信托公司签订《单一资金信托合同》（以下简称《信托合同》），约定上海寅浔指定将信托资金由受托人华澳信托公司管理，用于向浙江联众建设有限公司（以下简称浙江联众公司）发放贷款。信托资金金额为 2.8 亿元。2013 年 6 月至 8 月，上海寅浔以“浙江联众杭州保障房投资基金项目”为名向社会公众募集资金，吴某认购 100 万元，约定项目期限为 24 个月，每半年分配投资收益，项目结束返还本金。后华澳信托公司与浙江联众公司签订《流动资金贷款合同》发放贷款。基金到期后，上海寅浔未向吴某返还本金。经查，吴某的投资款 100 万元被上海寅浔执行事务合伙人委派代表陈某某等人用于归还案外人辽阳红美置业有限公司（以下简称辽阳红美公司）股东的对外债务。

2018 年 6 月 29 日，被告人陈某某、王某等被判决犯集资诈骗罪。刑事判决认定：陈某某系浙江联众公司实际控制人，并通过王某成立并控制上海寅浔等 7 家有限合伙企业。2013 年年初，陈某某、王某等人伪造虚假财务报告与保障房项目资料，合谋确定信托融资方案。陈某某等人与华澳信托公司在 2013 年 6 月签订了《信托合同》以及相关《贷款合同》《保证合同》，约定上海寅浔作为委托人，将资金交付受托人华澳信托公司，华澳信托公司再作为贷款人将资金贷款给借款人浙江联众公司，辽阳红美公司作为保证人为浙江联众公司提供连带责任保证担保。2013年6～8月,王某使用上海寅浔等有限合伙企业的名义,以年化利率9.5%～12.5%的高额利息为诱,向社会不特定公众销售“浙江联众杭州保障房投资基金项目”,非法集资2.8亿余元。该款项通过华澳信托公司再贷款给浙江联众公司。浙江联众公司收到后,主要用于归还辽阳红美公司股东的对外债务。至案发,公众投资人尚有2.3亿余元经济损失未挽回。

吴某等投资者向人民法院起诉要求华澳信托公司承担侵权赔偿责任。双方围绕通道类业务中信托公司的义务与责任展开辩论:

华澳信托公司认为,通道业务属于被动管理型信托,信托公司系依照委托人指令发放贷款,不对项目作实质性尽职调查,无义务对信托资金进行监管,更不保证全部收回信托贷款或刚性兑付。投资者损失系因犯罪分子集资诈骗,并将吸收的存款肆意挥霍造成的,与信托公司无关,故不应承担任何责任。

投资者则认为,信托公司对信托资金的监管负有全面责任。投资者系基于对华澳信托公司的信赖而进行投资,华澳信托公司对此明知。华澳信托公司在信托存续期间曾出具内容虚假的中期报告误导投资者,没有对信托项目进行有效监管,导致损失,华澳信托公司应全额承担赔偿责任。

法院经审理认为,吴某与华澳信托公司之间并无投资、信托等直接的合同关系,犯罪分子陈某某等人的集资诈骗行为是吴某等投资者损失的根本和主要原因。华澳信托公司在信托合同项下仅有事务管理性义务,不承担投资风险。但华澳信托公司展业中明知信托资金源于社会募集,未对犯罪分子借用其金融机构背景进行资金募集的行为采取必要防控措施,也未对社会投资者作相应警示;信托存续期间内,华澳信托公司曾出具内容明显虚假、足以误导案外人的《项目风险排查报告》,客观上促成了犯罪分子的集资诈骗行为,对吴某等投资被骗受损负有一定责任。华澳信托公司开展信托业务中的过错行为在一定程度上造成了投资者吴某损失,而吴某同时系相关刑事判决的被害人,其民事权利可先通过刑事追赃、退赔方式得以保障,故判决:华澳信托公司应就投资者刑事追赃程序追索不成的损失在其投资本金损失20%的范围内承担补充赔偿责任。

【评析】

通道类信托业务是我国金融实践的产物。从2008年起,基于融资需求和金融机构业务发展的需要,银信、证信、基信合作等各类通道业务迅速崛起,业务量不断加大,几乎占据了中国信托业的半壁江山。[①] 通道类信托并不是一个法律概念,一般是指资金端和项目端两头由商业银行或指定的第三方主导,信托公司出借其金融牌照,在信托项目中只起到通道作用的融资活动。从业务模式上讲,它似乎偏离了信托业"受人之托,代人理财"的主业,其权利义务设置也与传统信托法的原理有悖,故监管部门对其合法合规性一直抱以谨慎态度。实践中,随着通道类信托业务的高速增长,后又受经济增速放缓及下行的影响,部分通道业务出现无法兑付的情况,有的还因资金被犯罪分子利用挥霍而最终引发群体性纠纷,信托公司作为通道业务的受托人面临外部投资者的民事追责,其所应承担的责任边界也成为当前形势下令人关注的法律问题。

本案中,投资者矛头直指提供通道服务的信托公司,而信托公司、信托行业则联名高呼其从未也不应在通道类业务中实质承担风险与责任。审理中,各方对于通道类业务法律性质、受托人权责义务等展开激烈争论,案件引发信托行业及金融法律界的高度关注。正值此时,最高人民法院在2019年11月发布《全国法院民商事审判工作会议纪要》,对信托通道类业务的法律关系及权责认定标准作了梳理与总结。2020年6月,上海金融法院对上述案件作出二审判决,成为上海市首例判决信托公司在通道类业务中对外部投资者承担相应赔偿责任的案件,对于合理界定通道类信托中各方责任,配合金融监管政策规范与约束信托公司展业行为具有积极作用和典型意义。本案首先引发的问题是,信托公司在通道类业务中究竟应当承担何种义务,是否需要承担我国《信托法》项下受托人对信托财产的全面管理义务?这一问题涉及

---

① 截至2018年6月中旬,根据中国信托业协会发布的业务数据报告显示,整个信托行业信托资产为256,130.60亿元,其中事务管理类信托占信托业务的59.12%,融资类占比为17.28%,投资类占比为23.6%。资料来源:中国信托业协会,http://www.xtxh.net/xtxh/,2018/7/24。

对通道类信托业务法律性质的分析。

一、通道类信托业务的法律性质辨析

对通道类信托业务法律性质的理论纷争由来已久,实践中对通道业务能否被认定为信托法意义上的信托种类,也存在争议。

第一种观点认为,通道类信托业务中委托人与受托人之间不再是信托关系,而应属于委托关系或其他民事法律关系。通道类信托业务中受托人完全是按照委托人的指令进行操作,受托人的管理权、处分权受到极大的限制,同时受托人不承担实质性的管理义务。因此,通道业务更像是委托贷款,不再具有信托属性。

第二种观点认为,通道类信托业务仍属信托关系,应当严格按照我国《信托法》确定受托人的义务。根据民法学者的界定,受托人义务是《信托法》施加给受托人为实现委托人意愿和受益人利益而实施一定行为的法律拘束。[①]信托关系设立后,信托公司应当确保信托财产独立性,信托公司对于信托财产所投项目的尽职调查、信托产品的推广和销售、信托存续期间的事务管理、信托到期后的清算和收益分配等负有全面管理的责任。受托人的谨慎管理义务是不能被约定排除的。

此种观点在诉讼经常被引用,在东阁服务有限公司等诉安信信托股份有限公司营业信托纠纷案[②]中,一方认为,安信信托公司将信托资金交给新陵公司用于公路建设,属于信托资金的投资运用。安信信托公司作为受托人应当承担谨慎义务,即对新陵公路项目应当有审查义务,受托人的管理行为给信托资金造成了损失,这种情况下认定受托人没有过错,违背《信托法》的基本原理。[③] 本文所举案例中亦存在此种观点,审理中,部分投资者的代理人提

---

① 参见刘继虎、王巍:《受托人义务的若干基本理论研究》,载《武汉大学学报(哲学社会科学版)》2006年第4期。

② 详见上海市第二中级人民法院民事判决书,(2010)沪二中民六(商)终字第231号。2004年11月,太原光大银行以其实际控制的公司名义委托安信信托公司给新陵公司发放信托资金8000万元用于公路建设项目。但实际信托资金用于公路建设仅为5350万元,剩余资金被挪用。

③ 参见何宝玉:《信托法案例评析》,中国法制出版社2015年版,第221页。

出，即便是通道业务，信托公司对于接受委托人指令发放企业流动资金贷款应当仍有监管义务，应全面监控流动资金贷款的各项用途、金额并最终对该信托财产进行清算核查，而并非仅是对贷款一放了之。

第三种观点认为，通道类信托业务属于事务管理类信托，仍是信托关系的一种，受托人的义务由信托文件及委托人指令决定，并不必然负有全面义务。该种观点认为，受托人核心义务仅是基于信托基本原理而产生的指引受托人义务履行的基本原则，具有高度的抽象性，不能直接运用于具体信托实践。[①] 通道类信托业务中，受托人的事务性管理主要表现在按委托人指令，提供相应的管理服务。

笔者认为，辨析通道类业务的法律关系性质，应当从其实际特征出发。总体而言，通道类业务的核心特征可以概括为三个方面：一是委托人自主决定信托设立、信托财产运用对象、信托财产管理运用处分方式等事宜；二是委托人自行承担信托风险；三是受托人仅提供必要的事务协助或者服务，不承担信托财产管理职责。[②] 由此，从通道类业务的上述特征来看，以上第二种观点是不可取的。在通道类业务中，受托人不承担信托财产的管理职责是其典型特点，也系委托人与受托人自愿合意的内容，在信托文件中一般均有体现。法律并未强制要求受托人对信托事项采取某种特定的管理义务。换句话说，受托人承担的管理职责之大小轻重，可由当事人根据信托事务的内容来确定。此外，笔者亦不同意把通道类信托业务的法律性质归于委托关系。我国《信托法》第 2 条规定，信托是委托人基于对受托人的信任，将其财产权委托给受托人，由受托人按委托人的意愿以自己的名义，为受益人的利益或者特定目的，进行管理或者处分的行为。从通道类业务各方签订的法律文件内容来看，各方约定的权利义务并不与信托之定义相悖，且从信托财产独立性以及受托人以自己的名义按委托人的意愿对特定财产进行管理和处理的特征上看，通道类信托业务也符合上述特征。因此，一味要将当事人签订的信托

---

① 参见李彧：《论通道类信托对受托人亲自管理义务的免除——基于客观目的解释的分析》，载陈金钊、谢晖主编：《法律方法》第 20 卷，山东人民出版社 2016 年版。

② 参见最高人民法院民事审判第二庭编著：《〈全国法院民商事审判工作会议纪要〉理解与适用》，人民法院出版社 2019 年版，第 488 页。

合同认定为委托合同,确实并无合理理由。

笔者认同通道类信托业务属于事务管理型信托的观点,根据中国信托业协会对于事务管理类信托的定义,事务管理类信托是指委托人交付资金或财产给信托公司,指令信托公司为完成信托目的,从事事务性管理的信托业务。就通道类信托来说,信托公司并非承担代人理财、实现财务增值的积极信托职责,而是处理如贷款、收款等事务性业务。事务管理类信托的核心在于利用信托灵活的交易结构安排及信托财产独立性带来的风险隔离和破产隔离等制度优势,为不同的委托人提供符合其需求的、个性化的事务管理服务。在世界各国,家族信托、遗嘱信托、不动产信托、股权代持信托、收益权信托等种种类型的信托业务,均带有事务管理型信托的特征。值得一提的是,我国2020 年新颁布的《民法典》已经明确规定自然人可以依法设立遗嘱信托,在原有《信托法》的基础上进一步丰富了家族财富传承管理的法律方式。而遗嘱信托,一般包括执行遗嘱和管理遗产两大类业务,其中大量涉及清理遗产、收取债权、清偿债务、税款及其他支付、遗赠物分配、遗产分割等事务性的内容,管理内容必然取决于委托人的指令和信托文件的约定,非法律所强制规定,也绝非委托关系能简单涵盖。由此,否认事务管理型信托的信托法种类,不符合理论与社会实践的发展需要。

另外,监管层面对部分通道类信托业务的监管甚至禁止,不影响对其法律性质的界定。2018 年《中国人民银行、中国银行保险监督管理委员会、中国证券监督管理委员会、国家外汇管理局关于规范金融机构资产管理业务的指导意见》(银发〔2018〕106 号)(以下简称《资管新规》)禁止金融机构为其他金融机构的资产管理产品提供规避投资范围、杠杆约束等监管要求的通道服务。当然《资管新规》规定了截至 2020 年的过渡期,目前还有延长趋势。与之相适应,最高人民法院在《全国法院民商事审判工作会议纪要》中对通道类业务也作出相向而行的表态,该纪要第 93 条规定,对通道类业务,应当按照《资管新规》第 29 条明确的"新老划断"原则,将过渡期设置为截至 2020 年年底,确保平稳过渡。尽管如此,监管部门对通道类信托业务合法合规性的质疑立足点在于此类业务存在规避监管政策、掩盖风险之嫌,而并非对它的信托法律构造进行否认。在司法实践中,承认通道类信托业务的信托属性,明确其类型范围，更有利于理顺各方当事人的法律关系，合理界定委托人与受托方的责任，也有助于对经营该类业务的信托公司提出规范性要求与约束。最高人民法院在《全国法院民商事审判工作会议纪要》中亦明确“委托人与受托人之间的权利义务关系，应当依据信托文件的约定加以确定”。这实际上否认了要求受托人承担传统信托理论中受托人义务的观点。同时，该纪要对通道业务的定义，不乏“仅提供必要的事务协助或者服务”“不承担主动管理职责”等措辞，也体现了采用事务管理类信托的观点。笔者认为，最高人民法院在通道类业务中受托人权责划分的问题上采取了较为积极务实的态度。

二、当前背景下信托公司承担外部责任的原因及方式

前文所述，通道类业务中受托人的义务系依据信托法律文件所确定。而通道类业务的法律文件中一般会明确约定受托人按委托人指令行事，不承担实质性的管理职责，故信托公司在信托合同项下的风险不高。实践中，大部分以信托合同关系为请求权基础的案件，均未判决信托公司承担损失责任。① 本文所指受托人的外部责任，是相对于其内部责任，即受托人在信托法律关系中的责任而言的，主要是指信托财产的出资者（非委托人）因投资受损而向信托公司主张的民事责任。近年来，随着投资风险的增加，通道类业务背后所隐藏的风险也日渐显现出来：部分产品因刚性兑付、层层嵌套引发兑付危机，而此时投资者往往无法判断谁是真正的责任主体；有的通道业务被犯罪分子利用，成为非法集资的温床，在基信合作类通道业务中，私募基金管理人借助信托产品募集资金，又通过通道业务主导资金流向，实际产生非法集资的效果，资金被犯罪分子挥霍后，投资者往往血本无归，转而诉向信托公司，引发群体性纠纷。当风险爆发，各个机构参与竞争通道项目时的激情不再，取而代之的则是责任与义务的纠缠。② 相较于一般市场主体，信托公司因其

① 参见甘孜州农村信用联社股份有限公司诉四川科亨矿业（集团）有限公司合同纠纷案，(2017)最高法民终880号；北川羌族自治县农村信用合作联社、天风证券股份有限公司合同纠纷案，(2018)最高法民终1209号。

② 《基金子公司通道业务迷途：利益分配理不清》，载《上海证券报》2014年9月11日，第7版。

金融机构身份而成为争相寻求刚兑或追责的对象。实践中,导致信托公司被追责原因主要如下:

第一,资金募集时借用了信托公司的金融机构背景。信托公司虽仅为资金流通提供了通道,不负责资金募集,但实践中,基金、理财计划的管理人往往借用信托公司的金融机构背景进行宣传销售。如本案中,私募基金在募集时对外宣传载明的产品类型为"华澳信托联众单一资金信托贷款有限合伙基金",基金成立公告的表述是"感谢您投资由杭州中楚实业有限公司担任执行事务合伙人发起设立的'浙江联众杭州保障房投资基金项目',本项目对接《华澳信托浙江联众贷款项目单一资金信托计划》",此类名称和措辞往往使普通投资者产生误解和联想,许多投资者一度认为其系直接认购信托产品。他们认为,华澳信托公司作为国有背景的持牌金融机构,具有相当的专业能力和资金实力,故投资预期回报是有保障的,但他们并未注意到信托公司仅仅为资金流通提供了通道,连最基本的尽职调查义务都没有。

第二,资金募投时依托了信托产品的外形。通道业务多以"单一资金信托"的形式出现,但也不乏"集合资金信托计划"的外在形式,投资者较难区分信托公司在其中扮演的角色。例如,中诚信托诚至金开1号集合信托计划一案[①]中,该信托计划共募集30.3亿元人民币,指定工商银行为托管行、代销方,其中30亿元为优先级信托收益权,由工商银行向社会公众发售,涉及投资者共700多人,银行收取4%的发行费,3000万元为一般级信托收益权,由振富集团的实际控制人认购,该信托计划是到期回购类债权融资,信托资金用于振富能源公司的煤炭整合项目,以股权方式将信托资金注入,信托计划持有振富集团49%的股份。上述投资实为高风险的股权投资,本应由合格投资者以私募的方式或由专业理财的信托公司进行风险管理,但真实的情况是,中诚信托公司在其中仅作为通道方,并不实际承担资金的管理和运作,此中风险不言自明。

第三,资金管理时利用了信托公司的背书。通道类业务中信托公司仅根据委托人的指令完成事务性工作,对项目一般不承担尽职调查的义务。但在

---

① 《中诚信托"诚至金开1号"兑付危机思考》,载中国信托网,http://www.xintuoshop.com/news/133.html,2018年7月24日访问。

实践中，有信托公司在项目存续期间配合委托人的需求草率出具证明文件，如《项目中期报告》《项目推介书》，这些文件虽然是形式性的，有的甚至是内部的、不公开的，但事后往往发现它们被用以欺瞒投资者。例如，上述中诚信托在诚至金开 1 号集合信托计划项目推介书中称“该信托第一还款来源为振富能源拥有的位于山西的神宇煤矿、黄草沟煤矿以及内蒙古杨家渠煤矿的预期收益。按市场估算，振富能源的采矿权价值超过 100 亿元”。但实际上振富集团用来还款的 5 家煤矿并没有全部持有采矿产权证。[①] 本案中，华澳信托公司也存在出具虚假证明的情况。

实践中，投资者与信托公司之间的法律关系一般分两种情况：一种是投资者通过购买商业银行理财产品或私募基金份额形成委托资产，由基金管理人或理财产品投资顾问与信托公司之间签订信托合同，此时投资者与信托公司之间不存在直接的合同关系。另一种是投资者购买信托产品份额以形成集合资金信托计划，但与信托公司签署的信托合同中明确约定为通道业务，实际主导项目的另有其他主体，甚至有的信托合同约定主导项目的第三方为委托人的指令发出人，信托公司不负责信托资产的实质管理。此时投资者虽直接与信托公司签署合同，但亦无法通过要求信托公司承担违约责任来实现权利。由此，实践中，实际投资者要求信托公司承担责任的方式只能是侵权责任，即要求信托公司承担损害赔偿责任，而认定信托公司是否构成侵权应从一般侵权行为的构成要件进行分析。

三、信托公司在通道业务中所负侵权责任的认定标准

（一）过错及因果关系的判断

从一般侵权行为的构成要件来看，投资者均遭受了经济损失，故损害后果自不待言，应予认定。至于侵权行为，诉讼中原告所主张的信托公司疏于管理、未尽职责甚至弄虚造假等各种事实均属于行为范畴。问题的关键在于过错和因果关系的具体认定，即信托公司是否存在主观过错，信托公司的违

---

① 《中诚信托“诚至金开 1 号”兑付危机思考》，载中国信托网，http://www.xintuoshop.com/news/133.html，2018 年 7 月 24 日访问。

规行为可否成为判断过错的考虑因素,行为与投资者损失之间是否具有直接因果关系。本文认为,审判实践中对此应当根据案件事实进行具体分析,并适当结合我国通道类业务发展的现状背景和监管政策。一般而言,以下因素值得考量:

第一,信托公司在开展通道业务时是否审慎经营,合理预见集资风险,采取必要防控措施。信托公司作为持牌金融机构,不仅了解市场行情,还具备专业水准,应审慎开展业务。所谓开设通道与人方便,应警惕维护通道之必要安全。本案中,当时华澳信托公司内部确有审查委托人资金为自有资金的规范要求,但实际展业时经办人员却对此视而不见。委托人上海寅浔为一家有限合伙企业,符合合伙型私募基金的法律特征,华澳信托公司对此资金募集形式必然有充分认识。犯罪分子在募集资金时利用华澳信托公司的金融机构背景进行宣传招揽,华澳信托公司对委托方借用其名号进行销售的事实抱有放任的心态。公安机关的调查显示,华澳信托公司当时参与该单一信托项目的负责人员曾接到投资者的致电征询,但其未作适当解释。华澳信托公司在掌握较多资金与项目信息、知晓自身与项目投资风险关联度的情况下,未对犯罪分子借用其金融机构背景进行资金募集的行为采取必要防控措施,也未对社会投资者作相应警示,客观上促成了犯罪分子的集资诈骗行为,对投资者投资被骗受损负有一定责任。

第二,信托公司在开展通道业务时是否秉持诚信,是否存在弄虚作假之情形。尽管通道业务中,信托公司系根据委托人的指令提供事务管理服务,不对借款人和信托资金运用的项目作实质性尽职调查和审核,但无义务为之不代表可以随意为之。信托公司仍有义务秉持诚信,对其所出具的任何文件的真实性负责。本案中,信托存续期间,华澳信托公司在不负有尽职调查之合同义务的情况下,应委托人要求向犯罪分子王某等人出具了《项目风险排查报告》,该报告称:流动资金项目的资金用途经运营部确认无异常,用款符合合同约定……浙江联众公司经营状况良好,工程建设进展顺利,财务状况稳定……辽阳红美置业作为本项目担保方运营正常,还款能力也较强,也能较好地保障信托计划本息的安全。从事后查实的结果看,《项目风险排查报告》内容明显虚假。信托公司在被动管理型信托业务中,仍应尽到合理注意义务，特别是在明知委托资金系私募募集资金的情况下，更应当审慎回应委托人提出的明显不合理的要求，而不是在未经调查的情况下出具没有任何事实依据的《项目风险排查报告》。华澳信托公司出具的《项目风险排查报告》虽为内部资料，但最后证明被犯罪分子所利用。投资者从委托人处看到《项目风险排查报告》，有理由相信该投资项目受到了信托公司的监管和核查。因此，华澳信托出具虚假调查报告的行为客观上起到了蒙骗投资者的作用，应对投资者投资被骗受损负有一定责任。

第三，信托公司在开展通道业务时是否依法合规。多年来，监管部门从各自专业出发对通道类业务进行了一系列的规范。这些规范性文件虽多以通知、指引的形式作出，效力层级不高，但金融机构在展业中是否认真遵循监管层面的规范仍是诉讼中判断其过错的重要因素。例如，监管文件中要求受托人对委托资金的来源进行核查，区分自有资金和募集资金；要求受托人对委托人的资质、信用状况、管理能力和风控水平进行尽职调查；还要求受托人完善内部管理机制，加强人员管理。如果事后查明受托人未作充分调查，或调查流于形式，内部管理混乱，那么有可能会认定信托公司未尽到合规审查义务，违反了审慎经营规则。

(二)责任形态、责任序位及责任范围

认定信托公司侵权责任的另一个难点是责任划分问题。一般来说，信托公司的侵权行为并非造成投资者损失的主要原因，主导投资业务一方实施违法经营、侵害投资者利益行为才是主要原因。因此，对信托公司责任的认定需要考虑共同责任的形态，这是法官在裁决民商事案件时遇到的常见问题，其实质是如何确定各责任人的责任性质、责任序位和责任范围。目前，法律规定的基本责任形态有连带责任、按份责任，部分司法解释又规定了“相应责任”和“补充责任”。补充责任属于相应责任的一种，两者均为司法实践发展的产物，解决了实践中许多难以简单划分责任形态的问题。

笔者认为，通道类业务中信托公司与直接责任主体之间并非连带责任关系，因为双方不存在共同故意的侵权，且信托公司的侵权行为不能单独造成损害结果。同时，它们也不是区分过错大小的按份责任关系，因为各自的侵

权行为是分层次的,直接责任主体应负全部责任,不因切割比例而降低其责任。由此,本文认为,尽管没有法律、司法解释的直接依据,但信托公司承担责任的形态应系补充责任,因为其更接近于现有部分司法解释认定补充责任的情形。首先,它可能类似于不同层次的侵权责任划分之情形,如《最高人民法院关于审理人身损害赔偿案件适用法律若干问题的解释》中经营者违反安全保障义务致人损害,对侵权行为人所承担的侵权赔偿责任承担补充赔偿责任的规定。信托公司与直接责任主体亦属于不同层次的侵权行为。其次,它可能类似于合同债务与第三人侵害债权责任划分之情形。例如,《最高人民法院关于会计师事务所为企业出具虚假验资证明应如何承担责任问题的批复》写明,损害当事人合法权益时,应当先由债务人承担债务,不足部分再由会计师事务所在其证明金额范围内承担赔偿责任的规定。通道类业务中,在直接责任主体根据合同约定向投资者承担违约责任的基础上,信托公司承担补充责任。另外,还类似于无效合同各当事人的不同责任。例如,《最高人民法院关于审理存单纠纷案件的若干规定》关于以存单为表现形式的违法借贷,先由用资人承担偿还责任,不能偿还部分再由金融机构承担赔偿责任的规定。本案中,犯罪分子的集资诈骗行为是造成投资者损失的根本和主要原因,华澳信托公司的行为客观上起到了欺骗投资者的效果,投资者可根据生效刑事判决通过追赃程序向犯罪分子追索其全部损失后,在追索不成的情况下,由华澳信托公司承担补充责任。

另外,补充责任还分为全额责任(全部责任)、限额责任(部分责任),应根据相关当事人的法律关系、损失与行为的因果联系以及各责任人的过错大小、主张权利一方自身的过错来确定责任比例。具体到本文开头案例,吴某等投资者并没有直接投资华澳信托公司发行的信托产品,在进行投资时没有甄别清楚其投资标的,没有充分了解自身所投资产品的交易对手和交易风险,过于轻信他人的推荐,片面追求收益而漠视投资风险,自身亦存在一定过错,故应承担相应责任。责任比例的认定属法官自由裁量,法院最终判令华澳信托公司承担20%的补充赔偿责任。

结　语

通道类信托是依托我国特定发展时期经济法律制度土壤自发而成的业务类型。面对该业务衍生的纠纷,司法裁量宜顺应宏观监管政策之大势所趋,本着客观务实的态度,正视当事人之合意。在权责划分上,应明确通道方的事务管理性职责,合理界定其审慎经营的边界,从而积极回应投资者诉求,促成行业健康发展。

上市公司对外关联担保的效力认定

——上诉人湖南天润数字娱乐文化传媒股份有限公司与被上诉人恒旺管理咨询(深圳)有限公司等其他合同纠纷案①

朱颖琦*

【裁判要旨】

公司为公司股东或者实际控制人提供担保的,必须经股东会或者股东大会决议。司法实践中应根据立法精神和目的,对上述"关联担保"的情形应作适当扩大解释,公司为实际控制人所控制的另一家公司提供担保的,也须经股东大会决议。上市公司作为公众公司,其信息公开程度高,受监管规范严格,同时由于股权分散,控制股东滥用权力导致中小股东利益受损问题更突出,债权人在审查上市公司提供"关联担保"时,应负更高注意义务,未对股东大会决议进行审查的,应认定担保无效。

【案号】

一审:上海市嘉定区人民法院(2019)沪0114民初764号

---

① 合议庭成员:单素华、张聪、朱颖琦。本案入选上海法院2020年度"四个一百"精品案例、上海金融法院2020年度十大典型案例。

* 法学硕士,上海金融法院综合审判一庭副庭长。

二审：上海金融法院(2020)沪74民终289号

【案情】

上诉人(原审被告)：湖南天润数字娱乐文化传媒股份有限公司(以下简称天润公司)

被上诉人(原审原告)：恒旺管理咨询(深圳)有限公司(以下简称恒旺公司)

原审被告：广州南华深科信息技术有限公司(以下简称南华深科公司)、赖某某

2018年10月29日，恒旺公司与南华深科公司、天润公司、赖某某签订《商业保理合同》，约定南华深科公司以应收账款债权转让方式向恒旺公司申请融资，恒旺公司为南华深科公司提供“有追索权循环额度隐蔽国内保理服务”，天润公司与赖某某同意为此提供无限连带保证担保。同日，天润公司、赖某某分别向恒旺公司出具《担保函》，承诺对应收账款转让方履行《商业保理合同》义务承担无限连带担保责任。上述合同签订后，恒旺公司于2018年11月5日、11月6日共计向南华深科公司发放保理融资款5500万元。后因南华深科公司未归还保理融资款，恒旺公司起诉请求判令南华深科公司归还本息5655万元并支付罚息及律师费用损失等，请求判令天润公司和赖某某对前述债务承担连带清偿责任。

天润公司上诉辩称，天润公司为一家A股上市公司，我国《公司法》第16条规定，公司为公司股东或者实际控制人提供担保的，必须经股东会或股东大会决议。赖某某同为天润公司及南华深科公司的实际控制人，天润公司为实际控制人赖某某控制的另一家公司提供担保，系属关联担保，未经股东大会同意，该担保行为为法定代表人越权行为。被上诉人恒旺公司作为专业的金融机构，明知上述事实却不审查股东会决议，也未注意到上市公司未就该担保事宜进行公告，恒旺公司并非善意一方，因此担保无效。

恒旺公司称，天润公司《担保函》由其法定代表人出面签订，公章真实。签约时天润公司曾向恒旺公司提供《董事会决议》，该决议载明公司董事一致

同意相关担保事宜,天润公司5名董事会成员签名确认。天润公司与南华深科公司之间不存在关联关系,不属于关联担保。被上诉人恒旺公司在接受担保时审核了《董事会决议》,已尽到相应注意义务,故本案担保合法有效。

【审判】

一审法院认为,根据现有公示的工商信息,天润公司与南华深科公司并不存在关联关系。根据《公司法》第16条及公司章程规定,天润公司对外担保事项经出席董事会会议的2/3以上董事同意即可。恒旺公司以该决议证明其在订立《商业保理合同》时已尽到了审查义务,天润公司应承担担保责任的主张,应予支持。原审判决南华深科公司应向恒旺公司返还融资本息合计5600余万元并支付实现债权的费用损失,天润公司、赖某某对南华深科公司的付款义务承担连带保证责任。天润公司不服,提起上诉。

二审另查明:恒旺公司(甲方)与南华深科公司(乙方)、天润公司(丙方)、赖某某(丙方)签订的《商业保理合同》第五章担保事宜第14条载明:"丙方为乙方提供担保,承担无限连带担保责任:(一)丙方系乙方实际控制人,若乙、丙方情况变化可能影响甲方,丙方应及时通知甲方……"天润公司2017年年度报告显示,天润公司的控股股东为广东恒润华创实业发展有限公司,持股比例18.86%,天润公司的最终控制方是赖某某。

二审认为,据天润公司年度报告显示,天润公司的实际控制人为赖某某,据《商业保理合同》载明,各方均确认,丙方(天润公司及赖某某)为南华深科公司的实际控制人。故案涉担保是天润公司为其实际控制人赖某某所控制的另一家公司提供担保。根据《公司法》第16条的立法目的和精神,应认定本案担保亦属法律规定的"公司为公司股东或实际控制人提供担保,须经公司股东会或股东大会决议"的关联担保之情形。天润公司法定代表人未经公司股东大会决议通过,擅自签署《担保函》,属于公司法定代表人超越权限订立合同的行为。恒旺公司作为《商业保理合同》明知上述控制关系,未对天润公司内部有效决议作审慎审查,不属于善意相对人,案涉《担保函》无效。恒旺公司审查不严对于案涉《担保函》无效存在过错,天润公司内部管理不规范,对于案涉《担保函》无效,亦有重大过错。依照《最高人民法院关于适用〈中华人民共和国担保法〉若干问题的解释》第 7 条规定,综合考虑双方当事人过错和全案情况,二审改判天润公司应对南华深科公司不能清偿本案债务的 1/2 向恒旺公司承担赔偿责任。

【评析】

我国《公司法》第 16 条规定:"公司向其他企业投资或者为他人提供担保,依照公司章程的规定,由董事会或者股东会、股东大会决议……公司为公司股东或者实际控制人提供担保的,必须经股东会或者股东大会决议。"2019 年 11 月最高人民法院发布的《全国法院民商事审判工作会议纪要》对公司对外担保问题的裁判标准与尺度进行了调整和统一。该纪要明确,公司对外担保行为不是法定代表人所能单独决定的事项,而必须以公司意思机关的决议作为授权的基础和来源。同时,根据原《合同法》第 50 条关于法定代表人越权行为的规定,认为公司对外担保效力认定的落脚点在于审查相对人是否为"善意"。实践中,对《公司法》第 16 条及上述规则的运用正在不断积累中。

一、公司"关联担保"的解读与认定

我国《公司法》第 16 条在公司对外担保行为的内部决策机关规定上区分了一般对外担保和关联担保的情形。一般对外担保是指公司向其他企业投资或为他人提供担保,对于一般对外担保,可以由公司章程意定内部决策机关,可以是董事会也可以是股东会。而对于关联担保,即公司为股东或实际控制人提供担保的,必须经股东会或股东大会决议。《公司法》还为关联担保事项的决议专门设置了关联股东回避的规则。上述规定是为防止法定代表人未经授权代表公司对外提供担保给公司造成损失,损害中小股东利益,而公司为股东、实际控制人提供担保的,法律对授权来源的要求更为严格,这主要是为了防止大股东或实际控制人为自身利益操控公司董事会,侵害中小股东的利益。对于关联担保,法律条文仅规定了"为公司股东及实际控制人提

供担保”,实践中对关联担保的情形是否可以适当扩张解释?本案中,据天润公司年度报告显示,天润公司的实际控制人为赖某某,据《商业保理合同》载明,各方均确认,丙方(天润公司及赖某某)为南华深科公司的实际控制人。由此可知,赖某某实际控制了天润公司与南华深科公司,故案涉担保是天润公司为其实际控制人赖某某所控制的另一家公司提供担保。二审判决认为,由于公司实际控制人对公司董事会具有相当影响力,公司为实际控制人提供担保与为实际控制人的另一家公司提供担保之情形,在担保决策及影响力上并无二致。如果该担保仅需董事会决议即可通过,恐无法体现公司决策的集体意志,容易使中小股东利益受损。因此,根据法条的立法目的和精神,应对法律条文作适当扩张解释,认定本案担保亦属法律规定的“公司为公司股东或实际控制人提供担保,须经公司股东会或股东大会决议”的关联担保之情形。由此,天润公司法定代表人未经公司股东大会决议通过,擅自签署《担保函》,属于公司法定代表人超越权限订立合同的行为。

二、对债权人“善意与否”的审查

认定相对人是否尽到了审查义务是审判实践中的难点。在确定相对人审核义务时,应当采用恰当的中间尺度。如果相对人审核义务过重,则公司交易自由将受到限缩;如果相对人审核义务过轻,则会使受保护的公司财产遭受风险。相对人的审查义务标准有实质审查与形式审查之分。实质审查侧重相对人需要对公司章程、公司决议的真实性、合法性、有效性的审查;形式审查是指相对人仅对材料的形式要件进行审查,即审查材料是否齐全,是否符合法定形式。本文认为,相对人的审查义务不应为实质审查,相对人作为公司之外的人,很难全程到场监控公司担保决议的形成过程,也不可能参与公司内部决策。要求相对人对董事会、股东会决议的真实性、有效性进行审查,不仅超出了相对人的固有审查能力,不能为原《合同法》第 50 条规定的“相对人知道或应当知道其超越权限”的文义所能涵盖,而且不适当地增加了公司担保的交易成本,损及交易效率,容易滋生担保人随意以相对人未尽审查义务而否定担保合同效力的道德风险。同时,相对人应当进行的审查也不完全是形式审查。相对人不仅仅只是收取公司提交的公司章程、股东会或董事会决议等材料，还应对上述系列文件材料进行简单的文义和逻辑审查，即审查相应授权文件或决策文件表面上是否符合法律或公司章程对公司担保的内部决策要求。这意味着相对人接受公司担保时应当具备一般技能和注意。本案中，恒旺公司是《商业保理合同》的签约当事人，《商业保理合同》明确载明，丙方（天润公司及赖某某）为债务人南华深科公司的实际控制人。因此，恒旺公司对债务人及担保人之间的股权或控制关系应属明知，也应当意识到天润公司提供本案担保可能系受其实际控制人赖某某的控制，更应对天润公司的内部有效决议作审慎审查。

天润公司是一家上市公司，相对于关联担保的相对人，上市公司的中小股东克服信息不对称、防范上市公司大股东与法定代表人等高管道德风险的成本更高，从公平的角度看，上市公司对公司股东、实际控制人提供关联担保的，相对人应当负担更高的注意义务。此外，上市公司作为公众公司，其公司章程、重大经营信息等均依法公开，其关联担保等重大经营行为还受证券监管部门诸多规章或规范性文件的约束，相对人可以通过很低的交易成本了解到上市公司法定代表人的权限以及公司股东大会的重大决议事项，恒旺公司作为金融机构，对此更具备专业的审查能力。因此，无论从利益平衡的角度还是从注意义务分配的角度看，上市公司的法定代表人以公司名义对外提供关联担保的，相对人应当审查该担保是否经过股东大会决议。综上，恒旺公司未提供有效的证据证明其对《担保函》经过天润公司股东大会决议进行了审查，未尽到应尽的注意义务，不属于善意相对人。

三、担保无效后的各方责任分担

担保被认定无效后，担保方并非完全不需要承担责任，此时应当根据《最高人民法院关于适用〈中华人民共和国担保法〉若干问题的解释》第 7 条规定处理。该条规定：“主合同有效而担保合同无效，债权人无过错的，担保人与债务人对主合同债权人的经济损失，承担连带赔偿责任；债权人、担保人有过错的，担保人承担民事责任的部分，不应超过债务人不能清偿部分的二分之一。”本案中,天润公司时任法定代表人麦某某未经股东大会授权,以天润公司名义签署《担保函》,该文件上加盖了天润公司公章并有麦某某签名。而且根据天润公司的公开资料,同时期该公司确发生因大量涉及实际控制人赖某某的违规担保事项,受到行政监管或处罚。上述事实证明,天润公司内部管理不规范,对于案涉《担保函》无效,有重大过错。恒旺公司未提交充分有效的证据证明其在接受《担保函》时对天润公司股东大会决议进行了审查,对于案涉《担保函》无效亦存在过错。由此,综合考虑双方当事人过错和全案情况,判决认定天润公司对南华深科公司不能清偿本案债务的 1/2 承担赔偿责任。

商事交易裁判应兼顾公平与交易安全,表现在公司对外担保效力认定的问题上,就是公司内部利益与外部交易安全的平衡。在我国当前上市公司高管、实际控制人滥用权力越权对外担保,损害中小股东的利益严重的背景下,法律苛以相对人审慎的审核义务是应有之义。

信用卡收单机构与发卡行之间构成资金清算合同法律关系并据此承担相应合同义务

——上诉人卡友支付服务有限公司与被上诉人交通银行股份有限公司太平洋信用卡中心其他所有权纠纷案①

任静远*

【裁判要旨】

根据中国人民银行(以下简称央行)及中国银联股份有限公司(以下简称中国银联)制定的相关交易规则,在信用卡刷卡交易过程中,收单机构应根据刷卡交易额及中国银联确定的费率标准,向发卡行支付相应的刷卡手续费。发卡行与收单机构之间虽并未签订书面合同,但根据央行及中国银联制定的有关收单机构业务监管规范及信用卡交易规则,根据发卡行及收单机构之间的实际交易事实,结合原《中华人民共和国合同法》第10条对合同形式的规定,应认定双方构成信用卡交易中的资金清算法律合同关系。因发卡行不负有对商户类别码(MCC)进行二次审核义务,在收单机构设定及发送错误的商户类别码造成刷卡手续费损失的情况下,应由收单机构对发卡行的刷卡手续费损失承担全部赔偿责任。

---

① 合议庭成员:林晓镍、贾沁鸥、任静远。本案例获评2020年度上海法院"四个一百"精品案例、上海金融法院十大典型案例,入选2021年上海法院案例精选,案例刊载于《中国审判》2021年第13期。

* 法学博士,上海金融法院申诉审查及审判监督庭法官。

【案号】

一审:上海市嘉定区人民法院(2019)沪0114民初11204号

二审:上海金融法院(2020)沪74民终662号

【案情】

上诉人:卡友支付服务有限公司(以下简称卡友公司)

被上诉人:交通银行股份有限公司太平洋信用卡中心(以下简称交行信用卡中心)

交行信用卡中心系交通银行股份有限公司太平洋信用卡的发卡机构,卡友公司系经批准开展银行卡收单业务的机构。交行信用卡中心及卡友公司均系中国银联的会员单位,均同意接受中国银联制定的各项业务规则约束。

根据中国银联制定的《中国银联信用卡还款业务开办指南》规定,信用卡还款业务是持卡人通过固定电话、互联网等终端从其他指定的借记卡向信用卡进行款项支付的银联卡跨行业务。通过识别联机消费交易报文的F18域商户类别码为9498的交易为信用卡还款交易。信用卡还款交易不区分渠道差别计费,统一执行标准为:借记卡发卡机构收1.5元/笔,信用卡中心付3元/笔,中国银联收0.3元/笔,收单机构收1.2元/笔。

根据中国银联制定的《关于发布银联卡刷卡手续费调整相关实施方案的函》规定,银联卡境内刷卡手续费,发卡行服务费为:借记卡(含预付费卡)费率为交易金额的0.35%(单笔费用封顶13元),贷记卡(含准贷记卡)费率为交易金额的0.45%。自2016年9月6日起,银联卡境内刷卡手续费调整正式执行。

2018年1月至3月,卡友公司为交行信用卡中心作为发卡行的信用卡提供收单业务,其中有315,610笔、涉及金额为2,119,974,958.42元的业务,商户类别码均为9498,商户名称为北京诺泰龙汽车用品有限公司等主体。中国银联按照卡友公司提供的交易信息,根据商户类别码识别交易类型为信用卡还款业务,并按照信用卡还款业务的手续费收费标准即每笔1.5元进行结算,向交行信用卡中心支付了手续费473,405.50元。

2018年6月,交行信用卡中心在检查业务过程中,发现卡友公司提供的交易信息存在问题,遂向卡友公司发送公函一份。该公函载明:我中心在日常交易监控中发现由贵司发送的部分交易存在非法套用信用卡还款交易商户类别码(MCC 9498)开展信用卡消费交易的情况。自2018年1月至3月,上述交易共计315,610笔,合计交易金额人民币2,119,974,958.42元。因上述交易实际刷卡消费商户名称与账单显示商户名称不一致,引发大量客户否认交易与投诉;另,因该类交易手续费率远低于消费类交易,造成我中心手续费收入严重受损……故通知贵司如下:(1)立即停止对我中心的侵权行为;(2)于收到本函后30日内赔付我中心发卡行手续费损失人民币9,066,481.81元……

2018年6月,卡友公司工作人员通过电子邮箱向交行信用卡中心发送致歉函一份,载明:对于我们双方工作人员在银联总部面谈时贵方所述,由于我司走9498MCC消费交易导致贵中心交易手续费损失一事,我们深表歉意。在会前我司接到银联通知时,此事已引起我司高度重视,并展开了调查,发现是由于系统漏洞导致了此问题的发生,当时我司就漏洞进行了紧急处理。会后我司进一步对问题进行了排查,确认漏洞修补后已无通过9498MCC发生的消费交易……

【审判】

一审法院认为,卡友公司负有设置正确商户类别码并向交行信用卡中心发送正确交易信息的合同义务。本案中,收单业务中发生的商户交易类别码差错已成客观事实,至于该差错的原因系卡友公司设置错误商户类别码、系统漏洞、管理不当还是由于商户私自更改造成,并不影响交行信用卡中心享有向卡友公司主张赔偿损失的权利。基于双方之间的合同关系,卡友公司未按约提供并识别正确的商户类别码给交行信用卡中心造成损失的,卡友公司即应承担相应的违约责任。在卡友公司为交行信用卡中心发行的信用卡提供收单业务过程中,交易信息均由卡友公司通过中国银联网络系统传输给交行信用卡中心,卡友公司应负有提供真实、准确交易信息的责任。卡友公司主张部分交易可以享受优惠价格手续费率,因并未就此举证,故对卡友公司的上述意见亦不予采信。

综上,一审法院判决:(1)卡友公司赔偿交行信用卡中心损失9,066,481.81元;(2)卡友公司以上述9,066,481.81元为基数,向交行信用卡中心支付自2018年7月7日起至一审判决生效之日止的逾期利息(2019年8月19日前按照中国人民银行同期贷款利率计算,2019年8月20日起按照全国银行间同业拆借中心公布贷款市场报价利率计算)。

卡友公司上诉认为:请求撤销一审判决,改判驳回被上诉人交行信用卡中心原审全部诉讼请求。事实和理由:(1)原审判决对上诉人与被上诉人之间的法律关系认定有误。根据中国人民银行〔2013〕第9号《银行卡收单业务管理办法》第51条规定,特约商户委托收单机构即上诉人为其完成交易资金结算,故应认定为上诉人接受特约商户委托进行资金结算,一审判决对此未予认定。实际交易发生在被上诉人的持卡人和特约商户之间,上诉人作为收单机构,在交易中系特约商户的代理人,仅负责将商户产生的交易数据上报中国银联系统,并非基于中国银联的交易规则与被上诉人构成多边资金清算合同关系。(2)上诉人不应对被上诉人的损失承担赔偿责任。上诉人基于受托人地位,将交易数据上报中国银联系统并由上诉人确认后,所产生的损失应当由上诉人自行承担,上诉人已为特约商户正确设置了商户类别码,交易类型错误系特约商户造成,另被上诉人对明显错误的商户类别码在数月后才发现也具有相应过错,应承担相应的责任。此外,双方当事人至中国银联就纠纷进行解决过程中,中国银联也并未对上诉人进行处罚,说明上诉人并无违规之处。(3)一审判决对上诉人应当承担的赔偿金额认定有误。上诉人经进一步核实认为,本案所涉的315,610笔交易数据中,包含有正确的交易内容,故损失计算金额应当予以相应扣减,一审判决认定的损失金额有误。

二审法院认为:本案争议焦点为以下三项:(1)在不存在明确书面合同的情况下,上诉人与被上诉人之间成立何种法律关系;(2)上诉人是否应对被上诉人的刷卡手续费损失负担赔偿责任以及相应的责任范围;(3)一审判决认定的赔偿金额是否准确。

二审认为：

1. 发卡行与收单机构之间成立基于《银行卡收单业务管理办法》以及中国银联制定的相关业务规则而形成的资金清算合同法律关系，双方相应权利义务均基于此法律关系而产生。理由为：(1)上诉人与被上诉人均认可加入中国银联信用卡交易的相关规则，并受此类规则约束。(2)上诉人向被上诉人实际支付信用卡刷卡手续费的费率标准也系遵照上述中国银联的交易规则而计算。当事人均确认遵循中国银联交易规则，且在除本案争议的交易之外的其他信用卡交易中，各自的收益分配也按照中国银联制定的相关交易规则和模式进行，双方当事人对此并未提出异议。

2. 本案中不涉及过错分担问题，应由收单机构承担发卡行全部刷卡手续费损失。根据《银行卡收单业务管理办法》第 25 条第 1 款的规定，收单机构应当根据特约商户受理银行卡交易的真实场景，按照相关银行卡清算机构和发卡银行的业务规则和管理要求，正确选用交易类型，准确标识交易信息并完整发送，确保交易信息的完整性、真实性和可追溯性。而根据本案中已查明的事实，本案中所涉及的商户类别码均为 9498，共计 315,610 笔，总金额为 2,119,974,958.42 元的业务，商户名称为北京诺泰龙汽车用品有限公司等主体，显然与信用卡还款交易主体存在明显差异。而且，根据上诉人向被上诉人提交的致歉函之中的内容，上诉人也认可因其原因导致特约商户通过商户类别码 9498 代码进行交易导致被上诉人出现手续费损失的事实。同时，上诉人也并未举证证明，《银行卡收单业务管理办法》或中国银联所制定的相关信用卡交易规则中，设定发卡行对收单机构发送的商户类别码进行二次审核方可进行信用卡付款的义务。综合上述分析，在收单机构负有为特约商户正确设置，并向发卡行正确发送商户类别码的情况下，鉴于上诉人存在错误设置并发送了商户类别码 9498 代码，未能体现信用卡真实交易场景，且在被上诉人无过错的情况下，应当由上诉人承担被上诉人因商户类别码错误所造成的刷卡手续费损失的全部赔偿责任，并无不当。此外，中国银联仅基于其交易规则对双方争议进行调解，其处理结果并非双方间民事诉讼的前置条件，故该主张亦难以成立。

3. 上诉人主张31万余笔巨量交易中存在正确交易应扣减其赔偿金额理由不成立。一审审理中,本案所涉及的315,610笔交易记录已经交由上诉人阅看,二审中,上诉人直至本案二审庭审事实调查阶段结束,仍未能明确举证证明其观点。此外,本案事实系上诉人为特约商户错误设定了商户类别码为9498的信用卡还款交易代码,而非真实刷卡消费交易场景,故亦不存在本案纠纷发生之时可适用优惠费率,而相应减少上诉人应支付的刷卡手续费的情况,一审判决对此认定无误。综上,上诉人主张一审判决对其应予赔偿的损失认定错误的主张,亦难以成立。

基于上述分析,二审法院判决:驳回上诉,维持原判。

【评析】

信用卡交易的全部流程涉及中国银联、发卡行、收单机构、持卡人以及特约商户等不同的机构和个人主体,同时涉及各类不同的资金和交易信息的流转往来,法律关系较为复杂。其中,收单机构向发卡行支付手续费这一看似平常的交易中,即包含至少3个疑难问题:(1)在无明确书面形式约定的情况下,双方之间成立何种法律关系?(2)发卡行出现手续费损失的情况下,收单机构和发卡行自身的过错应当如何认定,是否存在过错分担?(3)在涉及巨量信用卡交易数据的情况下,如何进行审查及核对?本案的审理对上述3个疑难问题进行了较为详细的回应。

1. 收单机构和发卡行之间成立基于《银行卡收单业务管理办法》以及中国银联制定的相关业务规则而形成的资金清算合同法律关系

作出这一判断的难点在于,收单机构和发卡行之间不存在书面合同,但事实上存在资金往来,对于二者之间的关系有不同的认识和争议。本案的第一个争议焦点即对此问题进行了分析和评判。分析的逻辑进路在于,通过对央行的监管规范以及中国银联相关交易规则中对于收单机构的功能确定和刷卡手续费支付标准入手,结合双方的实际交易情况,确定二者之间实际应当构成的法律关系。

首先,根据央行制定的《银行卡收单业务管理办法》第2条规定对“收单业务”的界定，银行卡收单业务是指收单机构与特约商户签订银行卡受理协议，在特约商户按约定受理银行卡并与持卡人达成交易后，为特约商户提供交易资金结算服务的行为。《银行卡收单业务管理办法》第25条规定了收单机构应当准确标识和发送商户类别码的法定义务，即收单机构应当根据特约商户受理银行卡交易的真实场景，按照相关银行卡清算机构和发卡银行的业务规则和管理要求，正确选用交易类型，准确标识交易信息并完整发送，确保交易信息的完整性、真实性和可追溯性。该办法第41条规定，收单机构应当加入中国支付清算协会，接受行业协会自律管理。在央行监管规范之外，中国银联制定的《银联卡特约商户类别码使用细则》规定，商户类别码由收单机构为特约商户设置，用于标明银联卡交易环境、所在商户的主营业务范围和行业归属，是判断境内跨行交易收益分配标准的重要依据。因此，收单机构必须为特约商户设置正确的商户类别码。同时，在中国银联所制定的《银联卡特约商户类别码使用细则》《关于发布银联卡刷卡手续费调整相关实施方案的函》等业务规则中，也明确制定了各种不同类型的信用卡交易中所涉及的收费标准。如商户类别码为9498的信用卡还款交易每笔应当向发卡行支付1.5元，如进行实际刷卡消费如购物等信用卡交易中，应当向发卡行按照交易总额的0.45%支付手续费等，加入中国银联交易系统的各收单机构和各发卡行均需要参照上述费率标准执行并实际支付。

其次，在现实的交易中，双方之间就信用卡刷卡手续费的分配方式和各自的收益，也按照上述中国银联制定的相关交易规则和模式进行。在本案争议之外的巨量交易中，双方当事人并未提出异议。即使在本案争议的315，610笔交易中，上诉人也正是按照中国银联制定的费用标准，按照信用卡还款每笔应当支付的手续费标准向发卡行支付手续费。原《合同法》第10条第1款规定，合同可以有书面、口头和其他形式。综合上述分析，故在本案中，虽然上诉人与被上诉人之间并未直接签订相关合同，但鉴于上诉人与被上诉人均遵循中国银联制定的交易规则，在实际的交易和结算过程中，也实际按照上述规则所确定的权利义务及费率进行结算并支付和收取刷卡手续费，故认定上诉人与被上诉人之间，构成银行卡收单业务中的资金清算合同关系，是符合客观事实和法律解释逻辑的。

2. 关于刷卡手续费损失是否应当由双方依照过错比例分担的问题

刷卡手续费的承担问题涉及收单机构和发卡行各自权利义务的界定。对于收单机构而言,《银行卡收单业务管理办法》第25条确定了收单机构应当根据特约商户受理银行卡交易的真实场景,正确选用、准确标识商户类别码并完整发送,确保交易信息的完整性、真实性和可追溯性的义务。而相关的监管规范和交易规则中,并未对发卡行设定对收单机构所发送的商户类别码进行再次识别或者多次识别方能付款的义务。因此,在证明确系错误的商户类别码导致发卡行手续损失的情况下,如果也没有证据证明,特约商户在正确设定商户类别码之后,有自行改变商户类别码导致收单机构错误发送的情形下,由收单机构承担发卡行所损失的手续费的全部赔偿,并无不当。此外,收单机构和发卡行均基于中国银联的规则进行交易,在双方出现争议后,中国银联可以基于交易规则对争议进行调解,其处理结果并非双方间民事诉讼的前置条件,同样不能以中国银联未作出处理作为收单机构一方的免责理由。

3. 关于涉信用卡有关交易中巨量交易数据的核对问题

在此类案件中,被告一方往往提出,在巨量的信用卡交易中,存在正确的交易记录,与正确的交易记录有关的所谓损失构成应当予以扣除的抗辩主张。一旦提出这一抗辩主张,则涉及如何对交易数据进行核对的问题。鉴于信用卡涉及的交易数量往往非常大,也确实有可能存在少量交易数据错误归入的情况,此时如果逐一核对交易数据,显然既不利于审判效率的提升,在客观事实认定上也可能出错。因此,采取符合证据规定的认定方式则尤为重要。本案中合议庭系根据举证规则,来判断卡友公司有关交易数据有误的主张是否可以成立。首先,按照“谁主张,谁举证”的普通证据规则,在不存在举证责任倒置,且交行信用卡中心作为原告已经初步举证的情况下,被告卡友公司在一审中并未能举出相反的证据,证明原告所提交用于计算损失的31万余笔交易数据存在错误的情形。此外,在进入二审后,鉴于上诉人已经提出交易数据部分有误的上诉理由,在主审法官要求其整理出有误的具体内容在二审中予以质证,该公司仍然未能予以提交的情况下,则可以形成明确的心证,卡友公司主张的信用卡交易部分数据有误的主张难以成立。

贷款机构未披露实际利率不得据此收取利息

——田某、周某诉中原信托金融借款纠分案①

沈竹莺*

【裁判要旨】

贷款机构负有明确披露贷款实际利率的义务,若以格式条款约定利率,还应采取合理方式提请借款人注意,并按照借款人的要求予以说明。若因贷款机构未明确披露导致借款人没有注意或理解借款合同的实际利率,则应视为双方未就“按照该实际利率计算利息”达成合意,贷款机构无权据此计收利息。此时,合同利率的确定应当依据合同解释原则,结合相关条款、行为的性质和目的、习惯以及诚信原则,采用一般理性人标准。贷款机构发放贷款前已经收取的还款应当从实际本金中扣除。

【案号】

一审:上海市普陀区人民法院(2019)沪 0107 民初 13944 号

二审:上海金融法院(2020)沪 74 民终 1034 号

---

① 合议庭成员:沈竹莺、张文婷、童蕾。本案入选 2019 ~ 2020 年“全国消费维权十大典型司法案例”、上海金融法院 2021 年度十大典型案例、上海法院参考性案例。

* 法学硕士,时任上海金融法院申诉审查及审判监督庭副庭长。

【案情】

原告:田某、周某

被告:中原信托有限公司(以下简称中原信托)

2017年9月22日,田某、周某和中原信托签订贷款合同,约定贷款本金6,000,000元,期限8年,贷款利率具体以还款计划表为准,平均年利率11.88%,还款方式为分次还款。合同附件还款计划表(见表1)载明,还款期数为96期,每期还款均包含本息,每年12期还款金额一致,每12个月递减一次还款金额。

表1　合同附件:还款计划

单位:元

期数	偿还本息	剩余本金
1	141,000.00	5,971,158.06
2	141,000.00	5,941,776.98
……	……	……
13	138,000.00	5,579,834.02
14	138,000.00	5,543,012.26
……	……	……
96	80,556.00	0.00

2017年9月26日,田某、周某先向中原信托汇款141,000元作为第一期还款,中原信托于2017年9月27日向田某、周某转账支付6,000,000元。田某、周某按还款计划表逐月还款至2018年11月27日,后申请提前还款获准,遂于2018年12月17日向中原信托支付5,515,522.81元(其中本金5,505,522.81元、违约金10,000元),结清全部贷款。之后,田某、周某认为中原信托未披露实际利率,告知其平均年利率为11.88%,但实际执行利率却高达20%,且实际放款前已经收取了第一期还款,该款项应从贷款本金中扣除。据此,请求判令中原信托返还多收取的利息并赔偿相应损失。中原信托辩称,合同约定贷款利率以还款计划表为准,该表系以借款本金6,000,000

元×平均年利率 11.88%×借款期限 8 年算得应还总利息，加上本金后分摊至每月作成。借款人签字确认按还款计划表还款即视为认可。另外，由于在贷款实际发放前确实收取了第一期还款 141,000 元，故愿意补偿田某、周某 200,000 元。

案件审理中，中原信托为说明贷款合同每期还款金额如何确定，提交了另一版本还款计划表（见表 2），除载明每期应还款金额、剩余本金外，还载明每期应还款中的利息金额、本金金额、当年利率（第一年利率为 21.8%，此后逐年分别为 19.6%、17.2%、14.43%、10.01%、6.67%、3.92%、1.32%），此外在表格尾部还载明贷款本金 6,000,000 元，利息合计 5,702,400 元，本息合计 11,762,400 元，总利率为 95.04%，年利率平均值为 11.88%。经核算，前述各年利率系以当年应付息总和除以初始贷款本金额 6,000,000 元算得，而 11.88% 系前述各年利率的算术平均值。

表 2　贷款人另行制作的还款计划

序号	应还款日	本金/元	利息/元	利率/%	合计/元	剩余本金/元
1	2017 年 9 月 27 日	28,841.94	112,158.06	21.80	141,000.00	5,971,158.06
……	……	……	……		……	……
13	2018 年 9 月 27 日	36,165.97	101,834.03	19.60	138,000.00	5,579,834.02
……	……	……	……		……	……
……						
……	……	……	……	1.32	……	……
96	2025 年 8 月 27 日	79,539.56	1016.44		80,556.00	0.00
总计		6,000,000.00	5,702,400.00	11.88	11,762,400.00	0.00

【审判】

上海市普陀区人民法院一审认为，还款计划（见表 1）列明每一期还款的本息合计金额和剩余本金，亦由借款人签字确认，故不存在隐瞒利率的情况。该院于 2020 年 7 月 3 日作出（2019）沪 0107 民初 13944 号民事判决，驳回田某、周某的诉讼请求，准予中原信托补偿田某、周某 200,000 元。宣判后，田某、周某提起上诉。

上海金融法院二审认为,贷款人应明确披露实际利率。本案中,还款计划表仅载明每期还款本息额和剩余本金额,既未载明实际利率,也未载明利息总额或其计算方式。一般人若不具备会计或金融专业知识,难以通过短时阅看而自行发现实际利率与合同首部载明利率存在差别,亦难以自行验算该实际利率。因此还款计划表不足以揭示借款合同的实际利率。借款合同首部载明平均年利率11.88%,同时载明还款方式为分次还款。上述条款应当作为确定利息计算方式的主要依据,采用一般理性人的标准进行解释。借款人主张以11.88%为利率,以剩余本金为基数计算利息,符合一般理性人的通常理解,也符合交易习惯和诚信原则,应予支持。实际放款前已经收取的还款应当从贷款本金中扣除。以此计算,中原信托多收取的利息合计844,578.54元应予返还,同时还应向借款人赔偿相应利息损失。该院于2021年1月4日作出(2020)沪74民终1034号民事判决,改判中原信托向田某、周某返还多收取的利息844,578.54元,并赔偿自提前还款日次日起至实际归还之日止按照中国人民银行公布的同期人民币存款利率计算的利息。

【评析】

一、名义利率与实际利率

利率,是指一定时期内利息额与本金的比率。当本金和借款期限确定后,利率的高低直接决定利息的多少,从而反映借款人资金成本的高低。但实践中,由于利率标注和本息支付方式不同,标注利率相同的借款合同实际用资成本迥异,导致了名义利率与实际利率的差异。名义利率,是指一定期间内付出利息的总和与贷款本金的比值,实际利率则是内部收益率或内部报酬率(Internal Rate of Return, IRR),是指使未来现金流入量现值等于未来现金流出量现值时对应的贴现率。通俗地理解,由于现金流是有时间价值的,今天的100元和未来的100元,实际价值是不一样,未来的100元,考虑到时间因素,折回到当前的价值可能就要少一些。如果将未来每期还款的金额按照一定的利率,折回到现在刚好等于借款本金,那么这个利率就是IRR,也是借款人实际承担的借款成本。[①] 为说明名义利率与实际利率的区别，可以结合目前借贷市场上常见的还款方式，举例如下。[②]

目前，借贷市场上常见的还款方式有随借随还、先息后本、等本等息、等额本金、等额本息。随借随还，是指借款人在获得授信额度后可以随时支取，自支取之日开始计算利息，之后可以随时还款，还款时一次性偿还本息。先息后本，是指定期支付利息，到期后归还本金。等本等息，是指定期偿还同等数额的本金以及同等数额的利息。等额本金，是指贷款期内每期偿还同等数额的本金和上期还款后剩余本金在该期产生的利息。等额本息，是指贷款期内每期按相等的金额偿还贷款本息，其中利息逐期递减，本金逐期递增。假设借款本金为 12,000 元，合同标注年利率为 10%，借款期限为 1 年，若在借款期限内多次还款的，以月为还款周期。在随借随还情形下，借款人期满一次性归还本金 12,000 元并支付利息 1200 元。在先息后本情形下，借款人每月支付利息 100 元，期满一次性归还本金 12,000 元。在等本等息情形下，借款人每月归还本金 1000 元并支付利息 100 元，合计 1100 元。在等额本金情形下，借款人每月归还本金 1000 元，第 N 个月支付利息数额为 $[12,000-1000\times(N-1)]\times 10\%\div 12$，期满合计支付利息 650 元。在等额本息情形下，借款人每月还本付息数额可以根据以下公式计算，期满合计支付利息 660 元。

$$\text{月还款金额}=\frac{\text{贷款本金}\times\text{月利率}\times(1+\text{月利率})^{\text{还款月数}}}{(1+\text{月利率})^{\text{还款月数}}-1}$$

假设借款本金为 12,000 元，5 种还款方式的名义利率和实际利率详见表 3：

① 参见《我的天，原来贷款利率还有这么多“花样”——常见利率“陷阱”解析》，载微信公众号“中国人民银行”2019 年 12 月 26 日，https://mp.weixin.qq.com/s?__biz=Mzk0NDAwMDExMA==&mid=2247485756&idx=1&sn=6c17cf782c2a754e0e99bebea539e57f&chksm=c32a143df45d9d2be0ddfe726eb1a77ac6fcf4ce5de76e571b4ccc89cf157221050d8fa86cbd&mpshare=1&srcid=0909VZPAf3uPnYX8TPHdJfip&sharer_sharetime=1631197718932&sharer_shareid=927e7c8cef3d8d7bbecbc9c7245e1392&from=singlemessage&scene=1&subscene=10000&clicktime=1658281751&enterid=1658281751&sessionid=0&ascene=1&fasttmpl_type=0&fasttmpl_fullversion=6248721-zh_CN-zip&fasttmpl_flag=0&realreporttime=1658281751936#rd。

② 本节举例引自知乎专栏“数据化风控”于 2020 年 9 月 4 日发布的文章《信贷业务中的利率介绍（APR 和 IRR）》。

表3 不同还款方式下名义利率和实际利率

项目		还款方式				
		随借随还现金流	先息后本现金流	等本等息现金流	等额本金现金流	等额本息现金流
每月还款/元	1	0	100	1100	1100	1055
	2	0	100	1100	1092	1055
	……	……	……	……	……	……
	12	13,200	12,100	1100	1008	1055
总收益/元		1200	1200	1200	650	660
实际利率/%		9.57	10.00	17.97	10.00	10.00
名义利率/%		10.00	10.00	10.00	5.42	5.50

从表3可以看出,在随借随还情形下,合同标注利率为名义利率,实际利率与此大致相等;在先息后本情形下,合同标注利率既为名义利率又为实际利率;在等本等息情形下,合同标注利率为名义利率,实际利率远高于名义利率;在等额本金和等额本息情形下,合同标注利率为实际利率,名义利率低于实际利率。本案中的还款方式较为接近等本等息,属于分次还本付息贷款产品因名义利率与实际利率存在差异而引发的纠纷。贷款合同中标注的年利率11.88%仅为名义利率,根据合同所附的还款计划表进行计算,其实际年利率约为20.94%。

二、实际利率的披露义务

(一)披露的必要性——确保信息对称

贷款产品的提供者应当向借款人明确披露实际利率,原因如下:

首先,利率是借款合同的核心要素,关系借款人在合同项下的根本利益。借款合同是借款人向贷款人借款,到期返还借款并支付利息的合同。可见利息是借款人为获得一定期限内货币所有权而支付的对价,支付利息是借款人的主要合同义务,利率的高低将直接影响借款人作出是否立约的决策。在将竞争机制引入贷款业务,贷款利率市场化的大背景下,如果将贷款视为商品,那么利率即是其价格,贷款人有义务如实披露利率,为其提供的贷款商品"明码标价"。

其次,只有实际利率才能如实反映借款人的用资成本。利息是货币在一定时期内的使用费,因此贷款人只有实际将货币交由借款人使用才能获得利息,借款人只有实际获得货币才须支付利息。在本金因分次归还而逐渐减少的情况下,使用以初始本金为基数计算的利率必然低于实际利率,并不能反映借款人的实际用资成本。

最后,明确披露实际利率是确保借款合同平等缔约,保护金融消费者权益的必然要求。理论与实务界对金融消费者的定义与范围尚有争议,由于本案系争法律关系属金融借款,故采用《中国人民银行金融消费者权益保护实施办法》第2条对金融消费者的界定,该办法所称金融消费者,是指购买、使用金融机构提供的金融产品和服务的自然人。一般而言,实际利率是普通金融消费者所理解的利率,但利息计算具有专业性,不同的本息支付方式又增加了计算的复杂程度,缺乏会计或金融专业知识的普通民众难以具备计算实际利率的能力。实践中,一些贷款产品的提供者利用其与借款人在专业知识上的不对称,通过只展示较低的日利率或月利率,掩盖较高的年利率;只展示较低的名义利率,或每期支付的利息或费用,掩盖较高的实际利率;以服务费等名目收取"砍头息"等方式,给金融消费者带来"利率幻觉"。[①] 近年来,我国对金融消费者权益的保护力度不断加大。2013年10月25日第十二届全国人民代表大会常务委员会第五次会议通过关于修改《中华人民共和国消费者权益保护法》(以下简称《消费者权益保护法》)的决定,增加第28条规定:"……提供证券、保险、银行等金融服务的经营者,应当向消费者提供经营地址、联系方式、商品或者服务的数量和质量、价款或者费用、履行期限和方式、安全注意事项和风险警示、售后服务、民事责任等信息。"将金融服务纳入消费者权益保护范围。之后,国务院办公厅出台《关于加强金融消费者权益保

---

① 《我的天,原来贷款利率还有这么多"花样"——常见利率"陷阱"解析》,载微信公众号"中国人民银行"2019年12月26日,https://mp.weixin.qq.com/s?__biz=Mzk0NDAwMDExMA==&mid=2247485756&idx=1&sn=6c17cf782c2a754e0e99bebea539e57f&chksm=c32a143df45d9d2be0ddfe726eb1a77ac6fcf4ce5de76e571b4ccc89cf157221050d8fa86cbd&mpshare=1&srcid=0909VZPAf3uPnYX8TPHdJfip&sharer_sharetime=1631197718932&sharer_shareid=927e7c8cef3d8d7bbecbc9c7245e1392&from=singlemessage&scene=1&subscene=10000&clicktime=1658281751&enterid=1658281751&sessionid=0&ascene=1&fasttmpl_type=0&fasttmpl_fullversion=6248721-zh_CN-zip&fasttmpl_flag=0&realreporttime=1658281751936#rd。

护工作的指导意见》,相关金融监管机构亦依据《消费者权益保护法》等出台关于金融消费者权益保护的部门规章。上述指导意见和部门规章明确要求保障金融消费者的知情权,向金融消费者披露可能影响其决策的信息,对利率、费用等与金融消费者切身利益相关的重要信息进行解释说明,不得有虚假、欺诈、隐瞒或引人误解的宣传。上述监管要求符合《消费者权益保护法》的相关规定,亦与民法关于公平、诚信的基本原则相契合,旨在确保双方当事人在信息充分公开对称的前提下自愿定约,作出符合内心真意之意思表示。

(二)披露的方式——格式条款的说明义务

1. 利率条款是否属于格式条款

由于借贷业务具有规模大、数量多的特点,因此实践中几乎所有的金融借款合同均为格式合同,包含大量由金融机构事先拟定并重复使用的格式条款。但利率条款是否属于格式条款,在实务中存在争议。反对观点认为:首先,利率作为借款合同的要素,必须由双方当事人协商一致方能订入合同,故不符合格式条款中“未与对方协商”的特点;其次,借款合同采用何种利率取决于借款人的信用资质,不同的借款人可能适用的利率不同,因此也不符合格式条款“重复使用”的特点。对此本文认为,虽然在实践中不排除金融机构与某一具体借款人反复磋商利率条款的情形,但大多数面向金融消费者的借款合同均采用利率格式条款。

格式条款是自19世纪发展起来的,是某些行业在繁重、重复性的交易中为了简化合同订立的程序而形成的,一般具有以下特点:(1)交易对象具有广泛性,往往都是面向社会公众;(2)条款具有持久性,一般经过认真研究拟定,在一个相当长的时期内不会改变;(3)条款具体细致;(4)由占有优势的一方提出。[①] 1999年《中华人民共和国合同法》(以下简称《合同法》)(已失效)第39条对格式条款作出了定义:“格式条款是当事人为了重复使用而预先拟定,并在订立合同时未与对方协商的条款。”根据该定义,格式条款最主要的

① 参见黄薇主编:《中华人民共和国民法典合同编释义》,法律出版社2020年版,第83页。

特征有两点:一是“未与对方协商”;二是“为了重复使用”。其中,前者是格式条款最实质的特征,后者则是格式条款的通常表现形式。[①] 值得注意的是,在《中华人民共和国民法典》(以下简称《民法典》)合同编制定过程中,曾一度删去了“为了重复使用”的表述,这是因为该特征只是格式条款的通常表现形式,只是其经济功能,而不是其法律特征。[②] 虽然最终《民法典》仍采用合同法的表述,保留了“为了重复使用”的表达,但系出于“将实质特征与外在表现统一起来,判断标准明确、易于操作”的考虑。因此对于“为了重复使用”不能作僵化理解,不是要当事人去证明真正实际重复使用了多次,只要格式条款提供方具有重复使用的目的,不论使用的次数多少,都可认为是“为了重复使用”。[③]

由此可见,判断利率条款是否属于格式条款,关键看订约时是否与借款人协商。“未与对方协商”,是指格式条款提供方没有就条款内容与相对方进行实质上的磋商,相对方对条款内容并没有实际修改的余地。需要注意的是,当事人有权选择是否订立合同,若无法接受条款内容,当然有权选择不订约,但不能以其订约行为反推相关条款经过了双方协商。自愿原则的内容包含“有权自主选择与谁订立合同”和“自主决定合同的内容”两个方面。实际上,格式条款提供方的初衷并不是强制缔约,而是追求交易的便捷,相对方只能选择接受或者拒绝,不能实质上影响合同内容。因此,相对方虽然在合同上签字予以确认,但该合同并不一定是其真正的内心意愿表达。[④]

就贷款合同而言,虽然利率高低会受借款人的资信影响,但贷款机构为了提高交易效率,通常会参照统一的资信标准对借款人分类,并对同类借款人适用相同利率。借款人可以选择是否订约,或者货比三家后选择与谁订约,但并无就利率条款与贷款机构进行磋商的余地。此种利率条款显然符合格式条款的本质特征和通常形式,应当认定为格式条款。

从格式条款的定义和特征看,是否属于合同关键要素并不是区分格式条

① 参见黄薇主编:《中华人民共和国民法典合同编释义》,法律出版社2020年版,第84页。
② 参见王利明:《对〈合同法〉格式条款规定的评析》,载《政法论坛》1999年第6期。
③ 参见黄薇主编:《中华人民共和国民法典合同编释义》,法律出版社2020年版,第84页。
④ 同上。

款与否的标准,随着格式条款在商业领域的广泛运用,普遍存在用格式条款载明合同关键要素的情形。因此,2013年《消费者权益保护法》修订时在第26条增加一款规定:"经营者在经营活动中使用格式条款的,应当以显著方式提请消费者注意商品或者服务的数量和质量、价款或者费用、履行期限和方式、安全注意事项和风险警示、售后服务、民事责任等与消费者有重大利害关系的内容,并按照消费者的要求予以说明。"可见,格式条款的内容可以包括商品或者服务的数量、质量、价格或者费用、期限等关键性要素。

回到本案,系争贷款合同属于格式合同,其中与利率约定有关的共两处,一是首部载明的平均年利率11.88%;二是合同所附的还款计划表。根据庭审查明的事实,该平均年利率11.88%为中原信托此类贷款产品的通用利率,该还款计划表由中原信托单方制作,故上述关于利率的表述及表格制式均为格式条款,中原信托应当对实际利率作出提示并说明。

2. 利率格式条款如何提示说明

我国1999年《合同法》第39条规定:"采用格式条款订立合同的,提供格式条款的一方应当……采取合理的方式提请对方注意免除或者限制其责任的条款,按照对方的要求,对该条款予以说明。"根据上述规定,提示说明的范围仅限于免除或限制提供者责任的格式条款。但实践中,有许多格式条款虽不属于上述情形,但却与合同相对方有重大利害关系,例如,前述《消费者权益保护法》第26条规定的条款,若不予提示说明,将严重损害合同相对方的合法权利,因此《民法典》第496条将格式条款提示说明的范围扩大到与对方有重大利害关系的条款。

格式条款的提供方应如何具体履行提示和说明义务,《合同法》《民法典》均没有规定,《消费者权益保护法》要求以"显著方式"提请注意,亦不够具体。笔者认为,可以按照《中华人民共和国保险法》(以下简称《保险法》)及其相关司法解释的规定。《保险法》第17条规定:"对保险合同中免除保险人责任的条款,保险人在订立合同时应当在投保单、保险单或者其他保险凭证上作出足以引起投保人注意的提示,并对该条款的内容以书面或者口头形式向投保人作出明确说明。"2000年最高人民法院研究室《关于对〈保险法〉第十七条规定的"明确说明"应如何理解的问题的答复》认为,这里所规定的

“明确说明”，是指保险人在与投保人签订保险合同之前或者签订保险合同之时，对于保险合同中所约定的免责条款，除了在保险单上提示投保人注意外，还应当对有关免责条款的概念、内容及其法律后果等，以书面或者口头形式向投保人或其代理人作出解释，以使投保人明了该条款的真实含义和法律后果。《最高人民法院关于适用〈中华人民共和国保险法〉若干问题的解释（二）》第11条进一步明确，应以足以引起投保人注意的文字、字体、符号或者其他明显标志作出提示，对免除保险人责任条款的概念、内容及其法律后果以书面或者口头形式向投保人作出常人能够理解的解释说明。该答复和司法解释针对的是提示说明的具体要求，对于审查如何履行提示说明义务具有参考作用。[①]

此外，金融监管机构的相关规范性文件要求亦为金融机构如何履行提示说明义务提供了参考。例如，国务院办公厅出台《关于加强金融消费者权益保护工作的指导意见》明确要求金融机构应当以通俗易懂的语言，及时、真实、准确、全面地向金融消费者披露可能影响其决策的信息，充分提示风险，不得发布夸大产品收益、掩饰产品风险等欺诈信息，不得作虚假或引人误解的宣传。2020年修订的《中国人民银行金融消费者权益保护实施办法》则明确，进行信息披露时，应当使用有利于金融消费者接收、理解的方式。对利率、费用、收益及风险等与金融消费者切身利益相关的重要信息，应当根据金融产品或者服务的复杂程度及风险等级，对其中关键的专业术语进行解释说明，并以适当方式供金融消费者确认其已接收完整信息。使用格式条款的，应当以足以引起金融消费者注意的字体、字号、颜色、符号、标识等显著方式，提请金融消费者注意金融产品或者服务的数量、利率、费用、履行期限和方式、注意事项、风险提示、纠纷解决等与金融消费者有重大利害关系的内容，并按照金融消费者的要求予以说明。格式条款采用电子形式的，应当可被识别且易于获取。

本案中，还款计划表仅载明了每期还款本息额和剩余本金额，未载明实际利率或能够反映实际利率的利息计算方式，甚至未载明利息总额或其计算

---

① 参见最高人民法院民法典贯彻实施工作领导小组主编：《中华人民共和国民法典合同编理解与适用》，人民法院出版社2020年版，第247页。

公式。一般人若不具备会计或金融专业知识,难以通过短时阅看而自行发现实际利率与合同首部载明利率存在差别,亦难以自行验算实际利率。因此,系争还款计划表不足以揭示借款合同的实际利率,中原信托未尽到明确披露实际利率的义务。

(三)未披露的法律后果——未订入合同

1999年《合同法》第39条并未规定格式条款提供方未履行提示说明义务的法律效果,在《民法典》出台前,理论和实践对此存在一定分歧,主要有三种观点:第一种观点认为格式条款无效;第二种观点认为格式条款可撤销;第三种观点认为格式条款未订入合同。《最高人民法院关于适用〈中华人民共和国合同法〉若干问题的解释(二)》(已失效)采用了第二种观点,其第9条规定:"提供格式条款的一方当事人违反合同法第三十九条第一款关于提示和说明义务的规定,导致对方没有注意免除或者限制其责任的条款,对方当事人申请撤销该格式条款的,人民法院应当支持。"《民法典》最终采用第三种观点,其第496条规定:"提供格式条款的一方未履行提示或者说明义务,致使对方没有注意或者理解与其有重大利害关系的条款的,对方可以主张该条款不成为合同的内容。"

笔者认为,采用第三种观点将该问题归属于合同订立的范畴,回归到意思表示一致的本源,更符合合同订立规则,也更有利于保护合同相对人。相对而言,如果采用观点一,则在格式条款有利于合同相对人时显得过于严苛;采用观点二,则又受到撤销除斥期间的限制。

根据上述规定,贷款人与金融消费者订立借款合同时,若因贷款人对利率格式条款未予披露和明确说明,致使借款人没有注意或者理解借款合同的实际利率,应当认为双方未就"按照该实际利率计算利息"达成合意,贷款人无权据此收取利息。需要注意的是,虽然本案发生在《民法典》出台之前,但根据《最高人民法院关于适用〈中华人民共和国民法典〉时间效力的若干规定》第9条的规定:"民法典施行前订立的合同,提供格式条款一方未履行提示或者说明义务,涉及格式条款效力认定的,适用民法典第四百九十六条的规定。"故《民法典》第496条对于其施行前订立的合同具有溯及适用效力。

三、利率条款解释应采用一般理性人标准

本案系争贷款合同所附的还款计划表因未尽到提示说明义务而不能作为计算利息的依据，借款合同关于利率的明确表述只剩下合同首部载明的平均年利率 11.88%。那么是否应当按照该利率来计算利息呢？贷款机构认为该利率仅为名义利率，借款人认为该利率就是实际利率，这涉及格式条款解释的问题。

根据我国《民法典》第 466 条第 1 款规定："当事人对合同条款的理解有争议的，应当依据本法第一百四十二条第一款的规定，确定争议条款的含义。"《民法典》第 142 条第 1 款规定："有相对人的意思表示的解释，应当按照所使用的词句，结合相关条款、行为的性质和目的、习惯以及诚信原则，确定意思表示的含义。"1999 年《合同法》第 41 条规定："对格式条款的理解发生争议的，应当按照通常理解予以解释……"《民法典》第 466 条第 1 款和第 142 条第 1 款在沿袭 1999 年《合同法》第 125 条的基础上进行了优化，包括增加考虑"行为的性质"，解释目的从确定"真实意思"调整为确定"意思表示的含义"，更符合合同解释的特点，更有利于保护合同当事人的合法权益，因此应溯及适用于《民法典》施行前订立的合同。根据上述规定，合同解释应当采用内在意思与外在表示兼顾的原则，对格式条款的解释应当采用通常理解的原则，无论是外在表示还是通常理解，均应当采用一般理性人的标准。

合同首部载明的平均年利率 11.88%，同时载明还款方式为分次还款。上述条款应当作为确定利息计算方式的主要依据，采用一般理性人的标准对该部分条款进行解释。以实际借款本金为基数计算利息是利息概念的应有之义，也是民众从储蓄存款等常见金融业务中逐渐形成的对利息的通常理解。因此，在分次还本付息的场合，以剩余本金为基数计算利息属于常理通识。借款人主张以 11.88% 为年利率，以剩余本金为基数计算利息，符合一般理性人对利息、利率的通常理解，也符合交易习惯和诚信原则。按照上述利息计算方式，每次还款金额扣除利息后的部分应当冲抵本金，并以剩余本金为基数计算下次应还利息。另外，根据 1999 年《合同法》第 200 条规定：

“借款的利息不得预先在本金中扣除。利息预先在本金中扣除的,应当按照实际借款数额返还借款并计算利息。”贷款人在发放贷款前已经收取的首期还款141,000元应当从实际本金中扣除。

涉港金融担保合同纠纷中的管辖认定及法律适用

——恒生银行有限公司诉上海天盛仓储有限公司、林某某保证合同纠纷案①

周　欣*　潘　祎**

【裁判要旨】

涉港金融担保合同纠纷中，我国香港特别行政区银行有权依据非对称管辖权条款向内地法院提起诉讼，且平行诉讼不影响内地法院行使管辖权。内地公司法定代表人是否有签订跨境担保合同的权限，应适用公司登记地法即内地法进行审查。在内地已取消跨境担保登记生效要件的背景下，应适用当事人约定的域外法审查担保合同争议，但对于诉讼中进入破产程序的内地公司，债权人可主张的破产债权范围应依据内地破产法予以确定。

【案号】

一审：上海金融法院(2019)沪74民初127号

---

① 合议庭成员：符望、周欣、崔婕。本案入选2021年度上海法院金融商事审判十大案例、2022年度上海法院“100个精品案例”、上海金融法院2021年度十大典型案例。

* 法学硕士，上海金融法院立案庭法官。

** 法学硕士，上海金融法院立案庭法官助理。

二审:上海市高级人民法院(2021)沪民终 743 号

【案情】

原告:恒生银行有限公司(Hang Seng Bank, Limited,以下简称恒生银行)

被告:上海天盛仓储有限公司(以下简称天盛仓储公司)、林某某

恒生银行与南浦(香港)投资有限公司(以下简称南浦公司)均为在我国香港特别行政区注册的公司。

2015 年 6 月 22 日,恒生银行与南浦公司签订授信函,约定恒生银行向南浦公司提供循环贷款额度 6000 万港元的授信,利率为香港/伦敦银行同业拆借利率或银行的资金成本加年利率 2.25%(以较高者为准)。同年 6 月 26 日,恒生银行向南浦公司转账 6000 万港元。

2016 年 12 月 7 日,恒生银行又与南浦公司签订贷款协议,约定恒生银行为南浦公司提供 1.75 亿港元的定期贷款授信,利率为利差(年利率 3.5%)加香港银行同业拆借利率,若债务人未能在到期日支付其在融资文件项下所应付的任何款项,则未付款项从到期日起至实际支付日的利息的利率按照应付年利率上浮 3.5%。同年 12 月 9 日,恒生银行向南浦公司转账 1.75 亿港元。

被告天盛仓储公司系注册于内地的公司,为南浦公司的全资子公司。天盛仓储公司向恒生银行出具"天盛仓储公司担保函",为南浦公司的前述债务提供担保。该担保函约定:担保人无条件且不可撤销地承诺,将就满足恒生银行所提出的支付担保款项的要求承担共同及个别责任;担保人应作为主要债务人,与主债务人就支付担保承担共同责任……担保函由张某某作为法定代表人签名并加盖天盛仓储公司公章。南浦公司出具书面决议,同意天盛仓储公司签署该担保函。"天盛仓储公司担保函"约定适用我国香港特别行政区法律(以下简称香港法)并接受香港特别行政区法院非排他性的司法管辖权。

被告林某某系我国香港特别行政区居民,为南浦公司董事之一。林某某

先后向原告出具两份担保函,为南浦公司的前述债务提供担保。其中"2015年担保函"约定适用香港法并接受香港特别行政区法院非排他性的司法管辖权。"2016年担保函"约定适用香港法并就我国香港特别行政区法院的司法管辖权约定:"a)受下述c)段落的规定限制,香港特别行政区法院对解决因本协议而产生的任何争议具有专属管辖权,b)双方约定以香港特别行政区法院作为解决双方争议的最合适和最便利的法院,就此各方毫无异议,c)本第19.1条款的目的仅为了保护贷款人的利益。因此,不得阻止贷款人向其他有管辖权的法院同时提起与争议相关的诉讼。在法律允许的范围内,贷款人可在任何司法管辖区同时提起诉讼。"

因借款人及担保人未履行合同义务,恒生银行以南浦公司及林某某为被告向香港特别行政区法院提起诉讼,我国香港特别行政区高等法院分别于2019年8月8日、10月15日作出判决,部分支持了恒生银行的诉请。因南浦公司及林某某仍未履行合同义务,故恒生银行向上海金融法院提起诉讼,请求判令天盛仓储公司、林某某就南浦公司欠付的定期贷款本金5,328,000港元、利息69,945.72港元及逾期利息,以及循环贷款本金17,613,000港元、利息217,381.03港元及逾期利息承担连带还款责任,同时承担恒生银行为实现债权而支出的其他费用。诉讼中,天盛仓储公司于2020年2月13日被裁定破产清算。

【审判】

上海金融法院认为,本案涉及以下法律争议:(1)本院对于本案有无管辖权;(2)本案的法律适用;(3)各担保函效力的认定及担保人承担责任的形式及范围。

第一,本案当事人约定的非对称管辖条款以及非排他管辖条款均有效,而且均未排除我国香港特别行政区法院以外法院对于原告恒生银行提起诉讼案件的管辖。本院作为被告天盛仓储公司的住所地法院及被告林某某的可供扣押财产所在地法院享有本案管辖权,原告恒生银行与被告林某某之间的同一纠纷已由我国香港特别行政区法院作出部分裁决亦并不影响本院审理案件。

第二,本案涉及两个或者两个以上的涉外民事关系,应当分别确定应当适用的法律。天盛仓储公司法定代表人出具担保函是否经内部授权,应根据《中华人民共和国涉外民事关系法律适用法》(以下简称《涉外民事关系法律适用法》)第14条第1款规定,适用登记地法即内地法律予以认定。关于担保合同争议可否适用当事人约定的香港法,应审查内地法律对于该涉外法律关系是否存在强制性规定以及适用约定的域外法是否损害内地社会公共利益。天盛仓储公司为南浦公司债务向恒生银行提供担保,属于《跨境担保外汇管理规定》(汇发〔2014〕29号)所规定的内保外贷。因内地已取消跨境担保的登记生效要件,适用香港法也不损害内地社会公共利益,故应适用香港法审查担保合同争议。天盛仓储公司在诉讼过程中破产清算,因公司破产涉及法人民事权利能力、行为能力事项,且天盛仓储公司的登记注册地、主要营业地、主要破产财产所在地等均位于内地,故应根据内地破产法确定恒生银行破产债权的范围以及破产财产的分配顺序等事项。

第三,关于担保函的效力及担保责任的认定。首先,因天盛仓储公司系一人公司,其对外担保无须根据《中华人民共和国公司法》(以下简称《公司法》)第16条第2款的规定召开股东会进行决议,亦不受该条第3款回避表决之限制。一人公司对外担保的效力应以其担保行为是否得到股东同意而定。南浦公司已签章同意天盛仓储公司出具担保函,故该担保已取得公司授权,对于公司发生效力。案涉担保函均不具有香港法项下的合同无效事由,应认定为有效。其次,根据查明的香港法及合同约定,天盛仓储公司、林某某应向恒生银行承担直接还款责任。恒生银行所主张的利息不违反香港法下利率保护规定,恒生银行有权主张。借款合同约定贷款人对应付金额的证明在未存在明显错误的情况下对保证人有约束力,因保证人未提供证据证明恒生银行所主张的款项存在明显错误,故对恒生银行主张的欠款金额予以支持。最后,因天盛仓储公司已进入破产程序,恒生银行可主张的期内利息及逾期利息应自破产申请受理之日起停止计算。

上海金融法院于2021年7月30日作出一审判决:(1)确认原告恒生银

行对被告天盛仓储公司享有债权：①循环贷款本金港币17,613,000元及截至2020年2月12日的利息；②定期贷款本金港币5,328,000元及截至2020年2月12日的逾期利息；③原告恒生银行为实现债权而支出的费用人民币21万元、5.4万港元。(2)被告林某某于判决生效之日后10日内支付原告恒生银行以下款项：①循环贷款本金17,613,000港元及利息；②定期贷款本金5,328,000港元及逾期利息；③原告恒生银行为实现债权而支出的费用人民币21万元、5.4万港元；(3)驳回原告恒生银行其余诉讼请求。

一审判决作出后，被告林某某以其不应承担赔偿责任为由，向上海市高级人民法院提起上诉，因林某某未缴纳上诉费，二审法院裁定按其自动撤回上诉处理。

【评析】

本案为涉港保证合同纠纷，我国香港特别行政区银行分别依据非排他性管辖协议、非对称管辖协议向内地法院提起诉讼，要求内地公司担保人以及香港特别行政区担保人承担担保责任。本案的审理涉及管辖权认定、跨境担保合同的效力认定、跨境担保中担保责任的认定等争议问题，本文逐一进行分析。

一、管辖权之认定

林某某出具的“2016年担保函”第18条约定：“本担保函适用香港法。”第19.1条约定：“a)受下述c)段落的规定限制，香港特别行政区法院对解决因本协议而产生的任何争议具有专属管辖权，b)双方约定以香港特别行政区法院作为解决双方争议的最合适和最便利的法院，就此各方毫无异议，c)本第19.1条款的目的仅为了保护贷款人的利益。因此，不得阻止贷款人向其他有管辖权的法院同时提起与争议相关的诉讼。在法律允许的范围内，贷款人可在任何司法管辖区同时提起诉讼。”根据该约定，林某某就合同引起的纠纷仅能向香港特别行政区法院起诉，而恒生银行享有单边选择法院的权利。

这种具有不对称性的管辖协议又被称为非对称管辖协议或不对称管辖协议(asymmetric jurisdiction agreement)或者是单边的管辖协议(one-sided or one-way or unilateral jurisdiction agreement)。[①] 原告恒生银行已依据该约定在香港法院起诉林某某并获部分胜诉判决,在此情况下,原告又在内地法院提起诉讼,内地法院是否具有管辖权,需从非对称管辖协议的效力、该协议是否具有排他性,以及平行诉讼的应对等方面予以分析。

(一)非对称管辖协议的效力认定

1. 审查涉外管辖协议效力应适用的法律

本案非对称管辖协议是在境外当事人之间订立的担保函中约定,合同双方约定适用香港法,故需首先确定认定该管辖协议效力应适用的法律。我国现行法律法规未对涉外管辖协议效力审查应适用的法律作出明确规定,仅在《中华人民共和国民事诉讼法》(2021年修订,以下简称《民事诉讼法》)[②]第4条及第266条规定,在中华人民共和国领域内进行涉外民事诉讼适用该法规定。有观点认为,是否适用合同约定的准据法认定管辖协议的效力应区分两种情形:若为独立的管辖协议,则主合同的准据法不应当作为审查管辖协议效力的准据法;若当事人之间订立的合同中明确约定"本合同/所有纠纷根据××法进行解释",则意味着当事人意欲将准据法覆盖到合同的全部内容,包括实体条款和程序条款,此时合同的准据法应作为管辖条款的准据法。[③] 笔者认为,管辖协议性质上属于诉讼契约[④],虽然其兼具实体法上的契约属性和程序法上的诉讼属性,[⑤]但管辖权的确定本质上属于诉讼程序问题,故不属于

---

① 参见张利民:《不对称管辖协议的合法性辨析》,载《法学》2016年第1期。

② 本案裁判时《民事诉讼法》2021年修订版虽尚未发布施行,但案例写作时已生效,故本案例所引用的《民事诉讼法》均为2021年修正后的版本。

③ 参见汪金兰:《涉外民事诉讼管辖协议的效力审查——以我国法院裁判实践为视角》,载《武大国际法评论》2017年第5期。

④ 所谓诉讼契约,是指以产生诉讼法上的效果为直接目的的当事人之间的合意,也称为"诉讼上的合意"。参见张卫平:《论民事诉讼的契约化——完善我国民事诉讼法的基本作业》,载《中国法学》2004年第3期;刘哲玮:《管辖协议的理论重构》,载《法学论坛》2020年第6期;汪金兰:《涉外民事诉讼管辖协议的效力审查——以我国法院裁判实践为视角》,载《武大国际法评论》2017年第5期。

⑤ 参见汪金兰:《涉外民事诉讼管辖协议的效力审查——以我国法院裁判实践为视角》,载《武大国际法评论》2017年第5期。

《涉外民事关系法律适用法》第41条所规定的当事人可以协议选择适用法律的范畴。无论管辖协议是否单独订立,其效力均应依据法院地法进行审查。

2. 管辖协议效力的审查要件

管辖协议兼具诉讼属性和契约属性,对其效力审查亦应从诉讼行为效力要件以及合同行为效力要件两个方面予以审查。下文结合内地法律对于管辖协议效力的审查要件进行分析。

(1)诉讼行为效力要件

关于管辖协议的生效要件,传统理论大多根据《民事诉讼法》第35条[①]的规定予以确定:①财产权益纠纷;②选择法院的地点须与争议有实际联系;③书面形式;④不得违背级别管辖和专属管辖规则。[②]《最高人民法院关于适用〈中华人民共和国民事诉讼法〉的解释》(2022年修订,以下简称《民诉法解释》)[③]第529条[④]也对涉外管辖协议的生效要件作出了大致相同的规定,只是将第四个要件明确为不得违背内地法规定的必须由中华人民共和国法院专属管辖的情形。前述管辖协议生效要件,即为诉讼行为效力要件。因已有明确的审查依据,司法实践中争议较小。

(2)合同行为效力要件

诉讼行为效力要件仅明确了程序法上对管辖协议的效力约束,不足以涵盖管辖协议效力认定的所有要件,也无法与现有的法律规范做到衔接与统一。[⑤] 审查管辖协议效力时,还需要适用《中华人民共和国民法典》(以下简称《民法典》)"总则编""合同编"的相关规定,对管辖协议意思表示的成立与

---

① 《民事诉讼法》第35条规定:"合同或者其他财产权益纠纷的当事人可以书面协议选择被告住所地、合同履行地、合同签订地、原告住所地、标的物所在地等与争议有实际联系的地点的人民法院管辖,但不得违反本法对级别管辖和专属管辖的规定。"

② 参见刘哲玮:《管辖协议的理论重构》,载《法学论坛》2020年第6期。

③ 本案裁判时《民诉法解释》2022年修订版虽尚未发布施行,但案例写作时已生效,故本案例所引用的《民诉法解释》均为2022年修正后的版本。

④ 《民诉法解释》第529条规定:"涉外合同或者其他财产权益纠纷的当事人,可以书面协议选择被告住所地、合同履行地、合同签订地、原告住所地、标的物所在地、侵权行为地等与争议有实际联系地点的外国法院管辖。根据民事诉讼法第三十四条和第二百七十三条规定,属于中华人民共和国法院专属管辖的案件,当事人不得协议选择外国法院管辖,但协议选择仲裁的除外。"

⑤ 如《民诉法解释》第31条规定:"经营者使用格式条款与消费者订立管辖协议,未采取合理方式提请消费者注意,消费者主张管辖协议无效的,人民法院应予支持。"该条是关于格式合同中管辖协议的效力认定规则,但无法纳入《民事诉讼法》第35条所规定的要件之下。

生效要件予以审查。合同效力行为要件具体包括:第一,管辖协议的成立要件,即存在管辖法院的合意;第二,管辖协议的有效要件,即当事人具有相应的缔约能力,意思表示真实(不存在重大误解、通谋虚伪、欺诈胁迫、显失公平等意思表示不真实不自由的情况),不违反法律、行政法规的强制性规定,不违背公序良俗。这些要件的审查在实体法领域已形成完整的理论框架,本文在此不作赘述。

在合同效力要件审查中,最值得关注的是弱者保护原则的适用,即在合同领域,出于强势缔约地位的当事人,可以将自己的意志强加给处于弱势缔约地位的当事人,故除了意思自治原则外,还应重点关注弱者保护原则的适用。[①] 对此,我国《民法典》合同编第496条、第497条分别从格式条款的订立与内容控制两方面对处于弱势缔约地位的当事人予以保护。因管辖条款往往与当事人"有重大利害关系",故属于特别规制范围:其一,若提供格式条款的一方未采用合理方式提示对方注意管辖条款,则该条款未订入合同。例如,《民诉法解释》第31条就是对消费领域的格式管辖条款订入规则的规制。其二,若管辖条款存在不合理地限制、排除弱势方主要权利的情形,则该管辖条款无效。[②]

3. 非对称管辖协议的效力审查

对于非对称管辖协议的效力审查,亦包括诉讼行为效力要件以及合同行为效力要件两个方面。就诉讼行为效力要件而言,与其他的管辖协议审查要点并无区别。就合同行为效力要件而言,即使非对称管辖协议并非格式条款,因该条款往往规定"弱势方"只能在"强势方"选择的法院起诉,而"强势方"可向其他各法院起诉,故易被认为"不公平",违背弱者保护原则。比较

① 参见王吉文:《论弱者保护原则对涉外协议管辖的效力问题》,载《甘肃政法学院学报》2012年第2期。

② 最高人民法院2021年12月31日发布的《全国法院涉外商事海事审判工作座谈会会议纪要》第3条有类似规定。

法上也有国家否认非对称管辖协议的合法性。[①]

笔者认为,不宜简单地以“不公平”为由否定非对称管辖协议的效力,而应具体分析不同合同中非对称管辖协议当事人缔约地位、管辖条款订立的背景以及原因等因素,从而区分认定其效力。以案涉担保合同为例,原告为我国香港特别行政区银行,担保人为部分财产位于内地的我国香港特别行政区居民。担保人相对于银行并非就是“弱势方”,在贷款发放后,反而是银行因借款人和担保人的履约能力而承担巨大的交易风险。对银行而言,非对称管辖协议可保证其能在担保方不履行债务时直接向担保人财产所在地法院提起诉讼,最大限度地降低不能强制执行债务的风险。对于融资方而言,该条款可以提升银行的融资意愿、降低融资成本。由此可见,非对称管辖协议对于融资各方当事人均有实益。虽然非对称管辖协议在管辖权安排上存在不对等,但并不存在当事人违背意思表示自由之情形,在此情况下应当尊重当事人的意思自治,并无倾斜保护一方当事人之必要。

值得注意的是,基于落实弱者保护原则,特定领域的非对称管辖协议的合法性应受到制约。从比较法上看,保险合同、消费合同、个人雇佣合同一般不能自由订立排他性的管辖协议,遑论非对称管辖协议。[②] 原因在于,保险合同中的保险相对人、消费者合同中的卖方、个人雇佣合同中的雇主均为强势方,与之相对的另一方则被认为是处于弱势地位的一方,而“管辖权规则应保护弱方,应比普通规则更倾向弱方利益”[③]。但在本案判决之时,内地法律以

---

① 如2012年法国最高法院在“×女士诉罗斯柴尔德案”中明确否决了非对称管辖协议。该案中,×女士在卢森堡银行开户时所签署的合同中订有管辖条款,约定卢森堡法院拥有对纠纷的排他性管辖权,但卢森堡银行可以“在顾客的住所地或任何其他有管辖权的法院”起诉。纠纷发生后,×女士在巴黎法院起诉,银行提出管辖异议,认为按照双方约定,案件应由卢森堡法院管辖。法国初审法院和上诉法院均认定管辖协议无效,法国最高法院亦支持这一结论,表示“根据该条款,银行保留了在×女士的住所地或‘在任何其他法院’起诉的权利。该条款仅仅约束×女士,其是唯一受约束而只能向卢森堡法院起诉之人”,该条款是“非对等的”,与欧盟《布鲁塞尔条例Ⅰ》所规定的协议管辖之目的和宗旨相抵触。See Ms Xv. Banque Privée Edmond de Rothschild, First Civil Chamber of the Cour de Cassation,26 September 2012, Case No. 11 -26.022. 参见张利民:《不对称管辖协议的合法性辨析》,载《法学》2016年第1期。

② 规定于最早的1968年《布鲁塞尔公约》,该公约进行过多次修订,目前该公约已被2015年实施的欧盟《关于管辖权和承认与执行民商事判决的第1215号法律》所取代。

③ 2015年实施的欧盟《关于管辖权和承认与执行民商事判决的第1215号法律》序言之“鉴于”部分之第(18)项和第(19)项。

及司法解释均未针对非对称管辖协议的效力认定作出明确规定。直至2021年12月31日最高人民法院发布《全国法院涉外商事海事审判工作座谈会会议纪要》,才首次规定非对称管辖协议涉及消费者、劳动者权益的无效。

(二)非对称管辖协议的排他性认定

根据原告恒生银行与担保人林某某约定的非对称管辖协议,林某某只能在香港特别行政区法院提起诉讼,故对于林某某而言,非对称管辖协议具有排他性自不待言。争议在于,对于享有选择权的原告恒生银行,非对称管辖协议是否具有排他性。

因不同法域的法院对于意思表示的解释或是探求当事人真意的方法存在不同,对于同一管辖协议是否具有排他性可能得出不同的结论。例如,若管辖协议明确约定由一国法院管辖,但未约定该管辖协议为非排他性管辖协议的,内地司法实务中推定该管辖协议为排他性管辖协议,[①]但类似条款在我国香港特别行政区法院有判例将其认定为非排他性管辖协议。[②] 对于非对称管辖协议是否具有排他性,我国香港特别行政区高等法院于2020年3月4日在中国工商银行(亚洲)有限公司[Industrial and Commercial Bank of China (Asia) Limited]诉高慧国际有限公司(Wisdom Top International Limited)[2020] HKCFI 322一案中作出了认定。法院认为,如果债务人是提起诉讼的原告,债务人只能依照合同在我国香港特别行政区法院提起诉讼,则本案的管辖权条款属于一项排除其他司法管辖区域的"选用香港法院的协议";如果债权人是提起诉讼的原告,债权人既可在香港提起诉讼,也可选择在其他司法管辖区提起诉讼,则本案的管辖权条款不属于一项排除其他司法管辖区域的"选用香港法院的协议"。故最终我国香港特别行政区高等法院裁定,该案的非对称管辖协议不符合最高人民法院《关于内地与香港特别行政区法院相互认可和执行当事人协议管辖的民商事案件判决的安排》(法释〔2008〕9

① 此审判思路可见"国泰世华商业银行股份有限公司与高超保证合同纠纷案",最高人民法院(2017)最高法民申4205号民事判决书。最高人民法院2021年12月31日发布的《全国法院涉外商事海事审判工作座谈会会议纪要》第1条对此予以明确规定。

② 参见张利民:《非排他性管辖协议探析》,载《政法论坛》2014年第5期。

号)中关于我国香港特别行政区法院排他性管辖的要求,从而债权人不得申请我国香港特别行政区法院出具相应证明文件用以在内地法院申请香港特别行政区法院判决的认可和执行。①

非对称管辖协议是否具有排他性,涉及协议的解释问题,应当依据法院地法进行审查。目前内地法院对于该问题的观点不尽一致。有观点认为,非对称性管辖协议在债权人选择起诉法院后,被选择法院享有排他性管辖权,②即认为非对称管辖协议属于特殊的排他性管辖条款。笔者认为,对于原告恒生银行提起的诉讼,非对称管辖协议为非排他性管辖条款,我国香港特别行政区法院对于案件的管辖不具有排他性。首先,从非对称管辖协议的文义考察,其明确约定"不得阻止贷款人向其他有管辖权的法院同时提起与争议相关的诉讼。在法律允许的范围内,贷款人可在任何司法管辖区同时提起诉讼",对此应当尊重当事人的意思表示。其次,从条款订立目的考察,其是为了保证原告恒生银行在林某某不能履行债务时直接向其财产所在地法院提起诉讼,在林某某财产位于不同司法管辖区时,允许原告恒生银行同时提起诉讼更符合当事人真意。最后,非对称管辖协议旨在最大限度地降低不能强制执行债务的风险。由于我国香港特别行政区法院不认可非对称管辖协议在有选择权的主体提起的诉讼中具有排他性,原告恒生银行在我国香港特别行政区法院获得的判决不能在内地法院申请认可和执行。在此情形下若内地法院认为我国香港特别行政区法院对于原告恒生银行提起的诉讼有专属管辖权,将导致原告恒生银行债权难以实现。③

---

① 《关于内地与香港特别行政区法院相互认可和执行当事人协议管辖的民商事案件判决的安排》规定,内地人民法院和香港特别行政区法院在具有书面管辖协议的民商事案件中作出的须支付款项的具有执行力的终审判决,当事人可以根据该安排向内地人民法院或者香港特别行政区法院申请认可和执行。其中第3条明确规定,书面管辖协议是指"以书面形式明确约定内地人民法院或者香港特别行政区法院具有唯一管辖权的协议",即排他性管辖协议。香港特别行政区高等法院《内地判决(交互强制执行)条例》(《香港法例》第597章)规定,根据香港特别行政区法院作出的生效判决向内地法院申请执行,申请人须向香港特别行政区法院申请出具经核证的香港判决文本及香港特别行政区判决的证明书。该条例第3(1)条规定,香港特别行政区法院出具以上证明文件的条件之一,即该管辖协议必须包含一项"选用香港法院协议",而其他司法管辖区的法院无权处理该等争议。

② 参见福建省高级人民法院民事裁定书,(2020)闽民辖终114号。

③ 2019年1月最高人民法院与香港特别行政区政府签署的《关于内地与香港特别行政区法院相互认可和执行民商事案件判决的安排》不再有排他性司法管辖权协议的要求,目前该安排尚未生效。

(三)平行诉讼的处理

前述已论及,对于原告恒生银行提起的诉讼,非对称管辖协议不具有排他性。原告恒生银行已在我国香港特别行政区法院就其与林某某间保证合同纠纷取得缺席判决,该事实是否影响内地法院管辖权以及内地法院是否行使管辖权,涉及平行诉讼的处理。

"平行诉讼"(parallel proceedings)又称"未决诉讼"(lis pendens),是指相同当事人就同一争议基于相同事实或相同目的在两个以上法域的法院提起诉讼而产生的一种多重诉讼现象。[①] 平行诉讼具体可分为重复诉讼(repetitive suits)和对抗诉讼(reactive suits)。前者指原告在一国法院起诉后,又针对同一被告就同一争议向另一法域有管辖权的法院再次起诉;后者则是指前一个诉讼的被告依据同一诉讼事实以前一个诉讼的原告为被告而向其他有管辖权的法院提起诉讼。[②] 本案中恒生银行就其与林某某之间纠纷既在我国香港特别行政区法院进行诉讼,又向内地法院提起诉讼,即属于重复诉讼。

对于平行诉讼情形的处理,各国主要是通过国际条约、先诉法院优先原则[③]、不方便法院原则、禁诉令等方法予以解决。[④] 首先,我国与其他国家缔结的双边国际条约中大都没有规定如何解决彼此间的平行诉讼问题,只是对平行诉讼情况下判决的承认与执行问题作了规定。其次,在立法上,根据《民诉法解释》第531条的规定,除非域外法院裁判已获内地法院承认(包括内地

---

① 参见肖凯:《国际民事诉讼中未决诉讼问题比较研究》,载中国国际私法学会主办:《中国国际私法与比较法年刊》第4卷,法律出版社2002年版;杜涛:《国际私法原理》,复旦大学出版社2018年版,第78页。

② 参见肖凯:《国际民事诉讼中未决诉讼问题比较研究》,载中国国际私法学会主办:《中国国际私法与比较法年刊》第4卷,法律出版社2002年版。

③ 先诉法院优先原则(first-filed rule)是指同一案件在其他法域的法院已经被受理的情况下,如果当事人又到本法域的法院提起诉讼,此时本法域的法院应在某些条件下中止本法院的诉讼,等待域外法院的判决结果。参见杜涛:《国际私法原理》,复旦大学出版社2018年版,第80页。

④ 参见杜涛:《国际私法原理》,复旦大学出版社2018年版,第78～83页;湖北省高院民事庭:《涉外民事诉讼管辖权问题研究》,武汉大学出版社2008年版,第253～277页;肖凯:《国际民事诉讼中未决诉讼问题比较研究》,载中国国际私法学会主办:《中国国际私法与比较法年刊》第4卷,法律出版社2002年版。

法院已受理当事人申请承认和执行域外法院判决),否则就平行诉讼应坚持内地法院管辖权,即我国并未将《民事诉讼法》第 36 条的“先诉法院优先原则”运用到涉外案件中。最后,虽然内地法院就平行诉讼享有管辖权,但内地法院是否受理,还要根据案件具体情况裁量决定,其中最重要的是考虑案件是否存在不方便管辖的因素。对此,应对照《民诉法解释》第 530 条规定予以审查。

本案中,虽然非对称管辖协议约定“以香港特别行政区法院作为解决双方争议的最合适和最便利的法院”,但考虑到诉讼时林某某位于内地,其可供扣押财产所在地也位于内地,而原告恒生银行在我国香港特别行政区取得的针对林某某的判决尚不能在内地法院申请认可和执行,内地法院积极行使管辖权有利于保障当事人权益。

二、跨境担保合同效力认定

本案中内地公司天盛仓储公司的法定代表人张某某向香港特别行政区注册公司恒生银行出具担保函,由天盛仓储公司为债务人南浦公司案涉债务提供担保,担保函中约定适用香港法,原告恒生银行依据香港法要求天盛仓储公司承担担保责任。认定该担保函的效力所涉法律适用问题包括:(1)公司代表人对外签订的担保合同是否对公司发生效力;(2)公司代表人对外签订的合同本身是否有效。对于该两方面争议问题应当在确定准据法的基础上分别予以分析。

(一)跨境担保合同是否约束公司之审查

公司代表人对外签订的担保合同对公司是否发生效力,需先判定代表人是否有权对外签订合同,若公司代表人超越权限,则须进一步判定该越权行为是否对公司发生效力。

1. 公司代表人权限认定之准据法

对于公司代表人[①]是否有权代表公司对外签订合同的准据法认定,司法实务中大致包括三种观点:一是法人属人法,认为该事项属于公司的行为能力问题,应适用《涉外民事关系法律适用法》第14条第1款"法人及其分支机构的民事权利能力、民事行为能力、组织机构、股东权利义务等事项,适用登记法法律"之规定;[②]二是代理行为地法,认为该事项属于代理问题,应适用《涉外民事关系法律适用法》第16条第1款"代理适用代理行为地法律"之规定;[③]三是适用合同准据法,认为不应将公司代表人代表权限问题与合同效力问题予以分割并适用不同的准据法予以认定,而应一体适用合同准据法。[④]

笔者认为,根据《最高人民法院关于适用〈中华人民共和国涉外民事关系法律适用法〉若干问题的解释(一)》(法释〔2020〕18号)第11条之规定,对不同的法律关系应分别确定准据法。公司代表人是否有权对外签订合同涉及公司与公司代表人之间的法律关系,而代表人对外签订的合同本身是否有效涉及合同双方当事人之间的法律关系,认为前者应一体适用后者准据法的观点不宜采纳。至于公司代表人是否有权对外签订合同应适用《涉外民事关系法律适用法》第14条第1款,抑或第16条第1款的规定,需对该两条冲突规范中的术语及含义进行解释,进而确定其各自的适用范围。

第一,《涉外民事关系法律适用法》第16条第1款的适用范围。关于公司与其代表人关系的法律性质,理论上存在代理说与代表说两种理论。前者以法人拟制说为基础,认为权利义务应以自然人为限,公司法人为法律拟制的主体,无自然人的意思能力和行为能力,其对外行为须通过代表人实施;后

---

① 此处的公司代表人并非一定为内地公司的"法定代表人",而是根据法律或在公司章程的范围内行使职权的人,如在我国香港特别行政区注册成立的公司,依据香港特别行政区《公司条例》可对外代表公司行为的人为授权董事,并无法定代表人之职务。

② 如信年发展有限公司与湖南省进出口集团有限公司广州有限公司协议纠纷案,最高人民法院(2014)民四终字第35号民事判决书。

③ 如徐某等诉金风熨金印刷公司民间借贷纠纷案,广东省高级人民法院(2016)粤民申1424号民事判决书。

④ 如"宏智实业股份有限公司诉陈某榆公司股权转让纠纷再审案"中所载该案二审判决理由,参见湖北省高级人民法院(2014)鄂民监三再字第9号民事判决书。又如,德清升华小额贷款股份有限公司与杭品生活科技股份有限公司借款合同纠纷案,浙江省高级人民法院(2020)浙民终291号民事判决书。

者以法人实在说为基础,认为法人作为社会有机体,有其团体意思,代表人即为法人的机关,二者是不可分割的整体。[①] 采纳不同的定性则会导致所识别冲突规范的不同。从我国立法规定来看,实证法采纳的是法人实在说中的组织体说而支持"代表说"。[②] 故《涉外民事关系法律适用法》第 16 条第 1 款中的"代理"并不包括公司与其代表人之间的关系。此外,从比较法角度看,该条借鉴了 1978 年海牙国际私法会议订立的《代理法律适用公约》,[③]该公约第 3 条明确约定"公司、社团、合伙或其他不论是否具有法人资格的实体的机关、经理或合伙人,只要其行为是根据法律或该实体的章程的范围内行使职权的,均不应视为该实体的代理人",即公约适用排除了机关代理情形。据此,从立法本意以及比较法角度考量,《涉外民事关系法律适用法》第 16 条第 1 款的适用范围应限于"意定代理"情形。

第二,《涉外民事关系法律适用法》第 14 条第 1 款的适用范围。1988 年最高人民法院发布的《关于贯彻执行〈中华人民共和国民法通则〉若干问题的意见(试行)》[法(办)发〔1988〕6 号,已失效]第 184 条仅规定法人民事行为能力适用法人属人法,而《涉外民事关系法律适用法》则扩大了法人属人法的适用范围,列举了"权利能力、行为能力、组织机构、股东的权利义务"事项,并以"等事项"进行兜底,适应了国际私法立法中扩大法人属人法适用范围的趋势,[④]但该条所列举事项具有抽象性和概括性,特别是公司"行为能力"的内涵一直模糊不清,公司代表人权限问题是否属于公司行为能力范畴存疑。故需通过对列举事项所具有的相同法律性质予以概括以确定"等事项"的外延,进而明确该条的适用范围。

---

① 参见[德]卡尔·拉伦茨:《德国民法通论》(上册),王晓晔等译,法律出版社 2003 年版,第 179 页以下。

② 参见迟颖:《法定代表人越权行为的效力与责任承担——〈民法典〉第 61 条第 2、3 款解释论》,载《清华法学》2021 年第 4 期。

③ 参见万鄂湘主编:《〈中华人民共和国涉外民事关系法律适用法〉条文理解与适用》,中国法制出版社 2011 年版,第 126 页以下;黄进、姜茹娇主编:《〈中华人民共和国涉外民事关系法律适用法〉释义与分析》,法律出版社 2011 年版,第 82 页以下。海牙国际私法会议于 1978 年订立的《代理法律适用公约》是迄今为止国际上仅有的一个对代理法律适用问题作了比较全面和合理规定的国际公约。

④ 参见最高人民法院民事审判第四庭编著:《中华人民共和国涉外民事关系法律适用法条文理解与适用》,中国法制出版社 2011 年版,第 112 页。

笔者认为,法人内部事务均可属于《涉外民事关系法律适用法》第14条第1款的适用范围,理由如下:首先,从该款列举的事项来看,均与法人的主体资格相关或为法人的内部事务,如法人的权利能力和行为能力与法人的主体资格密切相关,法人的组织机构以及股东的权利义务则均系公司内部管理问题。其次,从域外私法立法例来看,法人属人法可适用于与法人主体资格有关的问题以及法人的内部关系,主要包括法人的主体资格、法人的人格权、法人的组织机构和内部治理问题、法人的股东权利义务问题及其他问题(如法人的组织章程的变更、法人对第三人的责任问题)。[①] 其中,法人的内部治理问题包括法人决策机构的选择方式、管理权限及行使权力的方式,董事及其他职员的权利和责任,法人与其股东或董事、监事与股东之间的关系等,以及法人代表人由哪些人担任、法人代表人对外代表企业从事民事活动的权限以及法人代表人超出法人授权范围的行为的责任承担等问题。[②] 最后,根据最高人民法院相关释义,该条使用"等事项"的用语意在赋予法院进一步扩大法人属人法适用范围的裁量权。[③] 故虽条文未明确指出"等事项"的法律性质,但可推导出法人内部事务均可属于《涉外民事关系法律适用法》第14条第1款的适用范围,包括法人代表人的权限认定。

总之,内地法中,公司与其法定代表人为代表关系,故不应适用《涉外民事关系法律适用法》第16条第1款关于代理关系的冲突规范;法人代表人的权限认定属于法人内部事务,应根据《涉外民事关系法律适用法》第14条第1款的规定适用法人属人法。

---

① 杜涛:《国际私法原理》,复旦大学出版社2018年版,第147～149页。如《瑞士联邦国际私法》第155条规定:"除第156～161条外,适用于公司问题的法律……可以适用于下述事项:(1)公司的法律性质;(2)公司的设立和撤销;(3)公司的权利能力和行为能力;(4)公司的名称和字号;(5)公司的组织机构;(6)公司内部的关系如公司与成员的关系;(7)违反公司法规所应承担的责任;(8)公司债务;(9)为公司进行活动的人员的代表权限。"转引自李双元、欧福永、熊志才编:《国际私法教学参考资料选编》(上册),北京大学出版社2002年版,第131页。

② 参见杜涛:《国际私法原理》,复旦大学出版社2018年版,第149页;最高人民法院民事审判第四庭编著:《中华人民共和国涉外民事关系法律适用法条文理解与适用》,中国法制出版社2011年版,第111页;邢钢:《涉外公司法律适用的司法实践考察与法理分析》,载《法学论坛》2019年第3期。

③ 参见最高人民法院民事审判第四庭编著:《中华人民共和国涉外民事关系法律适用法条文理解与适用》,中国法制出版社2011年版,第112页。

2. 公司代表人越权行为效力归属之准据法

虽然公司代表人是否具有某一对外行为的权限属于公司内部事务，但当代表人对外为该行为并与第三人交易时，该行为能否约束公司，则又涉及交易安全的范畴。对于应适用何种准据法认定公司代表人越权行为的效力归属，理论界有不同观点，主要分歧在于将公司代表人越权行为效力归属问题识别为《涉外民事关系法律适用法》项下的“代理”还是“合同”争议。也有学者另辟蹊径提出新的观点，如认为法人代表人越权行为效力的认定虽是基于代理法律框架，[①]但该种“代理”的冲突规范并非《涉外民事关系法律适用法》第 16 条第 1 款，而应类推适用《涉外民事关系法律适用法》第 12 条第 2 款关于自然人行为能力的冲突规则，[②]由此达到“当事人利益”与“交往利益”的平衡保护。对于该问题，司法实践中也存在很大争议，有适用登记地法、代理行为地法、合同准据法等不同观点。值得关注的是，最高人民法院于 2021 年 12 月 31 日发布的《全国法院涉外商事海事审判工作座谈会会议纪要》第 28 条第 2 款规定，“公司章程或者公司权力机构对董事代表权的限制，不得对抗善意相对人，但登记国法律另有规定的除外”，对于该条的理解与适用尚有待在实践中进一步研讨。

3. 本案的具体分析

本案中，天盛仓储公司系内地公司，故应根据《公司法》等法律审查公司法定代表人张某某是否有权代表公司出具担保函。根据《公司法》规定，对外

---

① 机关代理是德国学理上的类型，我国法律称此类代理人为“法定代表人”，民法主流意见认为代表制度与代理制度相异，但立法上对于代表人对外行为效力的认定，又基本上是在代理法的框架下展开。参见王军：《中国公司法》（第 2 版），高等教育出版社 2017 年版，第 294 页以下；朱广新：《法定代表人的越权代表行为》，载《中外法学》2012 年第 3 期；王泽鉴：《民法总则》，台北，新学林出版股份有限公司 2014 年版，第 492 页。另外，国际私法不独是面对本国民商法实践，不仅是德国，英国、美国、日本等多数国家也是采纳代理制度来说明法人代表的对外行为效力。参见朱广新：《法定代表人的越权代表行为》，载《中外法学》2012 年第 3 期。转引自林强：《涉外代理关系准据法的确定》，载《法学研究》2020 年第 6 期。

② 该观点系参照德国学界观点，即原则上优先保护法人在国际私法上的“当事人利益”，适用其公司属人法任命法定代表人并确定其权限。当代表人依照公司属人法不具有代理权限，第三人对此不知或不应知悉，而依据行为地法善意地认为其有代表公司的权限时，为了保护第三人的交易安全，类推适用《德国民法典》施行法第 12 条第 1 句（或《罗马规则Ⅰ》第 13 条）之规定，此时准据法应为合同缔结地法，机关代理人不得援引公司属人法的规定主张自己无代表权限。参见林强：《涉外代理关系准据法的确定》，载《法学研究》2020 年第 2 期。

担保并非法定代表人有权单独决定事项,需履行内部决议程序。而天盛仓储公司为一人公司,只有1名股东,无法根据《公司法》第16条第2款的规定召开股东会对担保事项作出决议,亦不受该条第3款回避表决之限制。张某某是否有权出具担保函应根据该担保是否得到股东同意来认定。根据恒生银行提交的证据,天盛仓储公司的股东南浦公司已签章同意其提供担保,故张某某出具担保函的行为对天盛仓储公司发生效力。因本案不涉及越权代表行为后果归属争议,在此不予分析。

(二)跨境担保合同效力之审查

1. 准据法的确定

跨境担保合同本身的争议,包括合同的订立、效力、履行、变更和转让、终止以及违约责任等争议应根据合同准据法予以认定。本案中天盛仓储公司为南浦公司债务向恒生银行提供担保,属于跨境担保中的内保外贷,但并未按照规定办理登记手续,该情形下可否适用双方约定的香港法作为合同准据法,需根据《涉外民事关系法律适用法》第4条、第5条之规定予以审查。

《涉外民事关系法律适用法》第4条规定,中华人民共和国法律对涉外民事关系有强制性规定的,直接适用该强制性规定。强制性规定旨在保护本国经济秩序或对某类利益进行特殊保护,故当事人不能通过约定排除适用,法院在案件审理中应当直接适用。根据《最高人民法院关于适用〈中华人民共和国涉外民事关系法律适用法〉若干问题的解释(一)》第8条之规定,"涉及外汇管制等金融安全的法律、行政法规"属于强制性规定。该司法解释出台前,法院曾受理大量内地担保人对外提供外汇担保纠纷案件,担保合同中约定适用域外法,因当时法律法规明确规定,外债及对外担保必须报经外汇管理部门审批,故内地法院最终均未适用当事人选择的法律,而是适用内地法律认定担保合同无效。[①] 因案件论证过程缺乏坚实的基础而面临较多质疑。[②] 为妥善解决该问

---

① 《最高人民法院关于适用〈中华人民共和国担保法〉若干问题的解释》(法释〔2000〕44号,已失效)第6条规定对外担保未经有关国家有关主管部门批准或登记无效。

② 有的法院以公共秩序保留为由排除域外法适用,有的法院认为当事人的选择属于法律规避行为,这两种做法均遭受批评。

题,前述司法解释明确规定涉及外汇管制等金融安全的法律法规属于我国法律的强制性规定,应当直接适用。①

随着我国经济体量和国际资本流动规模的增大,实行人民币资本项目自由兑换成为外汇体制改革的目标,2014 年外汇管理局发布的《跨境担保外汇管理规定》取消了跨境担保合同的登记生效要件。该规定第 29 条明确规定:"外汇局对跨境担保合同的核准、登记或备案情况以及本规定明确的其他管理事项与管理要求,不构成跨境担保合同的生效要件。"在国家外汇管理局有关负责人就《跨境担保外汇管理规定》答记者问中,国家外汇管理局也再次强调:"充分尊重上位法、国际惯例和市场需求,将外汇管理与跨境担保交易合同的有效性判定脱钩。外汇局基于国际收支统计法定职责的汇兑登记,在目的和效力上均不同于行业主管部门的确认登记,不作为担保生效或对抗第三人的要件。"随着《民法典》及配套有关担保制度的司法解释的出台,有关对外担保须经国家有关主管部门批准或登记的特别规定均已取消。

在此背景下,对于未经登记等手续的跨境担保是否还属于《涉外民事关系法律适用法》第 4 条规定的有强制性规定而不能适用域外法的情形,司法实践中仍存有争议。② 笔者认为,首先,对外担保所涉"外汇管制等金融安全"主要体现于对合同效力的认定,而并不涉及对外担保合同关系中的其他方面,故对于不涉及效力认定的其他争议仍应根据冲突规范确定的准据法予以调整。其次,虽然担保人签订跨境担保合同后应履行相应的核准、登记或备案手续,但并不影响合同的效力认定。在现行法律法规已取消跨境担保的登记生效要件的背景下,对于未经登记等手续的跨境担保合同已无直接适用内地法审查其效力之必要。据此,本案认定跨境担保不属于因有强制性规定而不能适用域外法之情形。

---

① 参见高晓力:《最高人民法院〈关于适用《中华人民共和国涉外民事关系法律适用法》若干问题的解释(一)〉解读》,载《法律适用》2013 年第 3 期。

② 例如,香港上海汇丰银行有限公司与河北四方通信设备有限公司金融借款合同纠纷案中,法院认为,《中华人民共和国外汇管理条例》及《跨境担保外汇管理规定》第 5 条、第 6 条、第 9 条的规定属于我国法律中的强制性规定,根据《涉外民事关系法律适用法》第 4 条规定应直接适用。故虽双方约定适用香港法,但法院适用内地法审理担保事项,先根据《跨境担保外汇管理规定》认定案涉担保有效,后根据内地法认定担保人是否应承担担保责任以及担保责任范围。参见河北省高级人民法院民事判决书,(2017)冀民初 17 号。

根据《涉外民事关系法律适用法》第5条规定,域外法可否适用还应审查其适用是否会损害我国社会公共利益。本案适用香港法作为跨境担保合同纠纷的准据法,不会导致违反我国重大利益、基本政策或者道德基本观念等后果。据此,法院确定以香港法作为审查跨境担保合同争议的准据法。

2. 香港法的适用

根据前述,应适用香港法审查"天盛仓储公司担保函"的效力。为此,法院结合香港国际律师事务所提供的法律意见书,并通过多种途径查明香港法的相关法条与判例。[①]

香港法下,合同有效成立须具备的要素包括:(1)订立协议,即有两个或两个以上的当事人通过要约(offer)与接受要约(acceptance)达成一个确定无疑及完全的协议;(2)对价(consideration);(3)产生法律关系的意图。[②] 内地与香港特别行政区合同成立的大多数要素是相同或类似的,但值得注意的是"对价"是普通法系合同法特有的概念。所谓对价,是"为得到另一方承诺……所作出的行为或不行使权利(forbearance)"[③]。若为了避免关于是否具有对价的争议,协议各方可采用契据(deed)形式确立关系。香港法下,如果契据妥为签立,其与合同一样对订约各方有约束力,契据各方不需要就契据提供任何对价。[④] 但契据必须符合一定的形式要求,如其必须为书面形式,需注明是"作为契据签署、盖章和交付"(signed, sealed and delivered as a

① 对此,有必要先了解我国香港特别行政区的法律渊源,《中华人民共和国香港特别行政区基本法》规定香港原有法律除与《中华人民共和国香港特别行政区基本法》相抵触外,均予保留,即保留普通法体系。除《中华人民共和国香港特别行政区基本法》外,香港法的法律渊源有成文法、判例法(包括普通法、衡平法)、习惯法。

② 参见陈弘毅、张增平、陈文敏、李雪菁合编:《香港法概论》(第3版),三联书店(香港)有限公司2015年版,第243页;罗敏威:《香港合约法》(增订版),中华书局(香港)有限公司2018年版,第7～8页。

③ See Dunlop Pneumatic Tyre Company, Limited v. Selfridge and Company, Limited [1915] AC 847, p. 855. 转引自罗敏威:《香港合约法》(增订版),中华书局(香港)有限公司2018年版,第83页。

④ See Milroy v. Lord (1862) 4 De G F & J 264; Tung Kun Sheng v. Chow Oi Lin [1996] 4 HKC 734.

deed)。此外,下列事由也可能导致合同或契据无效或可使无效:[①]失实陈述[②](misrepresentation)、错误[③](mistake)、胁迫(duress)、不当影响[④](undue influence)、违法(illegality)、无行为能力(incapacity)。

本案中,“天盛仓储公司担保函”系以书面契据的方式订立,尾部载明“本保函按契据形式由各担保人于某日签署并交付”(In witness whereof this Guarantee has been executed and delivered as a deed by the Guarantors on ×××),符合形式要求,也不涉及关于有无对价的争议。关于天盛仓储公司行为能力问题,前述业已论及,因该事项涉及法人内部事务,故适用法人登记地法即内地法予以审查。关于其他无效要件,经审查,无任何主张或证据显示存在恒生银行向天盛仓储公司作失实陈述导致其签署担保函,或天盛仓储公司受到不当影响或威胁,或天盛仓储公司存在错误理解等可能影响担保函约束力之情形,故法院认定“天盛仓储公司担保函”有效。

三、跨境担保中担保责任的认定

(一)香港法下担保责任的承担方式

香港法下涉及担保的相关制度安排不同于内地法律,特别是有关担保责任的承担形式。香港法下,人保被分为两大类,即保证合同(contract of guarantee)及补偿合同(contract of indemnity)。前者,债务人承担首要责任

---

① 无效,是指自始无效(void ab initio),可使无效(voidable)是指合约并不是开始便无效,只是立约一方有权撤销(rescind)合约。参见陈弘毅、张增平、陈文敏、李雪菁合编:《香港法概论》(第3版),三联书店(香港)有限公司2015年版,第269页。

② 失实陈述,指立约一方在立约前或立约时,就某些现存或过去事实,向另一方所作出的陈述失实,而该陈述是导致另一方订立合约的关键原因之一。参见陈弘毅、张增平、陈文敏、李雪菁合编:《香港法概论》(第3版),三联书店(香港)有限公司2015年版,第269页。

③ 错误,须关乎合约各方的身份,在合约订立日合约标的是否存在或合约标的的品质。See Bell v. Lever Brothers, Limited [1932] AC 161, p.217.

④ 不当影响为衡平法概念,指一方对另一方存在信任或依赖,但另一方却不公允地运用其对一方的影响而与一方订立合约。与胁迫不同的是,胁迫一般涉及非法手段。参见罗敏威:《香港合约法》(增订版),中华书局(香港)有限公司2018年版,第273页。

(primary liability),而担保人承担次级责任(secondary liability);①后者,担保人保证受诺人利益不受损,一旦受诺人受到损失,担保人即予以补偿,即使债权人并没有追索或起诉主债务人,甚至在主债务可能无效或债权人解除债务人责任时,担保人仍须承担补偿责任。② 实践中,我国香港特别行政区法院须审查文件约定的具体条款以查明担保人提供的为何种担保责任,即是仅有次级责任,还是补偿责任(或称作为主债务人的责任)。如果担保人作出了独立于主债务人责任的承诺,则债权人无须证明借款人已违反其还款责任。

香港法下担保责任承担方式还有如下分类:共同的(joint)、个别的(several)、共同及个别的(joint and several)责任。共同的责任,即各担保人共同向同一人承诺作同一件事,仅有一项义务;个别的责任,即各担保人分别向同一人作承诺,有两项累计的义务;共同及个别的责任,即各担保人共同及分别承诺向同一人做同一件事,有一项连带义务及两项个别义务,其与个别的责任的区别在于后者不产生累计的义务。③

根据"天盛仓储公司担保函"的约定,天盛仓储公司向恒生银行提供的是独立于主债务的补偿责任、共同及个别的责任,即恒生银行有权在不追索南浦公司的情况下径行要求天盛仓储公司履行偿还南浦公司欠款的义务。

(二)香港法下担保责任范围的审查

本案中须审查合同约定的利息及违约利息是否违反香港法的相关规定。从成文法来看,香港法第163章《放债人条例》的第24(1)条规定,任何人(无论是否为放债人)以超出年息60%的实际利率贷出款项或要约贷出款项,即属犯罪;第25条对于以超出年息48%的实际利率贷出的款项,授权我国香港特别行政区法院在顾及所有情况后,根据交易双方均获公平对待的原则,就该交易的条款或交易双方的权利作出适当的命令或给予其认为适当的指示。

---

① 担保责任的性质在普通法下一般被视为次级责任。在借款人未违反其作为主债务人的还款责任时,债权人一般而言无法向担保人提出起诉或主张。参见英国案例 Moschi v. Lep Air Services Ltd. and Other Respondents [1973] AC 331。

② 参见何美欢:《香港担保法》(上册),北京大学出版社1995年版,第32页;平一:《香港保证担保法律制度介绍与适用》,载《中国城市金融》2010年第2期。

③ 参见何美欢:《香港担保法》(上册),北京大学出版社1995年版,第12～13页。

《放债人条例》第3(a)条明确该条例不适用于《银行业条例》(香港法第155章)所指的认可机构,银行即在其列。但虽如此,银行亦不得向客户收取过高贷款利率的利息。一方面,在香港法下,任何条款不得构成罚金条款,即向合约一方施加与未违约一方的正当利益不合比例的负担,且该条款不得纯粹以惩罚为目的,否则该条款均被视为无效。[①] 虽然我国香港特别行政区银行可自由确定收取的利率,但我国香港特别行政区法院曾就银行酌情厘定权的行使作出判例,认为银行行使全权酌情权时必须"诚实、真诚地行使,但不能任意,反复无常或不合理地行使"(must be exercised honestly and in good faith but not arbitrarily, capriciously or unreasonably)。[②] 另一方面,我国香港特别行政区银行公会发布的《银行营运守则》(2015年2月)第12.3条建议银行收取款项的年化利率不应超过《放债人条例》所定的法定上限。

本案中,恒生银行依据授信函主张的循环贷款利率为香港特别行政区银行同业拆借利率加年利率2.25%,就该贷款未主张复利及逾期利息;依据贷款协议主张定期贷款利率为我国香港特别行政区银行同业拆借利率加年利率3.5%,逾期利息的利率为期内利率加年利率3.5%。上述利息以及逾期利息的利率均未超出《放债人条例》规定的上限,也不构成惩罚性条款,故法院予以支持。

(三)公司破产对于担保责任范围的影响

因天盛仓储公司在案件受理后进入破产清算程序,因此本案还涉及破产债权的法律适用问题。各国对于破产债权的范围和顺位等均有不同规定,依照不同国家的法律处理破产债权无疑会对当事人的利益产生巨大影响。对于该问题,国际上存在两种观点,一种是主张应当适用支配债权的准据法。另一种主张适用法院地法,其中适用法院地法的观点为主流观点。笔者认

---

① 该原则于香港案例 ReHsin Chong Construction Co. Ltd. [2020] 1 HKC 151 一案中明确说明。香港高等法院上诉法庭曾针对性地考虑逾期利息是否构成罚金条款,并说明除非逾期利息在相关案例的事实下属于"奢侈、过分高昂或不合情理"(extravagant, exorbitant or unconscionable)的,否则该逾期利息条款不属于罚金条款。See Bank of China (Hong Kong) Ltd. v. Eddy Technology Co. Ltd. & Ors. [2019] 5 HKC 496. 该案中逾期利息的计息方式为银行不时颁布的港元最优惠利率加6厘。

② See Societe Generale Bank & Trust Hong Kong Branch v. Mike Panjwani [2010] HKCU 2564.

为,一方面,破产程序开始前,针对债务人的债权仍应当受其本身准据法支配,故对于恒生银行债权的有效性及债权的金额应依据香港法予以认定;另一方面,破产涉及法人的民事权利能力、民事行为能力,且被告天盛仓储公司已在内地法院进入破产程序,应根据内地破产法确定原告恒生银行破产债权的范围以及破产财产的分配顺序等事项。故认定原告恒生银行可向被告天盛仓储公司主张的利息及逾期利息应自天盛仓储公司破产申请受理时起停止计算。

融资租赁承租人破产情形下租赁物优先受偿权的司法认定

——浦银金融租赁股份有限公司诉汉邦(江阴)石化有限公司融资租赁合同纠纷案[①]

朱颖琦[*]　李瑶菲[**]

【裁判要旨】

融资租赁合同中出租人可就租赁优先受偿的规定虽为《中华人民共和国民法典》(以下简称《民法典》)、最高人民法院《关于适用〈中华人民共和国民法典〉有关担保制度的解释》(以下简称《担保制度司法解释》)的新规定,但对于《民法典》施行前签订的融资租赁合同,诉讼中如果就拍卖、变卖租赁物所得价款受偿更有利于双方债务的清偿,并不违背合同当事人的合理预期,应认定可溯及适用《民法典》的规定。出租人请求实现优先受偿权的前提是相应担保已经登记。"中国人民银行征信中心动产融资统一登记公示系统"于2021年1月1日被确立为全国范围内动产和权利担保统一登记的平台,在该系统上的登记应自此具有法定的公示公信力,承租人破产情形下,出租人对租赁物享有的优先权利顺位可根据该时点进行排列确定。

---

① 合议庭成员:朱颖琦、吴剑峰、匡丽英。本案入选上海法院2020年度"四个一百"精品案例、上海金融法院2021年度十大典型案例;本篇获评2022年全国法院系统优秀案例分析二等奖。

* 法学硕士,上海金融法院综合审判一庭副庭长。

** 法学硕士,上海金融法院综合审判一庭法官助理。

【案号】

上海金融法院(2020)沪74民初3458号

【案情】

原告:浦银金融租赁股份有限公司(以下简称浦银租赁公司)

被告:汉邦(江阴)石化有限公司(以下简称汉邦石化公司)、江阴澄星实业集团有限公司(以下简称江阴澄星公司)

2019年4月26日,浦银租赁公司与汉邦石化公司签订融资租赁合同,以汉邦石化公司所有的生产制造设备为租赁物通过售后回租模式进行融资,融资额3亿元,分为8期租金支付。江阴澄星与浦银租赁公司签订保证合同为汉邦石化公司债务提供连带责任保证。2019年4月27日,浦银租赁公司将融资租赁合同及租赁物设备清单在中国人民银行征信中心动产担保登记证明处进行了登记。

融资租赁合同生效后,浦银租赁公司按约发放了租赁设备款265,650,000元。自第4期起,汉邦石化公司陆续出现逾期支付租金的情况,之后再未支付租金。2020年11月18日,浦银租赁公司提起本案诉讼,请求:(1)确认汉邦石化公司应向浦银租赁公司支付到期未付租金77,690,776.68元、未到期租金79,888,749.32元、按日5‰计算的逾期付款利息、逾期未补足保证金所产生的违约金3,128,969.05元、违约金15,958,749.86元、租赁物留购价款1.00元、律师费800,000元及财产保全担保费90,145.62元;(2)确认浦银租赁公司有权对案涉租赁设备在折价或拍卖、变卖该财产所得款项价值范围内优先受偿;(3)判令江阴澄星公司就汉邦石化公司上述全部付款义务承担连带保证责任。

江苏省江阴市人民法院于2021年2月3日作出(2021)苏0281破申4号民事裁定,受理案外人中国工商银行股份有限公司江阴支行对汉邦石化公司的破产重整申请。

汉邦石化公司辩称，本案法律关系发生在2021年之前，故本案不适用《担保制度司法解释》第65条的规定，且该条中也未规定融资租赁物的出租人享有优先受偿权，浦银租赁公司也未办理法定形式的物权登记公示手续，故浦银租赁公司要求以拍卖、变卖租赁物优先受偿的主张没有法律依据，不应支持。并且，本案融资租赁合同到期后承租人汉邦石化公司破产，经破产管理人清算后发现租赁物上存在多重担保物权，如果浦银租赁公司就租赁物拍卖、变卖享有优先受偿权，则与租赁物上其他担保物权将发生冲突。

【审判】

法院生效裁判认为，《担保制度司法解释》第65条规定，在融资租赁合同中，承租人未按照约定支付租金，经催告后在合理期限内仍不支付，出租人请求承租人支付全部剩余租金，并以拍卖、变卖租赁物所得的价款受偿的，人民法院应予支持。根据最高人民法院《关于适用〈中华人民共和国民法典〉时间效力的若干规定》（以下简称《时间效力司法解释》）第3条规定，“民法典施行前的法律事实引起的民事纠纷案件，当时的法律、司法解释没有规定而民法典有规定的，可以适用民法典的规定，但是明显减损当事人合法权益、增加当事人法定义务或者背离当事人合理预期的除外”。从该法的规定来看，融资租赁中出租人对租赁物享有的所有权具有担保功能，在承租人经催告后在合理期限内仍不支付租金，出租人通过诉讼请求承租人支付全部未付租金的情况下，如果能就拍卖、变卖租赁物所得价款受偿，更有利于双方债务的清偿，并不违背合同当事人的合理预期。由此，《民法典》及《担保制度司法解释》关于“拍卖、变卖租赁物所得的价款受偿”的规定可追溯适用于本案融资租赁合同。至于出租人能否享有优先受偿权，法院认为，根据《民法典》第745条，“出租人对租赁物享有的所有权，未经登记，不得对抗善意第三人”，以及《担保制度司法解释》第63条，非典型担保中，“当事人未在法定的登记机构依法进行登记，主张该担保具有物权效力的，人民法院不予支持”等规定，出租人享有优先受偿权的前提是融资租赁合同及出租人对租赁物享有的所有权已经办理登记，且相应登记具有公示公信的作用。本案中，融资租赁合同及租赁物所有权系于2019年4月27日在"中国人民银行征信中心动产融资统一登记公示系统"登记,但当时该系统还不属于具有法定效力的公示平台。自2021年1月1日起,经国务院批准,"中国人民银行征信中心动产融资统一登记公示系统"成为在全国范围内实施动产和权利担保统一登记的平台,具有法定的公示公信力,本案原告所登记的案涉内容亦被纳入登记系统且公开可查。因此,法院认为案涉融资租赁合同及租赁物的登记应自2021年1月1日起发生物权效力,原告在系争租赁物上享有的优先权利顺位亦可根据该时点进行排列确定。

【评析】

一、我国动产担保制度改革及其背景要义

(一)《民法典》有关动产担保交易制度的立法背景

《民法典》制定过程中,参酌世界银行营商环境评估要求,引入比较法上的功能主义担保,对我国固有的担保概念与制度进行了较大的改革,特别体现在对动产与权利担保制度的改造上。有专家认为,《民法典》之前的中国法存在"尚未在法律层面建立功能统一的动产担保制度""各类担保权利类型、公示方式、公示效力均不同,也不存在统一的优先权规则""融资租赁、应收帐款转让、所有权保留等具有担保功能的交易形式,未规定必须遵守与担保交易同样的公示和优先权规则"等问题。[①] 这些问题的本质在于我国物权法在动产担保交易规则上坚持传统的形式主义、物权法定主义而欠缺功能主义。

我国在创制担保法之初,即已认识到动产担保之重要性,而突破传统担保物权体系,在担保法中明文规定了动产抵押制度。[②] 在实践需求的有力推动下,我国立法层面要解决的问题是进一步完善动产担保交易制度,简化设定程序和实现程序,降低交易成本,提升融资活跃度和稳定性。

① 参见纪海龙:《民法典动产与权利担保制度的体系展开》,载《法学家》2021年第1期。

② 参见邹海林:《论〈民法典各分编(草案)〉"担保物权"的制度完善——以〈民法典各分编(草案)〉第一编物权为分析对象》,载《比较法研究》2019年第2期。

(二)《民法典》有关动产担保交易制度的规则变动

《民法典》对动产及权利担保制度作了重大突破。一方面,《民法典》第388条的规定扩大了担保合同的范围,明确了融资租赁、保理、所有权保留等非典型担保合同的担保功能;另一方面,《民法典》"物权编"删除了有关动产抵押和权利质押具体登记机构的内容,为建立统一的动产抵押和权利质押登记制度留下空间。[①] 两项举措相得益彰,前者不限制担保合同的形态和范围,后者不限制可登记的担保权利的形态和范围。两者合力使担保物权和担保合同均能通过登记公示出来。既然能通过法定的登记公示系统登记,那就表明诸如让与担保这样的未被法律明文规定的担保合同也能为他人知悉,进而也应产生对抗善意第三人的效力,从而产生优先受偿的效果。[②]《民法典》通过登记来体现或增强效力,以实现实质担保化。就担保物权而言,其核心功能在于确保债权人优先受偿,这种功能的落实要依托于登记等公示手段。正是通过公示,才能将标的物上的担保负担对外展示,为他人所知,从而排斥和对抗其他债权人。《民法典》第388条第1款中不仅允许当事人订立"其他具有担保功能的合同",更重要的是通过这种合同的订立而采纳一定的公示方法,就可以形成具有功能化的担保物权。这就为当事人创设新的担保权利形式、实行各种金融创新提供了法律依据。[③] 但值得注意的是,虽然《民法典》已将所有权保留、融资租赁、保理等归为非典型担保合同,但实践中其担保功能的实现依然有赖于配套的行政管理程序和司法上的效力支持。例如,对于融资租赁合同中租赁物作为担保物的物权效力、顺位的认定有待实践厘清,同时新法条文还存在新旧衔接的问题。本文通过分析前述案例,具体阐述《民法典》有关融资租赁租赁物担保物权规定的理解与适用,结合动产和权利担保登记公示系统现状,探讨解决新旧法衔接时期不同类型的担保物权受偿

① 参见王晨:《关于〈中华人民共和国民法典(草案)〉的说明——2020年5月22日在第十三届全国人民代表大会第三次会议上》,载《中华人民共和国全国人民代表大会常务委员会公报》2020年第S1期。

② 参见王利明:《担保制度的现代化:对〈民法典〉第388条第1款的评析》,载《法学家》2021年第1期。

③ 《民法典》第641条、第745条、第768条。

顺位问题。

二、《民法典》及《担保制度司法解释》的相关规定能否溯及适用

《担保制度司法解释》第65条规定,在融资租赁合同中,承租人未按照约定支付租金,经催告后在合理期限内仍不支付,出租人请求承租人支付全部剩余租金,并以拍卖、变卖租赁物所得的价款受偿的,人民法院应予支持。将融资租赁合同列入具有担保功能的合同,将租赁物类比为担保物,此系《民法典》对融资租赁法律制度的重大调整。有观点认为,此种重大调整不应适用于《民法典》之前签订的融资租赁合同,因为当事人签署融资租赁合同时法律并未有关于融资租赁非典型担保的规定。裁判认为,《担保制度司法解释》第65条实际上起到了填补立法空白的作用,这种情况属于《时间效力司法解释》所规定的"当时的法律、司法解释没有规定而《民法典》有规定的情形"。从《民法典》《担保制度司法解释》的规定来看,融资租赁中出租人对租赁物享有的所有权实际具有担保功能,在承租人经催告后在合理期限内仍不支付租金,出租人通过诉讼请求承租人支付全部未付租金的情况下,如果能就拍卖、变卖租赁物所得价款受偿,更有利于双方债务的清偿,并不违背合同当事人的合理预期。由此,在维护法律基本稳定和社会合理预期的情况下,应认定《民法典》及《担保制度司法解释》第65条关于"拍卖、变卖租赁物所得的价款受偿"的规定可追溯适用于本案融资租赁合同。

三、如何判别租赁物登记的公示效力

就融资租赁等非典型动产担保交易,《民法典》采纳了与动产抵押一致的登记对抗交易规则,即"未经登记,不得对抗善意第三人"。最高人民法院在《民法典担保制度司法解释理解与适用》一书中对《担保制度司法解释》第65条予以解读,认为出租人能否主张就拍卖、变卖租赁物所得价款优先受偿取决于出租人对租赁物享有的所有权是否已经办理登记。本案中,浦银租赁公

司主张其融资租赁合同和租赁物在合同签订时已在“中国人民银行征信中心动产融资统一登记公示系统”进行登记，但是该登记发生于《民法典》实施以前，当时全国范围内并不具有统一的动产和权利担保登记平台。当事人所主张的“中国人民银行征信中心动产融资统一登记公示系统”仅系为 2007 年起运营，提供应收账款质押登记及查询的平台，后自 2009 年起登记范围扩展至融资租赁登记和查询业务。一般认为，当时中国人民银行征信中心的登记系统仅为自主报备的普通记录系统，一方面，缺乏统一性，并未将全国范围的动产权利登记全部纳入；另一方面，也缺乏权威性，在法无明文的情况下不具备约束善意的社会公众进行查询的法定公示公信的效力。因此，当时在“中国人民银行征信中心动产融资统一登记公示系统”上的登记，不产生对抗善意第三人的效力。

为配合《民法典》的实施，2020 年 12 月 29 日，国务院出台《关于实施动产和权利担保统一登记的决定》，自 2021 年 1 月 1 日起，在全国范围内实施动产和权利担保统一登记。自此，上述“中国人民银行征信中心动产融资统一登记公示系统”与全国各地市场监督管理局的抵押质押登记信息互联整合后成为统一的动产融资登记公示系统。该登记系统从此具有法定公示效力。值得关注的是，“中国人民银行征信中心动产融资统一登记公示系统”虽自 2021 年 1 月 1 日起进行统一登记，但其也将以往登记的数据一并予以公示，并不需要重新登记。由此，本案出租人在“中国人民银行征信中心动产融资统一登记公示系统”中办理的登记虽早于 2021 年 1 月 1 日，但仍应认定是有效登记，其要求实现优先受偿权利的诉请可以获得支持。

四、如何处理同一物上租赁物担保物权与其他物权的顺位冲突

融资租赁是建立在租赁物所有权与使用权相分离基础上的一种交易方式。租赁物的所有权属于出租人，但其实际占有、使用以及收益均由承租人享有。由于租赁物多为动产，而动产所有权的转移以交付为公示要件，故租赁物所有权和使用权相分离的特点，使承租人随时可能向他人擅自处分租赁

物。本案融资租赁合同到期后,承租人进入破产程序。破产管理人清算时发现承租人将同一租赁物前后进行了多次融资租赁或动产抵押,融资租赁合同在“中国人民银行征信中心动产融资统一登记公示系统”上登记,动产抵押在各地市场监督管理局登记。在此情况下,对同一租赁物上担保物权的顺位认定,可结合租赁物登记时间及彼时登记平台的公示效力予以判断。由于“中国人民银行征信中心动产融资统一登记公示系统”的公示作用在2021年1月1日前后发生重大变化,在此之前,善意第三方不负有查询登记系统的注意义务,而在此之后,该系统上的登记具有普遍的对世效力,应推定全体公众明知,故租赁物作为担保物的物权效力应以2021年1月1日作为界限予以区分,以此确定各担保物权的顺位。

结　语

《民法典》中确立了融资租赁合同等非典型合同性担保权利的登记制度,在审判实践中可综合考量当事人约定时的合理预期、合同履行过程中租赁物登记情况,从登记机构的法定公示效力出发,对新法的溯及适用、担保物权的效力和实现顺位等问题加以判定。

保理人明知应收账款虚构情形下法律关系的认定与责任承担

——江铜国际商业保理有限责任公司诉上海顿展实业有限公司、上海长展国际贸易有限公司等借款合同纠纷案①

崔　婕*

【裁判要旨】

保理人明知应收账款系虚构的，保理人与应收账款债权人之间成立借款法律关系。无证据证明保理人以发放贷款为主要业务或主要利润来源的，该借款法律关系有效，应收账款债权人对保理人负有本息偿付义务。但因不存在真实的应收账款，亦不存在保理人基于对真实应收账款及付款承诺发放借款的信赖，债务人又未作出提供担保等增信的意思表示，保理人要求债务人承担支付义务，不予支持。

【案号】

一审：上海金融法院（2019）沪74民初553号

① 合议庭成员：崔婕、周欣、于翠英。本案入选上海金融法院2022年度十大典型案例。

* 法学博士，上海金融法院综合审判二庭副庭长。

二审:上海市高级人民法院(2021)沪民终236号

【案情】

原告:江铜国际商业保理有限责任公司(以下简称江铜保理公司)

被告:上海顿展实业有限公司(以下简称顿展公司)、上海长展国际贸易有限公司(以下简称长展公司)

2016年8月8日,江铜保理公司与顿展公司签订《保理协议》,约定双方一致同意叙做有追索权的国内保理业务,基础商务合同及标的应收账款为顿展公司与长展公司于2016年6月6日签署的编号为DZCZ20160606－02的《购销合同》及编号为JF2016LX011_BL001_BC001的《购销合同补充协议》,应收账款金额为272,790,332.58元,预计到期日为2017年8月8日;顿展公司转让、江铜保理公司受让标的应收账款的对价,即保理款为252,790,332.58元;就江铜保理公司受让的标的应收账款,若发生不能按时足额收回等情形时,江铜保理公司有权无条件向顿展公司进行追索,顿展公司应履行反转让义务,江铜保理公司随时有权要求顿展公司立即对应收账款中未获清偿的部分或全部进行回购,回购价款为已受让的全部应收账款减已获债务人清偿的部分加未结清的保理手续费等费用、逾期违约金、其他江铜保理公司有权收取的费用;顿展公司逾期支付回购价款的,江铜保理公司有权就逾期支付的回购价款按每日万分之七的标准向顿展公司逐日计收逾期违约金;在顿展公司未能足额支付回购价款或未完全履行回购义务前,江铜保理公司仍为标的应收账款的债权人。

作为合同附件的长展公司出具的《回执》载明,已收到《应收账款债权转让通知书》,《应收账款债权转让通知书》项下提及应收账款真实、有效且尚未偿付;应收账款转让方在基础商务合同项下的对应供货义务均已履行完毕,且未发生任何涉及或不利于该等应收账款回收的违约、争议、逾期、异议或索赔;将严格按照所签署之相关基础商务合同通过(且仅通过)《应收账款债权转让通知书》规定的收款账户,向上述应收账款受让方(作为新债权人)及时足额履行付款义务。若逾期履行付款义务的,自逾期之日起,应收账款受让方有权就逾期金额按每日万分之七的标准逐日计收逾期违约金,直至付清该等款项为止。任何非通过前述收款账户进行的应收账款清偿行为(包括但不限于未经前述指定账户的票据支付或其他方式支付、债权抵销等,以下简称越项支付)均不构成在基础商务合同项下有效支付,也不解除在基础商务合同项下就该等转让应收账款任何付款义务;长展公司将赔偿因此等越项支付给受让方造成的全部损失(若有),并自行处理与转让方间的任何责任分担事宜或争议。

2016年8月17日,江铜保理公司向顿展公司发放扣除履约保证金2,790,332.58元后的融资款250,000,000元。

2018年2月2日,江铜保理公司向顿展公司发送《应收账款反转让通知书》。由于顿展公司未履行回购义务,江铜保理公司遂提起本案诉讼,要求顿展公司支付回购款、长展公司在应收账款及其逾期违约金范围内承担连带清偿责任。

根据江铜保理公司提供的证据,案涉保理业务的基础债权债务资料包括顿展公司作为卖方、长展公司作为买方、载明签订日期为2016年6月6日的《购销合同》、《购销合同补充协议》、发票及提货单,上述资料均为复印件,顿展公司、长展公司在复印件上加盖公章。

上海市公安局浦东分局经侦支队曾经对江铜保理公司分管风控的副总经理郑某某、资金经理张某某进行询问。郑某某陈述,由于顿展公司与长展公司之间贸易合同约定的是"带款提货",已经钱货两清、没有应收账款了,照理是不符合申请保理的条件的,所以需要由法务来做一份有收款账期的贸易合同,让顿展公司和长展公司重新签订。张某某陈述,顿展公司于2016年8月在江铜保理公司的2.5亿元的保理业务由其经办,在接到这个任务时就知道顿展公司提供的用来做保理的贸易合同是没有账期的,是不能做保理融资的,所以领导才安排帮顿展公司重新草拟一份有账期的贸易合同,具体的业务数据就根据顿展公司提供的发票和提货单金额、数量来填写。

本案审理中,经江铜保理公司申请,郑某某、张某某出庭作证,两证人对公安机关询问笔录上签名及捺印的真实性均予以确认。证人郑某某称,其在案涉保理业务中负责方案的审核,在公安机关陈述的意思是顿展公司与长展公司提供的合同本身有问题,所以江铜保理公司会提供模板,没有材料证明案涉保理业务存在应收账款,但公司领导沟通后称有应收账款。张某某称,其在案涉保理业务中根据领导安排协助法务部起草合同,其起草的合同模板和案涉保理业务中的购销合同是一致的,客户提供的原合同中没有付款期限,其起草的合同中有关付款期限的条款是按领导要求拟定的。

【审判】

上海金融法院于2021年1月29日作出(2019)沪74民初553号民事判决:(1)顿展公司向江铜保理公司偿还借款本金及利息人民币270,000,000元,以及自2017年8月9日起至实际清偿之日止,以借款本金人民币250,000,000元为基数,按年利率24%计付的逾期利息;(2)顿展公司向江铜保理公司支付律师费人民币200,000元;(3)驳回原告江铜国际商业保理有限责任公司的其余诉讼请求。

上海市高级人民法院于2022年3月4日作出(2021)沪民终236号民事判决:驳回上诉,维持原判。

上海金融法院认为,本案的争议焦点为:(1)系争法律关系性质与效力的认定;(2)顿展公司和长展公司应否及如何承担付款责任。

关于争议焦点一,真实、合法、有效的应收账款转让是开展保理业务的前提。本案江铜保理公司相关经办员工于庭审中的陈述与公安机关询问笔录中的陈述基本一致,两证人的证言相互印证,足以证明案涉保理业务的购销合同系由江铜保理公司在顿展公司与长展公司已履行完毕的购销合同基础上制作而成,案涉保理业务并不存在真实有效的应收账款,且江铜保理公司与顿展公司、长展公司均明知案涉应收账款系虚构。本案法律关系应认定为江铜保理公司与顿展公司之间的借款关系。由于借款行为系真实意思表示,且不存在法定无效情形,亦无证据显示江铜保理公司以发放贷款为主要业务或主要利润来源,该借款法律关系应作有效处理。

关于争议焦点二,江铜保理公司向顿展公司支付了涉案融资款,顿展公司应当按约承担还本付息的责任。由于本案不构成保理法律关系,江铜保理公司向顿展公司收取、抵扣保证金亦缺乏法律依据,应以江铜保理公司向顿展公司实际发放的款项250,000,000元作为本案借款本金。双方协议中约定、江铜保理公司据此主张的保理回购款中除去本金的部分以及自2017年8月9日起的违约金,性质上相当于借款合同项下的利息及逾期利息,但江铜保理公司可以主张的逾期利息不应超过法定保护上限。

关于长展公司应否承担支付责任。首先,根据查明事实,顿展公司对长展公司并不享有应收账款,江铜保理公司无权要求长展公司承担应收账款的给付义务。其次,从长展公司出具的确认回执的内容看,长展公司只是就并不存在的应收账款的支付方式以及违反该支付方式的后果向江铜保理公司作了承诺,并无由长展公司履行融资款的还款义务或在顿展公司不履行还款义务的情况下长展公司履行付款义务的意思表示。最后,本案借款系发生于江铜保理公司与顿展公司之间,江铜保理公司明知应收账款不存在、应收账款不能为案涉融资款的归还提供任何担保仍对顿展公司出借款项,对江铜保理公司来说亦不存在基于对真实应收账款以及长展公司付款承诺向顿展公司发放款项的信赖。长展公司的行为与本案借款不能归还的风险并无因果关系,相应的风险应由江铜保理公司自行承担。因此,江铜保理公司要求长展公司就案涉融资本息的清偿承担支付义务,缺乏法律依据,不予支持。

综上,上海金融法院遂判决:顿展公司支付江铜保理公司借款本金及利息,并驳回江铜保理公司对于长展公司的相关诉讼请求。

判决后,江铜保理公司不服一审判决提起上诉。上海市高级人民法院认可一审判决理由。

【评析】

近年来,随着保理业务在国内的迅猛发展,保理业务中虚构应收账款的情形屡见不鲜。纠纷进入诉讼后,应收账款系虚构往往成为应收账款债务人乃至应收账款债权人的主要抗辩事由,也是此类案件审理中的主要争议焦点和难点。应收账款虚构,尤其是保理人明知应收账款虚构的情形下,法律关系及其性质如何认定,应收账款债权人与债务人应否及如何承担责任?本案系经审理查明保理人明知应收账款虚构的案件,案例结合《中华人民共和国民法典》(以下简称《民法典》)的相关规定,就这一问题进行了系统探讨。

一、通谋虚伪意思表示在保理合同中的运用:视保理人是否明知而发生不同的效果

《民法典》第146条及原《中华人民共和国民法总则》(以下简称原《民法总则》)第146条均规定,行为人与相对人以虚假的意思表示实施的民事法律行为无效。以虚假的意思表示隐藏的民事法律行为的效力,依照有关法律规定处理。这是立法关于通谋虚伪意思表示的原则性规定。就通谋虚伪意思表示在保理合同中的运用,《民法典》第763条规定,应收账款债权人与债务人虚构应收账款作为转让标的,与保理人订立保理合同的,应收账款债务人不得以应收账款不存在为由对抗保理人,但是保理人明知虚构的除外。

考察日本民法关于通谋虚伪行为的规定可以发现,均规定,"不得以虚假的意思表示无效,对抗善意第三人",即区分通谋虚伪行为在当事人之间的效力以及对第三人的效力作出了不同的规定。就此,《民法典》第146条虽然没有原则性规定,但第763条体现和采纳了这一精神。但是,《民法典》第763条规定否定保理法律关系以保理人的明知为要件。其实,不明知与善意两者并不等同。善意按照通常的解释,为"不知情且不应知情"。在保理人未尽注意义务,对应收账款进行必要的核查的情况下,保理人当然并不明知,但也不构成善意。《民法典》第763条所规定的"明知"应当如何理解,是否需要考虑保理人作为专业机构应有的注意义务,还有赖于司法实践的探索。

可见,应收账款系虚构是否影响保理法律关系的成立及其效力,应当视保理人是否明知应收账款不真实而发生不同的效果。在无证据证明保理人明知应收账款虚构的情况下,债权人与债务人之间通谋虚构应收账款的行为不得对抗作为相对方的保理人。如果保理人不行使撤销权,而是选择按照保理合同的约定主张权利,保理合同应合法有效,债权人与债务人均应依约履行义务。

二、保理人明知应收账款系虚构情形下的法律关系及效力认定

审判实践中应收账款债权人、债务人抗辩保理人明知应收账款系虚构，甚至参与、主导应收账款虚构的情形，并不罕见。但囿于相关事实举证的困难，最终为法院所认定的情形则较为鲜见。本案因公安机关对保理人经办人员的询问，以及这些人员于庭审中出庭作证的证言等相互印证，认定案涉保理业务的基础合同系由江铜保理公司在顿展公司与长展公司已履行完毕的购销合同基础上制作而成，三方均明知案涉保理业务并不存在真实有效的应收账款。

根据《民法典》第763条的规定，债权人与债务人虚构应收账款且保理人明知的，保理合同无效。由此也引发了争议，即是否需要对虚伪意思表示行为背后隐藏的民事法律行为进行定性及效力评价。一种意见认为，应参照《民法典》第737条的规定，径行认定当事人订立的保理合同无效，之后再根据《民法典》第157条规定的合同无效的法律后果，判决返还财产、赔偿损失。主要理由是：第146条是一般规定，第737条是特别规定；第737条实际上明确排除了第146条在虚构租赁物情形中的运用，若违反第737条，不仅会导致融资租赁合同无效，当事人之间成立的其他法律关系也应根据本条规定按无效处理。另一种意见认为，对名为融资租赁合同、保理合同，但实际不构成融资租赁法律关系、保理法律关系的合同，按照其实际构成的法律关系处理，该实际构成的法律关系若不存在法定无效情形的，则应当认定为有效。

本案支持后一种意见，认为《民法典》第737条、第763条只是对蕴含在融资租赁合同、保理合同中的通谋虚伪行为的效力予以否定，由于该表面行为并非当事人真实意思表示，融资租赁合同、保理合同当然应当认定为无效。但对于隐藏在其背后的民事法律行为，体现了当事人的真实意思表示，仍应当按照其实际构成的法律关系定性并进行效力评价。债权人与债务人虚构应收账款且保理人明知的，应定性为借款法律关系，并按照借款合同的相关规定认定其效力。

当然,名为保理实为借款的,借款法律关系是否有效,实践中也存在较大争议。一种意见认为,保理人违反监管规定应承担相应的行政责任,并不当然影响民事法律关系的效力,如无证据显示保理人以发放贷款为主要业务或主要利润来源,原则上不应否定借款法律关系的效力。另一种意见认为,虽然企业间为生产经营需要签订的借款合同不再被认定为无效合同,但金融是特许经营行业,保理人作为未取得贷款业务资格的金融机构从事放贷业务,违反国家特许经营规定超越经营范围订立的合同,应认定无效。两种观点在案件处理效果上存在较大差异,采用何种观点其实是价值及利益衡量问题。第二种意见对于加强金融机构资质监管、督促保理人回归保理本源规范经营都具有更好的裁判引导作用,但由于主合同无效担保合同也随之无效,由此就会导致附随于保理合同的担保人担保责任的减免,裁判结果与当事人的预期及真实意思表示存在较大背离。本案持不轻易否定保理合同背后隐藏的借款法律关系效力的观点,这也是目前审判实践中通常采纳的观点。

三、保理人明知应收账款系虚构情形下的责任承担

(一)应收账款债权人的责任承担

对于保理人明知应收账款虚构而认定为借款法律关系的,无论借款法律关系是否认定为有效,保理人向应收账款债权人发放的融资本金,应收账款债权人均负有返还责任,而且保理人以首付款、手续费等形式收取的款项,不构成法定金钱质押的,应当在借款本金中扣除,对此均不存争议。争议集中在融资利息如何计付。实践中存在三种裁判标准:第一种是认定借款法律关系有效,按照合同约定的标准,只要不超过法定保护上限即予以支持;第二种是认定借款法律关系无效,由于保理人和应收账款债权人对无效均有过错,判令应收账款债权人仅赔偿保理人的资金占用成本;第三种是认定借款法律关系有效,但考虑到保理人作为专业金融机构具有明显过错,将合同约定的融资利率予以一定下调。上述第三种裁判标准在逻辑上存在明显矛盾,即在认定借款合同有效的情况下,却未按合同约定的利率标准支持保理人的请求,有欠妥当。第一种、第二种裁判标准与借款法律关系的效力认定一脉相

承,本案由于在效力认定上采有效说,故关于融资利率的认定采第一种意见。

(二)应收账款债务人的责任承担

在保理人、应收账款债权人与债务人三方通谋的情况下,应收账款债务人应否及如何承担责任,是此类案件审理中争议及分歧最大的问题,也是本案中各方当事人一审、二审争议的焦点。有意见认为,债务人已以书面方式对应收账款的数额、期限等明确确认并承诺付款的,即便基础交易合同无效,亦因债务人的自认向保理人承担违约责任,或者对保理人构成侵权,应当就保理人的实际损失承担侵权损害赔偿责任。对此,本案并不赞同,具体分析如下。

1. 债务人无应收账款的给付义务。根据《民法典》第 763 条的规定,债权人与债务人恶意串通共同虚构应收账款时,由于债务人已自认,该债权债务对保理人应视为真实存在,保理人有权直接就该受让债权向债务人主张权利。这是出于对善意保理人的保护而作出的规定。保理人参与的三方通谋的虚伪意思表示行为与之有根本区别,保理人明知债务人对债权人并不享有应收账款,基础合同、债务人出具的对应收账款真实、有效且尚未偿付的回执,只是为了使相关交易符合保理业务的要求,并非债务人的真实意思表示。根据《民法典》第 146 条的规定,行为人与相对人以虚假的意思表示实施的民事法律行为无效。在通谋虚伪意思表示的当事人之间,要求按照虚伪的意思表示承担应收账款的给付义务,显然缺乏依据。

2. 保理人主张债务人侵害其债权亦不能成立。在仅债权人与债务人串通虚构应收账款的情况下,保理人对债务人主张的是何种权利,实践中存在不同的路径和观点。一种意见认为是基于债务人的自认,应收账款债权对保理人视为真实存在,保理人有权直接就该受让债权向债务人主张权利;另一种意见认为保理人就债务人侵害其债权有权主张侵权责任,即债务人对应收账款的明确确认使得保理人对应收账款的真实存在产生合理信赖,进而向债权人放款,客观上造成了保理人的融资债权失去了应收账款的保障并且产生损失,若保理人已尽审核义务,保理人本身并无过错,亦不存在减轻债务人责任的情形与必要,债务人应依据其确认向保理人承担侵权赔偿责任。我国法律包括《民法典》对于第三人侵害债权是否受侵权责任法调整并无明确规定,实务中也应仅将其作为例外规则适用,尽量通过债务不履行规则予以解决,而且即便采纳第三人侵害债权理论,在保理人明知应收账款虚构的情况下亦并不符合侵权责任的构成要件。保理人明知应收账款不存在、应收账款不能为融资款的归还提供任何担保仍对债权人出借款项,对保理人来说并不存在基于对真实应收账款以及债务人的付款承诺发放融资款的信赖。在无证据证明债务人与债权人就融资款的使用等存在利益关联的情况下,债务人的行为仅属于配合保理人与债权人实现以保理方式借款的目的,债务人的行为与借款不能归还的风险并无因果关系,相应的风险应由保理人自行承担。

3. 保理人无权参照合同无效要求债务人对以虚伪意思表示实施的法律行为的无效承担一定的赔偿责任。通常合同无效,乃双方当事人之间达成了某种意思表示的合意,只是由于该法律行为因目的、内容违法,违背了外部价值判断而无效。在通谋虚伪意思表示场合,行为人和相对人均知晓这一"意思表示"所指向的法律效果并非双方当事人的内心真意,也均不愿意受该虚伪行为的约束,民事法律行为本身欠缺效果意思。因此,任何一方当事人均无权主张该虚伪意思表示的法律效果,而且由于该虚假意思表示是双方意思联络的结果,任何一方也无权要求另一方承担损失赔偿责任。

4. 债务人应否承担责任视其是否有为隐藏行为提供担保、债务加入等增信的意思表示而定。如上,在保理人与债权人、债务人三方通谋的情况下,债务人对应收账款真实性的确认本身并不构成有效的意思表示,也无保护保理人信赖利益的必要性可言,债务人无须承担违约或侵权责任。但是,若债务人于应收账款确认书中或另行向保理人作出了为所涉融资提供担保、债务加入、损失赔偿等增信的意思表示,此时债务人的单方允诺可能构成一个完全不同于基础合同项下应收账款的新债,应根据债务人承诺的具体内容确定相应的权利义务关系。一般首先应判断该增信措施在性质上是债的加入、保证还是完全独立的合同,如果定性为保证,则需进一步判定是一般保证还是连带责任保证。由于实践中债务人出具的确认书表述不一,亦不够严谨规范,意思表示可能存在一定的模糊性。此时就需要法官综合运用合同解释的方法作出合理认定。从债务人承担责任的轻重来说,一般保证小于连带保证,连带保证小于债的加入。在理解上存在分歧、运用合同解释方法难以得出有说服力的解释时,应当根据民法典更倾向于保护保证人利益的立法精神进行解释,即在认定债的加入和保证难以取舍时,应认定为保证;在认定为一般保证和连带保证难以取舍时认定为一般保证。在解释为保证或债的加入均不合时宜时,则应尊重当事人的行为目的和意思自治,认定其为一种独立的无名合同。

本案从长展公司出具的确认回执的内容看,其中并无任何为案涉债务提供担保等增信措施的意思表示。在回执中长展公司只是就并不存在的应收账款的支付方式以及违反该支付方式的后果向江铜保理公司作出了承诺,并无由长展公司履行融资款的还款义务或在顿展公司不履行还款义务的情况下长展公司履行付款义务的意思表示。因此,法院对江铜保理公司要求长展公司就案涉融资本息的清偿承担支付义务,未予支持。

金融商事·保险类

侵权生效判决未经充分抗辩确认损失金额对后续保险诉讼无预决效力

——王某龙诉中国人寿财产保险股份有限公司芜湖市中心支公司财产保险合同纠纷案①

沈竹莺*　王泽涛**

【裁判要旨】

审查前诉生效判决所确认的事实在后诉中的证明效力,应考虑前诉确认事实是否经过充分抗辩,侵权生效判决中未经充分抗辩而确认的损失金额对后续保险理赔诉讼无预决效力。在此情形下,审理后续保险理赔诉讼时,应当依据保险合同关于损失核定的约定确定双方当事人的权利义务。保险事故发生后,被保险人怠于通知致使保险人未能参与定损的,损害了保险人的知情权和参与定损权,其依据侵权生效判决所确认的损失金额主张保险理赔的,保险人有权申请重新鉴定。被保险人起诉要求侵权人赔偿损失获生效判决支持但未实际执行到位的,有权要求财产险保险人承担赔偿责任,并不违反"一事不再理"原则,保险人履行保险赔偿责任后依法获得保险代位求偿权。

---

① 合议庭成员:沈竹莺、孙雪梅、周欣。本案入选最高人民法院公报。

* 时任上海金融法院申诉审查及审判监督庭副庭长。

** 华东政法大学经济法学院硕士研究生,上海金融法院实习生。

【案号】

上海金融法院(2019)沪74民终238号

【案情】

上诉人(原审被告):中国人寿财产保险股份有限公司芜湖市中心支公司(以下简称人寿财保公司)

被上诉人(原审原告):王某龙

2016年11月10日,王某龙就被保险车辆向人寿财保公司投保机动车损失险、第三者责任险,双方达成《中国人寿财产保险股份有限公司家庭自用车汽车损失保险条款》(以下简称保险合同),保险期间为2016年12月7日至2017年12月6日。保险合同第18条约定:发生保险事故时,被保险人……在保险事故后48小时内通知保险人。故意或因重大过失未及时通知,致使保险事故的性质、原因、损失程序等难以确定的,保险人对无法确定的部分不承担赔偿责任,但保险人通过其他途径已经及时知道或者应当知道保险事故发生的除外。第24条约定:因保险事故损坏的被保险机动车,应当尽量修复。修理前被保险人应当会同保险人检验,协商确定修理项目、方式和费用。否则,保险人有权重新核定;无法重新核定的,保险人有权拒绝赔偿。

2017年4月16日,案外人周某国驾驶的小型客车与被保险车辆发生碰撞,造成被保险车辆受损,交警部门认定周某国负事故全部责任。因周某国的事故车辆在中国平安财产保险股份有限公司天津分公司(以下简称平安财保公司)投保交强险,王某龙遂起诉要求周某国和平安财保公司赔偿损失。侵权案件审理过程中,王某龙提供了其单方委托鉴定机构出具的鉴定意见,用以证明被保险车辆的损失金额。周某国申请对车损重新进行鉴定,但未缴纳鉴定费,并缺席案件审理,上海市闵行区人民法院(以下简称闵行法院)根据王某龙单方委托评估结论认定车损金额为322,333元,并据此作出(2017)

沪 0112 民初 23597 号民事判决(以下简称前案),判令平安财保公司在交强险范围内赔偿 2000 元,周某国赔偿 320,333 元。判决生效后,平安财保公司履行了赔付义务,周某国无财产可供执行,闵行法院裁定终结本次执行。王某龙遂提起本案诉讼。人寿财保公司答辩认为,被保险人对侵权人的侵权赔偿请求权与对保险人的保险赔付请求权存在竞合,王某龙提起侵权之诉获胜,则其保险请求权归于消灭,本案诉讼违反“一事不再理”原则,判决人寿财保公司支付保险理赔款将使王某龙双重获赔。且王某龙在保险事故发生后未通知人寿财保公司,致使人寿财保公司未能对被保险车辆损失进行核定,其有权依保险合同约定申请重新鉴定。

【审判】

闵行法院审理后认为,保险合同约定发生保险事故后被保险人应及时通知保险人,其目的是让保险人查明保险事故的性质、原因和损失程度,保险人亦仅是对无法确定的损失不承担赔偿责任。本案中,被保险车辆的损失通过侵权生效判决已经确定,故人寿财保公司应当依约赔付。闵行法院据此于 2019 年 1 月 28 日作出(2018)沪 0112 民初 34823 号民事判决:人寿财保公司支付王某龙理赔款 314,673 元。判决后,人寿财保公司提起上诉。上海金融法院于二审期间,根据人寿财保公司的申请,对被保险车辆损失进行重新鉴定,认定车损金额为 222,900 元,于 2019 年 6 月 21 日作出(2019)沪 74 民终 238 号终审判决:撤销一审判决,改判人寿财保公司支付王某龙理赔款 220,900 元。

生效判决认为,系争事故造成被保险车辆损失,属于保险合同约定的保险责任范围,王某龙起诉要求侵权人承担侵权赔偿责任虽获生效判决支持,但未实际执行到位,故其损失尚未获得填补,仍属于保险人应予理赔的情形。侵权之诉与保险之诉分属不同法律关系,因此本案诉讼不违反“一事不再理”原则。人寿财保公司可在支付保险理赔款的范围内依法取得王某龙经由生效判决确定的对周某国享有的赔偿请求权。

保险合同约定,保险事故发生后,王某龙应及时向人寿财保公司报案,会同人寿财保公司检验,协商确定修理项目、方式和费用,否则人寿财保公司有权重新核定,未能重新核定的,人寿财保公司可免于赔偿,上述约定合法有效。侵权案件中的车损金额系王某龙单方委托鉴定机构评估而来,作为王某龙向侵权人索赔的依据,在侵权人未提出相反证据,且因缺席审理而未发表反驳意见的情况下,法院依据王某龙单方委托鉴定的车损金额判定侵权赔偿的范围,于法有据。但本案系保险合同纠纷,王某龙系依据保险合同主张保险理赔,则应当遵守保险合同关于保险报案与损失核定的相关约定,保障人寿财保公司的知情权和定损参与权。本案中,王某龙在保险事故发生后未向人寿财保公司报案,而是待侵权案件生效后依据生效判决所认定的车损金额向人寿财保申请理赔,违反了保险合同的约定,有违诚实信用,损害了人寿财保公司在保险合同项下的权利,致使其无法在法定期限内对标的车辆进行定损。王某龙在侵权案件中主张的车损金额对人寿财保公司不发生法律效力,人寿财保公司有权依据保险合同约定申请重新核定被保险车辆的损失。重新鉴定的费用作为查明和确定事故的性质、原因和保险标的的损失程度所支付的必要、合理的费用,应由人寿财保公司承担。

【评析】

一、前诉侵权生效判决确认的损失金额对后续保险诉讼有无预决效力

(一)生效判决所确认事实的证明效力

依据《最高人民法院关于适用〈中华人民共和国民事诉讼法〉的解释》(以下简称《民诉法解释》)第93条的规定,[①]除有相反证据的例外情形,生效判决中所确认的事实是当事人免于举证的事项之一。从法理上来说,由于人民法院的裁判文书具有公文书证的性质,系司法机关遵循严格诉讼程序所查

① 《民诉法解释》第93条规定:"下列事实,当事人无须举证证明……(五)已为人民法院发生法律效力的裁判所确认的事实……第五项至第七项规定的事实,当事人有相反证据足以推翻的除外。"

明的事实,具有较强的客观性和公允性,因此证明力较高,对于已裁决事实具有预决性的涵摄作用。[①] 故而,上述司法解释条文所确立的规则一般被称为预决效力理论。[②] 具体来说,预决效力是指前诉已确定的事项对后诉有约束力,后诉法院不得随意更改前诉确定事项的法律效力。[③] 在我国民事诉讼活动中,援引生效判决所确认的事实作为后案证据可有效减轻当事人的举证负担,是司法实践的常见现象。

但是,并非所有的生效判决确认之事实对后诉都会发生预决效力。通说理论认为,生效判决的预决效力理论一般要求前后诉当事人同一或者是诉讼继承人,[④]其还强调正当程序的保障,对于前诉生效判决中未经充分辩论质证的事实不能赋予其预决效力。[⑤] 而本案与前案生效判决的当事人并不相同也非诉讼继承人,并且本案的特殊之处恰恰在于,由于侵权案件的被告未缴纳鉴定费用,亦未参与法庭审理,导致侵权生效判决据以确认车辆损失金额的依据——王某龙单方委托评估的鉴定意见——未经诉辩双方实质对抗。车辆损失金额不仅关系到侵权人赔偿损失范围的确定,还关系到保险人理赔责任范围的确定,故而保险人对车损金额亦应享有实质抗辩权,不能因侵权人在侵权案件中怠于抗辩而承受不利后果。从这一角度而言,前诉生效判决所认定的事实既然未经当事人展开实际的"攻击—防御",那么本着当事人程序保障和辩论主义的逻辑,就无法在本案中被赋予预决效力。本案中被保险车辆的损失金额的确定应当遵循保险合同关于损失核定的条款约定。

需要注意的是,发生预决效力仅意味着生效判决确认的事实作为证据具有较高的证明力,并不意味着不能被推翻——《民诉法解释》第 95 条的但书规定也表明预决效力具有相对性,有相反证据可以推翻。《中华人民共和国民事诉讼法》(以下简称《民事诉讼法》)第 66 条规定:"证据包括:……鉴定

---

① 参见江伟、常延彬:《论已确认事实的预决力》,载《中国法学》2008 年第 3 期。

② 参见王亚新、陈晓彤:《前诉裁判对后诉的影响——〈民诉法解释〉第 93 条和第 247 条解析》,载《华东政法大学学报》2015 年第 6 期。

③ 参见黄席鑫:《论已决事实的预决效力》,载《重庆交通大学学报(社会科学版)》2018 年第 6 期。

④ 参见邵明:《论法院民事预决事实的效力及其采用规则》,载《人民司法》2009 年第 15 期。

⑤ 参见李婧轩:《〈民诉法解释〉第 93 条第 1 款第 5 项语境下之预决效力再检视》,载《和田师范专科学校学报》2017 年第 5 期。

意见……证据必须查证属实,才能作为认定事实的根据。”然而,鉴定意见系具有专门知识和技能的鉴定机构作出,法官和当事人并不具备鉴定工作所需要的专业知识和技能,依靠他们来“查证”鉴定意见是否“属实”未免强人所难。[①] 故对于鉴定意见(评估报告)的查证与质证,主要是通过申请重新鉴定、要求鉴定人及专家辅助人出庭作证等方式进行。[②]

(二)保险人依法享有知情权和定损参与权

当前司法实践中,保险人与被保险人对于定损结果的纷争根源即在于对于定损的性质认识不清。对此,保险公司一般认为,定损系保险公司的权利,而被保险人却认为车损金额应当以有资质的评估机构所作出的结论为准。笔者认为,定损是保险公司和被保险人双方互负不同内容的权利义务综合体,其中保险公司享有知情权和定损参与权,[③]被保险人怠于通知保险人而自行单方委托定损的,保险人有权重新核定。主要依据如下。

1. 法律上的依据

王某龙与人寿财保公司所签订的保险合同第24条约定:因保险事故损坏的被保险机动车,应当尽量修复。修理前被保险人应当会同保险人检验,协商确定修理项目、方式和费用。否则,保险人有权重新核定;无法重新核定的,保险人有权拒绝赔偿。根据这一约定,被保险人王某龙有配合检验的义务,保险公司有重新核定权,双方均有一定的权利义务。需要特别指出的是,保险合同的核心目的为确定保险责任及范围,在车险中主要涉及修理项目、修理方式以及修理费用的确定,双方应在遵循平等、自愿的基础上协商确定。即不仅被保险人有对金额的不认可权,保险人同样有对定损金额的不认可权。

此外,根据《中华人民共和国保险法》(以下简称《保险法》)的有关规

---

① 参见上海市保险学会等主编:《保险典型案例评析》,上海人民出版社2016年版,第148页。

② 如《民事诉讼法》第82条规定:当事人可以申请人民法院通知有专门知识的人出庭,就鉴定人作出的鉴定意见或者专业问题提出意见。

③ 参见许张莉:《机动车辆理赔过程中定损问题研究》,华东政法大学2013年硕士学位论文。

定，[①]保险人在收到被保险人的赔偿请求后，应当在不超过30日的时间内作出损失核定，这明确了保险公司具有及时定损的义务，也从侧面肯定了保险人的知情权和定损参与权。还有，《中华人民共和国民法典》也规定了合同当事人的全面履行义务，[②]由于保险合同也属于合同的一种，故此被保险人王某龙也有通知人寿财保公司参与定损的义务。

2. 客观现实依据

从大量的司法案例中可以看出，在当前车辆损失鉴定实践中，不同鉴定机构出具的鉴定意见相差较大，差距源于鉴定机构所采用的勘验方法和比照的评估标准不同。车辆的损失金额取决于维修费用，不同的勘验方法可能导致维修项目存在差异，而车辆的维修方法更是决定了维修费用的高低，如特约维修点的人工费高于普通维修点，更换零部件的费用高于修补，进口零部件的费用高于国产等。

笔者认为，首先，保险是以大数法则作为数理基础，[③]在"概率论"的科学基础上，以对保险费率的精算为前提开展业务。易言之，保险公司的展业必须对风险发生概率、损失大致范围、成本与收益等要素进行精确预测。[④] 这点体现在保险制度上即为收支相等原则与给付反给付均等原则，[⑤]以法律术语表达即为对价平衡原则。对价平衡原则，是指保险人所承担的风险，与投保人所交付之保险费具有对价，二者在精算上实现平衡，即保险人所收取的保险费用须对应被保险标的的风险程度，足以反映保险人承保所负担的风险大

---

① 《保险法》第23条规定：保险人收到被保险人或者受益人的赔偿或者给付保险金的请求后，应当及时作出核定；情形复杂的，应当在30日内作出核定，但合同另有约定的除外。

② 《中华人民共和国民法典》第509条规定：当事人应当按照约定全面履行自己的义务。当事人应当遵循诚信原则，根据合同的性质、目的和交易习惯履行通知、协助、保密等义务。

③ 大数法则，是指在对某一现象观察的次数尽可能多时，所统计出的这一现象发生的概率将会接近真实概率。保险依据这一数理基础可以将个别危险单位遭受损失的不确定性转变为多数危险单位可以预见的损失，从而计算出损失的概率和程度，进而计算出相对公平、合理及稳定的保险费率。参见韩长印、韩永强编著：《保险法新论》，中国政法大学出版社2010年版，第5页。

④ 参见曹兴权：《保险法学》，华中科技大学出版社2014年版，第8页。

⑤ 参见武亦文、杨勇：《保险法对价平衡原则论》，载《华东政法大学学报》2018年第2期。

小。[①] 这一原则在保险司法实践中,也经常被用来作为证成判决合理性的依据。[②] 将这一原则落实到本案所涉的汽车财产保险而言,投保人(车主)所缴纳的保费与出险后保险人(保险公司)所负担的赔偿费用应当具有保险意义上的对价。而保险人在设计汽车财产保险产品之初,厘定保险费率之时的依据是受损被保险车辆采用市场普通标准修理所花费的金额数据,若是在出险之后采用被保险人或投保人单方核定的车损金额来进行理赔,则可能发生超出普通标准维修的情况,此时将无法实现保费与赔偿费用之间的平衡。故而从保险行业运营的基本逻辑——对价平衡的角度而言,应当在程序上保障保险人对于保险事故的定损参与权,以实现投保人或被保险人与保险人之间的利益衡平。

其次,可观的经济利益在一定程度上导致当下车辆损失核定中的乱象,车辆损失核定所涉各环节包括修理厂、鉴定机构、评估机构等良莠不齐,[③]部分修理厂为获得非法利益,与鉴定、评估机构恶意串通,在维修过程中偷梁换柱,致使评估金额畸高,主要表现为更换配件以次充好、以换代修、对明显未损坏零件进行更换等形式。[④] 甚至部分修理厂在维修之初就和车主协商,以较低价格受让了车辆的所有权和对保险公司的申请理赔权,然后在定损过程中对保险公司设置重重障碍,使得车损金额评估金额往往存在水分。[⑤] 部分被保险人、保险中介或索赔代理人存在夸大损失、恶意索赔甚至是保险欺诈的行为[⑥]——据上海等地的保险监管部门估计,我国车险理赔中约有2成的案件存在欺诈现象,如何运用法律手段防范车险欺诈,化解车险赔付率常年居高不下的困境是司法实践部门无法回避的问题。[⑦] 此外,在出险车辆的修

---

① 参见刘学生:《保险法上对价平衡原则初探》,载尹田主编:《保险法前沿》第3辑,知识产权出版社2015年版。

② 如黑龙江省牡丹江市中级人民法院民事判决书,(2017)黑10民终261号;山东省青岛市市南区人民法院民事判决书,(2016)鲁0202民初3753号等。

③ 姜鹏:《车险理赔难的几点思考》,载《上海保险》2012年第7期。

④ 参见朱奇:《商业保险语境下的车辆定损若干问题的思考》,载《上海保险》2013年第6期。

⑤ 同上。

⑥ 参见王建勇:《防范财产保险理赔纠纷的几点思考》,载《中国保险》2013年第6期。

⑦ 2012年和2013年我国车险赔付率均超过行业公认的55%的安全线,2014～2016年均接近55%的安全线。详情参见白玉:《汽车保险理赔中的欺诈与防范》,载《常州工学院学报》2018年第3期。

理费构成中,超过一半的比重被零配件费用所占据,而由于保险公司的报价系统缺乏权威性,在车辆实际维修之时往往只能被动接受4S店或者修理厂偏高的价格或者定损人员无标准的盲目定价,这在无形中也容易导致道德风险。[①] 概言之,即“外部不经济”——一方面是市场环境缺乏诚实信用,被保险人和汽修厂容易合谋;另一方面是汽修市场的相对垄断,价格机制无法做到统一公开,市场信号扭曲。因此,有必要赋予保险人以知情权和定损参与权,以防止和减少车辆损失核定中的道德风险,确保车辆损失核定及时、真实、合理。本案二审法院准许保险人对车辆损失进行重新鉴定的申请,依法保障了保险公司的知情权和定损参与权,符合对价平衡原则,防范被保险人逆向选择的道德风险,也向以普通民众为主体的被保险人释放方向性的司法信号。被保险人应当遵守保险合同的约定,在保险事故发生后及时通知保险人,并与保险人协商妥善核定财产损失,如此方能促进保险业特别是汽车财产保险理赔业务的有序、和谐发展。

二、重复主张权利与双重赔偿的认定问题[②]

(一)重复主张权利

被保险人投保财产保险的目的在于分散风险,即当保险事故发生后,可通过保险理赔使自己的经济损失在一定程度获得补偿。根据《保险法》的有关规定可以推出,[③]保险人不承担保险赔偿责任的前提,应是被保险人放弃对第三者的赔偿请求权或者已获得全额赔偿。但在本案中,王某龙并未放弃对第三者(实际侵权人)的请求赔偿的权利,并在胜诉判决后申请强制执行,只是因为第三者无可供执行的财产而未获得足额赔偿。故此,保险人即人寿财

① 参见尹会岩:《车险理赔工作中的问题与对策》,载《保险职业学院学报》2014年第3期。

② 此章节部分观点主要以上海金融法院(2019)沪74民终520号民事判决书为参考。

③ 《保险法》第60条第2款规定:保险事故发生后,被保险人已经从第三者取得损害赔偿的,保险人赔偿保险金时,可以相应扣减被保险人从第三者已取得的赔偿金额;第61条第1款规定:保险事故发生后,保险人未赔偿保险金之前,被保险人放弃对第三者的请求赔偿的权利的,保险人不承担赔偿保险金的责任。

保公司不承担赔偿责任的合法前提在本案中并不存在,根据有关司法解释,[①]王某龙有权提起本案诉讼。

此外,人寿财保公司认为本案合同之诉的请求已归于消灭,这一主张本质上指向了民事诉讼中"一事不再理"原则。"一事不再理"也被称为消极既判力,主观上表现为当事人相同,客观上表现为诉讼对象具有同一性。换言之,即法院不得对已经裁判并已确定的实体争议事项再行审理或裁判,同一当事人对已经作出裁判的同一诉讼标的再次提起诉讼的或者后诉诉讼请求在实质上否定前诉的裁判结果,后诉法院应当裁定不予受理。[②]

具体到本案,王某龙以案外人周某国和平安财保为被告提起的机动车交通事故责任纠纷案件,是其基于侵权法律关系产生的损害赔偿请求权而提起。而本案案由为保险合同纠纷,则是王某龙作为被保险人,行使其基于保险合同法律关系而享有的保险金赔付请求权——两者在诉的主体、诉的标的以及案件相关事实等方面均存在显著差异,并且本案原告诉讼请求并非在实质上否定前案侵权之诉的判决,故不属于《民事诉讼法》及相关司法解释中所规定的"同一"诉讼,[③]因此人寿财保公司认为王某龙属于重复主张权利的观点没有事实和法律依据。

(二)双重赔偿

损失填补原则是保险利益原则核心的原则之一,其包括保险用以填补被保险人因保险事故之发生所遭受的实际损失、禁止被保险人经由保险制度获取超过其所受实际损失的保险金等基本含义,具有禁止不当得利、控制道德风险和维护保险制度等基本功能。[④] 还有学者认为,保险人仅对保险期间内

① 《最高人民法院关于适用〈中华人民共和国保险法〉若干问题的解释(二)》第19条第2款规定:财产保险事故发生后,被保险人就其所受损失从第三者取得赔偿后的不足部分提起诉讼,请求保险人赔偿的,人民法院应予受理。

② 参见张卫平:《既判力相对性原则:根据、例外与制度化》,载《法学研究》2015年第1期。

③ 《民诉法解释》第247条第1款规定:"当事人就已经提起诉讼的事项在诉讼过程中或者裁判生效后再次起诉,同时符合下列条件的,构成重复起诉:(一)后诉与前诉的当事人相同;(二)后诉与前诉的诉讼标的相同;(三)后诉与前诉的诉讼请求相同,或者后诉的诉讼请求实质上否定前诉裁判结果。"

④ 参见黄军、李琛:《损失补偿原则探微》,载《法学评论》2006年第2期。

被保险人的实际损失进行赔付,而不会使其额外获利,在一定程度上可以消除投保人、被保险人侥幸获利的心理,防止其假借保险之形式以达赌博之目的。[①]

本案涉及被保险人(被上诉人王某龙)向侵权第三人(案外人周某国)请求赔偿并获得生效判决支持是否有违损失填补原则的问题。对此,笔者认为,王某龙行使侵权赔偿请求权虽然获得胜诉判决,但是并未全额执行到位,即被保险人的损失没有全部填补。因此,对于被保险人择一行使请求权后未能实际赔偿的损失,如果在保险责任范围内或者第三者的赔偿责任范围内,被保险人仍有权就其未能获得实际赔偿的部分向保险人或者第三者请求赔偿。鉴于本案判决仅要求保险人对被保险人未获得实际赔偿的部分承担责任,因此并不违背保险法的损失填补原则。并且,综观《保险法》及相关法律法规的规定,[②]前案判决要求实际侵权人向被保险人承担赔偿责任与保险人的代位求偿权之间并无实际关联,相反,正如判决理由中所述,已有的道路交通事故侵权案件生效判决并不影响人寿财保公司在履行保险赔偿责任后依法获得保险代位求偿权,在支付保险理赔款的范围内取得王某龙依生效判决对侵权人所享有的赔偿请求权。

---

① 参见韩长印、韩永强编著:《保险法新论》,中国政法大学出版社2010年版,第41页。

② 如《保险法》第62条对保险人行使代位求偿权的限制等,参见安建主编:《中华人民共和国保险法(修订)释义》,法律出版社2009年版,第103页。

共同保险中出单公司违法对外赔付的赔偿责任

——中国人民财产保险股份有限公司上海市分公司诉中国平安财产保险股份有限公司上海分公司责任保险合同案①

童　蕾*

【裁判要旨】

在共同保险中,出单方根据《共保协议》约定,在执行出具保单、收取保费以及对外赔付等共保体事务时,具有代理其他共保人的权能,应在代理权限范围内谨慎、勤勉地行使代理权。如其违反保险法规定对外赔付,给其他共保人造成损失的,应承担赔偿责任。

【案号】

一审:上海市静安区人民法院(2019)沪 0106 民初 34844 号

二审:上海金融法院(2020)沪 74 民终 541 号

---

① 合议庭成员:沙洵、张文婷、童蕾。本案例入选上海金融法院 2020 年度十大典型案例、全国法院优秀案例分析优秀奖。

* 法学博士,上海金融法院综合审判二庭法官。

【案情】

上诉人(原审原告):中国人民财产保险股份有限公司上海市分公司(以下简称人保上海分公司)

被上诉人(原审被告):中国平安财产保险股份有限公司上海分公司(以下简称平安上海分公司)

原告人保上海分公司起诉称,2014 年 2 月 18 日,案外人上海职工休养度假服务公司(以下简称职工度假公司)所属机动车沪 BE5950 由胡某某驾驶途径合肥高速公路时发生侧翻,造成 3 名乘客死亡,多人受伤。交警认定,胡某某负事故全部责任。事故车辆在被告平安上海分公司处投保了承运人责任保险,共同保险人为原告(承保比例 50%)、被告(承保比例 25%)及案外人中国太平洋财产保险股份有限公司上海市分公司(以下简称太平洋财险上海分公司,承保比例 25%)。事故发生后,被告作为保单的出单公司兼保险理赔服务方,向职工度假公司支付 3 名死者及部分伤者的保险理赔金共计 2,974,528 元。被告付款后,原告根据承保比例,将 50% 的赔偿款 1,487,264 元摊回给了被告。但之后,职工度假公司未将保险赔偿款支付给 3 名死者家属。上述家属遂于 2016 年分别将原告、被告及太平洋财险上海分公司诉至法院。根据该批案件的生效判决,原告再次向死者家属支付了保险赔偿款共计 681,342.40 元,并承担案件受理费 16,903.66 元。现原告起诉,要求被告赔偿上述重复支付的金额。

被告平安上海分公司辩称,不同意原告诉请。(1)本次特大交通事故造成多人伤亡,至今尚未理赔完毕。原告向被告支付的款项是对全事故理赔的预赔付,无明确指向性。(2)被告虽为出单方,但主要从事窗口协调工作,对于出险案件并无独立的处分权,每个赔案的理赔服务均由各共保人一并完成。原告作为本共保项目的主承保人,理应承担更多的审慎核查责任,但在案件预赔付及后续保险金摊回时,原告均未提出任何异议,应视为其同意被告向职工度假公司直接支付预赔款。(3)原告作为共保方,在根据法院判决向死者家属履行赔付责任后,应当向职工度假公司要求返还已支付的预赔款,而不是向被告要求赔偿。

法院经审理查明,原告、被告及案外人太平洋财险上海分公司签订《共保协议书》,约定:共保险种为上海市道路客运承运人责任保险,原告承保50%,为主承保人;被告和太平洋财险上海分公司各承保25%,为副承保人。对出险时预计损失金额在10万元以上的赔案,由出单公司通知其他两方保险公司,并牵头与其他两方共同负责事故现场的勘查、检验、定损等理赔服务。出单公司于结案后3个工作日内向被保险人支付保险赔款,并将赔付单据抄送案外人上海环亚保险经纪有限公司(以下简称环亚公司),其他两方应在出单公司支付保险赔款并收到赔付凭证和基本索赔单证后3个工作日内按照共保承保比例支付保险赔款给出单公司。此外,上述三方还与环亚公司签订《四方协议》,约定:出单公司自然成为保单所载客运企业的保险理赔服务方,负责该企业的保险理赔、咨询等。

2013年6月,案外人职工度假公司向被告投保道路客运承运人责任保险。条款约定:保险标的为沪BE5950大客车、55座,保险期间自2013年6月15日至2014年6月14日,累计赔偿限额4950万元、附加精神损害赔偿累计限额300万元(每座赔偿限额90万元、精神损害赔偿4万元);共保信息栏记载:"平安保险公司25%、人民保险公司50%、太平洋保险公司25%。"2014年2月18日,沪BE5950大客车在高速公路发生侧翻事故,造成案外人沈某某、张某某、刘某某三人当场死亡及多人受伤。经合肥市公安局交通警察支队认定,驾驶员胡某某负事故全部责任。

事故发生后,被告作为保单的出单公司进行理赔,并出具《承运人责任险赔款计算书》,载明:2014年3月第1次预赔:350,000元。2014年11月第2次预赔:拟预先赔付法院一审判决的赔款合计1,094,528元,分项中,列明包含受害人沈某某940,000元。2015年6月第3次预赔:刘某某……合计赔偿940,000元;张某某……合计预赔940,000元;本次合计预赔付1,530,000元,等等。原告依照《共保协议书》及上述《承运人责任险赔款计算书》,对上述3次预赔款按比例分摊后,共计向被告支付1,487,264元。

之后,3名死者家属因未收到足额赔款,分别对原告、被告及太平洋财险上海分公司提起责任保险合同诉讼,职工度假公司作为第三人亦参加诉讼。

案件经上海市静安区人民法院、上海市第二中级人民法院一审、二审审理查明:平安上海分公司为本起事故向职工度假公司在2014年3月13日预付350,000元、2014年12月1日预付1,094,528元、2015年6月预付153万元。职工度假公司承认收到平安上海分公司上述预付款,但称部分赔款实际已用于处理其他伤者。法院认为:平安上海分公司直接向被保险人职工度假公司支付保险赔偿款时,未审核其是否已向第三者支付保险赔偿金,亦未提供证据证明第三人已足额收到保险赔偿金,故应继续履行保险赔偿责任;3家共保保险公司是共同保险人,应依照《共保协议书》及保险单约定的比例各自承担份额内的保险赔偿责任。法院据此判决,人保上海分公司按50%的共保比例分别支付保险金444,011.40元,[①]平安上海分公司与太平洋财险上海分公司各自按25%比例支付赔偿金。原告依判决履行了付款义务,并支付诉讼费16,903.66元。

【裁判结果】

上海市静安区人民法院于2020年1月7日作出(2019)沪0106民初34844号民事判决:驳回原告的诉讼请求。原告不服提起上诉。上海金融法院于2020年7月30日作出(2020)沪74民终541号民事判决:(1)撤销上海市静安区人民法院(2019)沪0106民初34844号民事判决;(2)平安上海分公司赔偿人保上海分公司保险金681,342.40元及截至实际支付之日止,以中国人民银行同期存款基准利率计算的利息(其中444,011.40元自2017年1月10日起算,237,331元自2018年7月14日起算);(3)平安上海分公司赔偿人保上海分公司案件受理费16,903.66元及截至实际支付之日止,以中国人民银行同期存款基准利率计算的利息(其中11,673.66元自2017年1月10日起算、5230元自2018年7月14日起算)。一审、二审案件受理费均由平安上海分公司负担。

---

① 参见上海市第二中级人民法院民事判决书,(2016)沪02民终8032号;上海市第二中级人民法院民事判决书,(2016)沪02民终1386号;上海市第二中级人民法院民事判决书,(2016)沪02民终1387号。

【裁判理由】

法院生效判决认为:本案争议焦点在于,对于重复支付的保险金,原告能否要求被告赔偿。

首先,原告可基于何种法律关系向被告主张赔偿?上诉人与被上诉人之间存在两层法律关系:(1)外部关系。根据道路客运承运人责任保险合同,原告、被告为共同保险人,对外可基于各自承保比例,分别向职工度假公司主张返还预付的第三者保险金。(2)内部关系。根据《共保协议书》及《四方协议》,被告为涉案保单的出单公司,负责向被保险人提供理赔服务,在牵头完成定损后,需先行向被保险人支付全额保险金。原告则为其他共保方,需配合完成定损,并在出单公司完成对外赔付后按共保比例分摊保险金。从上述权利义务配置可见,在对外理赔时,对于被保险人而言,就原告以及案外人太平洋财险上海分公司应承担的相应部分保险金,均由被告作为代理人进行赔付。现原告认为被告在对外赔付时违反保险法规定进行理赔,致其重复支出保险金,故要求赔偿。该请求显然是基于第二层法律关系,意在追究代理人在履行代理职责过程中未尽必要的注意义务,导致被代理人遭受损失的赔偿责任。此系原告自主行使诉权的行为,符合法律规定,可予准许。

其次,原告是否遭受损失,该损失是否已经确定?根据被告出具的《承运人责任险赔款计算书》,第2次、第3次预赔付款中已包含第三者沈某某、刘某某、张某某的赔偿款。原告对于上述款项均已按照承保比例进行了分摊。被告认为原告分摊的预赔款无明确指向性的抗辩意见,不能成立。原告于分摊上述预赔款后,又因法院判决再次向3名第三者家属支付了保险金,并承担了案件受理费。上述支出项目,即为原告的损失,且该损失已经确定发生。至于原告在重复支付赔偿款后,是向职工度假公司要求返还,还是要求被告赔偿,则属损失发生后的救济途径选择问题,不能对已发生的既有损失构成影响。因此,原审法院认为原告应先向职工度假公司要求返还,待损失确定后再向被告主张赔偿的意见,缺乏依据,二审予以纠正。

最后,被告是否应当赔偿上述损失?我国原《民法通则》第66条第2款规定:代理人不履行职责而给被代理人造成损害的,应当承担民事责任。本案中,根据《共保协议书》及《四方协议》的约定,被告作为出单公司,负责向被保险人提供理赔服务。根据诚实信用原则,被告作为其他共保方的代理人,应当谨慎、勤勉、忠实地行使代理权,依法进行理赔。其本应按照《保险法》的规定,审查被保险人职工度假公司是否已就第三者沈某某、刘某某、张某某的保险事故进行赔偿,并确保在其未作赔偿时不予支付保险金。但被告作为专业的保险机构,明知法律的上述规定,却违反了作为代理人应尽的审慎注意义务,将原告应分摊的理赔款径行支付给了职工度假公司,导致原告于此后就相同的保险事故进行了再次赔付,其行为显然违反了《共保协议书》及《四方协议》的约定,应对由此造成的损失承担赔偿责任。被告抗辩称:原告作为共保项目的主承保人,在预赔付和保险金摊回时均未提出异议,故应视为其同意直接向职工度假公司支付保险金。但根据《共保协议书》及《四方协议》,原告虽为主承保人,但并非出单公司,其职责虽包括与其他共保方共同对事故现场进行勘验、定损等,但并不包括对外支付保险赔款。而被保险人是否已向第三者赔偿损失,正是对外支付保险金时应当审查的内容,应由出单公司即被告完成,原告并不参与也无从知悉,故法院对被告的上述抗辩不予采纳。

关于损失的具体范围,原告根据2016沪02民终8032号、2018沪02民终1386号、2018沪02民终1387号生效判决,共支付保险金681,342.40元及案件受理费16,903.66元。上述赔付的保险金本已包含在原告分摊的预赔款中,如被告依法支付上述预赔款,即可避免相关诉讼案件的发生。因此,相应保险金及案件受理费均属原告的损失。至于原告主张的利息,因其重复支付的保险金及案件受理费确已产生资金占用损失,二审对此予以支持。原告在二审中明确:要求适用中国人民银行同期存款利率计算利息;沈某某案的多付保险金及案件受理费的利息要求自2017年1月10日起算;张某某及刘某某案多付的保险金及案件受理费的利息要求自2018年7月14日起算。以上计息期间及利率尚属合理,二审法院予以确认。

另需指出,由于原告对于其损失既可向职工度假公司要求返还,亦向被告主张赔偿。为防止双重受偿,其在获得一方赔偿后,另一方的支付义务即相应减少。被告在承担损害赔偿责任后,在其赔偿范围内,可代位原告行使对职工度假公司的保险金返还请求权。

【评析】

本案为共同保险中,各共保人之间的损害赔偿纠纷,在司法实践中较为少见。案件涉及共同保险的交易架构、各共保人与被保险人的外部关系、共保联合体内部出单方与跟单方的权利义务关系等问题,上述问题的厘清,对同类案件有较强的借鉴意义。

一、共同保险的含义

共同保险简称“共保”,是保险业发展过程中自发形成的一种保险模式,并未作为专门的法律概念被规定在我国《保险法》中。共保一般出现于某项保险标的价值或金额过大,超出单个保险公司的财力承受范围;或保险金额超过《保险法》强制规定限额的情况,此时,出单保险公司通常会联合多家保险公司共同承保。原保监会《关于大型商业保险和统括保单业务有关问题的通知》(保监发〔2002〕16 号)第 3 条对“共保”这一业务模式进行了界定:“共保是共同保险的简称,是指两个或两个以上的保险公司及其分支机构(不包括同一保险公司的不同分支机构)使用同一保险合同,对同一保险标的、同一保险责任、同一保险期限和同一保险金额进行的保险。参与共保的保险公司称为共保承保人。”“共保可以采用成立共保集团或者签订共保协议的方式。”简单地说,共保就是多名保险人与被保险人订立单一保险合同,共同承保某项保险标的。在各种关于共同保险的学理分类中,[1]原保监会规定的为狭义共同保险,不包括不足额保险、免赔率条款等广义的共同保险在内。

正确掌握狭义共同保险的外延,需注意将其与以下几个类似制度相区分:

---

① 具体分类可参见瞿溶:《试论共同保险》,载《江苏保险》2017 年第 7 期。

第一,共同保险不同于"共保条款"。共保条款是保险合同特约条款的一种,是指保险人与被保险人约定,就保险标的的某一部分或按照一定的比例,由投保人自行负担因危险而产生的损失,这种保险又称为"合力保险",只出现于财产保险合同中,目的在于通过增强投保人或被保险人与保险标的之间"一损俱损"的利害关系,使其更加审慎地保管保险标的,防范保险事故的发生。[①] 通过共保条款,分摊保险责任的是保险人和投保人,这与共同保险中由各承保公司分担保险责任存在显著不同。

第二,共同保险不同于重复保险。重复保险,是指投保人对于同一保险利益、同一保险事故、在同一保险期限内与数个保险人分别订立数个保险合同。[②] 在重复保险中,投保人就同一保险利益,向多个保险人积极重复投保,因此并存多份保险合同,但各保险人间事先并无共同的意思联络,如果保险金额之和超过保险标的,则可能构成超额保险。而在共同保险中,投保人与共保人缔结的是单一保险合同,各保险人具有共同承保合意,保险金额亦不会超过保险标的。

第三,共同保险也不同于再保险。根据我国《保险法》第28条的规定,保险人将其承担的保险业务,以分保形式部分转移给其他保险人的,为再保险。所谓再保险,是相对于原保险而言,是由两个保险人订立,约定对一方已承保的原保险业务进行再分摊的合同,体现的是分出人和接收人的关系。而共同保险合同属于原保险,由投保人和多个保险人订立,体现的仍是投保人与保险人之间的权利义务关系。

根据各保险人间责任承担方式的不同,可将共同保险分为按份式共同保险和连带式共同保险。在按份式共同保险中,各共保人约定各自承保比例,按照该比例收取相应保费,并在出险后分摊赔偿款,彼此不对其他共保人的份额承担清偿责任。连带式共同保险则指,承保同一危险的各个共保人对被保险人的保险赔偿承担连带清偿责任,每个共同保险人均有义务赔偿被保险人的全部损失,但在赔偿后可向其他共保人追偿后者应分摊的份额。其中,按份式共同保险更为常见,本案的共保即为狭义共同保险中的按份式,以下

① 参见王静:《保险类案裁判规则与法律适用》,人民法院出版社2013年版,第143页。
② 参见江朝国:《保险法基础理论》,中国政法大学出版社2002年版,第257页。

的讨论也仅围绕该类共保展开。

二、按份式共同保险中各共保人的内、外部关系

(一)内部关系

在共同保险中,各共保人根据共保协议的约定,基于同一目的相互结合,形成保险共同体。具体到按份式共同保险,在各共保人内部,根据承保份额的多少,可将其分为主承保人、副承保人(也称首席承保人、其他共保人),主承保人通常由承保份额最大的保险人担任,其与副承保人之间的权利义务关系亦根据共保协议确定。实践中,部分共保协议会对主承保人作出一些特殊的权利义务安排。例如,约定只有主承保人才可作为出单公司向被保险人出具保单、收取保费;主承保人作出的任何决定均对副承保人产生不可撤销的约束力;主承保人得收取出单手续费,并有权支配风险管理基金等。[①] 但也有部分共保协议并未赋予主承保人过多的特殊权利。如在本案中,共保协议约定:无论是主承保人还是副承保人,都可作为出单方出具保单、收取保费;对于一定额度以下的赔案,出单方有权独立核赔,其他共保方不得提出异议,并应按照通知分摊赔偿金。仅当赔案超过限定额度,且三方对定损产生分歧时,才约定由共保份额占多的一方意见为准。但由于两位副承保人的总计承保份额为 50% ,与主承保人相同,所以在此情况下,主承保人人保上海分公司也不必然享有决定权。正因如此,本案中,被告平安上海分公司仅以人保上海分公司的主承保人身份,即主张其应承担更重注意义务的抗辩,并无合同依据,法院未予采纳。

需要注意的是,无论出单公司由主承保人还是副承保人担任,其都自然成为对外理赔服务的提供方,这是由于,出单方是与被保险人直接对接的共保人,由其提供理赔服务更为便利,也更具效率。由此,在共保中,出单方实际承担了向被保险人出具保单、收取保费、在一定限额内勘查定损,以及在保险事故发生时支付赔偿款的职责。上述职责的权力来源,即为共保协议的授

① 参见上海海事法院民事判决书,(2014)沪海法商初字第 116 号。

权。问题在于,该种授权的法律性质为何?本案裁判认为,应认其为代理权的授予。

共同保险为多数人合同,作为保险人的一方存在多个主体。多名保险人以经营共同事业(对某个保险项目进行联合承保)为目的相互结合,在共保体内部形成类似于合伙的法律关系。① 在与共同保险合同相关的对外事务处理上,虽然各共保人理论上均得按其份额享有相应的债权(保费收取权),并负担相应的债务(依份额赔付保险金的义务),与合同相对方构成按份之债。但实践中,为所经营业务的便利,并无必要也无可能每项行为均由各共保人分别完成。因此,通过签订共保协议,各共保人约定统一授权出单方代理其行使权利,履行义务。该种授权通过保单后附的共保协议,也为投保人所知。基于上述授权,出单方在执行缔约、定损、赔付等事务时,即具有代理其他共保体成员的权能。此时出单方兼具双重角色:就自己的承保部分,以本人的名义实施法律行为;就其余承保部分,则作为跟单方的代理人实施法律行为,行为的法律效果直接由跟单方承担。这种代理行为通常是有偿的,出单方可根据共保协议的约定向跟单方收取相应的出单费等费用。但也不必然如此,本案的共保协议就未约定出单费。

(二)外部关系

在对外关系上,基于前述的代理权授予,出单方的相关行为效力均及于跟单方。因此,出单方向被保险人出具保单后,在被保险人和所有共保人之间形成保险合同关系。原保监会《关于加强财产保险共保业务管理的通知》(保监发〔2006〕31 号)第 1 条即规定:在被保险人同意由多个保险人进行共保的情况下,可由主承保人签发保单,同时附共保协议。换言之,不能因为合同仅加盖了出单方的公章,就简单认定合同只有一个保险人,而应将所有共保人均认定为保险合同的当事人。

同样地,关于保费收取,出单方固然可以基于代理权的授予,以共保人代理人的身份向投保人收取保费。但如投保人拒不支付,则所有共保人均可作

---

① 参见史尚宽:《债法各论》,中国政法大学出版社 2000 年版,第 686 页以下,关于合伙意义及性质的论述。

为原告起诉,要求投保人按约支付保费。在保险事故理赔的问题上也是如此。当发生保险事故时,虽然一般情况下,各共保人不会按份额分别向被保险人支付赔偿款,而由出单方代表共保体支付全部赔偿款,但这只是跟单方对出单方授予代理权的结果,并不意味着被保险人只有权向出单方主张赔偿款。对于被保险人而言,所有的共保人都是保险合同的相对方,因此,在发生争议时,其有权向全部或部分共保人单独或共同地主张按比例支付保险金。本案中,当保险事故的3名死者家属未收到赔偿金时,即起诉了包括平安上海分公司、人保上海分公司、太平洋财险上海分公司在内的所有共保人,并获得了法院的支持。

有观点认为,出单方向被保险人支付全额保险金,性质上是按约定由出单方对于其他共保人保险金支付义务的代为清偿,适用原《合同法》第65条。[①] 这种观点的问题在于:首先,出单方并非保险合同之外的第三人,而是共同保险人之一,并不存在被保险人与跟单方之间,关于由出单方代为履行债务的特约。其次,出单方支付赔款并非以自己的名义、以第三方的身份代为清偿,而是以跟单方的名义,按照保险合同的约定按比例支付保险金。最后,出单方于支付赔款后,可向其他跟单方要求摊回,该种摊回请求权依据的是共保协议的约定,而非代为清偿后,代位行使被保险人的保险金请求权。笔者认为,上述观点并不足取。

三、出单方未善尽代理职责时的赔偿责任

如前所述,在共保人内部,经由共保协议的约定,出单方作为其他共保方的代理人,对外履行出具保单、收取保费、赔付保险金等职责。相应地,如果出单方未能在履行代理职责的过程中尽到适当的注意义务,即应向被代理人承担赔偿责任。这也正是本案二审判令被告平安上海分公司承担赔偿责任

① 俞乾文:《共同保险下理赔款分担的个案分析》,载无讼网,http://victory.itslaw.cn/victory/api/v1/articles/article/225e7bd2-0dc2-4af7-9826-909217d827c2,2021年1月4日访问。原《合同法》第65条规定:当事人约定由第三人向债权人履行债务的,第三人不履行债务或者履行债务不符合约定,债务人应当向债权人承担违约责任。

的法律依据。

关于代理人责任,原《民法通则》第 66 条第 2 款规定:代理人不履行职责而给被代理人造成损害的,应当承担民事责任。原《民法总则》第 164 条第 1 款(现《民法典》第 164 条第 1 款)已对《民法通则》的前述规定进行了部分修正,规定:代理人不履行或者不完全履行职责,造成被代理人损害的,应当承担民事责任。从目的解释的角度,应将《民法通则》关于"不履行代理职责"解释为包含"不完全履行代理职责"在内。需要注意的是,《民法通则》第 66 条规定的并非代理人责任的普适性构成要件,在性质上仅属于引致性规范。[①] 该条的适用范围既包括法定代理,也包括意定代理。"不履行或不完全履行代理职责"的表现形态也多种多样,包括但不限于自己代理、双方代理、越权代理、无权代理、违反基础关系(如委托合同)确定的代理职责等。因此,对于各类情况下赔偿责任的构成要件,需按照各自相关的法律规定加以确定。例如,对于无权代理,若被代理人不予追认,则代理行为无效,代理人应向被代理人承担缔约过失责任;如嗣后被代理人同意或追认,则代理行为有效,就不存在要求代理人承担民事责任的问题。对于违反委托合同约定的代理职责的行为,被代理人可依据违约责任、无因管理等规定,追究代理人的责任。

本案中,被告平安上海分公司之所以取得代理权,系基于其共保体成员的身份,以及《共保协议》这一基础关系约定的共保体事务代理职责,故原告要求被告赔偿损失的请求权基础为:违反《共保协议》的违约赔偿责任。[②] 具体构成要件如下:

第一,被告存在违反《共保协议》约定代理职责的违约行为。《共保协议》约定:授权出单方即被告进行对外理赔服务。按照诚实信用原则,该条约定应包含以下含义:(1)对外赔付应依法进行。(2)被告在理赔时应尽到代理人的审慎注意义务。

首先,根据《保险法》第 65 条第 3 款的规定:责任保险的保险人给第三者

① 参见王利明主编:《中华人民共和国民法总则详解》,中国法制出版社 2017 年版,第 729 页。

② 需要注意的是,本案不能适用原《合同法》第 406 条"有偿的委托合同,因受托人的过错给委托人造成损失的,委托人可以要求赔偿损失"的规定。原因在于,委托合同中,委托人与受托人之间并不存在共同的目的,受托人仅根据委托,代委托人处理事务。而本案中,被告与其他共保人同属共保体成员,经营同一保险项目,并据此取得共保事务代理权。

造成损害,被保险人未向该第三者赔偿的,保险人不得向被保险人赔偿保险金。该款规定旨在保护第三者的权利,同时防止被保险人不当得利。但被告平安上海分公司违反了《保险法》的上述规定,直接对职工度假公司进行了赔付,故其赔付行为违法。其次,被告作为代理人,依法应为本人利益,在代理权限内,谨慎、勤勉、忠实地行使代理权,其注意义务应达到善良管理人的程度。[①] 被告平安上海分公司系专业的保险机构,在对外赔付时,理应按照《保险法》的上述规定,审慎核查职工度假公司是否已就第三者的保险事故进行赔偿。但其未经核查即将人保上海分公司应付的理赔款径行支付给了职工度假公司,因此亦违反了代理人应尽的注意义务。故被告存在违约行为无疑。

第二,原告因此遭受损害。该要件包括损害和因果关系在内。关于损害,在共保人内部,原告已按照核定的定损结果,依据承保比例,足额将第三者的保险金摊回给了被告。但由于被告的过错对外赔付,导致第三者继承人向法院提起诉讼,原告再次按照法院判决重复支付了保险金共计681,342.40元。该部分保险金以及相应的诉讼费即构成原告的损失,且该损失与被告的不当代理行为之间存在直接的因果关系。

本案一审、二审的分歧主要在于:上述损失是否已经确定。一审法院认为,原告应首先向被保险人职工度假公司要求返还已付的保险金,不足部分才可作为确定的损失向被告主张。这种观点的问题在于:将损失范围与损失救济途径相混淆。从原告的角度看,其所受的损失即为重复支付的保险金及案件受理费,范围已经确定,但就上述损失的救济,同时存在两种请求权:(1)基于承运人责任保险合同,原告可作为共保人之一,请求被保险人职工度假公司返还不当得利。(2)基于共保协议,原告可作为被代理人,请求代理人平安上海分公司赔偿其未尽代理职责造成的损失。该两项请求权构成民法理论上的不真正连带债务,即多名债务人基于不同的发生原因,对于债权人负以同一给付为标的的多个债务,其中一债务完全履行,其他债务即因目的达到而消灭。[②]

---

① 参见杨立新:《民法总则》,法律出版社2013年版,第512～514页。

② 参见史尚宽:《债法总论》,中国政法大学出版社2000年版,第672页。

本案中,职工度假公司的不当得利返还及被告平安上海分公司的违约损害赔偿虽然基于不同的法律关系,但均以填补原告的损失为目的。任何一方向原告进行给付后,原告的损失即获填补,因此不得再向另一方主张行使请求权。但因两位不真正连带债务人中,职工度假公司为终局责任人,被告仅承担违约责任,故如果职工度假公司对原告进行赔偿,则被告的债务因目的达到而消灭。但如果由被告先行赔偿,则原告对于终局责任人职工度假公司的不当得利返还请求权应移转给被告,由被告代位行使,在其范围内,职工度假公司的债务并不消灭。基于上述理由,二审认为,被告违反了《共保协议》约定,未能适当履行代理职责,应对原告的损失承担赔偿责任,遂作改判。

建筑工程质量潜在缺陷保险投保人任意解除权的限制

——中国太平洋财产保险股份有限公司上海分公司诉上海骏丰嘉陆房地产开发有限公司财产保险合同纠纷案[①]

吴峻雪[*]　翟　爽[**]

【裁判要旨】

本案系本市及全国首例建筑工程质量潜在缺陷保险（Inherent Defects Insurance，以下简称IDI保险）合同纠纷。IDI保险目前在上海市普遍推行，与政府政策出台保障推行有密切关系，“上海模式”在全国有较强的引领作用。因此，本案投保人是否有权解除IDI保险合同，关系到此类保险合同今后的发展和推进进程，受到了业界及政府监管部门的较强关注。IDI保险为公益保险，格式保险条款约定了投保人在一定条件下有合同解除权。然而在涉案保险合同约定的解除条件因政策原因无法成就时，对格式条款应从保险性质、保险条款体系设定、保险条款相对应的政策规定及沿革、当事人真实意思等方面出发，通过合同的整体解释、目的解释、诚实信用原则解释等合同解释方法，探求合同条款的真实意思。基于IDI保险的政策性属性，在保险条款约定的合同解除条件因客观原因无法成就时，不能认定开发商投保人享有

---

① 合议庭成员：吴峻雪、范德鸿、孙倩。本案入选上海金融法院2021年度十大典型案例。

* 法学硕士，上海金融法院申诉审查及审判监督庭庭长。

** 法律硕士，上海金融法院申诉审查及审判监督庭法官助理。

合同的任意解除权。

【案号】

一审:上海市虹口区人民法院(2019)沪0109民初27176号

二审:上海金融法院(2020)沪74民终1162号

【案情】

原告(被上诉人):中国太平洋财产保险股份有限公司上海分公司(以下简称太保财险上海分公司)

被告(上诉人):上海骏丰嘉陆房地产开发有限公司(以下简称骏丰公司)

骏丰公司系上海市嘉定区玲珑坊西地块项目开发商。2017年10月30日,骏丰公司向上海市嘉定区住房保障和房屋管理局缴纳该项目物业保修金。因2017年国务院有关部委取消了物业保修金,2018年7月30日,嘉定区房管局向骏丰公司退还物业保修金(含利息)并要求其购买IDI保险。

2018年8月22日,骏丰公司就该建设项目在太保财险上海分公司投保IDI保险。保险合同第37条约定:"本保险合同成立后,投保人可要求解除本保险合同。投保人要求解除本保险合同的,应当向保险人提出书面申请及投保人交纳物业保修金的书面证明,本保险合同自保险人收到书面申请及证明时终止。"

2018年9月18日,骏丰公司向嘉定区房管局提交申请及投保证明材料,明确骏丰公司已按照要求购买IDI保险,申请解冻物业保修金。

投保后,骏丰公司未按约支付IDI保险费,经催款,骏丰公司仅支付一半保险费后,对剩余保险费不愿支付,并提出解除保险合同。太保财险上海分公司催讨无果,诉至法院。

骏丰公司认为,《中华人民共和国保险法》(以下简称《保险法》)第15条规定,除该法另有规定或保险合同另有约定外,保险合同成立后投保人可以要求解除合同。涉案保险合同第37条也有投保人可以解除合同的约定。至于约定投保人提交交纳物业保修金证明作为解除合同条件成就的书面证明,因物业保修金项目被取消,对该合同应作出不利于格式条款提供方的解释,该条件自动失效,投保人可以任意解除保险合同。

【审判】

上海市虹口区人民法院判决骏丰公司支付太保财险上海分公司剩余保险费。骏丰公司提出上诉,上海金融法院经审理驳回上诉,维持原判。

上海金融法院认为:系争2012年版IDI保险格式条款中约定了IDI保险的解除条件,但因物业保修金制度取消的客观因素导致解除条件不能成就时,合同约定解除条款如何理解引发争议。

上述争议焦点在于对系争合同条款的解释为投保人享有任意解除权,还是就此理解为合同不能解除。在以文义解释的方法无法直接确定该解除权条款含义的情况下,应采取整体解释、目的解释、习惯解释、诚实信用原则解释等合同解释方法综合确定约定条款的真实含义。

其一,从IDI保险性质看,该保险依据规范性文件设立,其合同的受益人和索赔权益人均为业主,带有较强的公益性质。因建设工程涉众面广,风险周期较长,给开发商投保人以任意合同解除权有所不当。

其二,从保险条款设定投保人的合同解除权背景看,涉案2012年版保险条款提交备案时物业保修金并行,建设单位缴纳物业保修金和投保IDI保险功能重复,因此格式条款赋予开发商缴纳物业保修金或投保IDI保险合同的选择权,具体体现为IDI保险合同中约定缴纳物业保修金后可解除保险合同。在其后推出的2016年版IDI保险条款中,直接规定投保人不得解除该保险合同。说明IDI保险解除权条款设定的目的是物业保修金和投保二择一,并非投保人有任意解除权。

其三,从当事人的真实意思表示来看,2018年7月嘉定区房管局退还了骏丰公司缴纳的物业保修金,但其款项处于冻结状态。2018年9月,骏丰公司向嘉定房管局提交申请和投保IDI保险的证明,请求解冻相应物业保修金。结合规范性文件和各方主体行为的意思表示，制度设计表意清楚，骏丰公司对于以投保 IDI 保险的方式代替缴纳物业保修金的保障功能的目的应属明知，对于退还物业保修金需以投保 IDI 保险为前提的义务属性亦属于明知。因此，骏丰公司在获得物业保修金后再解除 IDI 保险合同，不符合其屡次申请的意思表示，有违诚信原则。

其四，从规范性文件的约束看，2019 年上海市《关于本市推进商品住宅和保障性住宅工程质量潜在缺陷保险的实施意见》（以下简称 2019 年《IDI 保险实施意见》）、《上海市住宅工程质量潜在缺陷保险实施细则》（以下简称 2019 年《IDI 保险实施细则》）对于签订于 2017 年 11 月 1 日以前、签订于 2017 年 11 月 1 日至 2019 年 3 月 13 日，以及签订于 2019 年 3 月 14 日以后的 IDI 保险合同的保险范围分别进行了具体的规定，说明 2019 年《IDI 保险实施细则》的效力应及于上述三个时间段签订的保险合同。本案保险合同在 2018 年 8 月签订后有 10 年履行期，2019 年《IDI 保险实施意见》、2019 年《IDI 保险实施细则》应予适用。

综上，骏丰公司提出适用格式条款有两个以上解释的应作出不利于格式条款提供方的解释的理由，因通过上述合同解释方法可以得出条款的真实意思，并不存在两个以上的解释，故该理由不成立。在骏丰公司以投保为由已获取退回的物业保修金的情况下，应认定投保人不符合涉案 IDI 保险合同的解除条件。

【评析】

IDI 保险，是指由建筑工程的建设单位投保的，保险公司根据保险条款约定，对在保险范围和保险期限内出现的由于工程质量潜在缺陷所导致的投保建筑物损坏，履行维修及赔偿义务的保险。[①] 2019 年 2 月 26 日上海市出台的 2019 年《IDI 保险实施意见》中对 IDI 保险的投保人、受益人、保险标的、建筑工程质量潜在缺陷等进行了详细的规定（见表 1）。

---

① 参见上海市 2019 年 2 月 26 日出台的《关于本市推进商品住宅和保障性住宅工程质量潜在缺陷保险的实施意见》。

表1　建筑工程质量潜在缺陷保险概念解释

概念	解释
投保人	建设单位
受益人和索赔权益人	住宅或其他建设工程所有权人(业主)
保险标的	因建筑工程质量潜在缺陷导致使用时发生的损失
建筑工程质量潜在缺陷	因设计、材料和施工等原因造成的工程质量不符合工程建设强制性标准以及合同的约定,并在使用过程中暴露出的质量缺陷

在IDI保险推行前,我国房屋建设在工程竣工后出现的质量问题主要依靠物业保修金来维修,保修期限最长为2年,无法覆盖房屋在期满后出现的质量问题。相比之下,IDI保险的保险期限较长,且由保险公司先行赔付之后再向责任方代位求偿,能更好地维护广大业主的利益。与传统的质量保证金相比,IDI保险在工程质量方面,引入质量风险检查机构,对建筑工程潜在风险进行辨识、评估、防范,有效提升建筑工程的质量水平;[①]在维护业主权益方面,提供长达10年的保险责任期间,并建立业主直接索赔的通道,有助于保障处于弱势的业主的房屋权益;在服务社会治理方面,有利于分担政府对建筑行业的监管压力,促进建筑行业高质量发展。

一、投保人任意解除权的概念及法理分析

投保人是否有权任意解除IDI保险合同,关系此类保险今后的发展和推广进程,受到业界及政府监管部门的关注。保险合同任意解除权,是指投保人在保险合同成立后享有解除保险合同的权利,除合同约定外,投保人解除合同的理由以及时间法律并没有严格的限定。[②]《保险法》第15条规定,"除本法另有规定或者保险合同另有约定外,保险合同成立后,投保人可以解除合同,保险人不得解除合同"。该条文赋予了投保人在行使解除权时的任意

① 参见成文清、郑薇、李彤彤、张帆:《建筑工程质量潜在缺陷保险的挑战与建议》,载《上海保险》2019年第1期。

② 参见黄伟峰、王瑞煊、陈戎:《保险人解除权相关法律问题》,载《人民司法(应用)》2018年第34期。

性,立法者希望以此实现保险合同缔约双方利益的再平衡。① 投保人行使解除权可以使自己摆脱保险合同的约束,但当投保人与受益人非同一人时,投保人解除权行使的法律后果必然导致受益人的保险金赔偿请求权落空。法律单向性赋予保险人相对方以合同解除权,并无不当。但是立法实际上赋予投保人保险合同任意解除权,学界和司法实务界对此均出现理论分歧(见表2)。

表2　保险合同解除权相关学说

学说	内容	理由	缺陷
肯定说[1]	保险合同解除权专属于投保人,只能由投保人行使,而不能由被保险人行使	权利义务相对应	缺乏对先行法的重新审视
		先行法无第三人同意权限制	
		符合合同的相对性原理	
否定说[2]	被保险人可以随时解除保险合同,投保人不经被保险人同意不得解除合同	应保障被保险人的信赖利益	未摆脱投保人保险合同当事人地位的局限
		被保险人受合同保障的权利是合同的主要权利,而投保人解除权是合同项下的次要权利	
限制说[3]	应在投保人解约时对其课以通知被保险人的权利义务,并赋予被保险人对保险合同解除的介入权等举措	对被保险人利益的保护	与合同的相对性不符,且架空了解除权制度
	未经被保险人同意,投保人不得解除		
	投保人任意解除权的行使应受保险金权利人之约束		

[1]参见杨德齐:《论保险合同解除权制度的体系建构——兼评〈保险法〉司法解释三(征求意见稿)的解除权条款》,载《保险研究》2015年第2期。

[2]参见游杰、姚亦昭、梁鹏:《投保人合同解除权辩误——以〈保险法〉第47条及其司法解释三第17条为中心》,载《乐山师范学院学报》2017年第8期。

[3]参见唐震:《利他保险合同中投保人任意解除权应受限制——〈保险法〉第15条引发之争议研究》,载《云南大学学报(法学版)》2013年第6期。

① 在传统的保险法理论中,保险合同的缔约双方即投保人与保险人之间往往存在信息不对称、经济实力不平衡等情况,可能导致强势方保险人利用其优势地位拟定不平等条款减轻保险责任乃至拒绝赔付保险金等不公平的后果,故我国保险法整体上呈现出侧重投保人利益保护的趋势,而解除保险合同是投保人摆脱保险合同约束最直接且最有效的手段。

相比之下,限制说的观点更合理。回归到IDI保险领域内,如果赋予建筑单位对合同的任意解除权,将会导致业主等受益人无法就建筑物的损坏请求保险公司赔偿,从而为业主的维权造成阻碍,对于任意解除权的行使应有一定的限制。虽然在2019年《IDI保险实施意见》里明确规定建筑单位不得解除IDI保险合同,但是其出台前很长一段过渡时期内对于建筑单位是否可以任意解除保险合同在实务中存在争议,在建筑单位(投保人)和业主(受益人)之间也容易产生利益失衡的风险。

二、限制IDI保险投保人任意解除权的理由

(一)受益人权益是保险合同保障的核心

在IDI保险中建筑单位作为投保人,仅仅是订立保险合同一方当事人,而业主作为受益人是在因建筑工程质量潜在缺陷发生保险事故时真正受到损害的人,享有保险金给付请求权,是保险合同保障的核心。但是,现行的《保险法》赋予投保人任意解除权,却未对受益人的法律地位和保险合同权益有足够的重视,虽然最高人民法院《关于适用〈中华人民共和国保险法〉若干问题的解释(三)》(以下简称《保险法司法解释三》)作出特别制度安排,即被保险人或受益人可以相当于保险单现金价值的款项为对价"赎买"保险合同,使其效力继续存续。[①] 然而IDI保险受益人为广大小业主,普通的"赎买"救济客观上无法实现。在此情况下投保人不顾受益人意志和利益径行行使合同解除权,将会破坏IDI保险的核心功能。因此,为了维护受益人享有保险合同保障的地位,维护IDI保险的稳定性,有必要对投保人任意解除权进行限制。

(二)法规逻辑的统一

自2012年开始,上海市将保险机制引入建设工程质量风险管理,出台相应规范性文件推进和保障IDI保险的规范运行。保险人根据规范性文件要

---

① 参见何丽新、陈诺:《利他保险合同下任意解除权的利益失衡与解决路径》,载《政法论坛》2021年第1期。

求拟定了相关IDI保险条款,提交保险监管部门备案。2012年《关于推行上海市住宅工程质量潜在缺陷保险的试行意见》(以下简称2012年《IDI保险试行意见》)规定"保险意向解除的,建设单位应当按照规定交纳物业保修金",故2012年版保险条款约定,投保人提供交纳物业保修金证明后可以解除合同。2016年上海市《关于本市推进商品住宅和保障住宅工程质量潜在缺陷保险的实施意见》(以下简称2016年《IDI保险实施意见》)则规定,试点范围内的工程办理了免于交纳物业保修金手续的,不得解除保险合同;试点外商品住宅工程在一定条件下交纳物业保修金可以解除保险合同。在物业保修金被取消的背景下,2019年《IDI保险实施意见》在全市范围内推行IDI保险,明确规定商品住宅工程投保人不得解除保险合同。从法规逻辑的统一上来看,在2017年国务院取消物业保修金之前的过渡时期,物业保修金和投保IDI保险在建设工程风险管理中互为替代,应择一适用,而不是不加限制地认可建筑公司拥有任意解除权。

(三)道德风险的防范

建筑单位投保人以业主为受益人缔结IDI保险合同,实际上是一种利他性的公益保险。建筑单位在其中并不受益,并且一旦发生保险事故,保险公司对受益人进行理赔之后还可以向建筑单位追偿。如果不加限制地赋予建筑单位任意解除权,很可能造成建筑单位为了取得资质进行投保,之后立即解除保险的违背诚实信用原则的行为,不但不利于建筑行业的管理,更会给广大业主带来理赔不能的风险。

三、限制IDI保险投保人任意解除权的审查标准

对IDI保险投保人任意解除权的审查应重点关注规范性文件约束力、格式条款设定目的、IDI保险合同性质、投保人真实意思表示四个方面。

(一)规范性文件约束力审查

审理IDI保险纠纷时应注重法律规范的识别。被告辩称:合同签订于

2018年,不应适用2019年的《IDI保险实施细则》,而根据2017年《上海市住宅工程质量潜在缺陷保险实施细则(试行)》(以下简称《IDI保险实施细则》)投保人享有任意解除权。从规范性文件约束的范围看,2012～2019年上海市出台了多项关于推广IDI保险的实施细则及实施意见。2012年、2016年的规定均建立在物业保修金与IDI保险并存的基础上,规定要求开发商二选一,也即表明不允许开发商以自身信用作为将来房屋质量的担保。直至2019年《IDI保险实施细则》对于签订于2017年11月1日以前、签订于2017年11月1日至2019年3月13日,以及签订于2019年3月14日以后的IDI保险合同的保险范围分别进行了具体的规定。说明2019年《IDI保险实施细则》的效力范围不仅及于该规定出台以后签订的保险合同,还及于该文件发布时尚处于保险期间的IDI保险合同。通过对规范性文件内部逻辑的审查可以得出2019年《IDI保险实施细则》及《IDI保险实施意见》对2017年11月1日之后签订的合同均具有约束力,在此期间内的IDI保险投保人不能任意解除合同。

(二)格式条款的设定目的审查

审理IDI保险纠纷时应注重对格式条款设定目的进行实质性审查。从格式条款设定投保人合同解除权的目的看,目前IDI合同有两个版本,分别为2012年版和2016年版,2012年版保险条款建立在2012年期间物业保修金有效施行的基础上,为了避免建设单位既交纳物业保修金又投保IDI保险,因此2012年版保险条款设定投保人在交纳物业保修金后享有IDI保险合同解除权的格式条款,但并未赋予投保人无条件的合同解除权。因IDI保险保费远低于物业保修金,基本不会有企业退保转交物业保修金的可能,2016年版直接规定投保人无解除权,这也与2019年《IDI保险实施意见》规定一致。因此,涉案IDI保险中关于合同解除权的格式条款设定的目的并非赋予投保人任意解除权,而是限缩投保人在解除合同时的任意性,使其在IDI保险或物业保修金中二选一,以配合政策的过渡推进,并切实保护业主的合法权益。

(三)利他性公益合同性质的审查

审理IDI保险纠纷还应结合IDI保险的利他性公益合同属性进行综合审查。从IDI保险的保险标的和受益人属性看,IDI保险属于利他性公益保险。通过上海市相关规范性文件内容的演变可以看出,为维护房屋所有人的合法权益,减轻建设单位物业保修金的占用损失,通过IDI保险的方式将开发商对建筑工程的保修义务分散由保险产品承担,体现了IDI保险具有公共利益保障的本质属性。同时IDI保险合同的投保人是建设单位,受益人和索赔权益人是业主,属于利他性保险。在建设单位要求退保,以自身信用承诺保修房屋的情况下,业主的利益将直接受到影响,所以投保人的任意解除权应当受到限制。

(四)投保人真实意思审查

审理IDI保险纠纷时应对投保人行使解除权的真实意思进行审查。从当事人真实意思表示看,涉案IDI保险投保人以投保的方式申请退物业保修金,在明知用购买IDI保险代替物业保修金的保障功能的情况下,收到退回的物业保修金后转而要求解除IDI保险合同,有违诚信原则,侵害了保险公司和众多小业主的利益,具有一定社会危害性,其诉讼理由不应得到支持。

四、限制IDI保险投保人任意解除权的路径探索

(一)以时间标准厘清IDI保险投保人解除权

我国自2002年即开始试点推行IDI保险,在过渡期间物业保修金制度和IDI保险并行。直到2017年,国务院相关部委取消了物业保修金,并印发《关于开展工程质量安全提升行动试点工作的通知》,要求上海、江苏、浙江等9个地区试点工程质量保险,部分省市以地方政府规范性文件的形式对该保险开展半强制性推广。

上海作为国内较早试点该险种的城市,自2012年起就持续探索推进IDI保险的试点应用,并逐步形成了IDI保险"上海模式",通过出台规范性文件

的方式,将投保 IDI 保险作为开发地产的前提条件,提升了上海市商品房和保障性住房建筑工程质量的管理服务水平。“上海模式”的发展主要分为以下三个阶段:

第一阶段,IDI 保险初步试点阶段。在这个阶段 IDI 保险与物业保修金并行,建筑单位可以自行选择适用。2012 年《IDI 保险试行意见》规定,建设单位投保 IDI 保险符合国家和本市规定的保修范围和保修期限,并经房管部门审核同意的,可予免除缴存住宅物业保修金。建设单位解除保险意向的,保险意向可以解除;保险意向解除的,建设单位应当按照规定缴存住宅物业保修金等。

第二阶段,IDI 保险推广阶段。这个阶段在上海的保障性住宅工程和浦东新区范围内的商品住宅工程中推广 IDI 保险。2016 年《IDI 保险实施意见》规定,建设单位已投保 IDI 保险,可按规定免予缴存物业保修金。上海市保障性住宅工程和浦东新区范围内住宅在投保后办理了免交物业保修金手续的,依约不得解除保险合同;其他区县的住宅建设单位在业主共有的房地产和公益性公共服务设施房地产认定前,选择缴付物业保修金解除保险合同的,保险合同可予解除,保险人退还相应保费。

第三阶段:IDI 保险强制投保阶段。在这个阶段物业保修金项目取消,投保 IDI 成为受让土地的必要条件。2017 年 9 月,国务院取消物业保修金项目。2019 年《IDI 保险实施细则》将 IDI 保险推行范围拓展至全市保障性和商品住宅工程,列投保 IDI 保险为上述工程的土地出让条件,上述工程投保 IDI 保险的,依约不得解除保险合同。该细则同时针对 IDI 保险推进中的不同签约时间明确了不同的保险范围,具体为:2017 年 11 月 1 日以前签订的 IDI 保险合同,保险范围按照 2016 年《IDI 保险实施意见》第 4 条执行;2017 年 11 月 1 日至 2019 年 3 月 13 日签订的保险合同,保险范围按照 2016 年《IDI 保险实施意见》第 4 条和 2017 年《IDI 保险实施细则》第 3 条有关规定执行;2019 年 3 月 14 日之后签订的保险合同,保险范围按照 2019 年《IDI 保险实施意见》第 4 条有关规定执行。

综上,2012 年至 2016 年《IDI 保险实施意见》出台前,上海市 IDI 保险处于试点阶段,投保人可解除 IDI 保险但另需补缴物业保修金;2016 年《IDI 保险实施意见》出台后至2019年《IDI保险实施意见》出台前，上海市在部分范围推行IDI保险并规定强制范围内的IDI保险依规不得解除，推行IDI保险范围外的开发商仍需于物业保修金和投保IDI保险中选择其一作为保护广大小业主及社会公共利益的保障；2017年物业保修金制度取消，2019年《IDI保险实施意见》出台，上海市在本市范围内所有住宅推行IDI保险并规定投保人不得解除IDI保险。

（二）将IDI保险纳入强制保险

可以通过将IDI保险纳入强制保险的范畴来限制投保人任意行使解除权。基于现代社会必须的部分高风险行业的客观需求，又不可避免地涉及不特定第三者利益的保障，强制保险制度应运而生。强制保险是法律要求投保人必须投保或者保险人必须承保、依照国家法律规定发生保险效力的保险。投保人或者保险人不得以保险自愿为借口而不履行法律规定的义务。强制保险对投保人和保险人均有强制性的要求。在国家或政府的法律强制推动下，为了社会公共政策推进，当事人的合同自由受到了限制，主要体现在强制投保和强制承保这两个方面。目前的IDI保险为建筑工程的主体结构提供长达10年的保险保障，通过第三方保险责任，落实了建筑开发商的保修义务，保障了业主居住安全的合法权益，也有利于分担政府建筑工程质量管理的压力。但因该险种相对较新，目前还在地方试点中，保险的强制性依据尚未上升到法律或行政法规层面。不过，上海市通过地方规范性文件对该保险的投承保和保险内容进行了统一规范，明确了保险责任范围、保险期间、赔偿金额、索赔主体等，建立专门平台对保险合同、承包工程、理赔进展等进行统一登记和公示。除法律依据尚有不足外，已按强制保险的方式和流程进行推进。

金融行政

证券从业人员违法“炒股”行政处罚的司法审查标准

——杨某诉上海证监局证券行政处罚案①

任静远*

【裁判要旨】

证券从业人员违法“炒股”行为具有时间跨度长,电子化证据多、证据隐蔽分散以及违法行为主体认定难等特点。在没有直接证据的情况下,若行政机关已经最大限度地合理收集了相关间接证据,该些证据之间能够相互印证,且足以证明违法事实成立具有高度可能性的,则可以推定认定违法行为成立。

【案号】

一审:上海市浦东新区人民法院(2018)沪0115行初246号

二审:上海金融法院(2018)沪74行终8号

---

① 合议庭成员:林晓镍、单素华、任静远。本案获评2019年度人民法院十大民事行政及国家赔偿案件,入选上海法院2019年度“四个一百”精品案例、2019年上海法院行政审判典型案例、2020年上海法院案例精选。本案判决书获评第七届全国法院行政审判优秀裁判文书二等奖、2019年度上海法院十大优秀裁判文书、2019年度优秀裁判文书。

* 法学博士,上海金融法院审诉审查及审判监督庭法官。

【案情】

上诉人:杨某

被上诉人:中国证券监督管理委员会上海监管局(以下简称上海证监局)

中国证券监督管理委员会上海监管局在有关案件调查中发现上诉人杨某涉嫌违法买卖股票,经对涉案事实进行调查、举行听证程序听取相对人陈述申辩等程序后,对杨某作出行政处罚决定。行政处罚决定认定,2013年1月18日至2016年9月12日,杨某在某证券公司营业部任总经理,为证券从业人员,尹某系杨某母亲。杨某在上述期间实际控制并使用其母尹某账户进行证券交易,期间累计买入股票成交金额3.01亿余元,累计卖出股票成交金额3.17亿余元,期末扔持有"同方股份"股票151,000股,已卖出股票累计盈利1433.96万余元。杨某作为证券从业人员,控制并使用尹某账户买卖股票的行为,违反了2014年《证券法》第43条规定,构成了2014年《证券法》第199条所述的违法行为。根据杨某违法行为的事实、性质、情节与社会危害程度,上海证监局依据2014年《证券法》第199条的规定,责令杨某依法处理非法持有的剩余股票,没收已获违法所得1433.96万余元,并处以4301.88万余元罚款。杨某对处罚决定不服,向浦东新区人民法院提起行政诉讼。一审浦东区人民法院判决驳回杨某诉讼请求后,杨某向上海金融法院提起上诉。

上诉人杨某诉称:(1)被上诉人上海证监局对该案无管辖权。一审以中国证监会致函被上诉人要求调查"鼎立股份"异常交易案,同时可一并调查其他违法违规行为为由,即认定被上诉人对本案具有行政处罚管辖权,依据不足。(2)原审判决对有关事实认定不清。上诉人原审已举证证明另有他人操作尹某账户,原审判决对此并未论证,该节事实也影响对上诉人违法所得认定。(3)被诉处罚决定作出的执法程序不当。在正式立案之前被上诉人无权对上诉人进行调查,其所取得的证据也不能作为定案证据。(4)被上诉人作出被诉处罚决定超过法定追诉时效。即使被上诉人具有处罚职权,在上诉人早已停止违法行为的情况下,其对上诉人作出行政处罚也超过了法定的处罚时效。(5)被诉处罚决定缺乏合理性。对上诉人处以罚款金额如何确定,被上诉人并未说明。综上,原审判决及被诉处罚决定认定事实不清,适用法律不当,请求二审法院撤销一审判决及被诉处罚决定,支持上诉人原审诉讼请求。

被上诉人上海证监局辩称:(1)被上诉人具有作出被诉处罚决定的法定职权。根据2014年《证券法》第7条及第179条,以及《中国证监会派出机构监管职责规定》(以下简称《派出机构职责规定》)第25条、第29条规定,被上诉人可以根据中国证监会授权对违法行为进行调查,并对其调查的违法行为作出行政处罚决定,该调查权并未仅局限在辖区之内行使,故本案中被上诉人具有作出被诉处罚决定的法定职权。(2)认定上诉人一人操作尹某账户事实清楚。根据被上诉人调查,尹某账户下单手机和下单电脑均与上诉人有关,且关联度达到95%,对应资金账户内资金也由上诉人消费使用。同时,被上诉人所作调查笔录中,相关人员对尹某账户操作主体表述也均存在矛盾。综合上述事实分析,被上诉人认定上诉人一人操作尹某账户无误。(3)被上诉人调查取证等程序合法。针对尹某账户异常交易情况,被上诉人作出调查之前已经出具了调查通知书及执法证书,进行调查及制作笔录方式并无不当。之后被上诉人对此正式立案,又向中国证监会进行报备,并获得无异议批复,执法程序并无不当。(4)被诉处罚决定作出未超过法定期限。上诉人违法系连续行为,直至2015年6月上诉人仍在操作尹某账户,故对该违法行为进行调查并处罚未超过法定追诉时效。(5)被诉处罚决定确定的罚款数额具有合理性。根据2014年《证券法》第199条规定,对从业人员违法买卖股票行为,除没收违法所得外,可以处以买卖股票等值以下的罚款。被上诉人根据上诉人违法行为性质及情节,确定对上诉人的罚款数额合理,也符合2014年《证券法》上述规定。综上,被诉处罚决定及原审判决认定事实清楚,适用法律正确,请求二审法院驳回上诉,维持原判。

【审判】

上海金融法院经审理后认为,本案主要争议焦点为以下5项:(1)被上诉人上海证监局是否有权作出被诉处罚决定;(2)作出被诉处罚决定是否遵循了法定程序;(3)作出被诉处罚决定是否符合法定处罚时效;(4)认定被处罚对象违法行为证据是否充分;(5)认定违法所得及罚款数额是否合法、合理。对上述争议焦点依次分析如下:

1. 上海证监局具有作出本案被诉处罚决定的法定职权。根据我国2014年《证券法》第7条及第179条规定,中国证监会依法对全国证券市场实行集中统一管理,根据需要可以设立派出机构,按照授权履行监督管理职责。中国证监会也可依法授权其下设派出机构对证券市场实行监管。根据《中国证监会派出机构监管职责规定》第5条、第25条规定,证券监管部门的派出机构可以负责对中国证监会相关职能部门交办的案件或者事项进行调查。本案中,根据中国证监会稽查局向被上诉人上海证监局出具的稽查局函〔2015〕59号内容,中国证监会稽查局除要求上海证监局调查"鼎立股份"有关异动情况外,还要求如发现相关违法违规事项,一并调查。根据上述函件交办内容,上海证监局发现上诉人杨某涉嫌违法买卖股票,有权进行调查。另根据上述《派出机构职责规定》第29条规定,派出机构负责对本单位立案调查的证券期货违法违规案件的审理及处罚工作,依法对证券期货违法违规当事人实施行政处罚。基于上述分析,被上诉人上海证监局具有对上诉人杨某违法行为进行调查,并根据事实作出行政处罚的法定职权。上诉人杨某对上海证监局执法职权提出的异议,难以成立。

2. 作出被诉处罚决定已遵循相应的法定程序。本案中,被上诉人上海证监局针对上诉人杨某的违法行为进行了初步调查,并对杨某、其母尹某及其他相关当事人制作了询问笔录。相关证据显示,上海证监局进行调查及制作询问笔录过程中,均向被询问人员出示了相应执法证件,并有两名工作人员参与调查。2016年10月28日,上海证监局对此正式立案,并向中国证监会进行报备,由中国证监会出具无异议回复。上海证监局向杨某告知拟作出处罚认定事实、理由及依据,并根据杨某的要求举行听证程序,听取了杨某的陈述申辩后,作出被诉处罚决定,并向其送达了行政处罚决定书,执法程序并无不当。杨某称上海证监局作出被诉处罚决定未正确履行执法程序,难以采信。

3. 作出被诉处罚决定未超过法定追诉时效。根据我国《行政处罚法》

(2017年修正)第29条第2款规定,违法行为具有连续或继续状态的,以行为终了之日起计算。本案中,上诉人杨某主张其违法行为已经结束,但根据被上诉人上海证监局所举证据证明,杨某直至2015年6月仍在违法操作其母尹某账户,故上海证监局于2016年对本案进行调查,未超过作出行政处罚的法定追诉时效,杨某关于超过追诉时效的抗辩难以成立。

4. 认定杨某实施违法行为的证据确实、充分。根据本案现有证据,杨某母亲尹某名下的证券账户交易中,来自上诉人杨某手机以及其所在证券营业部电脑下单的比例约为95%,该证券账户对应的第三方存管银行账户交易也有80%以上与上诉人杨某手机及所在营业部电脑访问有关。杨某母亲尹某证券账户相关网银账户资金也来源于上诉人杨某,且账户资金也由杨某消费使用。此外,上诉人杨某对其母尹某的账户资金来源,手机、电脑下单情况,账户操作主体的表述,与尹某及其他相关当事人在询问笔录中表述存在明显矛盾。此外,尹某证券账户已有超过3亿元人民币的巨额交易,但尹某自述“其证券账户由其好友儿子操作,虽然从小看该好友之子长大但不知其姓名”,这也与常理明显相悖。上海证监局认定,上诉人杨某是其母尹某账户操作主体,具有合理性。综合上述情况,被诉处罚决定认定仅有杨某一人操作其母名下账户这一结论,能够形成清晰的证据链条。杨某虽否认该事实,认为另有他人操作其母名下证券账户,但其未提供相应反驳证据,该主张难以成立。

5. 认定违法所得及处以罚款金额合法、合理。上海证监局自尹某的账户开户时间始,截至向证券交易所发函日止,计算该段时间内该账户获利情况及违法所得,具有合理性。行政主体有权在法律、法规已有规定,但规定的范围、种类、数额等有一定选择余地或一定幅度的情况下,根据具体情况作出适当决定。根据2014年《证券法》第199条规定,被上诉人可以对上诉人违法行为处以买卖股票等值以下的罚款数额。被上诉人根据上诉人违法行为性质及情节,确定对上诉人处以罚款的数额,行使行政裁量权并无不当。

根据对上述争议焦点的分析,上海金融法院二审判决如下:驳回上诉,维持原判。

【评析】

本案为上海金融法院正式挂牌成立后首次公开开庭审理的涉金融行政案件,也是截至该案宣判时为止,中国证监会所有派出机构作出的标的额最大的行政处罚案件,庭审和判决情况受到监管机构和市场主体等各方面的高度关注。证券从业人员违反禁止性规定,利用、控制亲属、朋友等账户违法"炒股"并获利的违法情形,一直以来是证券监管机构重点监管的范畴。对涉违规"炒股"行政处罚进行合法性审查,存在电子证据多、证据隐蔽分散、违法行为时间跨度长、违法行为主体难以认定等难点。本案中,二审法院从处罚机关是否具有法定职权,作出被诉处罚决定程序是否合法,是否超过法定追诉时效,认定违法行为的事实是否准确、完备,以及认定违法所得及处以罚款金额是否合法、合理5个方面,全面分析了被诉处罚决定的合法性和合理性。本案的审理,明确了证券从业人员违法"炒股"行政处罚案件的事实证明标准,为如何审查此类处罚决定,提供了可资借鉴的思路和方法。同时,通过对该案的裁判,确立相关裁判规则,使证券从业人员对违反禁止性规定所导致的法律后果具有明确预期,推动从业人员执业的规范化、法治化。

金融基础设施自律监管措施的可诉性与合法性审查

——厦门华侨电子股份有限公司诉上海证券交易所终止上市决定案[①]

葛　翔[*]

【裁判要旨】

证券交易所在实施监管行为时,可以作为公法上的法律主体履行相应职责并承担相应责任。证券交易所根据法律授权并经证监会批准,依照自律监管规则作出的终止上市决定等监管决定,对当事人权益产生实质影响并具有成熟性,属于行政诉讼受案范围。依照《中华人民共和国证券法》(以下简称《证券法》)和《证券交易所管理办法》等规定,《股票上市规则》所规定的组合财务退市指标,构成了约束上市公司股票财务类强制退市的法定条件。上市公司触及《股票上市规则》规定的退市条件,证券交易所据此作出终止上市决定,符合法律规定。

【案号】

一审:上海金融法院(2022)沪74行初1号

---

① 合议庭成员:林晓镍、王鑫、葛翔。本案入选2022年度人民法院十大案件、《中国审判》2022年度十大案例。

* 法学博士,上海金融法院综合审判三庭法官。

二审:上海市高级人民法院(2022)沪行终288号

【案情】

原告:厦门华侨电子股份有限公司(以下简称厦华电子)

被告:上海证券交易所(以下简称上交所)

厦华电子股票原在上交所上市。2021年4月29日,厦华电子发布2020年年报,其中载明:当期主要会计数据中营业收入为8,505,794.08元,比上年同期减少70.09%,扣除与主营业务无关的业务收入和不具备商业实质的收入后的营业收入为0元。

因同时触发2020年《股票上市规则》第13.9.1条和第13.3.2条规定,2021年4月29日,厦华电子发布《关于公司股票实施退市风险警示暨临时停牌的公告》,载明:退市风险警示起始日为同年5月6日,并于同年4月30日停牌一天。

2022年4月29日,原告发布《厦门华侨电子股份有限公司2021年年度报告》,其中载明:当期营业收入152,397,617.52元,同比上涨1691.69%,扣除与主营业务无关的业务收入和不具备商业实质的收入后的营业收入133,945,619.51元,净利润为-4,737,609.51元,扣除非经常性损益的净利润为-6,237,691.17元。同日披露的《2021年度专项核查意见》中记载:厦华电子营业收入扣除情况表中"营业收入扣除后金额"13,394.56万元属于"与主营业务无关的业务收入",应予以扣除,营业收入扣除后金额为0元。

2022年4月30日,上交所向厦华电子发出《关于拟终止厦门华侨电子股份有限公司股票上市的事先告知书》,告知其根据年报审计机构出具的《2021年度专项核查意见》,其营业收入扣除后金额为零元,已触及2022年《股票上市规则》第9.3.11条规定的终止上市条件,将根据2022年《股票上市规则》第9.3.14条的规定,对厦华电子股票作出终止上市的决定,并告知了申请听证的权利。

同年5月20日,应厦华电子申请,上交所组织进行了听证。同日,上市委员会作出审核意见,同意股票终止上市。2022年5月25日,上交所作出

〔2022〕148 号《关于厦门华侨电子股份有限公司股票终止上市的决定》(以下简称《终止上市决定》),认定厦华电子已构成 2022 年《股票上市规则》第 9.3.11条规定的终止上市情形,根据《股票上市规则》第 9.3.14 条的规定,经上交所上市委员会审核,决定终止厦华电子股票上市;并在退市整理期届满后 5 个交易日内,对厦华电子股票予以摘牌,股票终止上市;对终止上市决定不服的,可以在上交所公告决定之日后的 5 个交易日内申请复核。

后厦华电子不服,以上交所为被告,向上海金融法院提起行政诉讼,请求撤销上交所《终止上市决定》。

【审判】

上海金融法院经审理认为,本案存在三项争议焦点:(1)被告上交所在本案中所履行的职责是否属于公法上的权力,本案被诉《终止上市决定》是否属于可诉的行政行为;(2)原告 2021 年年报中所确认并经《2021 年度专项核查意见》扣除的营业收入,是否属于"与主营业务无关的业务收入和不具备商业实质"的收入;(3)被告上交所作出被诉决定的程序是否正当。

关于第一项争议,上海金融法院认为,自律监管措施是否属于行政诉讼的审查范围,应结合其性质和对当事人权益之作用效果,分别予以判断。根据《证券法》第 96 条、第 99 条第 1 款、第 115 条的规定,证券交易所是依法设立的重要金融基础设施,公开上市的证券交易是受国家监管的金融活动。上述所列法律条款授权证券交易所组织和监管证券交易,属于公法规范。因此,证券交易所在实施监管行为时,可以作为公法上的法律主体履行相应职责并承担相应责任。此外,证券交易所根据法律授权并经证监会批准,依照自律监管规则实施证券交易监管行为,系维护证券市场公平、有序、透明的公益目的,其并不仅仅以证券交易所与上市公司订立的《证券上市协议》为基础,自律监管措施也不单纯基于意思自治而得为之,而应依照法律、法规等上位法并结合自律监管规则予以实施,并因此受到合法性原则的约束。同时,鉴于证券交易所自律监管措施类型多样,对参与证券交易相关主体的权益所产生的效果也不同,故纳入司法审查的自律监管措施应当对当事人权益产生实质影响并具有成熟性。

就本案而言,依照《证券法》第9条的规定,证券须"依法报经国务院证券监督管理机构或者国务院授权的部门注册"后方能上市,证券上市注册属行政行为自不待言。而强制退市虽系证券交易所依照《股票上市规则》实施的自律监管措施,但其褫夺原由行政行为赋予之资格,改变了原告股票上市的法律状态,对原告权利义务产生重要影响,故应当纳入司法审查的范围。本案中被诉《终止上市决定》作为被告上交所履行证券交易监管职责之表现,被告依照《证券法》第48条、《证券交易所管理办法》第64条以及《股票上市规则》的规定作出被诉决定,应当视为授权行政主体;《终止上市决定》系上交所依照2022年《股票上市规则》,对原告股票所实施的强制退市监管措施,该决定对原告权益产生终局性影响,属于可诉的行政行为。

关于第二项争议,一审法院认为,首先,依照《证券法》第48条第1款、第115条和《证券交易所管理办法》第10条、第11条的规定,2022年《股票上市规则》第9.3.2条、第9.3.11条等条款所规定的组合财务退市指标,构成了约束上市公司股票财务类强制退市的法定条件。原告作为市场参与主体应当予以遵守,被告上交所亦应依照业务规则规定的构成要件,依法对原告财务情况予以认定。其次,2022年《股票上市规则》第9.3.2条第1款第1项以及第9.3.11条规定,上市公司最近一个会计年度经审计的净利润为负值且营业收入低于1亿元,或追溯重述后最近一个会计年度净利润为负值且营业收入低于1亿元,即触发退市风险。第9.3.2条第2款明确规定,"所述'营业收入'应当扣除与主营业务无关的业务收入和不具备商业实质的收入"。"与主营业务无关收入的扣除"并非《企业会计准则》所规定的会计标准,而是证券交易所为实施证券监管,完善上市公司监管体系,依照法律规定在业务规则中确立的监管标准。同时,《营收扣除指南》中对"主营业务无关的业务收入和不具备商业实质的收入"的扣除作了具体的解释,并对"与主营业务无关的业务收入"列举了六种情形,"未形成或难以形成稳定业务模式的业务所产生的收入"属其中之一,指南中对中介机构判断是否形成稳定业务模式也作了相应指引。本案中,审计机构依据《股票上市规则》和《营收扣除指南》所确立的标准出具《2021年度专项核查意见》,对核查过程予以明确说明,并指出了原告 2021 年年报中扣除相应收入后的营业收入为 13,394.56 万元不能成立,并结合营收扣除专项核查结论以及相关披露文件,认定原告厦华电子 2021 年度营业收入在扣除与主营业务无关或不具备商业实质的收入后的金额为零元,并无不当。

关于第三项争议,一审法院认为,《证券法》2019 年修订后确立了以信息披露为核心的监管原则,被告根据《证券法》等法律法规以及章程、自律规则,对证券交易活动所开展的监管行为,以督促和完善上市公司及相应主体履行信息披露义务为主要形式,确保证券交易市场主体公平参与交易活动。同时,依照《股票上市规则》第 9.3.2 条第 3 款以及《营收扣除指南》的规定,对于最近一个会计年度归母净利润为负值的,公司应当在年报或更正公告中披露扣除“与主营业务无关的业务收入和不具备商业实质的收入”的扣除情况和扣除后的营收金额;负责审计的会计师事务所应就公司营收扣除事项是否符合前述规定及扣除后的营收金额出具专项核查意见。由此可见,根据相应规则指引对营业收入扣除进行核算、认定并予以披露,也是上市公司和中介机构应予履行的信息披露义务之一。

本案中,被告上交所根据原告相关披露文件中记载的内容,对其营业收入的真实性、与主营业务的关联性以及是否符合会计准则等进行了问询,确保了监管的公开性,同时在听证过程中原告对 2018 年以来的经营情况进行了说明,上市委员会并就此进行了询问。结合审计机构近两年出具的专项核查意见,被告就此作出《终止上市决定》,所认定的事实并无不当。

被告上交所依照 2022 年《股票上市规则》第 9.3.2 条、第 9.3.11 条、第 9.3.13条和第 9.3.14 条的规定,在原告被实施退市风险警示后,再次触及第 9.3.2 条组合财务退市指标时,事先告知了拟终止上市决定,并依申请组织了听证,调查了相关事实、听取了原告的陈述申辩,经上市委员会审核后作出被诉行政决定,行政程序合法。

上海金融法院据此依照《中华人民共和国行政诉讼法》第 69 条之规定,判决:驳回原告厦门华侨电子股份有限公司的诉讼请求。

一审判决后,厦华电子不服,向上海市高级人民法院提起上诉。上海市高级人民法院二审判决:驳回上诉,维持原判。

【评析】

近年来,随着资本市场发展、金融法律制度不断健全,证券交易所等金融自律管理组织在完善金融监管体系、提升资本市场法治透明度等方面发挥越来越重要的作用。证券交易所等机构通过自律监管措施实施监管,上市公司等主体能否提起诉讼,法院如何进行审查,一直以来并不十分明确。本案一审、二审判决围绕争议焦点进行了阐述,对今后类案裁判和适法统一具有一定参考意义。

一、证券交易所的行政诉讼被告资格与自律监管行为的性质

当事人就证券交易所作出的强制退市、纪律惩戒等自律监管行为向法院提起行政诉讼并不鲜见。如英国,从英国国际证券交易所案(1993年)[①]到2022年10月3日,英国高等法院批准美国对冲基金就伦敦金属交易所(London Metal Exchange,LME)在2022年3月取消镍交易安排提出的司法审查(judicial review)申请,[②]其间多起案件确认了交易所可以作为行政诉讼的被告。德国《交易所法》第2条中也明确规定:"行政诉讼程序中,交易所可以自己的名义起诉与应诉。"我国香港特别行政区自朗盈证券诉联交所案以来,[③]也有多起以联交所为被告的行政案件诉至法院。

我国法院曾在郑某诉上交所政府信息公开案、新都酒店诉深交所终止上市决定案等案件中确认交易所具有行政诉讼的被告资格。在这些案件判决后仍有观点认为,交易所等自律管理组织所行使的自律监管行为是基于民事

---

① R v. International Stock Exchange of the United Kingdom and the Republic of Ireland Ltd., [1993] QB 534.

② Elliot Smith, *US Trading Firm Jane Street Sues LME for Nickel Trade Chaos*, CNBC (Mar. 5, 2023), https://www.cnbc.com/2022/06/07/london-metal-exchange-hit-with-two-us-lawsuits-over-nickel-trading-chaos.html.

③ Onshine v. SEHK, [1994] 1 HKC 319.

合同,基于自律规则所作出的相应行为也不是行政行为。[①] 为此,本案从三个方面考虑证券交易所的行政诉讼被告资格和终止上市决定的可诉性。

1. 证券交易所在公法上的地位。根据《证券法》第 96 条、第 99 条第 1 款的规定,证券交易所的设立由国务院决定,其组织、监督证券交易并基于公益优先原则履行自律管理职能,维护市场的公平、有序、透明。《证券法》《证券交易所管理办法》对证券交易所的设立、变更、法定代表人任免等组织事项作了特别规定,对证券交易所的职能也作了明确规范。因此,证券交易所作为承担维护证券市场秩序等重要公共职能的金融基础设施,显然有别于一般的金融市场主体。依照《金融市场基础设施原则(PFMI)》,[②]证券交易所等重要金融基础设施的首要原则是在其行为的各个重要方面都必须有"充分的、明确的、透明的和可执行的法律依据"(a well-founded, clear, transparent, and enforceable legal basis)。从这个角度来说,证券交易所其设立、职能、行为等都必须依法,且以公益为优先,而不是基于意思自由、以营利自益为目的,故具有明显的公共目的属性。大陆法系对这类基于公共目的设立,其职能又不适合直接由行政机关承担的机构,往往在组织法上归于公务法人(行政法人)或公营造物。不少学者认为,交易所、结算机构等金融自律组织(self-regulatory organizations,SRO)实施的是会员制,是典型的私法主体。虽然,从金融自律组织起源来看,从金融自律组织的发展历程来看,早期金融自律组织的组建是市场主体为了提高行业质量,通过自愿加入特定行业组织的方式形成行业壁垒,以将劣质服务机构排除,进而实现行业收入整体提升的目的。但是,随着金融风险积聚、金融危机的发生以及大量非专业投资者进入金融市场,完全自我管理、自我约束的机制已经不再适应金融市场。因为过度依赖自律监管和金融批发市场中的内部风险控制,同样会引发风险。[③]

---

① 参见叶林主编:《中华人民共和国期货和衍生品法理解与适用》,中国法制出版社 2022 年版,第 251 页。

② Bank for International Settlements and International Organization of Securities Commissions, *Principles for Financial Market Infrastructures*, BIS (Apr. 2012), https://www. bis. org/cpmi/publ/d101a. pdf.

③ 参见[英]罗伯特·鲍德温等编:《牛津规制手册》,宋华琳等译,上海三联书店 2017 年版,第 505 页。

因此一些原来实施自律管理、自愿参与的金融行业组织在法律制度变革过程中已经由纯粹的自律组织向准政府机构(quasi governmental organizations, QGO)转变。从我国的现实情况来看,改革开放后我国证券交易所等金融自律组织自设立以来就从来没有经历过完全自愿参与、自制章程、纯粹自我管理的发展阶段。① 因此,将证券交易所定位为纯粹的私法主体显然是不符合现实的。

2. 证券交易所的自律监管行为可以归为行政行为。证券交易所作为公共机构,应当指出的是,并非其实施的所有行为都属于行政行为。理论上,公营造物之利用关系区分为公法上的利用关系和私法上的利用关系,或依照"二阶段理论"将缔约之意思视为行政决定,而将履约阶段所实施的行为依私法行为处理。证券交易所作为间接行政的授权主体,相应地,只有在依照法律、法规、规章授权其实施行政管理职能时,才构成行政主体。证券交易所作为中央对手方所实施的交易活动,管理、公布市场信息或提供证券服务等行为,属于单纯私法上的行为。至于证券交易所实施的自律监管行为,监督证券交易活动是一项行政职能,如我国证监会及其派出机构本身就行使相应监管职责,同时《证券法》《证券交易所管理办法》又将部分监管职责授权证券交易所根据法律规范和自律规则实施。因此,证券交易所根据法律授权所实施的自律监管行为,可以归为行政行为的范畴。证券交易所根据法律授权并经证监会批准,依照自律规则实施证券交易监管行为,并不仅仅以《证券上市协议》为基础,自律监管措施也不单纯基于意思自治而得为之,而应依照法律、法规等上位法并结合自律监管规则,因此受到合法性原则的约束。

3. 纳入行政诉讼的自律监管行为需要符合条件。根据《股票上市规则》及其他自律规则,证券交易所自律监管措施类型多样,对参与证券交易相关主体的权益所产生的效果也不同,因此并非所有自律监管措施都符合行政诉讼受理条件。就本案而言,证券上市本身须经行政许可,强制退市虽系证券交易所依照《股票上市规则》实施的自律监管措施,但其褫夺原由行政行为赋予之资格,改变了股票上市的法律状态,对相对人权利义务产生重要影响,具

① 参见卢文道:《证券交易所及其自律管理行为性质的法理分析》,载《证券法苑》2011年第2期。

备终局性和成熟性，故应当纳入司法审查的范围。需要指出的是，根据《证券法》第 49 条的规定，对交易所终止上市决定，可以向交易所设立的复核机构申请复核。当事人是否须复核后才能向法院提起行政诉讼，是值得研究的问题。虽然如我国香港特别行政区朗盈证券诉联交所案及新世界公司诉联交所案[①]等案件中强调原则上须经交易所内部救济程序后方能提起行政诉讼，但我们认为，作为内部救济程序的复核类似于行政复议，我国目前除法律特别规定复议前置外，其他行政行为皆以复议选择主义为原则，并不实行严格的穷尽救济原则，因此对于终止上市决定在法律未明确复核前置的情形下，应当允许当事人直接提起行政诉讼。

二、退市新规实施后终止上市决定的合法性审查要点

我国上市公司退市制度曾经历多次改革，在 2019 年《证券法》修订前，原《证券法》第 55 条、第 56 条分别规定了暂停上市和终止上市。2019 年《证券法》修订，第 48 条明确由交易所依照自律规则决定终止上市。2020 年中央全面深化改革委员会通过《健全上市公司退市机制实施方案》，在此基础上沪深交易所分别在上市规则及相关业务指南中对退市规则作了明确。

1. 自律规则的地位。制定自律规则是证券交易所作为自律管理机构履行自我管理、落实一线监管和提供证券业务服务的重要权力。根据《证券交易所管理办法》的规定，自律规则由交易所董事会或理事会审议通过，并经证监会批准，同时“证券交易所制定或者修改业务规则，应当符合法律、行政法规、部门规章对其自律管理职责的要求”。自律规则既有内部自治的私法属性，又因交易所行使监管职责而具备公法属性。基于法律优位和法律保留原则，一般而言行政主体作出行政行为应有法律上的依据，而《证券法》第 48 条授权交易所依据自律规则决定终止上市，可以视为法律特别授权，从而自律规则可以作为交易所作出终止上市决定的依据。对法院来说，自律规则虽经法律授权，但与法律、法规仍存在位阶区别，依照《最高人民法院关

① New World v. SEHK, [2006] 2 HKLRD 518.

于为设立科创板并试点注册制改革提供司法保障的若干意见》等司法政策,人民法院审理案件中可以“参照适用自律规则”。因此,在行政诉讼中,自律规则的适用规则可以比照规章在行政案件中进行相应适用。

2. 交易所作出终止上市决定的行政程序要求。本案中,原告提出上交所在作出终止上市决定的过程中,仅依据年报、专项审核报告及问询答复等书面文件,而未对原告、审计机构、供应商等进行询问和实地调查,调阅审计底稿,故认为行政程序不合法。这里涉及交易所履职程序的问题。从行政程序角度,除法律、法规对行政程序有明确的要式性要求外,原则上行政主体采取何种程序性措施属于其裁量范围。而证券交易所作出自律监管措施又有别于一般行政行为,因为证券自律监管措施所针对的对象大多为公开市场主体,需要遵循信息披露公平原则,尤其是以信息披露为核心的注册制改革后,更强化信息披露在监管体系中的重要作用。故交易所的调查职能主要通过对相关主体的公开披露文件进行审查分析来实现。之所以课以金融自律组织监管行为的程序义务有别于行政机关,与自律组织的监管职能定位有着密切联系。作为一线监管的自律组织,基于市场前沿可以对金融交易进行实时监测,对高技术条件下的监管需求也可以进行实时回应,这些都是传统行政所不具备的优势。[①] 如果对金融自律组织的监管活动课以过高的程序性要求,可能造成自律组织的监管模式与行政机关的机关模式趋同,降低自律监管的效果。因此,当交易所通过公开披露信息已经足以作出相应事实认定时,应当认为交易所已经履行了调查职责。根据上市规则,组合财务强制退市主要考量的是上市公司公开披露的财务指标是否已经触及退市条件。因此,上市公司本身需要依法主动定期披露相应财务状况,并确保披露信息的真实、准确、完整。在此基础上交易所根据公开披露信息作出相应认定,事先告知了拟处决定并应当事人申请进行了听证,应当认定具有程序正当性。

《健全上市公司退市机制实施方案》明确指出,“要坚持市场化、法治化方向,完善退市标准,简化退市程序,拓宽多元退出渠道,严格退市监管,完善

---

① Andrew J. Cavo, *Weissmann v. National Association of Securities Dealers: A Dangerously Narrow Interpretation of Absolute Immunity for Self-Regulatory Organizations*, 94 Cornell L. Rev. 415 (2009).

常态化退出机制”。在自律规则构建的退市新规下,交易所依照自律规则开展退市监管,在确保程序正当、公正监管的前提下,不应课以过多的程序性义务,这点也是其他法域司法案例中对交易所自律监管行为进行司法审查时的常见标准。

申请认可和执行判决、裁定

涉“维好协议”中国香港特别行政区法院判决在内地申请认可和执行的认定标准

——时和全球投资基金SPC—时和价值投资基金申请认可和执行中国香港特别行政区法院民事判决案[①]

崔　婕[*]　刘凌钒[**]

【裁判要旨】

中国香港特别行政区高等法院原讼法庭就涉“维好协议”(Keepwell Deed)案件作出缺席判决,被申请人未在合理期限内就该缺席判决在香港特别行政区法院寻求救济的,符合最高人民法院《关于内地与香港特别行政区法院相互认可和执行当事人协议管辖的民商事案件判决的安排》(以下简称《安排》)所称的香港特别行政区法院之具有执行力的终审判决。无论缺席判决还是对席判决,“维好协议”在境内法律效力的实体法问题,不属于本案审查的范围。《安排》第9条第2款关于拒绝认可和执行当事人协议管辖的民商事案件判决之“社会公共利益”条件应作严格解释,不能以内地法律关于“维好协议”性质及效力的实体判断作为认可和执行该香港特别行政区判决是否违反内地社会公共利益的认定标准,而只应考量认可和执行相关判决的

① 合议庭成员:肖凯、崔婕、周欣。本案入选上海法院2020年度涉外金融纠纷典型案例、上海金融法院2020年度十大典型案例。

* 法学博士,上海金融法院综合审判二庭副庭长。

** 法学硕士,上海金融法院综合审判三庭法官助理。

结果是否有悖于本案审理之时的公共利益。

【案号】

上海金融法院(2019)沪 74 认港 1 号

【案情】

申请人:时和全球投资基金 SPC—时和价值投资基金

2018 年 8 月 24 日,中国香港特别行政区高等法院原讼法庭就原告时和全球投资基金 SPC—时和价值投资基金(Right Time Global Investment SPC-Right Time Value Investment Fund SP,以下简称时和基金)诉被告上海华信国际集团有限公司(以下简称华信集团)一案,作出 HCA 1712/2018 号民事判决:"鉴于本案被告无意为自己辩护,本案原告放弃起诉状第(2)项的损害赔偿诉请,本院特此判决,被告向原告支付 29,910,000 欧元(或支付时等值港币金额),加上按年利率 8% 自传票签发之日(2018 年 7 月 24 日)起至实际支付日止的利息和 11,045 港元的特定费用。"

2019 年 3 月 20 日,中国香港特别行政区高等法院的司法常务官邝卓红依据《内地判决(交互强制执行)条例》(第 597 章)第 21 条第(3)款及《高等法院规则》第 71B 号命令第 2 条规则发出证明书:特此证明原告时和基金于 2018 年 8 月 24 日就有关一项债项申索向原讼法庭取得判被告华信集团败诉的判决。该判决能够在香港特别行政区强制执行。还证明:(1)本案的诉状为于 2018 年 7 月 24 日发出的传唤令。(2)原告向被告申索欠款合计 29,910,000 欧元,或违反日期为 2017 年 10 月 23 日的"维好协议"的损害赔偿,及该欠款的利息和讼费。(3)根据"维好协议"第 14.2 条规定,被告委任上海华信集团(香港)有限公司[Shanghai Huaxin Group (Hongkong) Limited](代理人),其注册办公处为香港特别行政区湾仔港湾道一号会展广场办公大楼 23 楼 2302～2304 室,为被告于香港特别行政区的代理人收取法律程序文件。(4)原告的代表律师,君合律师事务所,于 2018 年 7 月 24 日在代理人的注册办事处送达该传唤令的盖印副本给代理人。根据香港特别行政区法例第 622 章《公司条例》第 827 条及第 4A 章《高等法院规则》第 10 号命令第 3 条规则的规定,原告已于 2018 年 7 月 24 日妥为送达该传唤令的盖印副本给被告。(5)被告没有根据香港特别行政区法例第 4A 章《高等法院规则》第 12 号命令第 5(a)条规则的规定,于 2018 年 8 月 6 日或者以前于香港特别行政区高等法院存档一份传唤令送达认收书。(6)该判决之金额为 29,910,000 欧元(或缴款时等值的港币金额),连同其衍生的利息(利息自 2018 年 7 月 24 日起至判决日期,以年利率 8%计算,其后则按高等法院判决利率计算至欠款全数支付为止),以及定额讼费 11,045 港元。(7)原告代表律师在借以提出有关申请的宗教式誓章中,所述明在申请当日尚未就该判决清偿的款额为 30,519,672.33 欧元及 11,045 港元。(8)该判决于 2018 年 8 月 24 日起生效。(9)该判决不受搁置执行所规限。原告没有在香港特别行政区采取进一步行动执行该判决。(10)没有一方对本法院的司法管辖权提出反对。(11)该判决的上诉期限已经届满,而被告一直没有针对该判决提出上诉或提交任何上诉通知书。

另查明,华信集团于 2017 年 10 月 23 日出具“维好协议”,其中首部载明:“受益人:目前及随后被登记为债券持有人的主体。鉴于:(ⅰ)哲源公司(发行人)已批准按照债券条款和条件发行债券……(ⅳ)发行人是一家在英属维京群岛设立的有限责任公司,是华信集团的间接全资子公司;(ⅴ)华信集团希望通过签署本协议协助发行人履行债券中的义务;(ⅵ)本协议是一项单方契约,以债券持有人为受益人。”第 2 条载明:“并非担保。本协议及本协议所含规定及公司依据本协议采取的行动,不得视为依据任何辖区法律偿还或履行发行人任何种类债务或责任的证明,或者公司担保或公司具有法律约束力的义务。”第 4 条载明:“维持合并净值及流动性。华信集团向债券持有人承诺,其将促使:(a)发行人随时保持至少 1 美元的合并净值;(b)发行人获取足够的流动性,以确保发行人及时按照债券中载明的条件及契约书中所列规定支付相关费用;(c)发行人保持偿债能力,按照注册地法律或相关会计准则持续经营。如果(A)华信集团在任何时候认定发行人的流动性不足以履行债券中载明的到期付款义务,或者(B)华信集团被告知或意识到(或者,与华信集团处于同等地位的有理性人员应当知道的)发行人将要(或者合理判断下很可能)无法履行债券中载明的付款义务,华信集团将在相关付款义务到期之前通过下列方式提供充足的资金,使得发行人在债券到期时能够全面履行付款义务:(a)对发行人已发行股本进行注资;(b)通过向发行人发放贷款或其他方式安排资金;(c)利用中国境内现金或处分中国境外其他资产或在中国境外作出合理安排,将现金、资产、资产对价或收益转让给发行人;(d)其他可行的办法。"第 8 条载明:"违约赔偿金。如果华信集团未能履行本协议规定的义务,应当向债券持有人支付等同于公司全面履行相关义务时应付金额的违约赔偿金。债券持有人有权提出索赔。"第 12 条载明:"通知。任何信息应当采用信函或传真方式送达下列公司地址:上海华信国际集团有限公司,地址:中国上海黄浦区南京西路 399 号明天广场 27 楼……"第 14 条载明:"适用法律和司法管辖。14.1　适用法律。本协议以及因本协议产生的或者与本协议相关的任何非合同义务应适用英国法律并依据其加以解释。14.2　香港特别行政区法院对解决本协议产生的任何争议拥有专属管辖权。因此,因本协议产生的或与本协议相关的任何法律诉讼可向香港特别行政区法院提出。公司在此不可撤销地委任上海华信集团(香港)有限公司(注册地址现位于香港特别行政区湾仔区港湾道 1 号会展广场办公大楼 23 层2302～2304 室)作为其接受香港特别行政区高等法院程序文件送达的授权代理人。送达程序应当在送达代理人后视为完成。如果因为某种原因该代理人不再担任接受送达代理人,公司应当立即在香港特别行政区委任新的送达代理人,并在上述代理人不再担任送达代理人后的 30 日内,向债券持有人提交新代理人确认接受委任文件的副本。本协议不得影响按照法律规定的其他方式送达程序文件的权利。"

【审判】

本案系申请认可和执行香港特别行政区法院民商事判决案件,申请人时和基金与被申请人华信集团之间约定就"维好协议"项下的纠纷由香港特别行政区法院专属管辖,该纠纷属于《安排》规定的民商事案件,本案应根据《安排》进行审查。根据《安排》第 4 条的规定,被申请人华信集团的住所地在上海金融法院辖区内，上海金融法院对本案享有管辖权。

根据《安排》第1条、第2条、第6条之规定，内地人民法院认可和执行的香港特别行政区法院的民商事判决必须是“具有执行力的终审判决”。本案中，申请人时和基金向上海金融法院提交了香港特别行政区高等法院出具的证明书，证明案件编号为HCA 1712/2018的判决系原讼法庭在被申请人华信集团缺席的情况下作出的须支付款项的具有执行力的判决，已于2018年8月24日起生效，能够在香港特别行政区强制执行，予以确认。

上海金融法院对申请人时和基金申请认可和执行涉案香港特别行政区判决立案后，已向被申请人华信集团送达了申请人时和基金的申请书，被申请人华信集团至迟此时即应知晓涉案缺席判决的存在，审查期间华信集团向上海金融法院提出不予认可和执行的答辩意见并参与庭审，在此合理期间内也未就涉案缺席判决在香港特别行政区法院寻求任何司法救济。因此，上海金融法院认为，HCA 1712/2018号民商事判决作为缺席判决，符合《安排》中所称的香港特别行政区法院之具有执行力的终审判决。

根据《安排》第9条第1款的规定，无论是缺席判决还是对席判决，认可和执行香港特别行政区生效判决的审查标准限于程序事项，案涉“维好协议”在境内法律效力的实体法问题，不属于本案审查的范围。针对被申请人华信集团提出的不予认可和执行的理由，具体分析认定如下：

1. 关于管辖协议是否属于无效

本案被申请人华信集团向申请人时和基金出具的“维好协议”第14条明确载明，“香港特别行政区高等法院对解决本协议产生的任何争议拥有专属管辖权。因本协议产生的或与本协议相关的任何法律诉讼可向香港特别行政区高等法院提出”。被申请人华信集团主张，本案双方当事人住所地、争议的实际联系地均不在香港特别行政区，双方约定香港特别行政区法院管辖应属无效。根据《安排》第9条第1款第1项的规定，管辖协议是否属于无效应当根据当事人协议选择的原审法院地的法律予以认定。本案中，双方当事人对于管辖协议的约定，意思表示真实，而香港特别行政区的法律并未要求当事人必须选择与案件有实际联系的法院管辖。因此，当事人选择的法院与案件没有实际联系并不影响管辖协议的效力，涉案管辖协议有效。被申请人华信集团的此抗辩主张,不能成立。

2. 关于被申请人华信集团是否经合法传唤以及香港特别行政区高等法院判决是否系申请人时和基金以欺诈方式取得

《安排》第9条第1款第4项明确规定,是否经合法传唤及是否获得答辩机会的审查依据是原审法院地法。本案中,香港特别行政区高等法院开具的证明书中对时和基金向华信集团送达诉状等的过程及合法性予以了证明。审理中,申请人时和基金也查明和出示了香港特别行政区《高等法院规则》《公司条例》关于送达的详细规定、香港特别行政区高等法院审理期间时和基金律师向法院提交的宣誓书等,并解释了香港特别行政区高等法院的合法送达过程。

根据香港特别行政区法例第4A章《高等法院规则》第10号命令第3条"依据合约而送达令状"规则第(1)款规定,凡(a)合约中有1项条款,表明原讼法庭具有司法管辖权聆讯并裁定就某合约进行的任何诉讼,或即使没有该项条款,原讼法庭仍具有司法管辖权聆讯并裁定任何该等诉讼,以及(b)合约订立,在就该合约而进行的任何诉讼开展时,借以开展该宗诉讼的法律程序文件,可按合约所指明的方式或按合约所指明的地点(无论是在本司法管辖权范围之内还是之外)送达被告人,或送达合约所指明的代表被告人的其他人,则如就该合约进行的诉讼是在法院开展及借以开展该宗诉讼的令状是按合约的条款而送达,除第(2)款另有规定外,该令状须当作已妥为送达被告人。该条第(2)款是关于依照合约的条款在本司法管辖权范围外送达的规定。香港特别行政区法例第622章《公司条例》第827条规定,向公司送达的文件可借以下方式送达:将该文件留在该公司的注册办事处,或以邮递方式,将该文件送交该公司的注册办事处。

本案中,华信集团于"维好协议"中委任上海华信集团(香港)有限公司为华信集团于香港特别行政区的代理人收取法律程序文件,时和基金的律师于2018年7月24日在代理人的注册办事处送达传唤令的盖印副本给代理人。根据香港特别行政区法例的上述规定,香港特别行政区高等法院审理期间时和基金的诉状已合法送达华信集团。华信集团主张已委任送达代理人的情况下仍应当向华信集团于上海的注册地址送达,以及时和基金向华信集团的代理人送达必须经过签收,缺乏支持其抗辩的法律依据。华信集团还主张,其委任的送达代理人因进入清盘程序故不具备代理人身份。然而,根据"维好协议"第 14 条的约定,如该代理人不再担任接受送达代理人,华信集团公司应当立即在香港特别行政区委任新的送达代理人并向时和基金提交新代理人确认接受委任文件的副本。本案并无证据显示华信集团委任新的接受送达代理人,华信集团的此抗辩亦缺乏依据。

因此,华信集团关于其未获合法传唤的理由,不能成立;华信集团主张时和基金未向其注册地送达诉状等,构成故意隐瞒送达地址和恶意选择送达地址的欺骗行为,进而得出判决是以欺诈方式取得的结论,亦不能成立。

3. 关于执行涉案香港特别行政区高等法院判决是否违反内地社会公共利益

《安排》是"一国两制"方针下内地与香港特别行政区之间区际司法协助的重要框架,体现了减少重复诉讼、节约当事人诉讼成本、促进两地经济发展的司法互信。因此,《安排》第 9 条第 2 款关于拒绝认可和执行当事人协议管辖的民商事案件判决之"社会公共利益"条件应作严格解释,通常仅包括认可和执行香港特别行政区判决的结果直接违反内地公共利益之情形。

首先,涉案"维好协议"系平等主体之间民事法律关系,香港特别行政区高等法院就"维好协议"所涉纠纷作出的裁判效力限于双方当事人之间,对其效力的认可和执行并不会涉及内地全体社会成员或者社会不特定多数人的利益。

其次,香港特别行政区高等法院依据其缺席审判制度对本案作出的判决,是香港特别行政区高等法院审判权的合法行使,也是当事人协议选择香港特别行政区法院管辖的合理预期。该缺席判决的作出,经过了向被申请人华信集团委任送达代理人的合法送达和传唤,符合原审法院地法,原审缺席判决并未剥夺缺席当事人出庭答辩的诉讼权利,并未违反正当程序保障。因此,认可和执行缺席判决本身亦不构成内地公共利益的违反。

最后,被申请人华信集团认为涉案香港特别行政区判决违反内地担保法及外汇管理的相关规定,亦于法无据。本案中,当事人在"维好协议"中所约定的准据法并非中国内地法律,故不能以内地法律关于"维好协议"性质及效力的实体判断作为认可和执行该香港特别行政区判决是否违反内地社会公共利益的认定标准,而只应考量认可和执行相关判决的结果是否有悖于本案审理之时的公共利益。外汇管理制度事关一国国际收支平衡,但与经济发展水平密切相关,我国相关外汇管理规定也经历了不断变化的过程,在本案审理中,华信集团并未证明认可和执行本案所涉香港特别行政区判决之结果对当前我国公共利益之违反。因此,在本案中认可和执行涉案香港特别行政区判决的结果,并不存在导致违反内地法律基本原则、危害公共安全、违反善良风俗等危及内地社会公共利益的情形。对华信集团的此抗辩主张,亦不予采纳。

综上,上海金融法院于2020年10月30日作出(2019)沪74民港1号裁决:认可和执行香港特别行政区高等法院原讼法庭HCA 1712/2018号民事判决书。

【评析】

本案系全国首例涉境内公司针对境外关联公司发债出具"维好协议"之香港特别行政区法院生效判决在内地法院申请承认和执行的案件,因涉及"维好协议"对境内公司的执行问题,受到离岸债券市场的较大关注。上海金融法院根据《安排》之规定,对涉案香港特别行政区原讼法庭的判决进行审查,就相关问题的认定对同类案件具有一定参考价值。

一、关于香港特别行政区法院判决的原告与本案申请执行的主体

本案所涉债券及相关"维好协议",涉及的主体属于多个司法管辖区,较为复杂。具体而言,哲源公司系华信集团设立于英属维尔京群岛的间接全资子公司,时和基金购买哲源公司在国际市场上发行的欧元债券,为提供增信,华信集团向时和基金出具"维好协议"。

由于债券无法按期偿还,债券持有人即本案申请人作为原告向香港特别

行政区法院提起诉讼,并获得判决。本案的申请人时和基金 SPC—时和基金 SP,该主体是某个基金下设的份额,并非中国法项下常见的诉讼主体,对于该主体的诉讼主体资格亦产生了争议。笔者认为,一个诉讼主体是否合法,应根据其设立地的法律予以判断。根据《开曼群岛公司法》(Cayman Islands Companies Law)之规定,SPC(Segregated Portfolio Company)系注册为独立投资组合公司的豁免公司,其拥有根据其公司章程中所规定的限制开展从事任何目标或目的的完全能力。SPC 系独立的法律主体,其可以设立任意数量的独立投资组合(Segregated Portfolio,SP),但 SP 本身并不具有独立法律主体地位,且 SP 之间的资产及债务在法律上与 SPC 的资产及债务,以及任何其他 SP 的资产及债务相互分离,此为开曼群岛公司法之隔离原则。

为达到 SPC 风险隔离之效果,SPC 在代表某一 SP 行事或签署文件时,应明确其系以该 SP 的名义行事或签署文件。SP 的概念在其他国家或地区,如美国特拉华州、百慕大群岛等也存在,并且被越来越多的国家和地区接受。

从中国香港特别行政区及英国等国的司法实践看,对于涉及 SPC 下设 SP 的商事纠纷,在诉讼主体列明时会具名是 SPC 下设的哪个 SP,以"SPC, SP"或"SPC for SP"等形式出现。本案中,香港特别行政区法院在诉讼中认可了这一诉讼主体,因此,在申请人向上海金融法院申请认可与执行这一判决时,上海金融法院亦应认可开曼群岛公司法中独立投资组合公司与其下设独立投资组合的申请人地位。

二、未在合理期限内就缺席判决寻求救济的,符合《安排》所称具有执行力的终审判决

区别于普通法系国家,我国任何实体判决的作出原则上都必须经过庭审程序,即使被告自诉讼伊始从未出现,法院亦会根据原告举证进行实体审理后方判决其诉请是否支持。与此相对,普通法系诉讼程序的审前程序与庭审程序严格区分,法院可以在审前程序中,因被告未在规定的期间内积极应诉,即直接根据原告的申请作出判决被告败诉的缺席判决(Default Judgment,普通法系多译为"不应诉判决")。

本案系针对缺席判决申请认可与执行,华信集团提出,尽管双方在交易中约定了送达地址,但因其地址变更原因,其未知晓诉讼的发生。由于送达上的瑕疵,故上海金融法院不应认可与执行这一缺席判决。笔者认为,本案系一国之内不同法域之间开展的区际司法协助,不同于国际司法协助。前者目的在于实现两地民商事案件判决的异地"流通",后者则要坚持尊重国际礼让、维护当事人合法权益与保障内国法律秩序并重的原则。也正是基于此,《安排》中明确规定,是否经合法传唤及是否获得答辩机会的审查依据是原审法院地法,而且未作任何保留或例外性规定。故本案无须考虑是否低于我国法律规定的合法传唤的最低标准,是否与我国民事诉讼送达程序的基本原则相冲突等问题,应当根据法院地法对缺席一方是否经合法传唤或者是否获得法律规定的答辩进行审查。本案香港特别行政区高等法院原讼法庭对华信集团的传唤程序及在华信集团不答辩的情况下予以缺席判决,符合香港特别行政区《高等法院规则》的规定,华信集团未在合理期限内对缺席判决提出异议,属于香港特别行政区法院之具有执行力的终审判决予以明确。

三、关于执行涉案判决是否违反内地社会公共利益

华信集团主张,虽然涉案"维好协议"约定该协议并非担保,但该项义务的内容和本质符合担保责任的构成要件,时和基金在香港特别行政区高等法院提起诉讼,并获得直接支持其诉请的缺席判决,再要求内地法院认可与执行的行为,实质上是为了规避担保法及内地金融监管体系,直接违反内地法律规定,执行涉案判决违反内地社会公共利益。对此,需要结合我国外汇管理规定的变化、社会公共利益的内涵等综合分析。

(一)我国外汇管理规范的变迁

我国对于外债以及外汇的管理经历了一个严格到宽松的过程。2000年《最高人民法院关于适用〈中华人民共和国担保法〉若干问题的解释》第6条规定:"有下列情形之一的,对外担保合同无效:(一)未经国家有关主管部门批准或者登记对外担保的……"因此,如果没有经过监管部门批准或者登记

而提供的对外担保在我国担保法下担保合同无效。该司法解释将审批登记与合同效力挂钩。

但此后随着改革开放程度的深入,外债管理有所变化。国家外汇管理局于2014年制定了《跨境担保外汇管理规定》及其操作指引(汇发〔2014〕29号文)(以下简称29号文),根据其规定,内保外贷和外保内贷实行登记管理,而其他形式的跨境担保,当事人可自行签订担保合同,无须登记或备案。对于跨境担保合同效力的问题,根据29号文第29条的规定,核准、登记、备案均不再作为跨境担保合同的生效要件,即未按规定核准、登记、备案的跨境担保的合同也是有效的。该文件最重要的影响是规定了事后监管的管理手段,取消了所有的事前审批,以登记为主要的管理手段。同时,除了内保外贷和外保内贷之外的其他跨境担保都不需要再进行外汇登记。2017年1月26日,国家外汇管理局又发布了《关于进一步推进外汇管理改革完善真实合规性审核的通知》(汇发〔2017〕3号),规定债务人可通过向境内进行放贷、股权投资等方式将担保项下资金直接或间接调回境内使用。该文发布之后,以"内保外贷"形式提供增信的,其项下资金回流限制有所放松。但《跨境担保外汇管理规定》中的若干限制仍然存在,如不得通过证券投资的方式将"内保外贷"项下的资金回流境内;"内保外贷"项下担保责任为境外债务人债券发行项下还款义务时,境外债务人应由境内机构直接或间接持股,境外债权发行收入应用于与境内机构存在股权关联的境外投资项目。

外汇管理制度事关一国国际收支平衡,与经济发展水平密切相关,从管理政策的变化可见监管部门更趋开放的心态。因此,根据现行外汇管理规定,以"维好协议"形式提供增信,并非直接与合同效力挂钩,最多是资金用途、主体关系存在一定的监管要求。

(二)社会公共利益的界定

社会公共利益、公共政策或公共秩序,是区际或国际判决认可与执行中的一项重要制度。《安排》第9条第2款规定:"内地人民法院认为在内地执行香港特别行政区法院判决违反内地社会公共利益,或者香港特别行政区法院认为在香港特别行政区执行内地人民法院判决违反香港特别行政区公共政策的,不予认可和执行。”所谓社会公共利益,法理上通常是指属于社会全体成员的利益。公共利益范畴的核心内容就是其公共性,其基本内涵是指在特定社会历史条件下,从私人利益中抽象出来能够满足共同体全体或大多数社会成员的公共需要,经由公共程序并以政府为主导所实现的公共价值。

各国法律对于社会公共利益、公共政策或公共秩序的界定各不相同。法国法律规定,公共政策系指本国的社会安全。瑞典仲裁法规定,承认或执行外国仲裁裁决不得违反瑞典法律的基本准则。美国第二巡回法院在帕森及怀特、摩尔海外公司诉通用造纸公司一案中指出,尽管法院对违反公共秩序的外国裁决可以不予执行,但公共秩序不得仅根据本国政策或本国的政治利益来判断,只有在承认执行该裁决会违反本国最基本的道德和正义观念时,才能拒绝承认和执行。由此可见,尽管各国对公共秩序的内涵表述各不相同,但普遍认为公共秩序系指与某一国根本利益密切相关的基本法律准则。

我国法律和司法解释尚未对社会公共利益、公共政策或公共秩序的适用标准作出规定或解释。我国《民事诉讼法》第 289 条规定:“人民法院对申请或者请求承认和执行的外国法院作出的发生法律效力的判决、裁定,依照中华人民共和国缔结或者参加的国际条约,或者按照互惠原则进行审查后,认为不违反中华人民共和国法律的基本原则或者国家主权、安全、社会公共利益的,裁定承认其效力,需要执行的,发出执行令,依照本法的有关规定执行。违反中华人民共和国法律的基本原则或者国家主权、安全、社会公共利益的,不予承认和执行。”最高人民法院在针对涉外民商事仲裁裁决的承认与执行的复函中对公共政策作出如下认定,关于公共政策问题,应仅限于承认仲裁裁决的结果将违反我国的基本法律制度、损害我国根本社会利益情形;只有在承认和执行外国商事仲裁裁决将导致违反我国基本法律原则、侵犯我国国家主权、危害国家及社会公共安全、违反善良风俗等危及我国根本社会公共利益的情形。

需要特别强调的是,我国法律的一般性强制规定不应作为公共政策适用的事由。本案涉及我国的外汇管理政策,因此被申请人以此提出了抗辩。根据前文分析,外汇管理政策不再影响合同效力,但笔者认为,即便外汇管理政策做出了强制性规定,也不表明我国法律中所有的强制性规定均属于适用公共政策的范围。如果强制性规定代表着整个社会基本价值观和基本法律原则,才应认定为公共政策并加以审查。对此,《最高人民法院关于ED&F曼氏(香港)有限公司申请承认和执行伦敦糖业协会仲裁裁决案的复函》(《最高人民法院〔2003〕民四他字第3号复函》)中指出,违反有关外债批准及登记的法律规定的行为,并不违反我国的公共政策。在另一起《最高人民法院关于不予承认与执行瑞典斯德哥尔摩商会仲裁院仲裁裁决案的请示复函》(《最高人民法院〔2001〕民四他字第12号复函》)中指出,违反相关法律规定,未经批准擅自从事境外期货交易的行为,不属于违反我国的公共政策的情形。对于一些备案方面的规定,《最高人民法院关于申请人天瑞酒店投资有限公司与被申请人杭州易居酒店管理有限公司申请承认仲裁裁决案的复函》(《最高人民法院〔2010〕民四他字第18号复函》)中指出,违反外资准入的备案制度的行为并不违反我国公共政策。

综合以上因素,《安排》第9条第2款关于拒绝认可和执行当事人协议管辖的民商事案件判决之“社会公共利益”条件应作严格解释,通常仅包括认可和执行外国或者我国港澳台地区法院裁决的结果直接违反内地公共利益之情形。具体来讲,如果认可和执行外国或者我国港澳台地区法院裁决,违反我国宪法基本原则、损害我国主权和安全、违反我国缔约或参加的国际条约所承担的义务或违反国际上公认的国际法原则、违反我国基本法律的基本原则、违反我国刑法规定的,才可以认定属于社会公共利益或公共政策范围。涉案“维好协议”系平等主体之间民事法律关系,香港特别行政区高等法院就“维好协议”所涉纠纷作出的裁判效力限于双方当事人之间,对其效力的认可和执行并不会涉及内地全体社会成员或者社会不特定多数人的利益。

(三)结论

由于本案系认可与执行香港特别行政区法院判决案,根据《安排》第9条第1款规定,无论是缺席判决还是对席判决,其审查标准限于程序事项,案涉“维好协议”在境内法律效力的实体法问题,不属于本案审查的范围。而且本案中,当事人在“维好协议”中所约定的准据法并非中国内地法律,故不能以内地法律关于“维好协议”性质及效力的实体判断作为认可和执行该香港特别行政区判决是否违反内地社会公共利益的认定标准,而只应考量认可和执行相关判决的结果是否有悖于本案审理之时的公共利益。本案审理中,华信集团并未证明认可和执行涉案香港特别行政区判决的结果,存在违反内地法律基本原则、危害公共安全、违反善良风俗等危及内地社会公共利益的情形,华信集团认为涉案香港特别行政区判决违反内地担保法及外汇管理的相关规定,亦于法无据。因此,认可和执行本案所涉香港特别行政区判决之结果难谓对当前我国社会公共利益之违反。

本案裁决之后,除了国际财经媒体纷纷报道之外,也受到国际法律界的关注。霍金路伟(Hogan Lovells)国际律师事务所撰写了案例分析《维持良好(keepwell)和繁荣——上海法院确认香港判决,确认美国债券持有人的主张》提道:"上海金融法院的判决将对所有涉及维好协议的债券市场交易产生重大影响,不过需要注意的是,每个案件都要看自身的事实和维好协议中的措辞,因此不能一概而论,要具体情况具体分析。"该分析称:"该判决为那些投资于数十亿美元跨境债券市场的投资者带来了期待已久的指引。"本案例分析目前已收录于Lexology数据库。因为中国企业离岸债券发行中常常被用作增信的"维好协议",存在众所周知的风险。违反"维好协议"通常不会引起直接债务索赔,而只会引起违约损害赔偿的索赔。此外,"维好协议"的有效性此前从未在中国法院接受过检验,中国法院将如何处理根据"维好协议"提出的索赔,一直存在不确定性。美国艾金·岗波律师事务所(Akin Gump Strauss Hauer & Feld LLP)也发布了案例分析《中国维好协议支持债券的持有人离法律确定性更近了一步?》,强调上海金融法院的判决值得仔细研究——这一进展表示中国法院在认可"维好协议"效力方面迈开重要一步。本文认为,上海金融法院的裁判是一个值得欢迎的进展。"维好协议"架构下的中国企业离岸债券持有人,拥有了更多的谈判筹码。

我国香港特别行政区仲裁裁决与内地裁判是否冲突及社会公共利益的厘定

——野村控股株式会社申请认可和执行我国香港特别行政区仲裁裁决案[①]

朱　瑞[*]　黄佩蕾[**]

【裁判要旨】

在我国香港特别行政区仲裁裁决与内地诉讼裁判存在请求重复、裁判结果交织的情况下,应从形式审查与实体审查的不同、请求所依据的法律关系性质及请求权基础的不同,界定关联案件的异同,以此认定仲裁案与诉讼案是否存在冲突。案涉合伙法律关系为平等主体之间民事法律关系,香港国际仲裁中心就案涉合伙协议所涉纠纷作出的裁决限于合同当事人之间,不涉及不特定多数人的利益,对该裁决的执行亦不违反内地外汇管理政策,认可与执行我国香港特别行政区仲裁裁决不损害内地社会公共利益。

【案号】

上海金融法院(2020)沪 74 认港 1 号

---

① 合议庭成员:张聪、朱瑞、李鹏。本案入选上海金融法院 2021 年度十大典型案例。

* 法学硕士,上海金融法院综合审判一庭法官。

** 法学硕士,上海金融法院综合审判一庭法官助理。

【案情】

申请人:野村株式会社

被申请人:日中资本有限公司(以下简称日中公司)、上海久有股权投资基金管理合伙企业(有限合伙)(以下简称久有基金)

2011 年 11 月,野村株式会社与日中公司、久有基金签订有限合伙协议,共同设立上海久有全兴股权投资合伙企业(以下简称久有全兴合伙),其中野村株式会社、日中公司为有限合伙人,久有基金为普通合伙人、执行事务合伙人。2017 年 12 月,野村株式会社以日中公司未实缴出资,久有基金未分配收益为由,根据有限合伙协议约定的仲裁条款向香港国际仲裁中心提起仲裁。香港国际仲裁中心作出仲裁裁决,包括野村株式会社有权获得投资收益或等值损害赔偿金、日中公司构成违约并应从合伙企业中除名、久有基金应向野村株式会社提供财务数据等。野村株式会社遂提起本案申请,请求认可和执行上述仲裁裁决。被申请人久有基金抗辩提出,案涉我国香港特别行政区仲裁裁决另涉及内地三案裁判,诉讼内容包括合伙企业的清算、野村株式会社的知情权及利益分配范围等。因仲裁裁决与内地生效判决存在冲突,认可和执行该仲裁裁决违反内地社会公共利益,属于最高人民法院《关于内地与香港特别行政区相互执行仲裁裁决的安排》第 7 条第 3 款规定的情形,应不予执行。

【审判】

上海金融法院认为,案涉仲裁裁决与内地已生效裁判不存在冲突。关于清算程序,内地法院清算裁定的审理范围并不包括应否将日中公司除名的事项,法院之所以认定日中公司有权申请法院指定清算人并可以指定清算组成员,系依据日中公司当时工商登记在册的合伙人身份。日中公司在被除名之前有权申请指定清算人,与香港国际仲裁中心依据有限合伙协议及相关法律规定作出将其除名的仲裁裁决,并不存在冲突。关于知情权诉讼,虽然野村株式会社的部分诉讼请求被内地法院判决驳回,但原因是法定知情权的范围限制,香港国际仲裁中心是依据合伙协议就约定知情权的范围作出仲裁裁决。两案请求权基础、裁判依据及义务主体均不同,亦不存在冲突。另外,关于我国香港特别行政区仲裁裁决中投资利润分配的内容,野村株式会社及久有基金均明确该项裁决仅是对第一期投资项目野村株式会社应获得可分配收益金额的"确认"。该"确认"实际上有利于推动清算程序,与野村株式会社在内地提起的分配权诉讼不存在重复。久有基金关于该裁决内容中收益金额错误的主张,系实体认定问题,不属于本案审查范围。因此,在两地裁判不存在冲突的前提下,案涉合伙法律关系为平等主体之间民事法律关系,香港国际仲裁中心就案涉合伙协议所涉纠纷作出的裁决限于合同当事人之间,对其认可和执行并不会涉及社会不特定多数人的利益。申请人野村株式会社要求认可和执行上述仲裁裁决的请求符合最高人民法院《关于内地与香港特别行政区相互执行仲裁裁决的安排》的规定,应予支持。

【评析】

本案是认可和执行我国香港特别行政区仲裁裁决案件,争议焦点是香港特别行政区仲裁裁决是否违反内地的社会公共利益,主要是内地在先判决与我国香港特别行政区仲裁裁决的内容是否存在冲突。

一、"社会公共利益"的认定原则

根据1999年通过的最高人民法院《关于内地与我国香港特别行政区相互执行仲裁裁决的安排》第7条的规定,法院对于仲裁裁决的监督,主要是程序上的,实体上的可能仅仅是涉及"公共秩序"的部分。即该条第3款规定,内地法院认定在内地执行该仲裁裁决违反内地社会公共利益,或者香港特别行政区法院决定在香港特别行政区执行该仲裁裁决违反我国香港特别行政区的公共政策,则可不予执行该裁决。这一规定可追溯至1958年《承认和执行外国仲裁裁决公约》(以下简称《纽约公约》)中对公共秩序的保留。《纽约公约》第5条第2款b项明确规定承认或执行外国仲裁裁决如违背内国“公共政策”,内国法院可予拒绝。

我国内地现行立法中所涉及的公共政策一直使用“社会公共利益”的概念,其确立始于1986年《中华人民共和国民法通则》(已失效)第150条的规定,即适用外国法律或国际惯例不得违背中华人民共和国的社会公共利益。我国港澳台地区在内地(大陆)被视为涉外法域,其仲裁裁决在内地(大陆)的承认和执行亦据此比照适用此规定。但是,无论是立法机关、司法机关还是政府主管部门,都没有对“社会公共利益”作出过任何定义、说明或内涵外延的阐释,通常由法院根据个案情况作出具体的认定。已有的案例表明,最高人民法院严格限制“公共政策”在承认与执行仲裁裁决中的运用,并且明确了以下规则:(1)违反中国法律、行政法规和部门规章中的强制性规定不能完全等同于违反中国的公共政策;①(2)不能以仲裁实体结果是否公平合理作为认定承认和执行仲裁裁决是否违反中国公共政策的标准;②(3)只有在承认和执行外国商事仲裁裁决将导致违反中国法律基本原则、侵犯中国国家主权、危害国家及社会公共安全、违反善良风俗等危及中国根本社会公共利益情形的,才能援引公共政策事由予以拒绝承认和执行。③

值得注意的是,最高人民法院于2008年首次基于《纽约公约》项下公共秩序方面的原因拒绝承认及执行一项国际商会仲裁裁决。最高人民法院认为,在中国法院就当事人之间的租赁合同纠纷裁定对合资公司的财产进行保全并作出判决的情况下,国际商会仲裁院再对该纠纷进行审理并裁决,侵犯了中国的司法主权和中国法院的司法管辖权。④

本案中,被申请人抗辩的理由涉及同一问题,即案涉我国香港特别行政区仲裁裁决与内地在先裁定、判决存在冲突,认可和执行我国香港特别行政区仲裁裁决侵犯了内地司法主权和司法管辖权。但比较来看,本案属于一国之内不同法域之间开展的区际私法协助,与前案基于《纽约公约》的国际私法

---

① 参见最高人民法院民事判决书,(2003)民四他字第3号;最高人民法院民事判决书,(2001)民四他字第12号。

② 参见最高人民法院民事判决书,(2008)民四他字第48号。

③ 参见最高人民法院民事判决书,(2012)民四他字第12号。

④ 参见最高人民法院民事判决书,(2008)民四他字第11号。

协助存在本质区别。在“一国两制”的框架下,内地与我国港澳地区之间的法律冲突在性质上发生了根本性的变化,《纽约公约》中的“公共秩序保留”制度是否适用于区际法律冲突在学术上颇有争议,各复合法域国家的实践也不尽相同。[①] 具体存在否定论、同一论和折中论三种观点。其中,否定论认为区际私法不应适用公共秩序保留制度;同一论则认为该制度在区际私法中的地位与作用与其在国际私法中完全相同;折中论认为,公共秩序保留制度在区际私法中有存在的必要,但应对其限制适用。[②]

相较来看,折中论的观点较有可取性。首先,即使是处于同一主权国家之内的各法域,如果各法域被赋予独立的司法权,则法院地必然有其自身利益的考虑,因为司法管辖权是法院地公共利益在司法领域的必然延伸和表现,而且还会关乎保护法院地公民、法人的民事权益的问题。[③] 因此,最高人民法院《关于内地与我国香港特别行政区相互执行仲裁裁决的安排》也保留了违反社会公共利益作为不予执行仲裁的理由。但是,区际私法协助毕竟是在一国内部进行的,两法域之上有共同的主权,也有共享的社会秩序认知及文化理念。因此,“公共秩序保留”在区际私法协助中的适用应当较之在国际私法协助中的适用施加一定的限制,更加严格谨慎。但在此前提下,以裁判冲突作为区际法律冲突中的“公共秩序保留”的范围,亦有一定的解释空间。事实上,如果两地就同一纠纷作出不同裁判,不仅在程序上违反“一事不再理”原则,在实体上也导致权利义务的不确定性,使发生既判力的裁判在客观上难以被执行。因此,即使相关裁判仅涉及平等主体之间的民事法律关系处理,不涉及社会不特定多数人的利益,但如果客观上执行域外仲裁裁决将与本法域的生效司法裁判产生冲突,也会影响社会公共利益。

---

① 参见陈洁:《区际法律冲突中判决的承认与执行问题研究》,载《国家检察官学院学报》2002年第1期。

② 参见吴莉婧、田晓云:《论内地与香港相互执行仲裁裁决的法律问题》,载《特区经济》2011年3月。

③ 参见叶丹:《论公共秩序保留在解决我国区际民商事法律冲突中的定位》,载《武汉大学学报(哲学社会科学版)》2008年第6期。

二、构成裁判冲突的识别标准

在民事诉讼中,避免裁判冲突的最主要手段系禁止重复诉讼,最高人民法院出台的《关于适用〈中华人民共和国民事诉讼法〉的解释》在第247条第1款规定:“当事人就已经提起诉讼的事项在诉讼过程中或者裁判生效后再次起诉,同时符合下列条件的,构成重复起诉:(一)后诉与前诉的当事人相同;(二)后诉与前诉的诉讼标的相同;(三)后诉与前诉的诉讼请求相同,或者后诉的诉讼请求实质上否定前诉裁判结果。”根据上述法条规定,构成重复诉讼的要件包括:主观要件即诉讼当事人相同;客观要件即作为审理对象的诉讼标的及诉讼请求相同。

本案中,申请人要求认可与执行的我国香港特别行政区仲裁裁决涉及内地三案裁判分别为:第一,2017年11月15日原告野村株式会社与被告久有全兴合伙、被告久有基金及第三人日中公司的合伙企业纠纷,诉讼请求为判令久有全兴合伙分配收益(以下简称收益分配诉讼);第二,2018年4月16日申请人日中公司与被申请人久有全兴合伙、第三人久有基金及野村株式会社的合伙企业纠纷,申请事项为指定清算人(以下简称清算诉讼);第三,2018年4月24日原告野村株式会社与被告久有全兴合伙、第三人久有基金的其他合伙企业纠纷,诉讼请求为向久有全兴合伙行使知情权(以下简称知情权诉讼)。本案为2017年12月15日申请人野村株式会社与被申请人久有基金、日中公司以合伙协议向香港国际仲裁中心提起的仲裁,仲裁请求包括确认野村株式会社可获得收益、日中公司的违约赔偿及除名、久有基金提供财务账簿等信息等(以下简称香港仲裁裁决)。至野村株式会社提起本案申请时,内地上述三案中清算诉讼民事裁定书及知情权诉讼民事判决书已经生效,收益分配诉讼尚在二审阶段。也就是说,案涉香港仲裁可拆分为三个部分,分别对应内地三案裁判,即要求久有基金提供财务账簿等信息的部分对应内地知情权诉讼;要求日中公司违约赔偿及除名的部分对应内地清算诉讼;确认野村株式会社可获得收益的部分对应内地收益分配诉讼。

关于我国香港特别行政区仲裁裁决与内地知情权诉讼,久有基金提出抗辩认为,香港仲裁裁决作出之时,内地知情权诉讼民事判决已经生效,且该生效判决中,野村株式会社部分要求进行查阅、复制相关合伙材料的诉请并未得到支持,但在香港仲裁裁决中,野村株式会社的该部分请求却被裁决支持,我国香港特别行政区仲裁有关野村株式会社知情权的裁决结果与内地生效判决存在明显冲突。经审查发现,我国香港特别行政区仲裁裁决申请人野村株式会社申请知情权所依据的是各合伙人所签订的有限合伙协议,被申请人是其余合伙人,而非合伙企业;我国香港特别行政区仲裁裁决有关野村株式会社的知情权范围也是根据合伙协议所约定的范围进行认定。但内地知情权诉讼的被告为合伙企业,原告野村株式会社提起诉讼的请求权基础是《中华人民共和国合伙企业法》(以下简称《合伙企业法》)所规定的法定知情权,其知情权的范围比案涉有限合伙协议约定的范围要窄,故虽然香港仲裁裁决确定的知情权范围大于内地知情权诉讼,但两者并不存在冲突。

关于我国香港特别行政区仲裁裁决与内地清算诉讼,久有基金提出,内地清算诉讼的生效裁定书将日中公司认定为合伙人并将日中资本的代表作为清算组成员之一,然而我国香港特别行政区仲裁裁决却将日中公司从合伙人中除名,与内地清算诉讼生效裁定存在冲突,且合伙人除名事宜应当由人民法院主管,不应进行仲裁。经审查发现,其一,野村株式会社在内地提起清算诉讼所依据的是《合伙企业法》第 86 条之规定,即自合伙企业解散事由出现之日起 15 日内未确定清算人的,合伙人可以申请人民法院指定清算人。故内地清算诉讼属于合伙企业的清算程序,日中公司是否违反有限合伙协议的约定、应否从合伙人中除名,并不属于内地清算诉讼案件的审理范围。我国香港特别行政区仲裁对日中公司是否违约及相应违约责任作出认定,两者法律关系存在本质区别。其二,内地清算诉讼案件中,并未就日中公司的合伙人资格及身份进行实质审查,法院系根据日中公司当时工商登记在册的合伙人身份,从而认定日中公司有权申请法院指定清算人并可指定清算组成员。其三,清算组成员经法院指定后,并非一成不变。相反,如遇到清算组成员中自然人死亡、法人资格注销等情况,清算组成员会发成变化;合伙人因被除名而不再担任清算组成员亦如此。从客观上讲,日中公司从久有全兴合伙除名,不再担任有限合伙人,日中公司失去就久有全兴合伙相关事务的投票权、同意或决定权,其认缴出资额减为零,并失去案涉有限合伙协议第 7.2 条项下任何分配权。该项裁决结果对于已经确定的清算组组成人员以及正在进行的清算程序会产生影响,但此系清算程序的推动及进展问题。从法律有关程序及实体的规定看,日中公司在被除名前有权申请指定清算人,与其后的我国香港特别行政区仲裁裁决将其除名,本身并不存在逻辑冲突。其四,根据《合伙企业法》第 49 条的规定,符合特定情形的,经其他合伙人一致同意可以决议将其除名。被除名人对除名决议有异议的,可以自接到除名通知之日起 30 日内,向人民法院起诉。据此,该条规定所称向人民法院起诉,是指被除名的合伙人对除名决议有异议的情形,而未规定合伙人被除名事宜本身应当由人民法院主管,故日中公司主张合伙人除名事宜应由人民法院主管,而不应进行仲裁,并无法律依据。

关于我国香港特别行政区仲裁裁决与内地收益分配诉讼。首先,从案件主体及相关请求看,香港仲裁是发生在久有全兴合伙的 3 名合伙人之间的仲裁裁决,涉及对野村株式会社是否有权获得收益分配进行确认的问题。而内地收益分配诉讼发生在野村株式会社与久有全兴合伙之间,久有基金系因野村株式会社的连带责任主张而被列为被告,日中公司因系久有全兴合伙的另一名有限合伙人,且如何分配的结果也将对其产生影响,故作为该案第三人参加诉讼,因此,我国香港特别行政区仲裁裁决与内地收益分配诉讼不构成“一事不再理”。其次,从两案的逻辑联系上看,我国香港特别行政区仲裁裁决是野村株式会社作为有限合伙人,对其余两名合伙人久有基金、日中公司因有限合伙协议项下有关提交仲裁解决争议的约定,而提起的解决各合伙人之间权利义务的仲裁程序,香港特别行政区仲裁将在实体上对各合伙人之间的权利义务进行裁决。内地收益分配诉讼虽然是野村株式会社请求久有全兴合伙作为合伙企业进行收益分配,但能否进行分配、如何分配,均必须基于我国香港特别行政区仲裁裁决就有限合伙协议项下各方的权利、权益和义务作出最终裁决,内地收益分配诉讼应当建立在香港特别行政区仲裁裁决的事实查明和裁决结果基础上。对于我国香港特别行政区仲裁裁决关于投资利润分配的裁决内容,野村株式会社及久有基金均明确认可该项裁决仅是对第一期投资项目野村株式会社应获得可分配收益金额的“确认”。法院经审查认为,该项确认实际上不仅有利于推动清算程序,而且与内地收益分配诉讼所涉分配义务之法律性质不同,不存在重复或冲突。至于久有基金关于我国香港特别行政区仲裁裁决中收益金额认定错误的主张,系实体认定问题,不属于我国香港特别行政区仲裁裁决的司法审查范围。

金融执行

金融案件执行中上市公司大宗股票司法处置的新方法

——中泰证券(上海)资产管理有限公司申请执行沈某证券质押式回购纠纷案[①]

黄 亮[*] 郑 岗[**]

【执行要旨】

为促进金融案件中上市公司股票市场价值的充分实现,上海金融法院通过与证券交易所约定的信息渠道发布大宗股票司法处置公告,利用全新开发的证券交易所大宗股票司法协助执行平台,完成竞买申报、竞价匹配、结果公示等询价竞买相关事项的大宗股票强制变价措施,实现司法强制力与证券市场规则的有效衔接,确保上市公司大宗股票处置的精细化、科学化和规范化,为有效破解"执行难"及有序推进科创板并试点注册制改革提供制度保障。

【案号】

上海金融法院(2019)沪74执251号

---

① 合议庭成员:钟明、黄亮、杨现正。本案获评2019年度人民法院十大执行案件。

* 法学学士,上海金融法院执行局法官。

** 法学硕士,时任上海金融法院执行局法官助理。

【案情】

申请执行人:中泰证券(上海)资产管理有限公司(以下简称中泰证券)

被执行人:沈某

2015 年 12 月 7 日,原告、被告与案外人中泰证券股份有限公司(以下简称中泰证券股份公司)共同签订《股票质押式回购交易业务协议(三方)》,约定原告作为融出方,被告作为融入方,中泰证券股份公司负责初始交易、盯市管理及违约处置等事宜。此后,原告、被告与中泰证券股份公司又于 2016 年 12 月 6 日签订《股票质押式回购交易协议书(三方)》,约定被告以其持有的 4900 万股"瀚叶股份"进行质押,向原告融入资金 2.6 亿元。如被告质押股票数量超过其持有股数的 96%,原告有权要求被告提前回购。上述合同签订后,原告依约向被告支付了 2.6 亿元,相应的 4900 万股"瀚叶股份"也办理了质押登记(后因发生约定的转股及补充质押情形,质押股票数量变更为 9384 万股)。在待回购期间,被告质押股票数量已超过其持有股数的 96%,原告遂要求被告提前回购全部标的证券,但被告未能如约履行。2018 年 12 月 5 日回购期限届满后,被告亦未按约支付回购金额,已构成严重违约,故原告提起本案诉讼。

本案审理过程中,当事人自行和解达成协议:被告沈某应于 2019 年 5 月 15 日之前,向原告中泰证券偿还本金人民币 2.6 亿元及相应利息、违约金、律师费等。如果被告沈某未按本调解协议规定按期足额支付债务的,原告中泰证券可以与被告沈某协议,以被告沈某所有的浙江瀚叶股份有限公司 9384 万股股票(以下简称瀚叶股份,股票代码:600226)折价,或者申请拍卖、变卖,并就所得价款优先受偿。上述和解协议经双方签字确认后发生法律效力,上海金融法院于 2019 年 4 月 17 日出具(2019)沪 74 民初 56 号民事调解书。后沈某未按调解协议履行,中泰证券于 2019 年 7 月 10 日向上海金融法院申请强制执行。

【执行】

执行中,上海金融法院向被执行人沈某发出执行通知书,责令其履行上述民事调解书确定的义务,但沈某逾期并未履行。经调查发现,被执行人名下的不动产已被其他法院查封在先,可执行财产为质押给申请执行人的浙江瀚叶股份有限公司9384万股股票。上海金融法院随后作出裁定,对上述股票及证券账户、资金账户进行冻结。

2019年10月25日,申请执行人、被执行人双方到庭接受法院询问,被执行人称尚未履行本案债务,法院明确告知其若拒不履行,将依法处置质押的上市公司股票,双方当事人对此无异议。

2019年11月7日,上海金融法院再次传唤双方当事人到庭,再次询问被执行人如何履行本案债务,被执行人表示无力履行。法院随后询问双方当事人对于通过大宗股票司法协助平台处置质押股票的意见,双方当事人均无异议,对法院的处置方式表示认可。

鉴于被执行人逾期并未履行,上海金融法院于2019年11月26日发出《司法处置股票公告》,表示将于2019年12月12日在上海证券交易所大宗股票司法协助执行平台(以下简称司法执行平台),公开处置沈某持有的"瀚叶股份"股票9384万股。处置起始单价为2019年12月12日前20个交易日该股票收盘平均价的90%,未超过处置起始单价的竞买出价无效。2019年12月12日,竞买账号A130707×××以每股单价人民币2.92元申报竞买9384万股,以总价274,012,800元的最高价竞买成交。2019年12月17日,上海金融法院裁定将上述股票扣划至竞买人名下。随后,上海金融法院将上述处置款在扣除执行费后,发还申请执行人。至此,申请执行人的债权基本得到受偿。

【评析】

上市公司股票的处置是民事案件执行程序中的常见项目,现有执行体系中,由于缺乏统一明确的处置规范,各地法院对上市公司股票的执行方法不一。本案的执行,是上海金融法院在建立大宗股票司法协助执行模式后,对上市公司股票执行实践的一次全新探索。无论从制度的创建,还是实际效果,本案的执行具有较强的示范意义和实践价值。

一、现有常规股票处置方式存在的局限及问题

上市公司股票指在证券交易所公开发行的上市公司社会流通股。作为一种财产类型,上市公司股票在法院的执行中很常见,但与房产、汽车等传统财产相比,股票作为一种证券化资产又具有特殊的特征和属性,其所具有的公开流动性、市场传导性等特征,对司法执行的针对性和匹配度提出了更高的要求。由于股票的证券属性有别于不动产等其他财产,当前以网络拍卖为主的处置模式并不符合上市公司股票本身的资产类型特征,现有的处置方式的实际效果并不十分理想。据笔者统计,2016年至2019年3年间,全国各地法院利用阿里司法拍卖网、公拍网、人民法院诉讼资产处置网这三大平台实施上市公司股票拍卖(含变卖)共计407件(其中阿里司法拍卖网385件,公拍网13件,人民法院诉讼资产网9件),成交119件,成交率仅为29.3%;流拍150件,流拍率为36.7%。总体而言,通过网络司法拍卖方式处置上市股票的实际成交率较低。

对金融案件而言,由于股票类财产更加普遍,这一问题更加明显。2019年,上海金融法院共受理各类执行案件591件,其中涉及大宗股票处置的案件共40余件,涉及处置股票的总市值超过80亿元,相当比例的执行案件中待处置上市股票超过了总流通股的5%以上,部分案件待处置上市公司股票的比例已经超过30%。在当前的上市公司股票处置模式中,存在以下难点:一是大宗股票自行处置因不符合监管规定难以过户成交;二是大宗股票强制卖出易影响股票价格,影响投资者和上市公司利益;三是网络司法拍卖成交率不高、效果不佳,且难以有效实施证券监管;四是法院强制处置的信息发布渠道不畅,价格发现不充分;五是缺乏统一的执行规范,处置方式选择较为随意,导致大宗股票的处置普遍存在成交率不高、处置价格偏低、股价大幅波动

等问题,影响了金融执行案件的效果,如果处置不当,还有可能引发系统性金融风险。

为推动上市公司股票的司法处置工作,经过协商,2019 年 11 月 1 日,上海金融法院和上海证券交易所(以下简称上交所)签署《关于协助上海金融法院办理上市公司股票司法强制执行的备忘录》(以下简称《备忘录》),就上交所上市公司大宗股票的执行司法协助达成合作意向。随后,上海金融法院制定了《上海金融法院关于执行程序中处置上市公司股票的规定(试行)》,对上市公司股票的处置方式、流程进行了明确,重点对大宗股票司法协助执行方式作了详细规定。

二、大宗股票司法协助执行方式及其价值

大宗股票司法协助执行方式,是指通过与证券交易所约定的信息渠道发布大宗股票司法处置公告,通过设置在证券交易所的大宗股票司法协助执行平台(以下简称大宗股票平台),完成竞买申报、竞价匹配、结果公示等询价竞买相关事项的大宗股票强制变价措施。

具体而言,大宗股股票司法协助执行方式主要包括“五大机制”和“四项规则”。所谓“五大机制”:一是设计了证券交易所参与协助的处置机制。将场外交易纳入证券交易所协助下的统一平台处置,为证券监管部门实施监管提供及时有效全面的信息渠道。二是建立了更为专业的处置信息发布机制。借助证券交易所的信息发布渠道,可以向所有的会员、机构投资者、高净值客户直接推送股票处置信息,全面提升处置信息发布的针对性与有效性。三是创立了追求标的物价值最大化的询价竞买机制。按照价格优先—时间优先—数量优先的原则自动匹配成交,并在大宗股票平台公布竞买结果,符合证券资产的定价机制,确保股票的处置价格维持在合理区间。四是提供了更加便利化的在线竞买机制。上交所配合上海金融法院研发了大宗股票平台,证券交易所会员、自有或者租用交易单元的投资者可以通过配置的账户登录大宗股票平台或通过证券交易所指定的报盘通道提交竞买申报。五是构建了完善的当事人和竞买人权益保护机制。在敏感的股票价格机制上设计了

参照大宗交易模式的涨跌停幅度限制,并对保证金退还期限、股票过户期限等作了更为严格的规定,全面保护当事人和竞买人的选择权和知情权。

“四项规则”主要有:一是分拆式处置规则。以处置股票的数量、性质、市场价格、持股比例等相关因素确定是否分拆处置及分拆后的最小竞买申报数量。二是价格发现规则。明确无论首次处置,还是后续处置,均以竞买日或竞拍日前20个交易日的收盘均价为基准,确定处置保留价,并按处置效果合理安排再次处置的降价幅度。三是封闭式竞买申报规则。明确了在竞价匹配结果确认前,保证金缴纳情况、询价竞买情况均不得公开,有效防止因竞买群体范围小可能发生的压价、窜标。四是唯一有效出价规则。规定每个竞买人在竞买过程中可以多次出价,但每次股票处置的有效竞买时间内的最后一次出价为最终有效出价,进一步简化竞买匹配过程,防止争议纠纷。

从制度设计角度,大宗股股票司法协助执行方式旨在减少大宗股票处置对证券市场的影响,最大限度保护投资者和上市公司的合法权益,确保执法统一和执行效率、效果的提升。其价值主要体现在五个方面:一是股票处置价值最大化。有效降低申报竞买门槛,吸引更多竞买人参与竞买申报,提升处置股票的溢价率。二是股票处置便利程度最大化。通过互联网在线完成全流程工作,在方便执行和便利竞买人的同时,保证了处置全过程的公开、公正、高效。三是股票处置效率最大化。大宗股票每次处置时间控制在一个月左右,提升了执行处置效率。四是股票处置社会效果最大化。大宗股票处置的结果不计入该股票二级市场的交易价格和交易量、竞买匹配结果公示错开二级市场的交易时间等制度设计减少了对股票二级市场的影响。五是与监管部门信息共享最大化。实现了监管措施与执行处置措施的无缝衔接,为共同防范金融风险提供信息预警。

三、大宗股票司法协助执行方式的运行流程

(一)股票处置的前期工作

1. 查明被执行人财产情况

在处置上市公司股票前,应当查明被执行人可供执行的财产情况,并听

取各方当事人对股票处置的意见,综合评估处置的必要性及市场风险。如果被执行人有其他更便利执行的财产,且可以抵偿主要债权的,应优先处置其他财产。本案中,法院在处置被执行人质押股票前,对被执行人名下财产情况进行了调查,发现其不动产已经被其他法院查封在先,也没有银行存款等其他更便于执行的财产,质押的股票为本案可执行的主要财产,遂决定启动股票的处置程序,并将处置的意向告知了双方当事人。

2. 查明持股情况

决定启动股票处置程序后,执行法院应对股票的权属、数量、性质、来源、权利限制信息、权利负担等内容进行查明,明确待处置股票的基本情况,防止不当处置或错误处置。本案中,上海金融法院向上交所、中国证券登记结算有限责任公司详细调查了被执行人持有的翰叶股份权属等情况,并对其证券账户、资金账户等提前做了冻结措施,为后续处置做好准备。

(二)确定处置方式及保留价

1. 确定处置方式

对股票的处置有多种方式,包括自行卖出、以股抵债、强制抛售、评估拍卖和大宗股票处置。考虑到股票的特殊性,应听取当事人对处置方式的意见。若双方当事人无法达成一致意见,则执行法院应根据处置股票的数量、性质、对市场的影响程度及效率等因素,确定强制变价措施。根据市场惯例,拟处置的股票数量小于 30 万股或交易金额小于人民币 200 万元的,优先选择在二级市场直接卖出方式。拟处置的股票数量大于 30 万股或交易金额大于 200 万元的,若通过二级市场强制卖出可能对该股票价格产生较大影响,则优先选择适用大宗股票司法协助执行方式。判断强制卖出是否会对股票价格产生较大影响,一般可以根据拟处置股票的数量高低、成交量大小、占上市公司总股本的比例是否超过 5% 等来判断。本案中,拟处置的“翰叶股份”数量达 9384 万股,远超过处置日前 20 个交易日的平均成交量,故优先选择通过大宗股票司法协助执行方式。为降低入场门槛提高处置效率,对于拟处置股票数量较大的,可以综合考虑股票数量、价格、持股比例等因素后,采取分拆处置的措施,即将股票分拆为多个竞买申报数量。

2. 确定处置保留价

采用大宗股票司法协助执行方式处置股票的,需提前确定处置的保留价作为竞买出价的基准。上海金融法院的做法是,无限售流通股的处置保留价,首次不低于该股票竞买日前20个交易日收盘均价(M20)的90%,第二次不低于M20的81%,第三次不低于M20的72%。科创板上市公司无限售流通股处置保留价,首次不低于M20的80%,第二次不低于M20的72%,第三次不低于M20的63%。若连续三次处置均告失败,应按第三次处置保留价折价抵偿给申请执行人。限售流通股处置保留价不低于评估价的70%。"新三板"股票的处置保留价,若在3个月内有成交的,则不低于最近一次成交价的90%;若3个月内无成交,则不低于评估价的70%。

(三)处置公告、保证金及竞买申报

1. 发布处置公告

决定采取大宗股票司法协助执行方式后,应在交易所大宗股票平台发布司法处置公告,将拟处置股票的名称、证券代码、数量、权属、性质、保证金支付期限、处置起始单价、最小竞买申报数量、竞买时间等信息告知社会公众。

2. 缴纳保证金

为防止恶意竞买,对参与大宗股票处置的竞买人应设定一定比例保证金。上海金融法院的做法是,保证金以拟处置股票的最小竞买申报数量为基数,根据处置公告日前20个交易日收盘均价的10%~20%确定,同时竞买人支付的保证金金额应与其拟竞买的最大申报数量相匹配。以本案为例,上海金融法院决定将9384万股股票分拆处置,最小申报竞买数量是1000万股,则竞买人需要缴纳的保证金最低数额为400万元。保证金缴纳后,执行法院对竞买人资格及最大竞买申报数量进行确认。

3. 竞买申报

因大宗股票平台开设于证券交易所,故竞买人须通过登陆交易所大宗股票平台进行操作。合格的竞买人通过平台登录后,在每次股票处置的有效竞买时间内进行出价,以最后一次出价为最终有效出价。竞买人出价完成后,平台系统会按照价格优先—时间优先—数量优先的原则自动匹配成交,并在平台上公布竞买结果。在竞买匹配结果确认前,保证金支付情况、询价竞买情况均不公开。竞买结果公布后,买受人应在5个工作日内将成交价款差额付至指定账户,否则将视为处置失败,并不退还保证金。买受人如期支付成交价款后,执行法院应在确认成交之日起15日内完成股票的过户手续,并向被执行人或执行担保人送达成交过户相关法律文书。大宗股票司法协助执行方式处置股票不收取交易费用,但股票过户的税费由买受人向证券登记结算机构自行付清。竞买人参与大宗股票的司法处置须符合合格投资者条件,并在竞买成交后遵守上市公司股票减持的规定,按要求履行信息披露义务。

4. 合规性审查

采用大宗股票司法协助执行方式处置股票可能导致上市公司实际控制人、大股东、董事、监事、高级管理人员等被动减持股份或者实际控制人、大股东等发生变更的,执行法院应在股票过户后3日内将处置信息告知证券监管部门、交易所和证券登记结算机构,由其进行金融监管的合规性审查。

涉金融案件上市公司股份善意执行理念的具体实践

——中信证券股份有限公司申请执行兴源控股集团有限公司证券质押式回购纠纷案[①]

郑　岗*

【执行要旨】

在执行以民营企业为被执行人的案件时，应该避免机械单纯运用强制措施，而应充分考虑被执行人的具体经营情况，坚持善意执行理念，采取全面调查、积极协调、保全代位、案外纾困等多元执行方法，为民营企业的持续经营创造条件，从而切实解决司法执行与民营企业发展的现实矛盾。

【案号】

上海金融法院(2018)沪74执16号、(2018)沪74执17号

① 合议庭成员：钟明、黄亮、杨现正。本案入选上海法院2019年度"四个一百"精品案例、上海法院2019年度破解"执行难"十大典型案例。

* 法学硕士，时任上海金融法院执行局法官助理。

【案情】

申请执行人:中信证券股份有限公司(以下简称中信证券)

被执行人:兴源控股集团有限公司(以下简称兴源控股)

中信证券与兴源控股开展股票质押式回购交易业务,双方于 2017 年 10 月 10 日签署了《中信证券股份有限公司股票质押式回购交易业务协议》(以下简称《业务协议》)及《交易协议书》。根据协议约定,兴源控股以其所持有的 16,400,000 股兴源环境股票(股票代码:300266,以下简称标的证券)流通股质押给中信证券,向中信证券分两笔融入初始交易金额人民币共计 2 亿元,期限为 12 个月,回购利率为年化 5.8%(年/365 天),兴源控股负有向中信证券依照约定标准支付资金、款项、费用的给付义务。为保障债务履行,中信证券与兴源控股共同向北京市精诚公证处申请办理上述协议公证并赋予强制执行效力,北京精诚公证处分别出具了(2017)京精诚内经证字第 04066 号、04450 号公证书。后双方在 2018 年又进行了补充证券质押担保操作,截至 2018 年 7 月 13 日,兴源控股累计质押给中信证券的标的证券数量共计 60,400,101 股。

因兴源控股未依约履行购回义务,2018 年 7 月 9 日,中信证券根据协议约定,向兴源控股发函宣布《交易协议书》提前到期,要求兴源控股不晚于 2018 年 7 月 10 日前完成购回,但兴源控股逾期未履行任何购回义务,构成违约。

2018 年 9 月 6 日,中信证券向北京精诚公证处提出申请,就已赋予强制执行效力的《业务协议》及所附《交易协议书》对兴源控股签发执行证书。2018 年 10 月 10 日,北京精诚公证处向中信证券签发了《执行证书》。因兴源控股未履行《执行证书》确定义务,2018 年 11 月,中信证券向上海金融法院申请强制执行,要求兴源控股支付融资本金共计 172,994,899.59 元及相关利息、违约金、公证费等。

【执行】

2018 年 11 月 14 日,上海金融法院立案执行。执行中,执行局依法向被执行人兴源控股发出执行通知书、财产申报令,责令兴源控股立即履行还款义务,并如实申报财产。同时,启动了对被执行人兴源控股的财产调查程序。经过初步调查发现,兴源控股的主要财产为质押给中信证券的股票,除此之外,其他财产并不足以偿付本案债务。执行中,申请执行人向法院提供了兴源控股对案外人上海趵虎投资管理中心(有限合伙)持有股权 30,000 万元的财产线索,2018 年 11 月 27 日,上海金融法院依法冻结了该股权。鉴于标的证券数额巨大,若径行抛售标的证券,很有可能对上市公司股价产生重大影响,并可能导致被执行人陷入更多债务诉讼。为慎重起见,案件承办人多次召集双方当事人就债务履行情况进行沟通和了解,督促被执行人尽快提出替代履行的可行方案。2018 年 12 月 10 日,被执行人与浙江余杭转型升级产业投资有限公司等案外人达成增资框架协议,由案外人对被执行人兴源控股进行增资,解决兴源控股的股票平仓风险。随后,经过多次沟通,中信证券与兴源控股于 2019 年 3 月 4 日达成了《执行和解协议》,约定在保全兴源控股对上海趵虎投资管理中心(有限合伙)持有股权前提下,由被执行人分两期履行还款义务,并附条件中止对质押股票的执行。2019 年 3 月上旬,兴源控股依照和解协议约定支付了第一期款项 5000 万元,4 月 16 日,支付了剩余款项 122,806,292.9 元。至此,中信证券与兴源控股之间的所有债务全部履行完毕。根据中信证券的申请,上海金融法院依法解除了对兴源控股持有的上海趵虎投资管理中心(有限合伙)30,000 万元股权的冻结,案件顺利执结,双方当事人对法院执行工作表示高度认可。

【评析】

质押式证券回购纠纷是金融法院受理的主要案件类型之一,此类案件在执行中处置的主要标的物是被执行人质押给申请执行人的上市公司股票。

由于质押的股票往往数量较大,直接通过抛售方式处置,很可能对上市公司股价乃至金融市场产生不利影响,同时可以引起被执行人财务状况的进一步恶化,陷入经营困境。

在本案的执行中,若按照传统执行思路,直接冻结并拍卖处置兴源控股集团提供的质押股票,即可变现清偿本案债务,但存在两个弊端:一是若质押股票被司法冻结,被执行人控股的上市公司将被迫发布相关的公告,其他债权人很可能会要求提前履行债务或采取其他保全措施,导致被执行人面临多重债务风险和诉讼风险,加剧恶化财务状况;二是若集中抛售大量股票,在当前市场行情下,势必引起上市公司股价的剧烈波动,影响市场稳定,不利于矛盾的妥善处理。

为此,金融法院执行局从优化营商环境,保障金融市场稳定角度入手,采取灵活而慎重的处理思路:一方面,对被执行人其他财产作全面调查,依法冻结了被执行人持有的在案外人上海趵虎投资管理中心(有限合伙)的出资额3亿元,为申请执行人的债权提供了一定保障,从而暂缓对质押股票的处置,并为被执行人兴源控股集团寻找资金注入赢得必要时间。另一方面,执行局积极与申请执行人和被执行人沟通,两次组织双方当事人就债务履行问题进行协调,最终,被执行人通过引入第三方纾困资金,就债务履行与申请执行人中信证券公司达成了执行和解协议,分两期履行债务。

本案的执行,充分考虑了当前的市场和经济形势,从维护金融稳定,促进民营经济发展,优化营商环境的角度,坚持善意执行的理念,采取全面调查,积极协调,保全代位,案外纾困的执行方法,既实现了执行目的,保障了申请人的胜诉权益,又兼顾了被执行人的利益,为其正常经营发展提供了机会,实现了法律效果和社会效果的统一。

资管计划作为司法拍卖
竞买主体的资格审查

——海通证券股份有限公司申请执行中国华力控股集团有限公司、丁某某质押式证券回购纠纷案①

杨现正* 刘 翔**

【执行要旨】

在本案的执行过程中,法院确定资管计划参与司法拍卖的,可以由其管理人以管理人自身名义代表资管计划参加拍卖,但如果拍卖成交则应将待处置财产过户到资管计划的专用账户中,同时明确了应在拍卖过程中对其资金来源进行审查。这为进一步扩宽司法拍卖中的竞买人范围、探索资管计划参与司法拍卖的规范化提供了经验。

【案号】

上海金融法院(2019)沪74执483号

① 合议庭成员:钟明、杨现正、黄亮。本案入选上海金融法院2020年度十大典型案例。

* 法律硕士,上海金融法院执行局法官。

** 法律硕士,上海金融法院执行局法官助理。

【案情】

申请执行人:海通证券股份有限公司

被执行人:中国华力控股集团有限公司,丁某某

原告海通证券股份有限公司与被告中国华力控股集团有限公司、丁某某质押式证券回购纠纷一案,上海金融法院作出的(2019)沪74民初2103号民事调解书已经发生法律效力,因被告中国华力控股集团有限公司、丁某某均未按期履行义务,原告海通证券股份有限公司向上海金融法院申请强制执行,上海金融法院于2019年10月9日依法立案执行,执行案号(2019)沪74执483号。执行中,上海金融法院对被执行人名下中国华力控股集团有限公司持有的北京京西文化旅游股份有限公司的上市公司股票(证券简称"北京文化",证券代码:000802,证券性质:无限售流通股)共27,236,814股依法启动评估拍卖程序。在司法拍卖程序中,意向竞买人上海海通证券资产管理有限公司向上海金融法院提出申请,其作为管理人拟代表"证券行业支持民企系列之海通证券资管1号FOF单一资产管理计划"(以下简称资管计划)参与本次竞买。

【执行】

上海金融法院经审查认为,虽然资管计划本身不能独立以自身名义参与网络司法拍卖,但是可以由管理人以管理人名义参与竞买,竞买成功后可将处置股票过户到资管计划专用证券账户中。出于对防止管理人滥用其管理地位,损害投资者利益的角度考虑,在拍卖的过程中当严格审查管理人参与竞买的资金来源,管理人负有披露资金来源的义务,确保管理人竞买的资金来源于该资管计划。

经上海金融法院同意,意向竞买人上海海通证券资产管理有限公司在交纳2800万元证金后参与了本次司法拍卖。

【评析】

本案涉及资管计划参与司法拍卖的主体与程序问题,资产管理行业近年来发展迅速,资管计划已成为市场中较为活跃的主体之一。在当下的执行程序中,专业管理人管理的资管计划通过参加司法拍卖取得标的物的方式进行投资的意愿越发强烈,如果资管计划能够参与到拍卖程序中,能更大限度地激发市场活力,提高处置成功率与溢价率,更好地实现当事人胜诉权益。尤其是在证券质押式回购纠纷等金融类案件中,有大量待处置财产为上市公司股票等有价证券,因此实践中关于资管计划能否参与司法拍卖,或者管理人以自身名义参与竞买但实际是利用资管计划资金代表资管计划进行竞买的能否准许等问题也成为执行工作中必须回应的问题。在本案的执行过程中,法院确定了资管计划参与司法拍卖的主体资格、资金来源审查、过户等相关问题的司法审查标准,为探索资管计划参与司法拍卖的规范化提供了经验。

一、关于司法拍卖中资管计划参与竞拍的主体资格问题

(一)资管计划能否以自身名义参与司法拍卖

合议庭经讨论认为,参与拍卖本身属于民事行为,首先应当满足民事行为的有效要件,因此竞买人应当是具有完全民事权利能力和相应民事行为能力的公民、法人或其他组织。同时,根据《最高人民法院关于人民法院网络司法拍卖若干问题的规定》第14条第1项规定:“竞买人应当具备完全民事行为能力,法律、行政法规对拍卖标的的买卖条件有规定的,竞买人应当具备规定的资格或者条件。”而资管计划本身不具有独立的法人资格,也不能构成民法和民事诉讼法层面上的非法人组织,因此单从主体资格上来看,资管计划并不能独立以其自身的名义参与司法拍卖。

(二)管理人能否以管理人名义代表资管计划参与司法拍卖

管理人以管理人自身的名义代表资管计划参与竞买是否符合相关规定,

应当作进一步的判断。

首先,从主体资格上,本案管理人系依法登记设立的法人,具有民事权利能力和相应的民事行为能力。因此,从民事法律关系的角度来看,除非存在法律明确的禁止性规定,管理人可以以自己的名义参与司法拍卖活动。

其次,从实际操作层面来看,根据中国证监会发布的《证券期货经营机构私募资产管理计划运作管理规定》(以下简称《运作规定》)第 12 条的规定,资产管理计划应当按照规定开立资金账户、证券账户、期货账户和其他账户。根据中国证券登记结算有限公司的相关业务规则和指南,依法设立的资管计划可开立专用的证券账户。因此,如果竞买成功,将证券过户到资管计划证券账户中在操作层面并无障碍。

再次,从制度规范的角度,根据中国人民银行等四部门联合发布的《关于规范金融机构资产管理业务的指导意见》(以下简称《资管新规》)第 2 条和第 9 条规定,资产管理业务中的受托管理者要对受托的投资者财产进行投资和管理,所以管理人对资管计划的财产具有管理处分的法律地位。同时,该规定第 8 条、第 9 项明确,管理人具有以管理人名义代表投资者利益行使诉讼权利或者实施其他法律行为的职责。因此,在司法拍卖中,管理人代表资管计划参加竞买的行为当属上述代表投资者利益实施法律行为。根据中国证监会发布的《证券期货经营机构私募资产管理业务管理办法》(以下简称《资管办法》)第 11 条第 2 项和第 11 项规定,证券期货经营机构作为管理人从事私募资产管理业务的,应当履行"对所管理的不同资产管理计划的受托财产分别管理、分别记账,进行投资"和"以管理人的名义,代表投资者利益行使诉讼权利或者实施其他法律行为"。参与司法拍卖活动,竞买待处置的股票,显然属于管理人代表投资者利用资产计划财产进行投资的活动,这不但符合监管机构的监督管理规范,更是资产管理业务本身的基本业务行为。

最后,从资产管理业务的理论基础和法律关系上来看,当前对资产管理内部法律关系的定性上,虽然目前主要有信托关系和委托关系两种主要观点,但大部分资管计划还是按照信托关系设计成立的。根据我国《信托法》第 2 条规定,即"委托人基于对受托人的信任,将其财产权委托给受托人,由受托人按委托人的意愿以自己的名义,为受益人的利益或者特定目的,进行管理或者处分的行为”。从资产管理业务本身的交易目的来看,即所谓“受人之托,代客理财”,投资人将其财产交付管理人,由管理人进行投资管理并进行分配,显然从交易模式上是符合信托的构造的。另外,根据《资管新规》第2条规定,“资产管理业务是指银行、信托、证券、基金、期货、保险资产管理机构、金融资产投资公司等金融机构接受投资者委托,对受托的投资者财产进行投资和管理的金融服务”,形式上也大致符合我国信托法中对信托的定义。根据信托法的一般原理,当信托设立后,委托人即丧失对信托财产的占有和处分权限,由受托管理人进行管理处分。因此,使用信托财产进行竞买是管理人权限范围内的正当行为,应当予以准许。

二、拍卖过程中的司法审查

(一)司法审查的必要性

司法拍卖是人民法院行使执行权的重要环节,在司法拍卖的过程中,法院应维护司法权威,保障当事人的合法权益。管理人代表资管计划参加司法拍卖和普通竞买人竞买存在本质区别,因此法院应当对拍卖中可能涉及的问题进行更为审慎的监督与审查。

本案中,法院主要从竞拍中能否保证资管计划的财产独立性、能否满足风险隔离的要求的角度出发对本次司法拍卖进行审查,以保护资管计划投资人的合法权利,防止管理人利用司法程序损害投资人利益。

(二)资管计划财产独立性的审查

根据《资管新规》第2条、第8条和第15条的规定,“在资产管理业务中委托人自担风险并获得收益”,管理人应“对其所管理的不同受托产品分别管理、分别记账进行投资”,“管理人应当对每只资管产品的资金进行单独管理、单独建账、单独核算,不得开展或者参与具有滚动发行、集合运作、分离定价特征的资金池业务”。根据《资管办法》第6条第2~4款规定,资产管理计划财产独立于证券期货经营机构和托管人的固有财产,并独立于证券期货经营机构管理的和托管人托管的其他财产、证券期货经营机构、托管人不得将资产管理计划归入其固有财产。证券期货经营机构、托管人因资管计划的管理、运用或者其他情形而取得的财产和受益,归入其产管理计划财产。资管计划财产不属于证券期货经营机构、托管人的清算财产。

上述规定基本确定了资管财产的独立性原则,即明确受托财产独立于管理人的固有财产,避免委托人的财产和管理人固有财产的混同、避免不同的资管计划财产相混同。这与信托法律关系中信托财产的独立性相对应。因此竞买中,管理人用于竞买的资金应当源于其代表竞买的资管计划自身的财产。从维护资产管理行业的行业规则、保障投资人合法权益、服务金融大局稳定的要求出发,作为司法机关应当对管理人用于竞买的资金来源进行审查,应当确认资金源于特定的资管计划,所以在交纳保证金时就应当要求管理人提供用资证明。

(三)竞买成功后的过户问题

本案中,如果管理人代表资管计划竞拍成功,如何进行过户是上海金融法院在决定是否允许其参与本次司法拍卖考虑的重要因素。如前所述,由于资管计划本身可以开立资管计划专用证券账户,而实际用以竞买的资金也源于资管计划财产,因此在拍卖成功且买受人于规定时间内支付尾款之后,法院应当将成功拍卖的股票过户到资管计划的专用证券账户中,而非管理人名下的证券账户中。这也符合资产管理业务中避免受托财产混同的要求。

同时,上海金融法院进一步认为,在类似的由管理人代表资管计划参与司法拍卖的情况下,如果管理人在参与竞拍前未主动披露其代表资管计划进行竞拍,在拍卖过程中法院查明其资金源于资管计划的,若竞拍成功,法院应当要求其提供资管计划的证券账户,将拍卖成功的股票过户到资管计划名下。

我国香港特别行政区仲裁程序中当事人申请内地法院财产保全之审查

——瑞士联合银行集团新加坡分行与上海国储能源集团有限公司香港特别行政区仲裁程序在内地申请财产保全案[①]

徐　玮[*]　潘　祎[**]

【裁判要旨】

我国香港特别行政区仲裁程序(以下简称香港仲裁程序)的当事人,在香港特别行政区仲裁裁决(以下简称香港仲裁裁决)结果作出前,可参照内地相关规定,向被申请人住所地、财产所在地或者证据所在地的内地中级人民法院(以下简称内地法院)申请保全。当事人可直接将保全申请书连同仲裁机构或者常设办事处的转递函自行提交给内地法院,内地法院可向相关仲裁机构或常设办事处核实情况。

对于当事人在香港仲裁程序中以外币为单位提出仲裁请求的,法院认可当事人在向内地法院申请财产保全时以人民币为单位折算确定保全财产数额。同时出于支持仲裁的考虑,对于仲裁机构或者常设办事处提出希望获知保全申请裁定结果的,法院可将裁定结果反馈。

---

① 合议庭成员:徐玮、孙雪梅、周荃。本案入选上海金融法院涉外金融纠纷典型案例。

* 法学硕士、理学硕士,上海金融法院立案庭庭长。

** 法学硕士,上海金融法院立案庭法官助理。

【案号】

上海金融法院(2020)沪74财保7号

【案情】

申请人:瑞士联合银行集团新加坡分行(UBS AG,Singapore Branch,以下简称瑞士银行新加坡分行)

被申请人:上海国储能源集团有限公司(以下简称上海国储公司)

2017年4月5日,申请人瑞士银行新加坡分行与被申请人上海国储公司签订担保函,约定上海国储公司作为保证人为借款人签订的贷款协议下的还款责任提供保证。该担保函第9.2条约定,因本契据产生的争议“应提交至香港国际仲裁中心(Hong Kong International Arbitration Centre,HKIAC),根据HKIAC收到仲裁通知之时有效的《香港国际仲裁中心机构仲裁规则》,经HKIAC进行仲裁予以最终解决”。后借款人未按约归还本息,故瑞士银行新加坡分行于2020年3月30日向香港国际仲裁中心对上海国储公司提起仲裁并获受理(案号:HKIAC/A20050)。仲裁中,瑞士银行新加坡分行为确保其权利得以实现,向上海金融法院提出财产保全申请,请求冻结上海国储公司的银行存款370,325,094.84美元(以仲裁通知书中请求金额暂计截至日期2020年3月27日中国银行公布的现汇买入比率“1美元=7.0587人民币”计算,为人民币2,614,013,746.95元)或查封、扣押、冻结被申请人其他等值财产。2020年5月15日,香港国际仲裁中心向上海金融法院转递申请人的财产保全申请和相关材料。2020年6月8日,申请人自行向上海金融法院补齐财产保全申请材料。中国平安财产保险股份有限公司上海分公司向上海金融法院出具诉讼财产保全责任保险担保书,保证承担瑞士银行新加坡分行因申请错误造成被申请人或第三人经济损失的赔偿责任。

【审判】

上海金融法院经审查认为,申请人系香港仲裁程序的当事人,在仲裁裁决作出前,依据最高人民法院《关于内地与香港特别行政区法院就仲裁程序相互协助保全的安排》(以下简称《仲裁保全安排》)的规定,向本院提出财产保全申请,符合法律规定,可予准许。

上海金融法院于2020年6月9日作出(2020)沪74财保7号民事裁定书,裁定冻结被申请人上海国储公司的银行存款370,325,094.84美元(以仲裁通知中请求金额暂计截至日期2020年3月27日中国银行公布的现汇买入比率"1美元=7.0587人民币"计算,为人民币2,614,013,746.95元)或查封、扣押、冻结被申请人上海国储公司其他等值财产。

【评析】

2019年10月1日,最高人民法院发布的《仲裁保全安排》正式生效。该安排系最高人民法院与香港特别行政区政府于2019年4月2日签署,总体思路是在保全方面将香港仲裁程序与内地仲裁程序类似对待,允许香港仲裁程序的当事人向内地法院申请保全;同时,内地仲裁程序的当事人亦可向我国香港特别行政区法院(以下简称香港法院)申请强制令以及其他临时措施。[①]

一、背景解读:《仲裁保全安排》的出台具有重大意义

1999年,最高人民法院与我国香港特别行政区政府签署了《关于内地与香港特别行政区相互执行仲裁裁决的安排》,为促进仲裁裁决的异地执行、增加香港仲裁地吸引力发挥了重要作用。但该安排仅针对两地终局性仲裁裁

---

① 鉴于本文所涉案例情形为前一种情形,加之囿于篇幅,本文主要研究范围即香港仲裁程序当事人向内地法院申请保全的情形。

决的相互认可和执行,不涉及仲裁程序中的保全或临时措施,有一定的局限性。

在《仲裁保全安排》出台之前,内地仲裁程序的当事人已可根据香港特别行政区现行法律,包括香港特别行政区《仲裁条例》(第609章)及香港特别行政区《高等法院条例》(第4章)、相关附属法例等向我国香港特别行政区高等法院申请临时措施的协助程序。① 而内地法院准许香港仲裁程序当事人保全申请的法律依据则不够明确。除海事案件外的香港仲裁程序的当事人如希望针对内地被申请人获得临时救济,须依赖仲裁庭或香港法院作出临时措施的相关命令,但该临时措施如何通过内地的认可和执行程序在内地法院获得强制执行并没有明确的法律依据。② 总而言之,在《仲裁保全安排》出台前,香港仲裁程序的当事人很难对内地当事人采取有效的保全措施,③而《仲裁保全安排》的出台则填补了这一空白。并且值得注意的是,目前内地与香港特别行政区之间就诉讼程序的相互协助,仅限于判决的相互认可和执行,尚未就诉前保全或者诉讼保全协助签署有关安排。因此,从司法协助方面而言,仲裁走在了诉讼前面。④

此外,《仲裁保全安排》也是最高人民法院首次签署向其他法域仲裁程序

---

① 根据我国香港特别行政区《仲裁条例》(第609章,2011年6月生效)第45条的规定,香港特别行政区高等法院原讼法庭可为香港特别行政区以外地区的仲裁批准临时措施命令。根据该条例第61条的规定,香港特别行政区以外地区的仲裁庭就仲裁程序作出的临时措施,在香港特别行政区高等法院原讼法庭许可下可获得强制执行力。参见电子版香港特别行政区法例:https://www.elegislation.gov.hk/hk/cap609?xpid=ID_1438403521336_004。根据香港特别行政区《高等法院条例》第21M条,香港高等法院原讼法庭可在没有实质法律程序进行的情况下施加临时救济。参见电子版香港法例:https://www.elegislation.gov.hk/hk/cap4?xpid=ID_1438403154052_002。

② 原因在于,其一,根据最高人民法院《关于内地与香港特别行政区法院相互认可和执行当事人协议管辖的民商事案件判决的安排》(法释〔2008〕9号)第2条,内地法院可予认可和执行的判决须为具有执行力的终审判决,不包括香港法院作出的有关临时措施的命令;其二,根据最高人民法院《关于内地与香港特别行政区相互执行仲裁裁决的安排》(法释〔2000〕3号),内地法院可予认可和执行的范围限于仲裁裁决。

③ 上述情形海事案件除外。根据最高人民法院《关于适用〈中华人民共和国海事诉讼特别程序法〉若干问题的解释》(2003年发布、2008年调整)第21条第2款规定,外国法院已受理相关海事案件或其纠纷已经提交仲裁,但涉案的财产在中华人民共和国领域内,当事人向财产所在地的法院提出海事请求保全申请的,海事法院应当受理。

④ 参见司艳丽:《粤港澳大湾区法律规则衔接疑难问题研究——以多元化纠纷解决机制为切入点》,载《中国法律评论》2022年第1期。

提供保全协助的文件,这使我国香港特别行政区成为首个也是目前唯一一个我国内地以外仲裁程序当事人有明确依据可申请内地法院保全的司法管辖区,进一步增强了香港特别行政区作为仲裁地的吸引力,这是党中央支持香港特别行政区建设亚太区国际法律及解决争议服务中心的务实举措。

二、实践要点:内地法院协助保全的审查要点

如前所述,《仲裁保全安排》的总体思路是在保全方面将香港仲裁程序与内地仲裁程序类似对待,故对于香港仲裁程序中当事人的保全申请审查,内地法院可依据《中华人民共和国仲裁法》《中华人民共和国民事诉讼法》等相关内地法律予以审查,在部分申请程序、申请审查时间等方面的要求与内地仲裁程序当事人保全申请的要求一致。[①] 但鉴于我国香港特别行政区仲裁与内地仲裁分属两种不同法域,故《仲裁保全安排》在管辖法院、申请人资格等方面予以特别规定。以本案为例,实践中本院审查协助保全时所涉主要法律问题有:(1)本案是否属于上海金融法院管辖;(2)保全申请主体资格及申请时点是否符合要求;(3)当事人提交的保全申请书是否符合要求。

(一)管辖

根据《仲裁保全安排》第3条第1款规定,对于香港仲裁程序中的当事人提出的保全申请,应由被申请人住所地、财产所在地或者证据所在地的内地中级人民法院管辖。实践中,受理保全申请的法院应当依法审查该申请是否满足地域管辖、级别管辖、专属管辖三方面要求。此外,根据《〈最高人民法院关于内地与香港特别行政区法院就仲裁程序相互协助保全的安排〉的理解与适用》,保全的目的是保障仲裁裁决的执行,因此受理仲裁保全申请的法院一

---

① 例如,在审查时间上,对于香港仲裁程序当事人提起的保全申请的审查应与内地仲裁程序一致,根据最高人民法院《关于人民法院办理财产保全案件若干问题的规定》第4条规定,"人民法院接受财产保全申请后,应当在五日内作出裁定;需要提供担保的,应当在提供担保后五日内作出裁定;裁定采取保全措施的,应当在五日内开始执行。对情况紧急的,必须在四十八小时内作出裁定;裁定采取保全措施的,应当立即开始执行"。

般应当与受理仲裁裁决执行申请的法院一致。[①] 而根据最高人民法院《关于涉外民商事案件诉讼管辖若干问题的规定》(法释〔2002〕5 号,2020 年修正)第 1 条、第 3 条和第 5 条的规定,涉港民商事案件参照涉外民商事案件确定管辖,仅省会、自治区首府、直辖市所在地的中级人民法院、经济特区、计划单列市中级人民法院、最高人民法院指定的其他中级人民法院和高级人民法院对申请承认与执行国际仲裁裁决的案件具有管辖权。因此,内地法院在审查香港特别行政区仲裁协助保全案件是否具有管辖权时,还应综合考量法院是否具备涉港仲裁案件管辖权这一因素。2022 年 8 月 16 日最高人民法院发布了《关于涉外民商事案件管辖若干问题的规定》,根据该规定第 2 条并结合《最高人民法院关于审理仲裁司法审查案件若干问题的规定》,在 2023 年 1 月 1 日后,所有中级人民法院均有对本辖区内涉港仲裁案件的管辖权。

本案中,上海金融法院审查是否具有管辖权主要是依据地域管辖及专属管辖两方面来确定:一是地域管辖,根据《仲裁保全安排》第 3 条第 1 款,被申请人的住所地及财产所在地位于上海,属于该法院辖区;二是专属管辖,根据《最高人民法院关于上海金融法院案件管辖的规定》(法释〔2018〕14 号,现已修改),本案属于金融民商事纠纷范围的仲裁保全,由该法院管辖。

(二)《仲裁保全安排》的适用范围

1. 申请人:香港仲裁程序的当事人

《仲裁保全安排》的适用范围包括香港仲裁程序当事人向内地法院申请保全的情形。根据《仲裁保全安排》第 2 条的规定,“香港仲裁程序”须满足以下要求:(1)仲裁地位于香港特别行政区;(2)仲裁程序由满足特定条件的机构或常设办事处管理,[②]该机构或常设办事处须经香港特别行政区政府及

---

① 参见最高人民法院研究室:《〈最高人民法院关于内地与香港特别行政区法院就仲裁程序相互协助保全的安排〉的理解与适用》,载《人民法院报》2019 年 9 月 26 日,第 3 版。

② 《仲裁保全安排》第 2 条规定,有关机构或者常设办事处包括“(一)在香港特别行政区设立或者总部设于香港特别行政区,并以香港特别行政区为主要管理地的仲裁机构;(二)中华人民共和国加入的政府间国际组织在香港特别行政区设立的争议解决机构或者常设办事处;(三)其他仲裁机构在香港特别行政区设立的争议解决机构或者常设办事处,且该争议解决机构或者常设办事处满足香港特别行政区政府订立的有关仲裁案件宗数以及标的金额等标准”。

最高人民法院共同确认。据我国香港特别行政区政府律政司公布的名单显示,符合资格的机构及常设办事处包括HKIAC、中国国际经济贸易仲裁委员会香港仲裁中心、国际商会国际仲裁院亚洲事务办公室、香港海事仲裁协会、华南(香港)国际仲裁院和一邦国际网上仲调中心。[①] 值得注意的是,我国香港特别行政区仲裁仅限于机构仲裁,因此,根据《联合国国际贸易法委员会仲裁规则》在香港特别行政区进行的临时仲裁(没有机构管理的仲裁)不适用《仲裁保全安排》,且《仲裁保全安排》仅适用于平等主体之间的商事仲裁,不包括投资者与东道国之间的投资仲裁。

2. 申请时点:仲裁裁决作出前

《仲裁保全安排》第3条规定了申请保全时间点为"在仲裁裁决作出前",不包括仲裁裁决作出后、裁定执行前。换言之,香港仲裁程序的当事人依据《仲裁保全安排》向内地法院申请保全的时点仅为仲裁申请受理前(仲裁前)及仲裁程序进行中(仲裁中)。[②]

然而,虽《仲裁保全安排》仅允许香港仲裁程序的当事人在仲裁裁决作出前申请保全,但在2020年最高人民法院与我国香港特别行政区政府签署《关于内地与香港特别行政区相互执行仲裁裁决的安排》生效20周年之际,两地签署了《关于内地与香港特别行政区相互执行仲裁裁决的补充安排》,对原安排进行了部分修订。现该补充安排已由最高人民法院发布(法释〔2020〕13号),其中第4条自2020年11月27日起施行。根据该补充安排第4条之规定,内地法院可在受理执行仲裁裁决申请之前或之后,依申请并按照内地法律规定采取保全或者强制措施。[③] 此次修订将内地法院为香港仲裁程序当事

① 有关详情,参见我国香港特别行政区律政司网,https://www.doj.gov.hk/en/community_engagement/announcements/interim_measures_outcome.html。

② 如在仲裁申请受理前申请保全,则与申请内地仲裁前保全一样,当事人需要在30日内向内地法院提交有关机构已受理仲裁案件的证明函件,否则法院将解除保全。

③ 早在《关于内地与香港特别行政区相互执行仲裁裁决的补充安排》发布前,即有内地法院在香港仲裁裁决作出后,法院受理当事人认可和执行香港仲裁裁决之前,准许当事人申请保全被申请人财产的请求。其理由之一是,《仲裁保全安排》规定了香港仲裁程序的当事人在仲裁裁决机构受理仲裁之前、仲裁程序之中均可向内地法院申请保全。举重以明轻,申请人在香港仲裁机构作出仲裁裁决后、向内地法院申请认可和执行仲裁裁决前,当然应享有保全被申请人财产的权利。参见徐春龙、陈文志:《认可和执行香港仲裁裁决前申请人有权申请财产保全》,载《人民司法(案例)》2021年第2期。

人提供保全协助的范围扩展至仲裁裁决作出后，至此实现了仲裁全流程中的保全（包括仲裁前、仲裁中以及仲裁裁决作出后、裁定执行前的保全）以及仲裁裁决的相互认可和执行的全方位多维度覆盖。

回到本案，申请人系向香港国际仲裁中心提起仲裁后，于仲裁程序进行中向内地法院申请保全。法院经审查申请人与被申请人之间的仲裁条款约定、香港国际仲裁中心出具的转递函及证明函件，确定了仲裁地为香港特别行政区，且香港国际仲裁中心属于上列名单中的仲裁机构，并受理了争议仲裁案件，载明了仲裁案号，符合《仲裁保全安排》所称的“香港仲裁程序”要件。

（三）申请材料：保全申请书

根据《仲裁保全安排》第 4 条第 1 款及内地相关法律，当事人向内地法院申请保全一般须提交以下材料：保全申请书、仲裁协议[①]、身份证明材料、仲裁申请文件和有关证明函件、保全申请人的担保文件。其中，根据《仲裁保全安排》第 5 条，须审查保全申请书记载是否完整、明确，具体包括：（1）当事人的基本情况；（2）具体的请求事项，包括申请财产保全的数额；（3）请求所依据的事实、理由和相关证据；（4）申请保全的财产、证据的明确信息或者线索；（5）提供担保的文件等。本案即涉及第 2 点申请财产保全的数额。实践中，在香港特别行政区仲裁的案件，申请人时常以美元等外币为单位提出仲裁请求数额。但在内地法院保全过程中，需以人民币为单位向内地银行、工商登记机构、公司等协助单位明确保全数额。本案中，申请人在以美元为币种单位列明申请财产保全数额同时，补充提交折算成人民币后的金额及折算依据，上海金融法院予以准许，这也使保全在实践中更便于操作。

此外，对比香港特别行政区法律中的临时措施，内地法院对于保全申请

---

① 提交仲裁协议仅为方便内地法院判断当事人之间的基础法律关系，此为形式审查，内地法院并不判断仲裁协议的效力。参见最高人民法院研究室：《〈最高人民法院关于内地与香港特别行政区法院就仲裁程序相互协助保全的安排〉的理解与适用》，载《人民法院报》2019 年 9 月 26 日，第 3 版。

的审查,一是不包括"便利平衡"和"实体胜诉可能性";[①]二是审查程序无须被申请人应诉答辩,而香港法院或仲裁庭一般会进行双方听证,即使是紧急措施,香港法院或仲裁庭也会进行单方听证,审查临时措施的必要性;三是保全申请的费用也较低廉。[②] 因此,相较而言,内地法院的保全审查在程序上整体而言有"短、平、快"的特点,当事人的法律和经济成本更低。但也有观点认为,当事人可能会滥用保全而造成对被申请人不公的结果。因为与内地诉讼按标的金额收取诉讼费不同,香港仲裁仅需缴纳相对低廉的预付款,因此当事人可能利用《仲裁保全安排》,在香港仲裁机构提起仲裁后向内地法院申请保全被申请人财产,以迫使被申请人让步。[③] 也有建议认为,应当允许被申请人在内地法院裁定保全后在一定期限内申请听证,内地法院可参考香港特别行政区法律中临时措施的审查标准,在满足保全紧迫性的同时,也考虑保全的必要性。[④] 实践中,在审查保全申请过程中,要求申请人提供担保,也是一种对申请人滥用保全的预防,确保如发生保全错误,被申请人或案外人由此遭受的损失能够得到赔偿。

三、创新亮点:允许当事人转递保全申请并将裁定结果反馈仲裁机构

本案是上海金融法院受理的首例香港仲裁程序中当事人向内地法院申请财产保全的案件,也是上海金融法院首次适用《仲裁保全安排》的案件。本

① 此为根据2006年联合国国际贸易法委员会《国际商事仲裁示范法》第17A条规定总结。根据该条规定,申请人向仲裁庭提出对争议标的采取临时性措施时,必须提供如下证据证明:(1)不下令采取这种措施可能造成损害,这种损害无法通过判给损害赔偿金而充分补偿,而且远远大于准予采取这种措施而可能对其所针对的当事人造成的损害;(2)根据索赔请求所依据的案情,请求方当事人相当有可能胜诉。对这种可能性的判定不影响仲裁庭此后作出任何裁定的自由裁量权。我国香港特别行政区《仲裁条例》也是以该示范法为蓝本。

② 内地法院的保全申请费用一般按照所涉及的财产数额按比例收取,最高为5000元人民币。

③ 对比内地法院收取的诉讼费及内地仲裁机构收取的费用,香港特别行政区仲裁机构收取的费用低。参见香港国际仲裁中心网(https://www.hkiac.org/arbitration/fees/procedure-fees)及中国国际经济贸易仲裁委员会网(http://www.cietac.org/index.php?m=Page&a=index&id=121)就手续费等作出的规定。

④ 参见罗志强、王希真、陈创:《从比较法的角度看——香港仲裁中内地协助保全的措施及实务指南》,载《中国法律》总第141期上。

案最终成功保全了被申请人的包括车辆、银行存款、公司股权在内的多项财产,有效保护了申请人的权利。同时,本案也在现有法律框架下作出了有益创新,极大地便利了香港仲裁程序当事人向内地法院申请财产保全:一是认可香港仲裁程序中的境外申请人直接提交保全申请,提高了保全效率;二是满足仲裁机构及时知晓财产保全裁定结果的需求,确保仲裁信息顺畅。

(一)灵活允许当事人提交保全申请

根据《仲裁保全安排》第3条第2款的规定,香港仲裁程序中的当事人在香港仲裁机构或常设办事处受理仲裁申请后向内地法院提出保全申请,应当由受理香港仲裁的机构或常设办事处转递其申请。本案中,申请人为境外机构,香港国际仲裁中心已受理其对被申请人的仲裁申请,此时若依据上述规定,由香港国际仲裁中心转递其保全申请,转递周期较长,不利于充分发挥保全的作用。

因此,考虑到保全的紧急性,作为对香港仲裁程序的特殊安排,参考最高人民法院研究室发布的《〈最高人民法院关于内地与我国香港特别行政区法院就仲裁程序相互协助保全的安排〉的理解与适用》,法院认为,应当允许申请人将保全申请书连同仲裁机构或者常设办事处的转递函或证明函自行提交给法院,法院在接收申请后,根据我国香港特别行政区政府律政司提供的联系方式向香港国际仲裁中心核实情况。① 此外,根据《仲裁保全安排》第4条第2款,在内地以外形成的身份证明材料才需要办理公证、认证,故对于上述转递函或证明函,并无办理公证、认证的强制要求。

(二)给予仲裁机构反馈

本案审理中,受理申请人仲裁请求案件的香港国际仲裁中心向上海金融法院提出希望获取保全裁定的结果。对此,《仲裁保全安排》并未明确规定,且仲裁机构或常设办事处并非案件当事人,也并非必须送达裁定书的对象,故并无明确法律要求向仲裁机构反馈保全裁定的结果。但法院经检索发现,

---

① 参见最高人民法院研究室:《〈最高人民法院关于内地与香港特别行政区法院就仲裁程序相互协助保全的安排〉的理解与适用》,载《人民法院报》2019年9月26日,第3版。

对于内地仲裁程序中的当事人向法院申请财产保全的,根据最高人民法院《关于人民法院办理财产保全案件若干问题的规定》(法释〔2016〕22号,2020年修正)第3条规定,人民法院裁定采取保全措施或者裁定驳回申请的,应当将裁定书送达当事人,并通知仲裁机构。鉴于《仲裁保全安排》的总体思路是在保全方面将香港仲裁程序与内地仲裁程序类似对待,且将保全裁定结果反馈至香港仲裁机构也有助于仲裁信息的通畅和共享,故上海金融法院认为,可将财产保全裁定结果反馈至香港国际仲裁中心。同时,及时的反馈可使双方建立良好的信息共享机制,对于内地法院而言也可及时知悉申请人在香港仲裁程序的进展情况。

综上所述,《仲裁保全安排》的出台系"一国两制"的成功实践在司法领域的新发展,可进一步深化内地与我国香港特别行政区民商事司法法律规则的衔接。本案是对《仲裁保全安排》的一次有益实践,进一步明确了香港仲裁程序中的当事人向内地法院申请保全时的审查要点,创新性地认可了当事人自行转递提交保全申请,且满足了仲裁机构及时知晓财产保全结果的需求,为构建内地与我国香港特别行政区共商共建共享多元化纠纷解决新机制的建设作出了积极尝试和有益探索。

人民法院将财产抵债过户至资管计划名下的合法性及审查标准

——网信证券有限责任公司与科瑞天诚投资控股有限公司质押式证券回购纠纷申请执行案[①]

徐　俊[*]

【裁判要旨】

金融类案件的执行司法实践当中,资管计划管理人作为申请执行人的案件颇为常见。本案中申请执行人作为资管计划的管理人,依法向本院申请以流拍财产抵债,并申请将财产过户至资管计划名下。在收到申请执行人的抵债申请后,上海金融法院根据《中华人民共和国信托法》(以下简称《信托法》)、中国人民银行、中国银行保险监督管理委员会、中国证券监督管理委员会、国家外汇管理局《关于规范金融机构资产管理业务的指导意见》(以下简称《资管新规》)中关于信托财产独立于受托人自有财产的规定,责令网信证券有限责任公司提供材料明确交易资金的真实来源,证明交易资金的独立性。网信公司提供了信富 17 号定向资产管理计划资产管理合同、苏信理财 · 恒源 J1604 单一资金信托合同、网信公司股票质押式回购交易业务协议、上海浦东发展银行对账单等证明材料。上海金融法院在审查前述材料的基础上,查明资金的真实来源和独立性,并确保资管计划后续运行过程中计

---

① 合议庭成员:黄亮、杨现正、陈曦。本案入选上海金融法院 2021 年度十大典型案例。

* 法学硕士,上海金融法院执行局法官助理。

划财产的独立性,后对申请执行人的抵债申请予以支持,将财产过户至资管计划名下。本案是在现有法律框架内作出的实践创新,不是对现有法律规范的突破,反而是在遵守《信托法》规定和强制执行程序的基础上作出的精准判断。

【案号】

上海金融法院(2021)沪 74 执 49 号

【案情】

申请执行人:网信证券有限责任公司(以下简称网信公司)

被执行人:科瑞天诚投资控股有限公司(以下简称科瑞公司)

申请执行人网信公司与被执行人科瑞公司质押式证券回购纠纷一案,北京仲裁委员会作出的(2020)京仲裁字第 1542 号裁决书已经发生法律效力。因科瑞公司未履行前述生效法律文书确定的义务,网信公司向上海金融法院申请强制执行,要求科瑞公司偿还回购款本金人民币 12.5 亿元和利息及迟延履行期间的加倍债务利息。上海金融法院立案受理后,依法向被执行人科瑞公司发出执行通知,责令其限期履行义务,但被执行人未予履行。

本案执行过程中,依法轮候冻结了被执行人科瑞公司持有的 104,539,300 股上海莱士股票(以下统称标的股票),标的股票已质押给申请执行人网信公司。上海金融法院查明,深圳市中级人民法院以(2018)粤 03 财保 209 号首先冻结了标的股票,后(2018)粤 03 财保 209 号案件权利人向上海市第一中级人民法院申请执行,案号为(2019)沪 01 执 1597 号。据此,2021 年 3 月 8 日,上海金融法院根据《最高人民法院关于首先查封法院与优先债权执行法院处分查封财产有关问题的批复》的规定,向上海市第一中级人民法院发函商请移送标的股票的处置权。上海市第一中级人民法院于 2021 年 4 月 2 日向上海金融法院回函,将标的股票移送上海金融法院执行。

上海金融法院取得标的股票处置权后,依法委托上海华夏拍卖有限公司于2021年7月29日10时至30日10时在“公拍网”司法拍卖平台第一次公开拍卖标的股票,因无人参与竞价而流拍。申请执行人网信公司申请将标的股票按照第一次拍卖流拍价抵债,并提出,其为“网信公司信富17号定向资产管理计划”(以下简称“信富17号资管计划”)的管理人,与被执行人科瑞公司进行涉案股票的质押式证券回购业务的资金源于“信富17号资管计划”,“信富17号资管计划”的委托人为苏州信托有限公司,故申请将本次处置的标的股票抵债至“信富17号资管计划”名下。

【审判】

上海金融法院收到申请执行人网信公司的抵债申请后,根据《信托法》《资管新规》中关于信托财产独立于受托人自有财产的规定,责令网信公司提供材料明确资金的真实来源和独立性,提供资管计划专用证券账户受让标的股票,确保资管计划后续运行过程中计划财产的独立性。网信公司提供了“信富17号资管计划”资产管理合同、苏信理财·恒源J1604单一资金信托合同、网信公司股票质押式回购交易业务协议、上海浦东发展银行对账单等证明材料,并根据要求提供了资管计划在中国证券登记结算有限责任公司开立的专用账户。

上海金融法院在查明资金真实来源、明确财产独立性的基础上,对申请执行人网信公司的申请予以支持,于2021年8月11日依法裁定将标的股票过户至“信富17号资管计划”名下。

【评析】

一、资管计划管理人申请将财产抵债至资管计划名下的合法性分析

上海金融法院在执行中查明,本案涉案交易的资金来自“信富17号资管计划”,该资金的最终来源方是上海浦东发展银行股份有限公司苏州分行(以

下简称浦发银行苏州分行)。浦发银行苏州分行作为委托人和受益人,投入资金并委托苏州信托有限公司设立“苏信理财·恒源J1604单一资金信托”。后苏州信托有限公司执行该信托过程中,将资金委托申请执行人网信公司管理,并据此设立“信富17号资管计划”。网信公司作为资管计划管理人,将资金融出给被执行人科瑞公司,因科瑞公司未按约定回购标的股票,申请执行人网信公司向北京仲裁委申请仲裁,最终进入法院执行。执行过程中,对于申请执行人网信公司以标的股票抵偿债务,并过户至资管计划名下的申请,其合法性分析需要遵循以下路径展开:以资管计划的法律性质为基点,厘清资管计划及其管理人在民事诉讼过程中的法律地位,明确计划财产独立性的要求,并将该等要求在人民法院执行程序中予以遵循,最终证成资管计划管理人的抵债申请合法,应当予以支持。

(一)资管计划的法律性质

对资管计划法律性质的争议由来已久,“委托关系说”和“信托关系说”难分伯仲,其原因既有金融分业监管的法律框架对民商法定性的干扰,也有概念层面的辩论与实践脱节的局限。[①] 学术界的主流观点认为,资管计划中各主体之间形成信托法律关系,计划管理人为信托受托人,资产出资人作为信托委托人。从现有的法律、司法解释的规定来看,并无明文对资管计划的法律性质进行定性。但是从《资管新规》以及中国证券监督管理委员会《证券公司及基金管理公司子公司资产证券化业务管理规定》的规定来看,目前以及未来金融机构开展的资管义务应当归属于信托关系,而非委托代理关系。如《资管新规》第8条规定金融机构应当对所管理的不同产品受托财产分别管理、分别记账,进行投资;第13条第3款规定,金融机构开展资产管理业务,应当确保资产管理业务与其他业务相分离,资产管理产品与其代销的金融产品相分离,资产管理产品之间相分离,资产管理业务操作与其他业务操作相分离。《证券公司及基金管理公司子公司资产证券化业务管理规定》第5条第2款、第3款规定,专项计划资产独立于原始权益人、管理人、托管

---

① 参见刘燕:《资管计划的结构、功能与法律性质——以券商系资管计划为样本》,载《投资者》2018年第3期。

人及其他业务参与人的固有财产。原始权益人、管理人、托管人及其他业务参与人因依法解散、被依法撤销或者宣告破产等原因进行清算的,专项计划资产不属于其清算财产,上述规定明确了计划资产的独立性和相应的破产隔离制度。

(二)资管计划及其管理人在民事诉讼中的法律地位

根据《中华人民共和国民事诉讼法》(以下简称《民事诉讼法》)第51条的规定,可以作为民事诉讼当事人的主体包括公民、法人和其他组织,对应《中华人民共和国民法典》(以下简称《民法典》)所规定的自然人、法人、非法人组织三种民事主体。但是我国的信托法体系中,信托并未被赋予法人资格,对照《民法典》第102条关于非法人组织的规定,信托亦无法认定为非法人组织,其更不属于自然人。因此,信托或者信托财产并没有民事诉讼的主体资格,这意味着信托或信托财产不能起诉也不能被起诉。[①] 资管计划本质上属于信托,其同样不具有民事诉讼的主体资格,无法形成自己的意思表示并按照自己的意思表示设立、变更、终止民事法律关系,无法担当民事诉讼中的原告或被告。

在信托财产未实现主体化的情况下,有观点认为,信托受益人能够担当民事诉讼的当事人。诚然,受益人享有信托受益权,享有信托财产管理、运用后的剩余收益,理论上由其担任当事人能够保证信托财产避免出现不当减损的情况,但是如此有悖于信托的基本原理。信托财产管理权与受益权的分离是信托的基本特征,一般而言,如果受托人对信托的管理和运作是适当的,在管理行为持续过程中,受益人并没有权利干涉,而只能等待信托利益的给付。[②] 信托运行过程中,参与民事诉讼、担当民事诉讼的当事人并行使诉讼权利,是受托人行使信托财产管理权的外在表现之一,其不应当由受益人执行。当然,如果受托人对信托财产进行了不当的管理和运作,没有及时给付信托利益,受益人可以采取措施强迫受托人适当管理、及时给付,以捍卫其法定地位和利益。但是需要明确的是,此时涉及的诉讼是信托内容关系,而不涉及

---

① 参见赵廉慧:《信托法解释论》,中国法制出版社2015年版,第68页。

② 同上书,第405页。

信托与第三方的外部交易关系,受益人也不是为信托财产进行诉讼,而是为了自身利益进行的诉讼。《资管新规》第8条第2款第3项亦明确了金融机构应当以管理人名义,代表投资者利益行使诉讼权利或者实施其他法律行为。前述规定虽并非属于法律、司法解释,但全国各地法院均已如此进行实践。综上所述,资管计划运行过程中,资管计划无法担当民事诉讼的当事人,而应当由资管计划管理人担当民事诉讼的当事人,根据资管计划合同要求,为受益人利益行使诉权。

(三)人民法院执行程序中应维持资管计划财产独立性的要求

"若无信托财产,则无法创立信托。"信托法作为财产管理法,无信托财产之存在,则无管理之对象。① 信托财产独立性是信托关系的核心特征,信托财产独立于委托人、受托人和受益人的固有财产。我国《信托法》用大量篇幅来明确信托财产的独立性,《证券公司及基金管理公司子公司资产证券化业务管理规定》第5条第1款、第2款亦明确规定,因专项计划资产的管理、运用、处分或者其他情形而取得的财产,归入专项计划资产。因处理专项计划事务所支出的费用、对第三人所负债务,以专项计划资产承担。专项计划资产独立于原始权益人、管理人、托管人及其他业务参与人的固有财产。《资管新规》虽未明文提出独立性要求,但通过规定金融机构的分别管理、分别记账等义务,明确了资管计划财产的独立性要求。

对于信托财产独立性的要求,尤其是金融资管业务领域,保证财产独立性的义务主要施加于管理人之上。其主要原因有二:一是资管计划财产,如银行存款、股票、债券等,一般存放或登记在管理人名下,可能为管理人滥用权利损害资管计划财产开"方便之门",因此有必要对管理人予以严格监管,防止其滥用权利导致信托财产不当减损;二是管理、运用、处分资管计划财产是管理人的权利和职责,可能存在违反忠实义务和善管义务的道德风险,自然有必要对管理人进行监督。

诚然,一般情况下,若管理人能够忠实、勤勉地执行资管计划合同,财产

① 参见张淳:《信托财产独立性的法理》,载《社会科学》2011年第3期。

的独立性自然能够得到有效保障,但不能认为维持资管计划财产独立性的义务仅归于受托人。资产管理计划及受托人等主体涉诉时,人民法院作为国家司法机关,亦应当主动维持资管计划财产独立性。对于人民法院在司法活动中维持信托财产独立性的要求,我国《信托法》亦有规定,如第 16 条第 2 款规定,“受托人死亡或者依法解散、被依法撤销、被宣告破产而终止,信托财产不属于其遗产或者清算财产”;第 17 条则规定了人民法院不得强制执行信托财产以及例外情形。总结《信托法》的前述规定,人民法院维持财产独立性的情形主要体现在受托人、委托人、受益人破产清算时信托财产是否作为破产财产以及受托人成为被执行人时信托财产不得强制执行。

从目前的金融司法实践来看,资管计划管理人作为名义申请执行人,向人民法院申请强制执行其他主体财产,实现资管计划对外债权的情形更为普遍。在此种情况下,就人民法院在强制执行程序中如何维持资管计划财产的独立性,既无法律、司法解释的明文规定,也未在各地法院形成统一的司法实践经验。其一,作为申请执行人的资管计划管理人,可能出于各种原因,申请法院将执行案款发放至管理人自有账户,而非资管计划的专用账户,导致资管计划财产与管理人固有财产混同。其二,管理人会主动申请法院将执行案款直接发放至资管计划受益人的账户,法院经审查该账户确实为资管计划合同约定的受益人账户便径行发放。如此操作后,若受益人对收益数额有所疑问,管理人便可能以“收益数额由法院确定”来解释受益人的疑问。其三,对于执行法院拍卖流拍的财产,资管计划管理人根据最高人民法院《关于人民法院民事执行中拍卖、变卖财产的规定》申请以物抵债至自己名下,亦会导致资管计划财产与管理人固有财产混合。

究其原因,主要是资管计划财产管理权与受益权的分离,导致强制执行程序中作为资管计划管理人的申请执行人并非实际债权人,因而无法契合传统执行方式和现有执行规范。基于此,在强制执行程序中,人民法院需要在遵守现有执行规范的基础上,贯彻《信托法》关于信托财产独立性的要求。执行法院应查明资管计划的基础法律事实,厘清管理人和受益人之间的法律关系,执行案款应发放至管理人开立的资管计划专户中,抵债财产应过户至资管计划名下,在执行程序中维持资管计划财产的独立性。

综上所述,执行程序中,《信托法》对于信托财产独立性的要求依然存在,人民法院应当根据《信托法》的规定持续实现和保障信托财产的独立性,这也是强制执行程序规范性要求的体现。因此,申请执行人网信公司以标的股票抵偿债务,并过户至资管计划名下的申请具备合法性,应当依法予以支持。

二、资管计划管理人申请将财产抵债至资管计划名下的审查标准

《信托法》第16条规定,信托财产与属于受托人所有的财产相区别,不得归入受托人的固有财产或者成为固有财产的一部分。资管计划本质上属于信托,因此资管计划财产应当独立于管理人的固有财产,资管计划运行过程中(包括人民法院强制执行程序),应当持续实现和保障资管计划财产独立性。

本案认为,申请执行人网信公司申请以标的股票抵偿债务,并过户至资管计划名下,应当依法予以支持。当然,人民法院在执行抵债程序时,应当查明资金的真实来源和独立性,并明确抵债股票过户至资产计划名下,确保资管计划后续运行过程中计划财产的独立性。

一方面,关于执行法院如何查明资金的真实来源和独立性,可以要求案件的名义申请执行人即资管计划管理人提供。根据《资管新规》的要求,资管计划管理人应当对所管理的不同产品受托财产分别管理、分别记账,保存受托财产管理业务活动的记录、账册、报表和其他相关资料。因此,提供相关材料的义务主体应当为资管计划的管理人。另外,本案的资管计划属于多层嵌套资管产品,质押式股票回购交易的出资方为“信富17号资管计划”,其管理人为网信公司,委托人为苏信理财·恒源J1604单一资金信托,该信托管理人为苏州信托有限公司。基于此,执行法院要求申请执行人网信公司提供涉案基础交易合同(股票质押式回购交易合同)、资管计划合同(信富17号定向资管计划资产管理合同)、财产管理业务活动记录(资金托管银行的对账资料等)以及资管计划委托人关于资金来源和独立性的说明(苏州信托有限公司相关说明材料),用以查明资金的真实来源和独立性。

另一方面,关于维持资管计划财产即标的股票的独立性问题。以目前的股票登记规则来看,资管计划可以在中国证券登记结算有限责任公司登记持有上市公司股票,因此人民法院强制执行程序中,资管计划管理人申请以股票抵债的,应当将股票过户至资管计划名下。基于此,执行法院要求申请执行人网信公司提供"信富 17 号资管计划"在中国证券登记结算有限责任公司开立的专门证券账户信息,并将标的股票过户至"信富 17 号资管计划"名下。

本案基本确立了资管计划管理人作为案件申请执行人通过抵债程序将财产过户至资管计划名下的审查标准,即应当查明资金的真实来源和独立性,并明确抵债股票过户至资产计划名下,确保资管计划后续运行过程中计划财产的独立性。执行法院主要通过审查资管计划管理人提供的财产受让账户信息、资管计划管理合同、基础交易合同、银行对账单、资管计划委托人的说明材料等来确定。执行程序中,人民法院应当审查前述材料,查明资金的真实来源和独立性,确保能够将抵债财产过户至资产计划名下,且在能够保证资管计划后续运行过程中计划财产独立性的前提下,对于申请执行人的抵债申请,应当予以支持。

私募基金强制开放赎回的执行

——孔某某申请执行巴加索(上海)投资有限公司仲裁纠纷案①

钟　明*　徐　俊**

【裁判要旨】

生效仲裁裁决确定基金管理人负有履行开放基金、赎回特定份额的行为义务,但未明确具体的开放日和基金份额净值,基金份额持有人申请强制执行的,应依照《最高人民法院关于人民法院办理仲裁裁决执行案件若干问题的规定》第3条第1款的规定判断开放赎回义务的标准、对象、范围能否明确。执行时,人民法院应结合基金实际情况和金融市场交易规则,以生效仲裁裁决确定的基金管理人自动履行期限内的最后一个证券市场交易日作为开放日,并确定当日的基金份额净值。关于开放赎回义务的强制执行,可依照《中华人民共和国民事诉讼法》第259条的规定,采取代履行的方式执行。同时,当基金内货币资金无法满足赎回要求,且基金内其他财产具有可分性、高度流通性、具备强制变现可能的情况下,可处置基金内其他财产获取货币资金用以赎回。处置基金财产时,人民法院应合理选择处置的财产,尽量保持基金财产原有架构,避免对基金后续运作产生不利影响。

---

① 合议庭成员:钟明、黄亮、陈曦。本案入选上海金融法院2022年度十大案例。

* 法学硕士,上海金融法院执行局局长。

** 法学硕士,上海金融法院执行局法官助理。

【案号】

上海金融法院(2022)沪74执195号

【案情】

申请执行人:孔某某

被执行人:巴加索(上海)投资有限公司(以下简称巴加索公司)

申请执行人孔某某与被执行人巴加索公司仲裁一案,上海仲裁委员会于2021年3月22日作出(2020)沪仲案字第3560号裁决书,裁决被执行人巴加索公司自裁决书作出之日起10日内开放"巴加索神州1号基金",履行对申请执行人孔某某持有的200万份基金份额赎回义务。前述裁决书已经发生法律效力,因被执行人巴加索公司未按照生效裁决履行义务,申请执行人孔某某申请强制执行。

【执行】

上海金融法院经审查认为,案涉仲裁裁决确定的基金管理人负有的开放赎回义务的履行标准、对象、范围能够明确,于2022年5月10日依法立案受理,并于2022年5月17日向被执行人巴加索公司公告送达执行通知书,责令其自动履行开放基金、赎回份额的义务,但被执行人未按执行通知自动履行义务。

执行中,上海金融法院查明,"巴加索神州1号基金"系开放式私募基金,目前仍处于存续期内,基金财产为货币资金和上市公司股票,2022年7月6日当日,"巴加索神州1号基金"持有货币资金人民币23,504.06元(以下币种均为人民币),持有"江西铜业"(证券代码600362)无限售流通股票50,000股、"德展健康"(证券代码000813)无限售流通股票400,000股、"和辉光电"(证券代码688538)无限售流通股票500股、"安达智能"(证券代码

688125)无限售流通股票500股、“山东出版”(证券代码601019)无限售流通股票1000股、“中国电信”(证券代码601728)无限售流通股票2000股、“ST中基”(证券代码000973)无限售流通股票20,000股、“日上集团”(证券代码002593)无限售流通股票110,000股,前述股票的交易券商为国盛证券有限责任公司。基金管理人为被执行人巴加索公司,基金托管人为招商证券股份有限公司,申请执行人孔某某系基金份额持有人,持有200万份基金份额,目前基金份额总数为400万份,基金份额净值可回溯确定。

基于以上查明事实,上海金融法院认为,上海仲裁委员会于2021年3月22日作出的(2020)沪仲案字第3560号裁决书确定的被执行人巴加索公司负有的开放基金、赎回特定份额的义务属于行为义务,在被执行人巴加索公司未按执行通知要求履行该行为义务的前提下,人民法院可依法采取代履行方式执行,并由被执行人巴加索公司负担相应费用并承担法律后果。依据前述生效裁决,被执行人应当在2021年3月23日至4月1日开放基金、赎回份额,因被执行人未自动履行,上海金融法院确定自动履行期限的最后一日为基金开放日,经查,2021年4月1日为交易日,当日基金份额净值为0.7705元。同时,因基金现有货币资金无法满足赎回资金要求,在基金财产主要为上市公司股票的情况下,代被执行人变价基金内上市公司股票具有可行性。据此,2022年7月22日,上海金融法院依照《中华人民共和国民事诉讼法》第259条、《最高人民法院关于人民法院办理仲裁裁决执行案件若干问题的规定》第3条第1款之规定作出(2022)沪74执195号执行裁定书,裁定:(1)以2021年4月1日为开放赎回日强制开放“巴加索神州1号基金”,以当日基金份额净值0.7705元赎回申请执行人孔某某持有的200万份基金份额;(2)变价“巴加索神州1号基金”持有的上市公司股票,保证基金持有货币资金达到1,541,000元。

2022年8月4日,上海金融法院向股票交易券商国盛证券有限责任公司送达协助执行通知书,通知其协助将基金持有的前述股票按比例以市价委托方式依次卖出(抛售),使基金持有的货币资金达到1,541,000元,并将前述资金支付至“巴加索神州1号基金”托管资金专门账户。国盛证券有限责任公司抛售基金持有的“江西铜业”股票29,000股、“德展健康”股票232,000

股、“和辉光电”股票300股、“安达智能”300股、“山东出版”股票600股、“中国电信”股票1200股、“ST中基”股票11,600股、“日上集团”股票63,800股。之后，上海金融法院向基金托管人招商证券股份有限公司送达协助执行通知书，通知其开放基金并赎回申请执行人持有的基金份额，由其协助将赎回资金1,541,000元从基金托管资金专门账户划转至“巴加索神州1号基金”资金募集账户，[①]再支付给申请执行人孔某某，并注销申请执行人持有的200万份基金份额。2022年8月26日，基金托管人根据前述要求完成了开放“巴加索神州1号基金”并赎回申请执行人孔某某持有的基金份额工作，将赎回资金1,541,000元支付给申请执行人孔某某。至此，上海仲裁委员会(2020)沪仲案字第3560号裁决书确定的被执行人巴加索公司负有的开放基金、赎回份额行为义务已由上海金融法院强制执行完毕。

【评析】

近些年，私募基金市场蓬勃发展，私募基金交易产生的纠纷也不断出现，基金份额持有人申请开放基金、赎回特定份额的请求颇为常见。该类纠纷的当事人多数约定通过仲裁方式解决纠纷。仲裁委员会作出生效裁决后，人民法院司法强制执行中主要存在以下三个问题：一是基金管理人成为被执行人，其负有的开放基金、赎回特定份额义务的性质未予明确，执行法院适用法律不准确，导致执行不规范的情况出现。二是部分裁决书中关于基金开放日、赎回份额的基金份额净值未予明确，该类裁决书是否具有可执行性，是否符合执行立案受理条件以及具体执行中基金开放日和赎回份额的基金份额净值如何确定均存在较大争议，导致司法实践标准不统一。三是开放基金、赎回特定份额类案件执行中，执行法院能否处置基金财产以及处置的标准和方式存在争议。本案中亦存在前述问题，但上海金融法院在执行过程中围绕前述问题进行阐述，作出有效回应，对今后的类案执行具有一定的参考意义。

---

① 基金资金的募集账户由基金管理人委托运营服务机构开立，该账户用于基金产品募集期间和存续期间认购、申购和赎回资金的归集与支付。涉案基金的运营服务机构为招商证券股份有限公司托管部。

一、开放式私募基金赎回义务的法律性质及仲裁裁决的可执行性审查

(一)开放式基金赎回义务的法律性质

根据《中华人民共和国证券投资基金法》的规定,以是否向不特定对象公开募集资金、向特定对象募集资金是否超过 200 人为标准分类,基金可分为公开募集基金和非公开募集基金。非公开募集基金即是实践中常说的私募基金。从目前的基金市场发展现状来看,公募基金市场的发展较健康,因公募基金运作涉及数量不特定的金融投资者,相关法律、法规、监管规则较完备,基金管理人、托管人违反合同约定和监管规则、恶意履职的情况较少。与此相对,近些年,私募基金相关的监管规则虽在不断完善,但是混乱现象仍时常出现,基金管理人"卷钱跑路""恶意管理"的情况屡见不鲜。基金管理人怠于履行善良管理义务的情况则更常见,尤其在开放式私募基金市场。基金的运作方式可以采用封闭式、开放式或者其他方式。采用封闭式运作方式的基金,即封闭式基金,其基金份额总额在基金合同期限内固定不变,基金份额持有人不得申请赎回。封闭式基金运作过程中,因份额持有人不得申请赎回,实践中不会因开放、赎回而引发纠纷。采用开放式运作方式的基金,即开放式基金,其基金份额总额不固定,基金份额可以在基金合同约定的时间和场所申购或者赎回。在我国证券投资基金的发展历程中,封闭式基金的产生早于开放式基金,但是由于开放式基金具有随时申购、赎回的特性,在给予基金投资者方便和较大自主权的同时,也有利于筹集更多的资金以满足证券投资之需,同时基金管理人的经营灵活性也大得多,使开放式基金越来越获得基金投资者的青睐,成为当今证券投资基金的主流产品。自 2001 年 9 月我国第一只开放式基金华安创新成立以来,经过 20 多年的发展,开放式基金在品种、规模以及管理人队伍等方面都得到了很快的发展。[①] 开放式私募基金则兼具"开放"和"非公开"的特点,基金份额持有人申请赎回的权利和基金

---

① 参见赵冠军:《我国开放式基金的赎回行为研究》,西南财经大学 2009 年硕士学位论文。

管理人滥用管理权的矛盾激化在开放式私募基金市场，实践中因申请赎回引发的纠纷日渐增多。因此，厘清基金管理人开放赎回义务的法律性质是强制执行开放赎回义务的前提。

行为义务，是指义务人负有的作出或不作出特定行为的义务，分为作为义务和不作为义务。作为义务，是指义务人根据法律的规定或合同的约定等，应当以积极的方式去从事某种行为的义务。开放式私募基金运作过程中，基金管理人根据诚实信用、勤勉尽责的原则负有妥善管理基金的义务，其履行义务的主要方式是通过向基金托管人、证券交易券商等主体发送指令的方式管理和运用基金财产。可以看出，基金管理人的管理义务不具有金钱给付内容，通俗来说是一种提供金融服务的行为，从法律上分类则是一种金融市场领域的作为义务。更进一步来看，根据基金合同约定，开放赎回义务则是基金管理人管理义务的一部分，也是一种需积极作为的行为义务，因此，人民法院应当根据法律、司法解释中关于行为义务执行的规定予以强制执行。

本案中，上海仲裁委员会（2020）沪仲案字第3560号裁决书主文写明："被申请人巴加索（上海）投资有限公司自本裁决书作出之日起十日内开放巴加索神州1号基金，履行对申请人孔某某持有的200万份基金份额赎回义务。"对此，上海金融法院认为，被执行人巴加索公司作为"巴加索神州1号基金"的基金管理人，其负有开放基金、赎回特定份额的义务，应当为一种行为义务。

（二）涉开放赎回义务仲裁裁决的可执行性审查

私募基金开放赎回类仲裁案件中，部分仲裁裁决中关于基金开放日、赎回份额的基金份额净值未予直接写明，人民法院审查受理该类案件时，应当依照最高人民法院《关于人民法院办理仲裁裁决执行案件若干问题的规定》第3条第1款规定予以审查，结合基金的实际运行情况和基金合同的具体约定判断仲裁裁决确定的基金管理人开放赎回义务的履行标准、对象、范围是否能够明确。前述内容能够予以明确的，应当认定仲裁裁决具有可执行性。

本案中，就仲裁裁决内容是否具有可执行性，上海金融法院依照最高人民法院《关于人民法院办理仲裁裁决执行案件若干问题的规定》中关于行为义务执行的规定予以审查。巴加索公司开放基金、赎回特定份额的义务系一种行为义务,是其作为“巴加索神州1号基金”管理人依据基金合同约定和生效仲裁裁决应当履行的管理义务。可强制执行的行为,其履行的标准、对象、范围应当明确。其一,关于开放赎回行为的履行标准。虽然涉案仲裁裁决主文并未明确载明履行标准,但是基金合同已明确“赎回”是指“在基金开放日,基金投资者按照本合同的规定将本基金份额兑换为现金的行为”,且在基金合同“七、基金的申购、赎回与转让”中载明基金正常运行过程中管理人开放基金、赎回份额的履行标准,明确了开放赎回的方式、价格及程序等。同时,“巴加索神州1号基金”内财产主要为上市公司股票,存在市场公允价值,流通性强,具备强制变现可能。因此上海金融法院认为,结合基金合同约定和基金实际运行情况,开放赎回行为的履行标准可以明确。其二,关于开放赎回行为的履行对象和范围。涉案仲裁裁决已明确,开放行为的履行对象为“巴加索神州1号基金”,赎回行为的履行对象为孔某某持有的基金份额,赎回行为的履行范围为200万份。综上所述,涉案仲裁裁决具有可执行性。

二、强制执行程序中,开放赎回日及基金份额净值的确定标准

在强制执行程序中,确定开放赎回日的目的是确定赎回的基金份额净值。私募基金开放赎回类仲裁案件中,多数仲裁裁决书在裁决基金管理人负有开放基金、赎回特定份额义务的同时会将开放赎回日以及当日的基金份额净值予以明确,人民法院依据该等生效仲裁裁决强制执行时,直接以确定的基金份额净值强制开放赎回即可。但是司法实践中仍有部分裁决书未明确开放赎回的具体日期及基金份额净值,仅明确基金管理人应当在一定期限内履行开放赎回义务,此种情况下,人民法院如何确定开放赎回日以及基金份额净值是强制执行过程需要解决的关键问题。

第一,明确基金份额净值是否可以回溯确定。在作为义务人的基金管理人未自动履行开放赎回义务的情况下,权利人向人民法院申请强制执行,因此人民法院的强制执行程序必然在裁决书确定的被执行人自动履行开放赎

回义务的期限之后。在此种情况下,需要通过基金托管人查明涉案基金的份额净值能否回溯确定,若无法回溯确定,则只能以执行立案后的特定日期作为开放赎回日,并据此确定赎回的基金份额净值。若可以回溯确定,则应当以仲裁裁决确定的期限内选定特定日期作为开放赎回日。人民法院通过强制执行程序保护权利人的合法权益、实现其权利时,在实际情况允许的情况下,应当尽可能将权利人合法权利的实现时点倒推至生效法律文书确定的被执行人自动履行的期限内,如此方能最大限度兑现申请执行人的胜诉权益。因此,在仲裁裁决明确被执行人应当在特定期限内履行开放赎回义务的情况下,需要结合基金的实际情况选定开放赎回日。

从私募基金运作的实际情况来看,各类私募基金的基金合同中均会约定基金管理人负有定期对基金财产进行估值的义务,基金管理人需定期对基金拥有的所有资产和负债进行估值,计算基金资产总值、基金资产净值、基金份额净值等。从具体估值程序来看,基金财产估值由基金管理人进行,基金管理人完成估值后,需由基金托管人复核后双方各自将结果登记造册,并定期进行核对。从目前私募基金市场的交易惯例来看,投资于上市公司股票等场内交易证券资产的私募基金,基金合同中均约定基金管理人需在每个证券市场交易日进行估值并将估值结果登记造册。因此,投资于上市公司股票等场内交易证券的私募基金,其基金管理人和基金托管人均有记录每个交易日的基金份额净值的资产账册,基金份额净值可以回溯确定。

第二,明确开放赎回日的选择逻辑。部分仲裁裁决书中未明确开放日和赎回的基金份额净值,仅裁决基金管理人应当在特定期限内履行开放赎回义务。例如,本案中上海仲裁委员会即裁决基金管理人巴加索公司自裁决书作出之日起十日内开放涉案基金,履行对孔某某持有的200万份基金份额赎回义务。前述的“十日”期限是基金管理人自动履行的期限,该期限届满后,因基金管理人未履行义务,导致基金份额持有人的合法权利无法实现,其合法权益受到侵害。前文已论及,应当在自动履行期限内选定开放日。一般而言,以被执行人自动履行义务的最后一日作为开放赎回日较为合理,如此既能保证申请执行人的权益兑现时点在生效法律文书确定的期限内,也符合正常的思维逻辑。同时,明确以此为执行标准,可以减少未来类似案件中执行自由裁量权的滥用。因为,私募基金的每日基金份额净值都有可能变动,如果任由执行人员选择日期,难免会造成同案不同执的结果。

第三,开放赎回日需同时结合涉案基金的实际情况进行复核。一般而言,执行中需要考虑的主要事项是按照前述标准确定的开放赎回日的基金份额净值是否能够计算。例如,若基金财产主要为上市公司股票,在非证券市场交易日,其基金份额净值无法确定,因此人民法院确定的开放赎回日应当为证券市场交易日。

本案中,根据上海仲裁委员会(2020)沪仲案字第 3560 号裁决,被执行人巴加索公司应当在 2021 年 3 月 23 日至 4 月 1 日开放"巴加索神州 1 号基金",赎回申请执行人孔某某持有的 200 万份基金份额。执行中,经基金托管人招商证券股份有限公司证实,"巴加索神州 1 号基金"的基金份额净值可以回溯确定,因此开放赎回日应当在 2021 年 3 月 23 日至 4 月 1 日确定。关于具体日期的确定,根据仲裁裁决,被执行人应当自动履行开放赎回义务的期间为 2021 年 3 月 23 日至 4 月 1 日,因强制执行在裁决书确定的开放赎回日之后,以被执行人巴加索公司自动履行开放赎回义务的最后一日即 2021 年 4 月 1 日为开放赎回日。同时,因"巴加索神州 1 号基金"内财产主要为上市公司股票,开放赎回日应当为证券市场交易日。经查,2021 年 4 月 1 日为交易日,基金托管人确定当日基金份额净值为 0. 7705 元。综合上述三点,上海金融法院明确 2021 年 4 月 1 日为开放赎回日,赎回份额的基金份额净值为 0. 7705 元。

三、强制开放基金、赎回特定份额时,人民法院处置基金财产的前提条件和基本要求

首先,需要明确的是,人民法院强制开放基金、赎回特定份额的法律规定和执行方式。《中华人民共和国民事诉讼法》第 259 条规定:"对判决、裁定和其他法律文书指定的行为,被执行人未按执行通知履行的,人民法院可以强制执行或者委托有关单位或者其他人完成,费用由被执行人承担。"《最高人民法院关于适用〈中华人民共和国民事诉讼法〉的解释》第 501 条第 1 款规

定:“被执行人不履行生效法律文书确定的行为义务,该义务可由他人完成的,人民法院可以选定代履行人;法律、行政法规对履行该行为义务有资格限制的,应当从有资格的人中选定。必要时,可以通过招标的方式确定代履行人。”因此,被执行人负有的行为义务可由他人完成的情况下,人民法院可以采取代履行的方式强制执行。私募基金运作过程中,基金管理人根据基金合同负有的开放赎回义务并不具有人身属性,法律、行政法规亦未对该等行为主体有资格限制,因此基金的开放赎回义务可以由他人代为完成。与此同时,私募基金合同对开放赎回义务的履行标准有明确约定,人民法院亦可代基金管理人履行开放赎回义务。因此,私募基金开放赎回类行为执行应当依照《中华人民共和国民事诉讼法》第 259 条规定采取代履行的方式执行。本案执行过程中,上海金融法院认为,被执行人巴加索公司未按执行通知要求履行生效裁决确定的行为义务,可依法采取代履行方式执行该案,并由被执行人巴加索公司负担相应费用并承担法律后果。

其次,人民法院采取代履行方式强制开放基金、赎回特定份额时,应当遵循基金合同的约定,避免打破基金正常经营时开放赎回的操作要求,减少对基金经营的影响。例如,人民法院应通知基金托管人按照基金合同要求将赎回资金支付给申请执行人,而不能从基金托管资金专门账户、交易券商资金账户等账户里直接扣划赎回资金,如此操作将对基金托管人的托管工作造成困扰,不利于基金正常运作。

最后,关于人民法院强制开放基金、赎回份额时,能否处置涉案基金财产。在司法机关未介入的情况下,私募基金正常运作中,基金管理人根据基金合同约定为基金份额持有人赎回份额时,若基金内货币资金不能满足赎回要求,基金管理人也需要处置基金财产获得货币资金进行赎回。因此,变价基金财产的行为内含于开放赎回行为中。在司法执行中,强制开放赎回时,人民法院亦可以处置基金财产获取变价款。当然,人民法院采取代履行的方式强制开放赎回基金时,处置基金财产应当满足必要性和可行性的前提条件。所谓必要性,即处置基金财产是必要的。只有在基金持有的货币资金无法满足赎回特定份额资金要求的情况才可以处置基金财产。所谓可行性,即处置基金财产是可行的。一般而言,在部分开放赎回的情况下,基金持有的财产应当是可分的,且分开处置对财产价值影响有限,方基本满足可行性的要求。同时,若基金财产具有市场公允价值和活跃的交易市场时,在强制开放赎回时进行处置才是确定可行的。以上市公司股票为例,其在上海证券交易所或深圳证券交易所等活跃的二级市场上市交易,具有市场公允价值,流通性强,人民法院可参照市场公允价值通过抛售的方式处置,从而使基金内货币资金满足赎回要求。

本案执行中,上海金融法院查明,"巴加索神州1号基金"的基金财产为货币资金23,504.06元和8只上市公司股票,因赎回申请执行人孔某某持有的200万份基金份额需货币资金1,541,000元,目前基金的货币资金无法满足赎回要求。在此种情况下,上海金融法院认为,变价基金内财产、满足赎回资金要求的行为属于被执行人巴加索公司开放基金、赎回特定基金份额行为的一部分,应当代被执行人巴加索公司履行。同时,"巴加索神州1号基金"内财产主要为上市公司股票,存在市场公允价值,流通性强,具备强制变现可能,代被执行人巴加索公司变价基金内上市公司股票具有可行性。因此,该案强制执行程序中,可以代被执行人巴加索公司变价基金内上市公司股票,用以满足赎回基金份额的资金要求。

需要注意的是,人民法院强制处置基金财产时,应合理选择处置的基金财产范围。"巴加索神州1号基金"开放赎回的执行过程中,对于基金持有的8只上市公司股票,上海金融法院结合上市公司股票交易每笔交易最少一手(一手即100股)的规则,按照一定的比例确定每只股票处置数量,该比例是赎回资金的差额与当前股票总市值之比。在保证获得足够赎回资金的同时,保持基金内上市公司股票原有的组成结构,尽可能减少对基金后续正常经营的影响。因此,强制开放赎回基金份额案件执行中,人民法院处置基金财产的,应当保持基金持有财产的原有组成结构,尽可能按照比例处置基金财产,减少对基金后续正常经营的不利影响,保护其他基金份额持有人的权益。